全注全解孙子兵法与三十六计

孙子兵法与三十六计

全注全解

历史学习的优秀读本

（春秋）孙武 等 ○ 著
子默 ○ 编

中国华侨出版社
北京

图书在版编目（CIP）数据

全注全解孙子兵法与三十六计/（春秋）孙武等著；子默编.—北京：中国华侨出版社，2018.5（2020.10重印）

ISBN 978-7-5113-7634-3

Ⅰ.①全… Ⅱ.①孙…②子… Ⅲ.①兵法—中国—古代 Ⅳ.①E892.2

中国版本图书馆CIP数据核字（2018）第054120号

全注全解孙子兵法与三十六计

著　　者：（春秋）孙武 等
编　　者：子　默
责任编辑：子　慕
封面设计：阳春白雪
文字编辑：毛　毛
美术编辑：宇　枫
经　　销：新华书店
开　　本：720毫米×1020毫米　1/16　印张：24　字数：388千字
印　　刷：北京德富泰印务有限公司
版　　次：2018年8月第1版　2020年10月第2次印刷
书　　号：ISBN 978-7-5113-7634-3
定　　价：45.00元

中国华侨出版社　北京市朝阳区西坝河东里77号楼底商5号　邮编：100028
法律顾问：陈鹰律师事务所
发行部：（010）88866079　　　　传　真：（010）88877396
网　　址：www.oveaschin.com　　E－mail：oveaschin@sina.com

如发现印装质量问题，影响阅读，请与印刷厂联系调换。

前言

《孙子兵法》被喻为"兵经""百世谈兵之祖",历代兵学家、军事家甚至政治家无不从中汲取养料,曹操、唐太宗、宋仁宗、王阳明、张居正等都曾力主学习此书。著者孙武,是中国军事学的奠基人,古人称他为"兵圣"。

在国外,人们对《孙子兵法》更是推崇备至。不少国家的军校把它列为教材,比如美国的国防大学、西点军校、海空军指挥学院等就把《孙子兵法》列为战略学和军事理论的必读书。在商业领域,《孙子兵法》也是大放异彩,哈佛商学院将《孙子兵法》列为高级管理人才培训的必读教材,日本的"经营之神"松下幸之助更是将其奉为圭臬,他的经营思想中无不渗透着《孙子兵法》的军事精华。

《三十六计》是根据我国古代卓越的军事思想和丰富的斗争经验总结而成的兵书,是我国古代兵家计谋的总结和军事谋略学的宝贵遗产。该书在20世纪40年代之前,未见诸任何文献记载,因此无法确切考证是何人何时所著。据很多学者称是南北朝时檀道济所著。

《三十六计》蕴含了丰富的军事斗争经验和卓越的军事思想,集"韬略""诡道"之大成,素有兵法、谋略奇书之称,是古代兵家行军作战的决胜宝典。它蕴含着丰富的东方智慧,曾使中国历史多次被改写,并以独特的魅力影响着世界的政治、经济和军事,使世界无数政治家、企业家、军事家扬名于天下。法国海军上将科拉斯特称赞它是一本"小百科全书",系统形象地描绘了"诡道的迷宫",而日本人则称其为"运筹帷幄的诀窍"。它既是政治家、军事家的案头书,也是企业家与商人在商海中进退自如的法宝。

《孙子兵法》与《三十六计》代表着我国古代军事理论的最高水平。它们所体现出的丰富的智慧和内涵,使其影响已远远超出军事学领域,不但为中外政治家、军事家学习和运用,而且被众多哲学家、文学家和企业家所借鉴,并成为人们日常生活的精神指导和成功指南。时至今日,《孙子兵法》与《三十六计》已被译为近30种文字在世界范围内广泛流传。

本书秉承大众阅读的原则,精编精校,将这两部经典著作的精华汇集在一本书中呈现。在原著基础上增设了注释、译文、名家品读、实用谋略和商业案例等栏目,在重现古典兵书原貌的同时,以现代视角对古典计谋进行全新解读。

科学简明的体例、充满智慧的文字、注重传统文化与现代审美的设计理念,多种视觉要素有机结合,打造出一个多元的阅读空间,全面提升了本书的欣赏价值、艺术价值和收藏价值。本书不仅适合广大读者欣赏,还是书房珍藏的精品图书。可谓雅俗共赏,弥足珍贵。

目 录
Contents

《孙子兵法》

计篇 ·· 2
 全解经典 ······································ 2
 实用谋略 ······································ 6
  南唐灭亡的教训 ························ 6
  宋襄公死守"仁义道德" ············ 8
 商业案例 ···································· 12
  汉斯的"57"牌罐头 ················ 12

作战篇 ······································ 14
 全解经典 ···································· 14
 实用谋略 ···································· 18
  诸葛亮陇上抢割新麦 ················ 18
  吴楚柏举之战 ························ 19
 商业案例 ···································· 21
  卡西欧和夏普的"以速取胜"之道 21

谋攻篇 ······································ 23

 全解经典 ···································· 23
 实用谋略 ···································· 28
  苏秦谏齐王伐宋 ······················ 28
  赤壁之战 ································ 29
 商业案例 ···································· 32
  "戴尔"的策略 ······················ 32

形篇 ·· 34
 全解经典 ···································· 34
 实用谋略 ···································· 37
  王翦灭楚 ································ 37
 商业案例 ···································· 39
  《华府邮报》的成功 ················ 39
  国际商业贸易中的"胜于易胜者" 40

势篇 ·· 42
 全解经典 ···································· 42
 实用谋略 ···································· 48

淝水之战 …………………… 48
　　孙膑示形诱敌大破魏军 …… 50
商业案例 ……………………… 52
　　史玉柱"主动还债" ………… 52

虚实篇 ……………………… 54
全解经典 ……………………… 54
实用谋略 ……………………… 59
　　司马懿平定辽东 …………… 59
　　虎牢之战 …………………… 61
商业案例 ……………………… 65
　　异军突起的苹果机 ………… 65

军争篇 ……………………… 67
全解经典 ……………………… 67
实用谋略 ……………………… 72
　　避其锐气，击其惰归——合肥之战 72
　　诸葛亮妙用木牛流马 ……… 74
商业案例 ……………………… 75
　　以退为进的谈判 …………… 75

九变篇 ……………………… 77
全解经典 ……………………… 77
实用谋略 ……………………… 80
　　孙武不受君命 ……………… 80
商业案例 ……………………… 81
　　"围地则谋"摆脱困境 ……… 81

行军篇 ……………………… 83
全解经典 ……………………… 83
实用谋略 ……………………… 90
　　王坚坚守钓鱼城 …………… 90
　　郭威治军"齐之以武" ……… 91
商业案例 ……………………… 92
　　新闻里蕴藏的商机 ………… 92

地形篇 ……………………… 95
全解经典 ……………………… 95
实用谋略 ……………………… 100
　　郭进拒辽军 ………………… 100
　　黄天荡之战 ………………… 101
商业案例 ……………………… 103
　　人心换人心 ………………… 103

九地篇 ……………………… 106
全解经典 ……………………… 106
实用谋略 ……………………… 117
　　高平之战 …………………… 117
商业案例 ……………………… 119
　　茅台酒走向世界 …………… 119
　　快速反应留住市场 ………… 120
　　企鹅丛书的诞生 …………… 121

火攻篇 ……………………… 123
全解经典 ……………………… 123
实用谋略 ……………………… 126
　　鄱阳湖之战 ………………… 126

商业案例 …………………… 127
巧借东风而成功 …………… 127

用间篇 …………………… 128

全解经典 …………………… 128
实用谋略 …………………… 133
蒋干盗书 …………………… 133
石勒用间智取王浚 ………… 135

《三十六计》

胜战计 …………………… 140

第一计 瞒天过海 …………… 140
全解经典 …………………… 140
实用谋略 …………………… 143
刘邦荥阳脱困 ……………… 143
刘备巧语欺袁绍 …………… 144
商业案例 …………………… 145
长城饭店名扬海外 ………… 145

第二计 围魏救赵 …………… 148
全解经典 …………………… 148
实用谋略 …………………… 151
孔明巧计退曹兵 …………… 151
商业案例 …………………… 152
巧寻谈判突破口 …………… 152

第三计 借刀杀人 …………… 154
全解经典 …………………… 154
实用谋略 …………………… 155
刘备一言杀吕布 …………… 155
曹操借刀杀祢衡 …………… 156
商业案例 …………………… 158
威尔逊高价出售品质和服务 … 158

第四计 以逸待劳 …………… 160
全解经典 …………………… 160
实用谋略 …………………… 161
曹刿论战 …………………… 161
城濮之战 …………………… 163
商业案例 …………………… 165
友尼利福公司以退为进巧渡难关 … 165

第五计 趁火打劫 …………… 167
全解经典 …………………… 167
实用谋略 …………………… 170
晋惠公伐秦 ………………… 170
山海关之战 ………………… 171
商业案例 …………………… 172
摩根财团与美国政府的谈判 … 172

第六计 声东击西 …………… 175
全解经典 …………………… 175
实用谋略 …………………… 177
韩信讨伐魏王豹 …………… 177
姜维声东击西骗魏军 ……… 178
商业案例 …………………… 179
娄维川声东击西谈判成功 …… 179

哈利巧售柠檬水 …………… 181

敌战计 …………………………… 183

第七计 无中生有 …………… 183
全解经典 …………………… 183
实用谋略 …………………… 185
　宋太祖杯酒收钱财 …………… 185
商业案例 …………………… 186
　假想对手以振奋己方士气 …… 186

第八计 暗度陈仓 …………… 187
全解经典 …………………… 187
实用谋略 …………………… 190
　邓艾偷渡阴平 ………………… 190
商业案例 …………………… 192
　三井东山再起 ………………… 192
　音乐教室的回报 ……………… 193

第九计 隔岸观火 …………… 195
全解经典 …………………… 195
实用谋略 …………………… 197
　秦国隔岸观火坐收渔利 ……… 197
商业案例 …………………… 198
　保险公司巧挖人才 …………… 198

第十计 笑里藏刀 …………… 200
全解经典 …………………… 200
实用谋略 …………………… 201
　公孙鞅轻取崤山 ……………… 201
　杨廷和计除江彬 ……………… 203
商业案例 …………………… 204

《佐贺报》以真诚打动客户 … 204

第十一计 李代桃僵 …………… 205
全解经典 …………………… 205
实用谋略 …………………… 207
　田完子舍身保全齐国 ………… 207
　田忌赛马 ……………………… 208

第十二计 顺手牵羊 …………… 211
全解经典 …………………… 211
实用谋略 …………………… 212
　楚王问鼎 ……………………… 212
商业案例 …………………… 214
　电影《少林寺》带来的商机 … 214

攻战计 …………………………… 216

第十三计 打草惊蛇 …………… 216
全解经典 …………………… 216
实用谋略 …………………… 218
　崤之战 ………………………… 218
　诸葛亮于汉水巧战曹操 ……… 219
商业案例 …………………… 220
　艾柯卡重振"克莱斯勒" …… 220

第十四计 借尸还魂 …………… 222
全解经典 …………………… 222
实用谋略 …………………… 224
　刘备占益州 …………………… 224
商业案例 …………………… 225
　派克公司的完美转变 ………… 225

第十五计 调虎离山 …………… 227

全解经典…………………… 227	全解经典…………………… 251
实用谋略…………………… 228	实用谋略…………………… 253
诸葛亮调虎离山败曹魏……… 228	勾践蒸粟还粮……………… 253
商业案例…………………… 230	商业案例…………………… 254
范旭东调虎离山智斗"卜内门"… 230	"釜底抽薪"要看准时机…… 254

第十六计 欲擒故纵 …… 232　　第二十计 混水摸鱼 …… 256

全解经典…………………… 232	全解经典…………………… 256
实用谋略…………………… 234	实用谋略…………………… 257
康熙擒鳌拜………………… 234	张守珪平契丹……………… 257
商业案例…………………… 235	商业案例…………………… 259
原一平的销售秘诀………… 235	"金星"赢得商机…………… 259

第十七计 抛砖引玉 …… 238　　第二十一计 金蝉脱壳 …… 261

全解经典…………………… 238	全解经典…………………… 261
实用谋略…………………… 239	实用谋略…………………… 263
楚国轻取绞城…………… 239	悬羊击鼓………………… 263
芒卯救魏………………… 241	宋江私放晁盖…………… 264
商业案例…………………… 242	商业案例…………………… 266
新光人寿打响品牌……… 242	李嘉诚和包玉刚的完美配合… 266

第十八计 擒贼擒王 …… 245　　第二十二计 关门捉贼 …… 268

全解经典…………………… 245	全解经典…………………… 268
实用谋略…………………… 246	实用谋略…………………… 270
张巡智胜尹子奇………… 246	三河之战………………… 270
李靖追捕颉利…………… 248	商业案例…………………… 271
商业案例…………………… 249	请君入瓮——"斯航"的成功
"柳江"的成功之道……… 249	之道……………………… 271

混战计 …………………… 251　　第二十三计 远交近攻 …… 273

第十九计 釜底抽薪 …… 251	全解经典…………………… 273
	实用谋略…………………… 275

"远交近攻"的策划实施者
——范雎 ………… 275
隋文帝平突厥 ………… 276
商业案例 ………… 278
店老板弃眼前小利与顾客成为至交 ………… 278

第二十四计 假途伐虢 ………… 281
全解经典 ………… 281
实用谋略 ………… 282
晋献公假途伐虢 ………… 282
商业案例 ………… 284
爱波斯坦与"披头士" ………… 284

并战计 ………… 286

第二十五计 偷梁换柱 ………… 286
全解经典 ………… 286
实用谋略 ………… 288
吴汉智胜公孙述 ………… 288
偷天换日起死回生 ………… 289
商业案例 ………… 291
偷梁换柱害人又害己 ………… 291

第二十六计 指桑骂槐 ………… 294
全解经典 ………… 294
实用谋略 ………… 296
古弼巧谏太武帝 ………… 296
商业案例 ………… 297
凯瑟琳的"诚实无欺"策略 ………… 297

第二十七计 假痴不癫 ………… 299

全解经典 ………… 299
实用谋略 ………… 300
韦皋大智若愚擒逆 ………… 300
海瑞智惩胡衙内 ………… 302
商业案例 ………… 303
抓住消费者的心理 ………… 303
"包退包换"的生意经 ………… 305

第二十八计 上屋抽梯 ………… 307
全解经典 ………… 307
实用谋略 ………… 309
张郃于木门道中计 ………… 309
商业案例 ………… 311
无路可走的建筑公司 ………… 311

第二十九计 树上开花 ………… 313
全解经典 ………… 313
实用谋略 ………… 315
田单孤城复齐 ………… 315
唐太宗虚张声势退顽敌 ………… 317
商业案例 ………… 319
提高知名度以赢得商机 ………… 319

第三十计 反客为主 ………… 321
全解经典 ………… 321
实用谋略 ………… 323
郭子仪单骑退敌群 ………… 323
李渊称帝建唐 ………… 325
商业案例 ………… 327
借新闻发布会使产品"反客为主" ………… 327

败战计 ······ 328

第三十一计 美人计 ······ 328
全解经典 ······ 328
实用谋略 ······ 330
　范蠡施美人计而灭吴 ······ 330
　赔了夫人又折兵 ······ 331
商业案例 ······ 334
　难忘的"太太"情怀 ······ 334

第三十二计 空城计 ······ 336
全解经典 ······ 336
实用谋略 ······ 337
　李广阵前摆空城 ······ 337
　诸葛亮吓走司马懿 ······ 339
商业案例 ······ 340
　无中生有，门庭若市 ······ 340

第三十三计 反间计 ······ 342
全解经典 ······ 342
实用谋略 ······ 344
　韦皋施巧计破吐蕃 ······ 344
　皇太极用反间计除袁崇焕 ······ 345
商业案例 ······ 347
　"巧克力间谍"大战 ······ 347

第三十四计 苦肉计 ······ 349
全解经典 ······ 349
实用谋略 ······ 350
　周瑜打黄盖 ······ 350
　王佐断臂 ······ 351
商业案例 ······ 353
　木村盗情报 ······ 353

第三十五计 连环计 ······ 355
全解经典 ······ 355
实用谋略 ······ 357
　张仪对楚国施连环计 ······ 357
　侯嬴施连环计退秦军 ······ 359
商业案例 ······ 361
　"半球"的连环广告 ······ 361

第三十六计 走为上 ······ 362
全解经典 ······ 362
实用谋略 ······ 364
　范蠡功成身退累万金家产 ······ 364
　黄巢避实就虚的流动作战 ······ 365
商业案例 ······ 366
　保存实力东山再起 ······ 366

《孙子兵法》

计篇

全解经典

【导读】

本篇一开始就揭示了战争的性质、意义和重要作用:"兵者,国之大事,死生之地,存亡之道,不可不察也。"全面探讨了决定战争胜负的基本条件"五事""七计",并阐述了"攻其无备,出其不意"的道理。

【原文】

孙子曰:兵者①,国之大事,死生之地,存亡之道,不可不察也。

故经之以五事②,校之以计而索其情③:一曰道,二曰天,三曰地,四曰将,五曰法。道者,令民与上同意也④,故可以与之死,可以与之生,而不畏危。天者,阴阳、寒暑、时制也⑤。地者,远近、险易、广狭、死生也⑥。将者,智、信、仁、勇、严也⑦。法者,曲制、官道、主用也⑧。凡此五者,将莫不闻⑨,知之者胜,不知者不胜。

故校之以计而索其情,曰:主孰有道?将孰有能?天地孰得?法令孰行?兵众孰强?士卒孰练?赏罚孰明?吾以此知胜负矣。

将听吾计⑩,用之必胜,留之;将不听吾计,用之必败,去之。

计利以听⑪,乃为之势,以佐其外⑫。势者,因利而制权也⑬。

【注释】

①兵:原指兵器。这里指战争。

②经之以五事：指从道、天、地、将、法这五个方面对制胜的条件和因素进行分析研究。经，度量、衡量。

③校（jiào）之以计而索其情：衡量敌对双方的各种条件，从中探求战争胜负的情形。校，通"较"，衡量、比较。计，指下文"主孰有道"等"七计"。

④令民与上同意：使民众与国君的意志相一致。

⑤阴阳：指昼夜、晴雨等天时气象的变化。寒暑：指寒冷、炎热等气温的波动。时制：指四季时令的更替。

⑥远近、险易、广狭、死生：指路程的远近、地势的险阻或平坦、作战场地的宽阔或狭窄、地形是否有利于攻守进退。

⑦智、信、仁、勇、严：指将帅的才能智谋、赏罚有信、爱护部属、勇敢果断、纪律严明等条件。

⑧曲制：指有关军队组织编制等方面的制度。官道：指有关各级将官的职责区分、统辖管理等方面的制度。主用：指有关各种军需物资后勤保障的制度。主，掌管。用，物资费用。

⑨闻：知道、了解。

⑩将听吾计：有两种解释，一说"将"是"听"的助动词，表示假设；一说"将"指将领。这里取第一种解释。

⑪计利以听：指有利的计策已经被采纳。计，这里指战争决策。以，同"已"。听，听从、采纳。

⑫佐：辅助。

⑬因利而制权：根据利害得失而掌握战场的主动权。

【译文】

孙子说：战争，是国家的大事，它关系到生死存亡，是不可以不详加考察和研究的。

所以，要从以下五个方面分析研究，从计谋上加以衡量，并从中探求战争胜负的情形：一是道，二是天，三是地，四是将，五是法。道，是使民众与君主的意志相一致，所以可以使民众与国君一同赴死，一同相养相生，而不会畏惧危险。天，是指阴阳、寒暑、四时的更替变化。地，是指征战路途的远近，地形的险阻与平坦，作战场地的广阔与狭窄以及哪里是死地、哪里是生地等。将，是指将帅是否足智多谋，是否赏罚有信，是否爱护部属，是否勇敢果断，是否军纪严明。法，是指军队的组织编制、各级将官的职责区分、军需物资的供应管理等制度规定。凡属这五个方面的情况，将领们没有不知道的。只有充分地了解，才能获胜；否则，就不能取胜。

所以，要从以下七个方面对敌我双方的情况进行研究分析，从中探求战争胜负的情形，包括：哪一方的君主更正义？哪一方的将领更有才能？哪一方占据了更多的天时地利条件？哪一方的法令能够更加切实地贯彻执行？哪一方的兵力更为强大？哪一方的士卒更加训练有素？哪一方的赏罚更加公正严明？我们根据这些，就可以推知谁胜谁负了。

如果能听从我的计谋，用兵就一定能够胜利，我就留在这里；如果不能听从我的计谋，用兵就必定会失败，我就离开这里。

有利的计策已经被采纳，还要设法造势，以辅助作战的进行。所谓"势"，就是根据对敌我双方利害得失的把握而掌握主动权。

【原文】

兵者，诡道也[①]。故能而示之不能[②]，用而示之不用，近而示之远[③]，远而示之近；利而诱之，乱而取之，实而备之，强而避之，怒而挠之[④]，卑而骄之[⑤]，佚而劳之[⑥]，亲而离之，攻其无备，出其不意。此兵家之胜[⑦]，不可先传也[⑧]。

夫未战而庙算胜者[⑨]，得算多也[⑩]；未战而庙算不胜者，得算少也。多算胜，少算不胜，而况于无算乎！吾以此观之，胜负见矣[⑪]。

【注释】

① 兵者，诡道也：用兵打仗是一种诡诈、谲变的行为。诡，诡诈、奇诡。

② 能而示之不能：意即能打却故意装作不能打，能守却故意装作不能守。示，显示、假装。

③ 近而示之远：本来要从近处进攻，故意装作要从远处进攻。

④ 怒而挠之：意即对于暴躁易怒的敌将，要用挑逗的办法激怒他，使其失去理智，轻举妄动。挠，挑逗。

⑤ 卑而骄之：意即对于鄙视我方的敌人，应设法使其变得骄傲自大，然后伺机将其击破。

⑥ 佚而劳之：意即对于休整充分的敌人，要设法使其疲劳。佚，通"逸"。

⑦ 胜：奥妙。

⑧ 不可先传：指不可事先进行传授，意即只能在战争中根据实际情况加以灵活运用。

⑨ 庙算：古时候出师作战之前，一般要在庙堂里举行会议，商议谋划作战方略，分析战争的利害得失，预测战争胜负，这就叫作"庙算"。

⑩ 得算多：指具备很多取胜的条件。算，计数用的筹码，这里引申指获胜的条件。

⑪ 胜负见矣：胜负的结果显而易见。见，通"现"，显现。

【译文】

用兵打仗是一种诡诈之术。所以，能打却装作不能打；能攻而装作不能攻；要打近处，却装作要在远处行动；要打远处，却装作要在近处行动。敌人贪利，就用利引诱它；敌人混乱，就乘机攻击它；敌人实力雄厚，就要注意防备它；敌人实力强劲，就暂时避开它的锋芒；敌人冲动易怒，就要设法骚扰激怒它；

敌人鄙视我方，就要设法使其变得骄傲自大；敌人休整充分，就要设法使它疲困；敌人内部团结，就要设法离间它；要在敌人没有防备的地方发动攻击，要在它意料不到的时候采取行动。这是兵家取胜的奥妙所在，（其中的深意必须在实践中方能体会）是无法事先传授的。

凡是在开战之前就预计能够取胜的，是因为筹划周密，胜利条件多；开战之前就预计不能取胜的，是因为筹划不周，胜利条件少。筹划周密、条件具备就能取胜，筹划不周、条件缺乏就不能取胜，更何况根本不筹划、没有任何胜利条件呢？我们依据这些来观察，胜负的结果也就很明显了。

实用谋略

◎南唐灭亡的教训◎

战争是国家的大事，它关系到国家的生死存亡。因此，一定要重视战争，避免在战争中失利，否则就会使国家灭亡。南唐灭亡的史实，就充分说明了这点。

五代十国时，十国之一的南唐是建立在富庶的长江中下游地带的小朝廷。据史书记载，南唐烈祖李昪建立南唐，即位后实行与民休息的政策，由于地理条件优越，环境比较安定，南唐吸收了不少从北方流亡过来的劳力，使这里经济迅速地发展起来，出现了当时少有的繁荣气象。

此时，在北方，后汉大将郭威起兵推翻后汉的统治，建立了后周。郭威文武双全，他招贤纳士，革除弊政，减少赋税，终生保持节俭。经过郭威的精心治理，后周在很短的时间里就实现了国富民强。

郭威死后，他的养子郭荣即位。郭荣本姓柴，父亲柴守礼是周太祖郭威妻子的哥哥，后来由于家道中衰，投靠姑父郭威，遂改名为郭荣，他就是后来赫赫有名的周世宗。郭荣即位后，进行一系列政治改革，取得很大成效，史称"周世宗英毅雄杰，以衰乱之世，区区五六年间，威武之声，震慑夷夏，可谓一时贤主"。

刚继位时，郭荣就立下了30年的宏志："以十年开拓天下，十年养百姓，十年致太平。"他虽然在即位五年以后就患病辞世，但在这短短五年的时间里，后周已经成为当时最为强盛的国家，为后来北宋的统一全国奠定了坚实的基础。

在五代十国动荡的社会局面和频繁的朝代更迭中，郭荣认识到要想维持国家长期的繁荣稳定，没有一支强大的军队是不行的。于是他进一步整顿军队，对作战时贪生怕死的将领加以惩处，建立了一支精锐的禁军，为此后的南征北战创造了条件。

随着后周军力的增强，郭荣开始不断兼并各国土地，为实现统一全国的大业而努力。

在向西攻取了后蜀统治下的秦（今甘肃天水）、成（今甘肃成县）、阶（今甘肃武都东）、凤（今陕西凤县东）四州之后，郭荣立即将兵锋指向了南唐。

南唐虽然地富民丰，但南唐中主李璟却是一个昏庸无能的皇帝。他才华出众，应该说是一个优秀的文学家，但在治理朝政方面显然是碌碌无为的。他的周围经常聚集着一批文人，这些人身居要职，终日陪李璟饮酒作词，打发时日，使朝政更加混乱了。

就在南唐君臣醉生梦死的时候，后周军队在周世宗郭荣带领下，开始不断南下侵扰南唐，严重威胁着南唐的统治。

周世宗郭荣从显德三年（956年）开始，三次亲征南唐。第一次南征时，后周军队进展顺利，但由于后唐将领刘仁赡死守寿州（今安徽寿县），后周大军一连攻打了好几个月，始终无法攻克，只好退兵。

957年，郭荣又一次亲征南唐，强攻拿下了寿州，但很快又撤兵回到北方。

第三次南征是在958年，因为准备充足，又总结了前两次的经验，加之郭荣注意收服民心，结果后周军队一鼓作气拿下了南唐的江北十个州，郭荣到达长江北岸，驻于迎釜镇（今江苏仪征）。

后来，后周大将赵匡胤率水师杀过长江，扰乱江南敌营，向南唐军队示威挑衅。南唐中主李璟被迫求和，又割淮南四州给后周，并削去帝号，向周称臣。这样，淮南江北十四州六十四县尽入后周手中，南唐每年还向后周进献大批贡物。

显德六年（959年），周世宗郭荣病死，他的儿子柴宗训继位，即周隐帝，其时只有七岁。一年后，当时的禁军首领赵匡胤发动了"陈桥兵变"，黄袍加身做了皇帝。陈桥兵变次日，赵匡胤引兵回京，逼周隐帝禅位，改国号为宋。

961年，南唐中主李璟薨，他的第六子李煜继位。作为词人，李煜才华横溢；作为君主，他极不称职。欧阳修在《新五代史》中对他做了这样的评价："性骄侈，好声色，又喜浮屠；好高谈，不恤政事。"（欧阳修这句话的意思是说：李煜骄奢淫逸，喜好声色，又沉迷于礼佛诵经；喜欢空谈，不体恤政事。）

北宋在攻灭割据岭南一带的南汉后，形成北、西、南三面合围南唐的态势。为了延缓宋军的进攻，李煜每年向北宋进贡大量的财宝，又改革南唐制度，把国主的旨令"诏"贬称为"教"，将诸王降称为国公，尚书省降称为司会府，御史台降称为司宪府，等等。但是，这一切并不能改变赵匡胤灭掉南唐，进而统一全国的决心。

974年，赵匡胤以曹彬、潘美为帅，起兵十万讨伐南唐，大败唐兵于采石矶，而后围攻南唐都城金陵，次年十一月攻陷金陵，南唐后主李煜率领群臣出城迎降，南唐宣告灭亡。

南唐的经济和文化在当时是繁荣的，但是南唐君臣们懈于整军备战，整日沉溺于莺歌燕舞之中，终于在北宋的雄兵面前束手就擒。这正应了孙子所说的一句话："兵者，死生之地，存亡之道，不可不察也。"

◎宋襄公死守"仁义道德"◎

在春秋中期以前，战争行为普遍受到西周礼乐教化的影响，讲求"以仁为本""以礼为固"。随着争霸战争日益频繁，规模越来越大，这种披着"仁义道德"外衣的战争行为越来越不适应当时的需要。于是孙子提出了"兵者，诡道也"这一基本战争思想，而那些还在坚持着"仁战""德战"的人，则在战争中遭受一次又一次的惨败。

周襄王十四年（公元前638年）初冬发生的泓水之战，是宋、楚两国为争夺中原霸权而进行的一场战役。这场战役的结果是宋襄公因思想保守、墨守成规而招致失败。

公元前643年，中原霸主齐桓公去世，他的儿子们在他死后展开了激烈的争位斗争。当时，齐桓公的宠臣竖刁、易牙等人操纵了齐国大权，他们赶走了公子昭，将公子无亏扶上了君位。齐国的大臣们都不服，没有人去朝见无亏这位新国君。

公子昭逃到了宋国。宋国是殷商的后裔，当时宋国的国君是宋襄公，他依照齐桓公生前的嘱托，支持公子昭复国，就通知各国诸侯，请他们共同护送公子昭回到齐国继承君位。但是宋襄公的号召力有限，只有三个小国带了点人马追随宋国。宋襄公便率领着四国的兵马前往齐国。齐国的大臣多数支持公子昭，于是与宋军里应外合，杀掉了竖刁和公子无亏，易牙见大势已去，匆忙逃到了鲁国。齐桓公的其他几个儿子纠集人马与四国军队作战，结果大败。在齐国大臣和四国军队的拥护之下，公子昭登上了君位，他就是齐孝公。

由于帮助公子昭取得了君位，而齐国又是原来的诸侯盟主，所以宋国在诸侯中的地位就自然提高了。这时，齐国因内乱而势力衰弱，晋、秦也暂时无暇顾及中原。这样，长期以来受齐桓公遏止的南方强国楚国，就乘机进入中原，企图攫取霸权。而一贯标榜仁义的宋襄公，也想继承齐桓公的霸主事业；但从实力上来讲，宋国是远远不能和楚国相比的。于是宋襄公便打起了如意算盘：只要把楚国拉过来，那些托庇于楚国的小国自然也都臣服于自己，那样宋国的霸业就容易实现了。

宋襄公把这个想法告诉了公子目夷，公子目夷不赞成这样做，他认为一来宋国是个小国，想要当盟主，不会有什么好处；二来楚成王野心勃勃，善于权变，宋襄公很难与他争斗。

然而宋襄公不肯听从公子目夷的忠告。公元前639年春，宋襄公与楚成王、齐孝公在鹿上会盟。盟会上，宋襄公邀请楚成王及其盟国出席下一次的诸侯大会。没想到楚成王居然答应了，他们相约在宋国的盂地进行会盟。

到了这年的七月，宋襄公前往盂地大会诸侯。临行前，公子目夷对他说："万一楚君不怀好意，可怎么办？您还是多带些兵马去，以防万一。"

宋襄公说："那不行，我们为了不再打仗才会盟，自己怎么反倒带兵马前去呢？"公子目夷见不能说服襄公，无奈之下，只好不带军队跟随前往。

在这次盟会上，楚成王和宋襄公都想当盟主，为此二人争执了起来。楚国势大，诸侯大多拥立楚王为盟主。宋襄公不服气，这时楚国的一班随从官员立即脱掉了外衣，露出里面的铠甲，二话没说就把宋襄公抓了起来。公子目夷趁乱逃回了宋国。

其后，楚军押着宋襄公前去攻打宋都商丘，公子目夷率领宋国的军民顽强抵抗，顶住了楚军的进攻。楚军曾以杀掉宋襄公相威胁，然而宋军没有中计，并回应说宋国已经立了新君。楚军围困宋都数月都未能攻下来，后来，在鲁僖公的调停之下，楚成王才答应将宋襄公释放回国。

宋襄公蒙受奇耻大辱，心中着实郁积了一口闷气，但他并没有能力去攻打楚国，于是决定先讨伐依附于楚国的郑国。他联合了几个诸侯国共同讨伐郑国，郑国立即向楚国求救，楚成王听到消息，并没有派兵去援救郑国，而是命令大军直接攻打宋国。宋襄公赶忙撤兵回来防御，宋军于是在泓水岸边驻扎下来，等待楚军的到来。

楚军到达泓水以后便开始渡河，其时宋军已经摆好了阵势。公子目夷对宋襄公说："敌众我寡，趁他们还没有完全渡河，请下令攻击他们吧。"宋襄公说："不行，还不到时候。"于是，大家就眼睁睁地看着楚军顺利地渡了河。渡河之后，楚军便乱哄哄地列队布阵，公子目夷又请求主动攻击，宋襄公说："不行，还不到时候。"等楚军摆好了阵势，宋襄公才下令攻击，强悍的楚军铺天盖地杀来，宋军被打得大败，士兵们四散逃命，宋襄公的大腿受伤，卫队也被全部歼灭了。

退回到城中，宋国人都埋怨宋襄公。宋襄公却说："君子不伤害已经受伤的人，不捉拿头发花白的人。古人作战，不在隘口处阻击敌人。我虽然是已然亡国的商朝的后代，但也不会攻击没有摆好阵势的敌人。"

公子目夷对他说："您其实并不懂得战争。强大的敌人来进攻我们，他们因为地形的原因而摆不开阵势，这是上天在帮助我们，这时候对其加以拦截然后攻击他们，难道有什么不对吗？就是在这样的有利情况下还要担心不能取胜，何况今天前来进攻我们的是强悍的楚兵呢？他们都是我们的敌人，对我们不会手下留情，就算他们的士兵中有老人，两军对阵时也应该把他们抓回来，何况其中年龄最大的也只不过是四十上下、头发花白的人呢！我们平日里训练士兵，就是为了让士兵在战场上杀死敌人。敌人受了伤但没有死，为什么就不能再次攻击他们让他们毙命呢？如果是因为您怜悯那些受伤的人而不想再次对他们加以伤害，那还不如开始就不击伤他们；您要是同情年长的敌人，那还不如向他们投降呢！"

第二年，宋襄公就因为腿伤过重而死去了。

战争本身就是一场你死我活的较量，它的唯一意义就是看谁能取得最终的胜利。至于是通过什么样的途径、使用什么样的方法而获得的胜利，人们也许会用道德标准去衡量它们是否合适，但更关心的往往是最终的结果。因为愚蠢地信守仁义道德而战败身死，使得国家破亡、生灵涂炭，在这样的结果面前还有什么仁义道德可言呢？对谁行仁义了，又对谁讲道德了呢？宋襄公的例子值得每一个人深思。

⊙名家论《孙子兵法》⊙

孙子的智战战略思想有两层含义：一是预见性，所谓"未战而庙算胜"（《计篇》）；二是智慧性，所谓"因形而措胜于众"（《虚实篇》）。这里的"制胜之形"，既可指作战方式，又可指战略策略。总之，是根据客观情况，随机应变，灵活处置。孙子的高明之处就在这里，究竟有些什么奇谋妙策，龙韬虎铃，他一概采取引而不发的叙述，用他的话说，"此兵家之胜，不可先传也"（《计篇》）。

——吴如嵩

商业案例

◎汉斯的"57"牌罐头◎

《孙子兵法》不仅是古今军事家的必读书,也是现代企业家的重点研究对象。

日本企业家读了《孙子兵法》后,著有《用兵法经营》《怎样当企业领导》等书,后一本书的作者认为,智、信、仁、勇、严这将帅五德两千年后仍然适用。

美国通用汽车公司董事会主席罗杰·史密斯则说自己学习了两千多年前中国一位战略家所写的《孙子兵法》,形成了"战略家的头脑",所以才能为公司创造优秀的业绩。

在《孙子兵法》所提到的诸多战略中,"出奇制胜"实践起来难度极高,然而一旦实施成功,所获得的回报又极为丰富,故而为企业家们所高度重视,力求在商品设计、人才使用和产品营销中均能做到这一点。

以前人们常说"好酒不怕巷子深",但在现代商品社会,好产品也需要大力推向市场,尤其是新产品刚上市的时候,其技术、性能等方面的优势尚未被顾客广泛了解,而普通的宣传手段往往达不到预定的效果,这时候就需要各种新奇的谋略,来一举打开市场。

1893年,世界博览会在美国芝加哥举行。此次博览会规模极大,盛况空前,全球各大制造厂家都把本公司的产品送去陈列。美国"57"牌罐头食品公司的经营者汉斯先生自然也不会错失良机,他筹备了一大笔专款,力图让本公司的罐头在这次博览会上一炮而响,从而在国际市场上争得一席之地。

可惜事与愿违,汉斯公司的展出场地被安排在会场的一座小阁楼里,那是最偏僻的位置。博览会开幕后,参观者络绎不绝,但是汉斯公司的展位几乎无人问津,这自然使汉斯先生大为苦恼。眼看着一个星期的时间就这样过去了，自己却一无所获，汉斯先生并没有就此泄气，而是凭着对自己公司产品的自信以及多年来角逐商场的经验，想出了一个妙招。

随着博览会第二个星期的到来，会场中出现了这样一个现象：前来参观的人们经常能拾到一些做工精巧的小铜牌，铜牌上刻着一行字，指明谁拾到这块铜牌，谁就可以拿着它到位于某阁楼上的汉斯食品公司去换一件纪念品。这样的铜牌多达数千块。当然，它们其实都是汉斯先生派人抛下的。

本来门可罗雀的小阁楼很快被顾客挤得水泄不通，主办方甚至因为顾客蜂拥而至而担心阁楼会被挤塌，于是不得不请木匠将阁楼重新加固。汉斯食品公司的阁楼因此出了名，每个参观者都要争先恐后地奔向小阁楼，即使没有了小铜牌，这一热潮也不见消退，直至博览会闭幕仍是如此。而本来应该算是很不幸地和汉斯先生一起被分在阁楼的其他厂家，也因此沾了光，赚了三倍以上的利润。

机会可遇不可求，而计划又往往赶不上变化。要想把事情做好，就必须在制订周详计划的同时，根据实际情况灵活应变，因"势"得利。汉斯先生的完美计划遭遇了不利的情况，但他能灵活应对，因情造势，最后打了一个漂亮的大胜仗。

【点评】

《计篇》中提出了三条兵学原则：一、"先计而后战"，即预先对决定战争胜负的基本条件进行详细研究；二、"以庙算胜"，即为实现上述基本条件而进行战略准备与筹划，从而提出了大战略思维；三、"攻其无备，出其不意"，即灵活机动，提高作战时的能动性。

"国之大事，在祀与戎。""祀"是祭祀，"戎"就是战争。但我们研究战争，争取赢得最后胜利，不是为了战争本身，而是为了制止战争，是为了国家和民族的兴盛、人民的生命安全。这种对战争性质的深刻认识，对后世产生了极其深远的影响。

而且，这种对战争的认识，同样可以运用到我们的人生和事业当中——

人总会面临诸如升学考试、就业选择及至独立创业等人生的重大选择，它们关系着我们一生的幸福，故而必须做出正确的抉择。

在这种关键时刻，最重要的是什么？那就是精心研究一切主客观条件，对于难得的机遇一定要牢牢把握，这时候，我们也可以按照孙子提出的"五事七计"做出分析，努力为自己创造成功的条件。

比如运用到学习上，"五事"中的"道"，指学习的目的和目标；"天"和"地"，指应当具备的客观条件；"将"，指教师的教学水平；"法"，则指我们的学习方法。如果我们在学习中能对此进行全面的分析，发扬优势，改进不足，就能取得长足的进步。

人生大事亦如国家大事，不可不察。做好了这一点，我们就离自己的理想目标又迈进了一大步。

作战篇

全解经典

【导读】

本篇论述了战争对人力、物力和财力的依赖关系，阐明了速胜之利及久战之害，全面论述了"兵贵胜，不贵久"这一速胜思想，并提出了"因敌于粮"以及奖励士卒、优待俘虏等原则，以使自己"胜敌而益强"。

【原文】

孙子曰：凡用兵之法，驰车千驷①，革车千乘②，带甲十万③，千里馈粮④；则内外之费⑤，宾客之用⑥，胶漆之材⑦，车甲之奉⑧，日费千金，然后十万之师举矣⑨。

其用战也胜⑩，久则钝兵挫锐，攻城则力屈⑪，久暴师则国用不足⑫。夫钝兵挫锐、屈力殚货⑬，则诸侯乘其弊而起⑭，虽有智者，不能善其后矣。故兵闻拙速，未睹巧之久也⑮。夫兵久而国利者，未之有也。故不尽知用兵之害者，则不能尽知用兵之利也。

【注释】

①驰车千驷(sì)：战车千辆。驰车，快速轻便的战车。驰，奔走。驷，原指同一车套四匹马，这里作量词，即辆。

②革车千乘(shèng)：重车千辆。革车，又叫守车、重车，是专门用于运送粮食和器械的辎重车辆。乘，辆。

③带甲：穿戴盔甲的士兵，这里泛指军队。

④千里馈粮：辗转千里运送粮食。馈粮，运送粮食。馈，供应、运送。

⑤内外：这里泛指前方和后方。

⑥宾客之用：指与各诸侯国使节往来所花的费用。

⑦胶漆之材：指制作和维修作战器械所需的物资材料。胶漆，是制作、保养弓矢器械的材料。

⑧车甲之奉：指保养、补充武器装备的开销。车甲，车辆盔甲。奉，同"俸"，费用、花销。

⑨举：出动。

⑩用战也胜：指在战争耗费巨大的情况下用兵，就要求速战速胜。

⑪力屈：力量耗尽。屈，竭尽、穷尽。

⑫久暴师则国用不足：军队长期在外作战，国家的经济就会发生困难。暴，暴露。

⑬屈力殚(dān)货：力量耗尽，财力枯竭。殚，枯竭。货，财货、财力。

⑭弊：疲困，危机。

⑮巧：巧妙，工巧。

【译文】

孙子说：大凡用兵，其规律是要出动轻型战车千辆，辎重车千辆，军队十万，还要跋涉千里运送粮食。那么前后方的用度，接待使节来宾的开支，胶、漆一类作战物资的供应，保养、补充武器装备的花销，每天的耗费多达上千金，然后十万大军才能出动。

用这样庞大的军队去作战，就要求速战速胜，时间一久就会使军队疲惫、锐气挫伤；攻城会使力量消耗殆尽；军队长期在外作战，会造成国家财力的紧张。军队疲惫、锐气挫伤、国力耗尽、财力枯竭，那么其他诸侯就会乘此发兵进攻，到那时，即使有足智多谋的人，也无法收拾残局。所以，在用兵上只听说过有讲究战术简单而追求速胜的，没见过有讲究战术技巧而将战争拖得很久的。战事旷日持久而对国家有利的情形，从来就没有过。所以，不能完全了解用兵害处的人，也就不能完全了解用兵的益处。

【原文】

善用兵者，役不再籍①，粮不三载②；取用于国③，因粮于敌④，故军食可足也。

国之贫于师者远输⑤，远输则百姓贫。近于师者贵卖⑥，贵卖则百姓财竭，财竭则急于丘役⑦。力屈、财殚，中原内虚于家⑧。百姓之费，十去其七；公家之费，破车罢马⑨，甲胄矢弩⑩，戟楯蔽橹⑪，丘牛大车⑫，十去其六。

故智将务食于敌，食敌一钟⑬，当吾二十钟；萁秆一石⑭，当吾二十石。

故杀敌者，怒也；取敌之利者，货也⑮。故车战得车十乘已上，赏其先得者，而更其旌旗。车杂而乘之，卒善而养之，是谓胜敌而益强。

故兵贵胜，不贵久。

故知兵之将，生民之司命⑯，国家安危之主也⑰。

【注释】

①籍：本指名册，这里作动词，指征集兵员。

②载：运输、运送。

③取用于国：指武器装备等从国内取用。

④因：依靠。

⑤国之贫于师者远输：因为用兵而导致贫困的国家，远途运输是一个重要的原因。师，军队。

⑥贵卖：意思是物价飞涨。

⑦急：这里有加重的意思。丘役：军赋。丘，古代地方行政区划单位，一丘为一百二十八家。

⑧中原内虚于家：国内百姓的家因为远途运输而变得贫困、空虚。中原，这里泛指国内。

⑨破车：战车破损。罢（pí）马：战马疲敝。罢，同"疲"。

⑩甲胄（zhòu）矢弩：泛指装备战具。甲，铠甲。胄，头盔。矢，箭。

⑪戟（jǐ）楯（dùn）蔽橹（lǔ）：泛指各种攻防兵器。戟，古代一种兵器的名称。楯，同"盾"。蔽橹，攻城时用作屏蔽的大盾牌。

⑫丘牛：从兵役中征集来的牛。丘牛大车：指辎重车辆。

⑬钟：容量单位，每钟相当于六十四斗。

⑭萁（qí）秆：泛指牛、马等牲畜的饲料。萁，同"萁"，豆秸。秆，禾茎。石（dàn），古代容量单位，三十斤为一钧，四钧为一石，即一百二十斤为一石。

⑮取敌之利者，货也：想要使军队勇于夺取敌人的财物，就要先用财货来奖赏士卒。利，财物。货，财货，这里指用财货进行犒赏，以调动官兵杀敌的积极性。

⑯生民：泛指民众。司命：星宿名，传说中主死亡，这里喻指命运的主宰。

⑰主：主宰。

【译文】

善于用兵的人，不一再征集兵员，不多次运送粮草；武器装备等从国内取得，粮草则在敌国解决，这样，军队的粮食供应就得到满足了。

国家之所以会因为用兵而变得贫困，远途运输是重要原因，远途运输就会使百姓陷于贫困。临近军队的地区物价飞涨，物价飞涨就会使百姓财力枯竭，百姓财力枯竭，就更加急迫地征收赋税。国力耗尽，财政枯竭，国内就会家家空虚。百姓的财力，将会耗去十分之七；政府的财力，由于车辆破损、战马疲惫，装备、兵器、战具的补充以及辎重车辆的征调，要耗去十分之六。

所以，明智的将帅务求在敌国就地解决粮食的供给问题。消耗敌国一钟粮食，相当于从本国运送二十钟粮食；消耗敌国一石饲料，相当于从本国运送二十石饲料。

要想使士兵奋勇杀敌，就要激发他们同仇敌忾的勇气；要想夺取敌人的物资，就要用财货奖赏士卒。因此在车战中，缴获战车十辆以上，要奖赏最先夺得战车的士兵，并且更换战车上的旗帜，混入自己的战车编队之中。对于俘虏，要善待和供养他们。这就是所谓战胜敌人而使自己的力量更加强大。

所以用兵贵在速胜，而不宜旷日持久。

所以精通用兵之道的将帅，是民众命运的掌握者，是国家安危的主宰者。

实用谋略

◎诸葛亮陇上抢割新麦◎

古代生产力落后，军事物资相对而言比较匮乏，将领都会尽量降低本国资源的消耗，而想方设法从敌人手中夺取粮食，来保障我军的粮草供应和需求。下面这个故事就很好地展示了何谓"取用于国，因粮于敌"。

231年二月，诸葛亮率领十万大军，四出祁山，继续进行伐魏大业，司马懿率张郃、费曜等大将迎战，两军就此展开了对峙。

诸葛亮兵至祁山后，发现魏军早有防备，便对众将说："孙子曰：'重地则掠。'深入敌人的腹地，就要掠取敌人的粮草来补充自己。如今，我们长途远征，粮草供应不上，但据我估计，陇上的麦子已经成熟，我们可以秘密派兵去抢割陇上的麦子。"计议已定，诸葛亮便留下王平、张嶷等人守卫祁山大营，亲率姜维、魏延等部将直奔上邽。

这时，司马懿率大军赶到祁山，却不见蜀军出战。司马懿心中疑惑，又得到消息说有一支蜀军径往上邽而去，立刻恍然大悟，急忙引军去救上邽。

诸葛亮火速赶到上邽后，驻守上邽的魏将费曜领兵出战，姜维和魏延皆是当世勇将，他们将费曜打得大败。

趁此机会，诸葛亮命令手下三万精兵手执镰刀、驮绳，抢在司马懿大军到来之前，把陇上的新麦全都收割掉了，然后运到卤城打晒。

司马懿棋差一招，失去了陇上的新麦，心有不甘，于是和副都督郭淮引兵前往卤城，打算偷袭蜀军，趁乱夺回新麦，最好还能生擒诸葛亮。

而诸葛亮对此早有防备，等到魏兵抵达卤城城下时，只听一声炮响，伏兵四起，蜀军主力趁势从城内杀出。司马懿在部将的护卫下拼死力战，总算突出重围，狼狈逃回大营。

⊙名家论《孙子兵法》

自从中国进入奴隶社会以来，凡国家遇有战事，都要告于祖庙，议于明堂，成为一种固定的仪式。这种活动，在本质上是制定克敌制胜的方略，也就是曹操所说"选将、量敌、度地、料卒，远近险易，计于庙堂也"。孙子正是在这种大量长期的实践活动和丰富的感性认识的基础上，因形就势，加以概括，形成了内容与形式紧密结合的"庙算"概念。

——于泽民

◎吴楚柏举之战◎

关于"兵贵胜，不贵久"这一基本战略思想，孙子本人在公元前506年的吴楚柏举之战中为我们做出了最恰当的示范。

公元前515年，吴国公子光夺得吴国王位，他就是吴王阖闾。阖闾即位后，立志要称霸天下。他励精图治，整军经武，任用了伍子胥、孙武等杰出人才，吴国的国势因此而蒸蒸日上。

公元前512年，吴王阖闾先后灭掉了依附于楚国的小国徐国和钟吾国。之后，阖闾听从了伍子胥和孙武的建议，没有接着深入攻打楚国，而是采取分兵多路，轮番侵扰楚国的策略。楚军一年到头疲于应付吴军的肆意侵扰，搞得人困马乏，国力虚弱。

公元前506年，楚国令尹囊瓦率军围攻已归附吴国的小国蔡国，蔡国于是向吴国求救。吴国便打着兴师救蔡的旗号，由吴王阖闾亲自挂帅，孙武、伍子胥为大将，倾全国三万水陆之师直趋蔡境。囊瓦见吴军来势凶猛，不得不放弃对蔡国的围攻，回师防御本土。

当吴军与蔡军会合后，另一小国唐国也主动加入吴、蔡二军行列。于是，吴、蔡、唐三国组成联军，溯淮水浩荡西进。在淮水中行进一段路程后，孙武突然决定舍舟登陆，直插楚国纵深腹地。伍子胥不解其意，便问孙武："吴军习于水性，善于水战，为何改从陆路进军呢？"孙武回答说："用兵作战，贵在神速。要做到出敌之不意，攻敌之不备。逆水行舟，行进缓慢，吴军优势难以发挥，而楚军则有时间加强防备，这样就难以攻破他们。"伍子胥听完，连连点头称是。就这样，孙武挑选了三千五百名士卒作为前锋，身披坚甲，手执利器，以迅雷不及掩耳之势穿过楚国北部大隧、直辕、冥阨三道险关，挺进到汉水东岸。

楚昭王得知吴军已经抵达汉水东岸，急派令尹囊瓦和左司马沈尹戍，倾全国兵力，赶至汉水西岸，与吴军对峙。左司马沈尹戍向令尹囊瓦建议：由囊瓦率楚军主力沿汉水西岸正面设防。而他本人则率部分兵力迂回到吴军的侧后，毁其战船，断其归路。而后与囊瓦实施前后夹击，一举消灭吴军。这本是楚军击败吴军的上策。囊瓦起初也同意了沈尹戍的建议。可是沈尹戍率部出发之后，囊瓦担心沈尹戍抢了战功，于是在沈尹戍还未到达指定位置的时候，便传令三军，渡过汉水，主动向吴军发起进攻。

楚军的主动出击，正中了吴军的下怀。吴军主动由汉水东岸后撤，边撤边与楚军作战，在从小别（在今湖北汉川东南）至大别（今湖北境大别山脉）的这一段距离里与楚军三次交战，三战三捷，最后在柏举与楚军决战。由于楚军此时已是疲惫不堪，士气低落，再加上上下异心，结果在此战中被吴军一举击溃，囊瓦弃军逃往郑国。楚左司马沈尹戌得知囊瓦主力溃败，急率本部兵马赶来救援。吴军先锋夫概部在沈尹戌部突然进击之下，损失惨重。吴军主力赶到后，孙武指挥部队迅速将沈尹戌部包围。尽管沈尹戌左冲右突，拼命厮杀，但始终无法冲出包围，无奈之下，沈尹戌命令其部下割下自己的首级回报楚王。柏举之战以吴国的胜利而告终。

柏举之战是春秋末期一次规模宏大、影响深远的战役。在柏举之战中，孙武以区区三万兵力击败楚国二十万大军，创造了中国战争史上以少胜多、快速取胜的光辉战例。战国时期军事家尉缭子曾赞道："有提九万之众，而天下莫能当者谁？曰：'桓公也。'有提七万之众，而天下莫敢当者谁？曰：'吴起也。'有提三万之众，而天下莫敢当者谁？曰：'武子也。'"（《尉缭子·制谈篇第三》）由此可见，孙武及其《孙子兵法》绝非纸上谈兵，而是在实战中总结出来的，并在实战中得到了验证。

商业案例

◎卡西欧和夏普的"以速取胜"之道◎

卡西欧公司一贯奉行的生产与行销策略是："在产品成长期赚钱，而不是在成熟期赚钱！"

每当新产品上市后没多久，公司就尽量把价格压低，然后迅速推出新的产品，最大限度地缩短产品的更新周期。即使有对手想分一杯羹，面对这种速战速决的营销策略，也会觉得竞争起来非常吃力。因为这一策略要求一个企业能及时对市场和消费者需求（包括现实的和潜在的两方面）做出非常敏锐的反应，这样才能迅速抓住稍纵即逝的商机。

以生产电子产品为主的卡西欧公司竟把电波的原理运用于销售中：他们在"波谷"到"波峰"之间赚钱，而且"周期"很短。这种销售方式逐渐形成了一种声势，使其获得了许多"短线"的利润。

而吉列在与夏普较量中的失败案例也从侧面向我们证明了"兵贵神速"的正确性。

20世纪60年代，美国的埃弗·夏普公司仅有2000万美元资产。一种新型的不锈钢剃刀问世之后，夏普公司敏锐地嗅到了其中蕴藏的商机，于是当即决定投资生产。而吉列公司当时已经是著名的大公司，占据了碳钢剃刀市场90%以上的份额。然而这一次，吉列公司的大脑却突然失灵了，只是一边反复论证该种新产品的成本与市场前景，一边采取了谨慎观望态度，结果在犹豫中让机会白白溜走。

6个月后，夏普公司的新型不锈钢剃刀投入市场，掀起了一股销售热潮，吉列公司无力与之抗衡，白白丢掉了不锈钢剃刀70%的市场。

【点评】

在《作战篇》中，孙子着重论述了战争给国家带来的影响。

孙子所在的年代，生产力低下，维持一支庞大的军队和进行旷日持久的战争往往会给国家和人民带来难以估量的负担和损失。因此，如何认识战争给国家带来的利与害，如何最大限度地减少战争给国家经济带来的不利影响，也就成了兵家的探究方向和追求的根本。

在《作战篇》中，孙子在分析了战争的持久可能给国家带来的一系列损害之后，提出了速胜的军事思想，认为用兵宁可"拙速"，不能"巧久"。接着，他又讲到了减少战争负担的具体方法，也就是"因粮于敌"，尽量在敌人的地盘上解决自己军队的吃用问题，将敌人的战车和士兵转化成为自己的力量，以实现"以战养战"的目的。

后人将"兵闻拙速，未睹巧之久也"概括为"巧久不如拙速"的战争原则，历代兵家把它奉为圭臬。从战争所造成的损失和伤害来说，这无疑是正确的，尤其是普通人，与战争相伴随的鲜血与伤痛更是挥之不去的梦魇，而战争的代价最后也会转嫁到他们头上，自然会不遗余力地反对统治者穷兵黩武。

但就我们每个人来说，人生中有些事情着急是没用的，一个人的成长需要岁月的磨砺，知识需要长期学习、积累和不断更新，远大目标的实现更是需要坚持不懈的奋斗，等等。这就是"心急吃不了热豆腐""一口吃不成胖子"等俗语中所蕴含的深刻道理。

随着现代生活的节奏越来越快，社会的普遍心态也越来越浮躁，不少人一心只惦记着挣大钱、升高位，恨不能一夜暴富或者立马攀上世界之巅，或是不费吹灰之力就实现人生的全部梦想。然而，这终究是不现实的，人生虽如白驹过隙，但终究是由一分一秒、一朝一夕慢慢累积起来的，要实现理想和目标，一定要有耐心，不要怕"巧久"，要使生活中的每一秒都变得充实起来。

谋攻篇

全解经典

【导读】

本篇名为"谋攻"，强调的是以谋胜敌，着重论述了谋划进攻的问题，提出了"不战而屈人之兵"和"上兵伐谋"的原则，以及"必以全争于天下，兵不钝而利可全"的战略指导思想，揭示了"知彼知己，百战不殆"的著名军事规律。

【原文】

孙子曰：凡用兵之法，全国为上，破国次之①；全军为上，破军次之；

全旅为上，破旅次之；全卒为上，破卒次之；全伍为上，破伍次之②。是故百战百胜，非善之善者也③；不战而屈人之兵，善之善者也。

故上兵伐谋④，其次伐交⑤，其次伐兵⑥，其下攻城。

攻城之法为不得已。修橹轒辒⑦，具器械，三月而后成，距闉⑧，又三月而后已。将不胜其忿而蚁附之⑨，杀士三分之一而城不拔者，此攻之灾也。

故善用兵者，屈人之兵而非战也⑩，拔人之城而非攻也，毁人之国而非久也，必以全争于天下，故兵不顿而利可全⑪，此谋攻之法也。

故用兵之法，十则围之⑫，五则攻之，倍则分之，敌则能战之⑬，少则能逃之，不若则能避之⑭。故小敌之坚，大敌之擒也⑮。

【注释】

①全国为上，破国次之：以自己实力为后盾，完整地使敌方降服为上策；而通过战争，攻破敌方城池则稍逊一筹。全，全部、完整。国，春秋时主要指都城，有时也包括外城及周围地区。

②军、旅、卒、伍：都是古代军队的编制单位。旧说一万二千五百人为军，五百人为旅，百人为卒，五人为伍。不过，春秋以后，各诸侯国军队编制不完全一样。

③非善之善者也：不是好中最好的。

④上兵伐谋：用兵的最高境界是用谋略战胜敌人。上兵，上乘的用兵之法。伐谋，以谋略攻敌赢得胜利。伐，进攻、攻打。谋，谋略。

⑤伐交：指通过外交途径，分化瓦解敌人的盟友，巩固扩大自己的同盟，使敌人陷入孤立的境地，最后不得不屈服。

⑥伐兵：以武力战胜敌人。

⑦修橹轒（fén）辒（wēn）：制造大盾和攻城用的四轮大车。修，制作、制造。橹，这里指藤革等材料制的大盾牌。辒，攻城用的四轮大车，是以桃木制成，外蒙生牛皮，可以容纳十余人。

⑧距闉（yīn）：指为攻城做准备而堆积的高出城墙的土山。闉，同"堙"，土山。

⑨蚁附之：指士兵像蚂蚁一样爬梯攻城。

⑩非战：指不用交战的办法，而用"伐谋""伐交"等方法迫使敌人屈服。

⑪顿：同"钝"，这里是疲惫、挫折的意思。

⑫十则围之：有十倍于敌人的兵力，就要四面包围他。

⑬敌则能战之：指同敌人兵力相等时，要设法战胜敌人。敌，这里指兵力相当、势均力敌。

⑭不若则能避之：指当各方面条件均不如敌人时，要设法避免与敌交战。

⑮小敌之坚，大敌之擒：力量弱小的军队，如果一味固守硬拼，就会为强大的敌人所俘虏。

【译文】

孙子说：大凡用兵的指导法则，使敌国完整地降服为上策，击破它就次一等；使敌军完整地降服为上策，击破它就次一等；使敌人全旅完整地降服是上策，击破它就次一等；使敌人全卒完整地降服为上策，击破它就次一等；使敌人全伍完整地降服为上策，击破它就次一等。因此，百战百胜，还不算是高明中的高明；不出战就能使敌人屈服的，才是高明中的高明。

所以，用兵的上策是用谋略来战胜敌人，其次是在外交上封锁、孤立敌人，再次是直接出兵击败敌人，下策是攻打敌人的城池。

选择攻城是迫不得已的办法。建造攻城用的大盾和四轮大车，准备攻城的器械，费时三个月才能完成。而构筑攻城用的土山，又要花费三个月才能完成。如果主将不能控制自己愤怒焦急的情绪而驱使士兵们像蚂蚁一般爬梯攻城，士兵伤亡了三分之一，而城池未能攻克，这就是攻城所带来的灾难。

所以，善于用兵的人，使敌军屈服不是靠交战，夺取敌人的城池不是靠强攻，灭亡敌人的国家不是靠久战。一定要用全胜的谋略争胜于天下。这样，军队不会劳累疲惫，又能取得完满的胜利。这就是以谋略攻取敌人的法则。

所以，用兵的法则，拥有十倍于敌人的兵力就包围敌人；拥有五倍于敌人的兵力，就主动进攻；拥有两倍于敌人的兵力就设法分割敌人；兵力同敌人相当的，要设法战胜敌人；兵力少于敌人的，要设法摆脱敌人；各方面条件均不如敌人的，要设法避开敌人的锋芒。因此，弱小的军队如果一味固守硬拼，就会成为强大敌人的俘虏。

【原文】

夫将者，国之辅也①。辅周则国必强，辅隙则国必弱②。

故君之所以患于军者三③：不知军之不可以进而谓之进④，不知军之不可以退而谓之退，是谓縻军⑤。不知三军之事而同三军之政者⑥，则军士惑矣。不知三军之权而同三军之任⑦，则军士疑矣。三军既惑且疑，则诸侯之难至矣，是谓乱军引胜⑧。

故知胜有五：知可以战与不可以战者胜；识众寡之用者胜；上下同欲者胜⑨；以虞待不虞者胜⑩；将能而君不御者胜⑪。此五者，知胜之道也。

故曰：知彼知己者，百战不殆⑫；不知彼而知己，一胜一负；不知彼，不知己，每战必殆。

【注释】

①辅：辅助，这里引申为助手。

②隙：缺陷、漏洞。

③患：危害。

④谓：告诉，这里是命令的意思。

⑤是谓縻（mí）军：这叫作束缚军队。縻军，束缚军队，使军队不能相机而动。縻，束缚、羁縻。

⑥同：共，这里是参与、干预的意思。政：这里指军队的行政。

⑦权：权变、权谋。任：统率、指挥。

⑧引：引导、导致。

⑨同欲：同心、齐心。

⑩以虞待不虞者胜：指自己在有准备的情况下对付没有准备的敌人就能获胜。虞，有准备。

⑪御：驾驭，这里是牵制、干预的意思。

⑫殆（dài）：危险，失败。

【译文】

将帅，是国君的助手。如果辅助周密得力，国家就必定强盛；如果辅助上有缺失疏漏，国家就必定衰弱。

国君可能对军队产生危害的情况有三种：不知道军队不能前进而强令军队前进，不知道军队不能后退而强令军队后退，这叫作束缚军队；不懂得军中事务而去干预军队的行政，就会使将士们产生迷惑；不懂得军事上的权谋机变而去干涉军队的指挥，就会使将士们产生疑虑。军队既迷惑又心存疑虑，那么其他诸侯乘机进攻的灾难就随之来临了，这就叫作扰乱自己的军队而导致敌人的胜利。

所以，能够预知胜利的情况有五种：知道什么情况下可以打，什么情况下不能打的，能够取得胜利；懂得根据兵力多寡而采取不同战法的，能够取得胜利；上下一心的，能够取得胜利；事先有所准备来对付事先没有准备的，能够取得胜利；将帅贤能而国君不掣肘的，能够取得胜利。这五条，就是预知胜利的方法。

所以说，既了解敌人，又了解自己的，百战百胜；不了解敌人而了解自己的，胜负参半；既不了解敌人，又不了解自己的，每战必败。

实用谋略

◎苏秦谏齐王伐宋◎

孙子认为，在外交上孤立封锁敌人，是战胜敌人的一种计谋。"苏秦谏齐王伐宋"的事迹就是对孙子这一思想的最好证明。

战国中后期，燕国发生内乱，齐国趁机派兵攻燕，仅五十余天就占领燕国全境。后来，赵武灵王护送燕公子职回国，立为燕昭王。

燕昭王即位后，广纳贤士，积极准备对齐国进行大规模的报复行动。这时，洛阳人苏秦来到燕国，得到燕昭王的重用。

此时，齐、秦并称为东、西二帝，并且两国准备合力攻打赵国。如果赵国被打败，土地就会被齐、秦瓜分，到时齐国的国力就更强大，这对燕国来说，是极为不利的。燕昭王担心不能复仇，所以心里很忧虑。

苏秦猜到燕昭王的心意，因此主动请缨，请求出使齐国，实施对齐国的报复计划。燕昭王很高兴，于是派苏秦去了齐国。

苏秦来到齐国，见到齐王，开门见山地说道："齐、秦并称二帝，天下人是尊齐，还是尊秦呢？"

齐王说道："秦国强大，天下人自然是尊秦。"

苏秦又问："那么齐国放弃帝号，天下是爱齐呢，还是爱秦？"

齐王道："当然是爱齐了。"于是，齐王有心放弃帝号。

苏秦猜透了齐王的心思，便瞅准时机，又继续说道："两帝并立，共约伐赵，与齐军独自攻宋，哪一个更有利呢？"

齐王回答："当然伐宋有利！"

苏秦接着劝齐王道："如果我们同秦一样称帝，天下只尊秦国；如果我们放弃帝号，天下就爱齐而憎秦，共约伐赵又不如单独伐宋。因此，我主张您放弃帝号以顺应民心。"

齐王听从苏秦建议，联合赵国在阿地会盟，约定共同抗秦，秦、齐关系交恶。

不久，苏秦又鼓动齐国进攻秦国的盟友宋国，最终灭掉宋国，但齐国的实力也遭到严重削弱。燕昭王看准时机，联合各国诸侯，以乐毅为统帅，一起讨伐齐国。最终，燕国不但成功复仇，还连克齐国七十多座城池，并掠走齐国大量金银财宝。

燕昭王以苏秦游说齐国，苏秦劝齐王去掉帝号，挑拨齐、秦的关系，又力劝齐王伐宋，以削弱齐国国力，为燕昭王复仇创造了条件，这则故事真可谓是"伐交"的典型范例。

⊙ 名家论《孙子兵法》

"谋"在《孙子》书中主要是指"计"。这个"计"字，现在人们往往已不了解其本义。实际上它的本义是指计算，即出兵前在庙堂上使用一种叫算或筹、策的古老计算工具进行计算。

——李零

◎赤壁之战◎

"谋攻"的思想主要包含两个层次：一个是"不战而屈人之兵"，一个是在不得已而用兵作战的情况下，尽可能减少损失，实现破中求全。赤壁之战中，孙、刘联军在敌强我弱不得已而用兵的情况下，巧施计谋，最终击败了强大的曹操。

曹操基本统一北方之后，于建安十三年（208年）正月回到邺城（在今河北临漳西南），开始着手准备南征事宜。

为了解决后顾之忧，曹操一方面逼汉献帝封自己为丞相，进一步巩固了自己的地位；一方面又上表天子册封驻守关中地区的马腾和马超父子，又令马腾及其家属迁至邺城作为人质，减轻了来自后方的威胁。

同年七月，曹操挥师南下，攻打荆州（约今湖北、湖南一带）。八月，荆州牧刘表病死，其子刘琮继位。当时，刘备依附于刘表，又三顾茅庐请诸葛亮出山，率军驻扎在樊城，准备抵御曹军的进攻。刘琮无能，唯恐不敌曹军，便背着刘备偷偷降了曹操。直到曹操大军抵达宛城时,刘备才意识到刘琮已降,心中又惊又怒,为了避免陷入孤立,只能弃城南逃。

刘琮手下不少人和荆州的百姓听说刘琮打算投靠曹操,于是纷纷归附刘备,随他一起逃走,结果大大延缓了刘备军队的行进速度。有人劝刘备扔下百姓先走,刘备心中不忍,断然拒绝,最后被曹军精骑追上。刘备兵微将寡,不敌曹军,只带着张飞、赵云、诸葛亮等数十骑逃走。曹军夺得刘备军马、辎重不计其数。

此时,孙权盘踞江东已久,当时还击败江夏守将黄祖,攻克夏口,占领了江夏数县,打开了西入荆州的门户,正相机吞并荆、益二州(成都)。听闻曹军南下,孙权遂派鲁肃前往荆州,劝说刘备与己方联合。此后,刘备与关羽水军会合,加上刘表长子刘琦所部一万余人,一起退守夏口。

十月,曹操留曹仁驻守江陵,自己亲率大军南下。诸葛亮见形势危急,于是主动向刘备请求出使东吴,然后与鲁肃一同前往柴桑(在今江西九江西南)。刘备也移师长江南岸,驻军樊口。

来到东吴后,诸葛亮故意用激将法刺激孙权,发现他并不愿受制于曹操,只是他看到对方人多势众,担心无法与之匹敌。于是诸葛亮就当前形势向孙权进行了详细分析,指出曹军有几项弱点:劳师远征,连续作战,士卒疲惫;曹军多为北方人,不习水战;时值初冬,粮草缺乏;水土不服,必生疾病。并表示只要利用好曹军的这些弱点,再联合刘备抗曹,是可以取胜的,孙权终于答应联刘抗曹。

曹操占领荆州之后,派人给孙权送来一封劝降书,其中隐含着恐吓之意。孙权立即召集群臣商议对策,以张昭为首的文官主降,而以老将黄盖为代表的武官坚决主战,两派各持己见,争论不休。孙权一时也难以决断,鲁肃则告诉孙权说,如果他自己投降曹操,还可继续为官,而孙权本为一方之主,即使投降,也不会为曹操所容,那些主张投降的人都是只顾自己利益,不足以采信。孙权认同了鲁肃的看法。

驻守鄱阳的周瑜听说此事后,星夜赶回,在孙权面前就曹军弱点逐一进行了分析，与诸葛亮的观点大致相同；继而指出来自中原的曹军不过十五六万，而且久战之下多已疲惫，而曹军中的荆州降卒七八万人与曹操并不同心，不会为曹操卖命死战。最后，周瑜表示只要自己统率五万精兵就可以战胜曹操。

至此，孙权终于下定抗曹决心，并当众拔剑砍下桌角，说："诸将吏敢复有言当迎操者，与此案同！"于是任命周瑜和程普为左右都督，命其率三万精锐水师与刘备共同抗曹，孙权本人则亲为后援，替大军运输辎重粮草。

十二月，周瑜率军与刘备在樊口会合，两军总共五万人一起逆水而上，行至赤壁，与正在渡江的曹军相遇。当时曹军中瘟疫流行，新编水军与荆州水军配合尚不默契，士气也较为低落，结果双方刚一交战，曹军即大败而回。初战不利，曹操不得不将战船停靠在长江北岸，继续操练水军，等待良机。周瑜则把战船停靠在南岸，隔长江与曹军对峙。

由于江面上风急浪颠，曹操军中的北方士兵晕船现象极其严重，更不要提作战了，曹操便下令用铁索将舰船首尾相连，中间搭上木板，这样，人马在船上行走如履平地。黄盖于是向周瑜建议说，如今敌众我寡，难以战胜敌人，现在曹军船舰首尾相连，正可采用火攻将其消灭。周瑜采纳了这一计策，并与黄盖上演了一出"苦肉计"。黄盖写信向曹操诈降，骗取了他的信任。

准备就绪后，黄盖率艨艟（一种用于快速突击的小战船）、斗舰数十艘，上面满载干草，灌以油脂，并插上旌旗龙幡巧加伪装，乘着风势快速驶向曹军战船，曹军官兵毫无防备，还在引颈观望。在距离曹军二里处时，黄盖下令点燃柴草，自己则登上后面的战船，然后解开绳索，小船顺着大风如箭一般直接冲入了曹军水寨，风助火势，火借风威，曹军舰船被铁索相连，无法解开，霎时间变成了火海，大火还顺势蔓延至岸上的营寨，曹军人马烧死、溺死的不计其数。

对岸的孙刘联军趁机擂鼓向前，横渡长江，曹军士兵不敢恋战，纷纷逃命，曹操眼见败局已定，当即烧毁剩下的战船，引军从华容小道（今湖北监利北）退走，周瑜、刘备军队水陆并进，一直尾随追击。此战中曹军伤亡过半，孙刘联军取得了赤壁之战的胜利。

赤壁之战后，曹操失去了在短时间内统一全国的可能，而孙刘两家则凭借此次大胜开始发展壮大各自的势力。可以说，赤壁之战对确立三国鼎立的局面具有决定性意义。

实力上处于劣势的孙刘联军，能正确分析形势，针对曹军弱点综合运用《孙子兵法》所提出的"伐谋""伐交""伐攻""用间""火攻"等策略，最终成就了这场以少胜多、以弱胜强的著名战役。

商业案例

◎"戴尔"的策略◎

"戴尔"是PC（个人计算机）业的一个传奇，它成立于1984年，然而仅仅用了17年时间，就成功超越了"康柏"，成为全球PC业的头号供应商。而戴尔的成功，正是与它采用的谋略有着很大关系。

戴尔刚刚成立的时候，PC业的发展前景并没有想象中那么乐观，它正面临着一个难题：PC市场的每一次变化，都会导致原有库存的大幅贬值，如果一个企业库存过多，必然会造成巨额损失，甚至还会断送企业的前途。对于戴尔来说，企业刚刚成立，产品还没有经过市场检验，产量保持在多少，才不至于积压过多库存呢？这实在难以预料。

为此，戴尔制定了一种新型的运营模式，即摒弃库存，将产业中传统上以供给来决定需求的模式，转变为以顾客订单的时间、数量来决定供给的模式。

通过运转这一模式，戴尔可以随时获得准确而即时的需求信息，从而大大提升了生产效率。而当市场出现变化的时候，戴尔也能比竞争对手更快地把握市场变化趋势，将新技术、新产品迅速推上一个利润空间更大、竞争压力更小的市场。这时，其他竞争对手也接受了戴尔的运作方式，自愿与戴尔保持同步，成为戴尔运营体系中的一个环节，从而形成一个强势的战略联盟，而戴尔无疑成为这一联盟的主宰。

战略联盟形成后，对于每一次的产品升级和市场变化，戴尔都能以PC业中最快的存货流通速率创造时间差，形成先发优势，使自己在一定时间内处于无竞争状态，实现了"不战而屈人之兵"的目的，在这种情况下，戴尔的胜出也就不足为奇了。

【点评】

在《谋攻篇》当中，孙子提出了"上兵伐谋，其次伐交，其次伐兵，其下攻城"的战略思想，在整部《孙子兵法》中，到处都渗透着孙子对于"全胜"的追求。将战争的成本降至最低，而将战争的收益扩至最大，这可以作为"全胜"的另外一种诠释。实际上，无论是"伐谋""伐交""伐兵"，还是"攻城"，都是"谋攻"的具体表现形式，是谋略的作品。战之万变，皆在谋中，而善用谋者，总能以最小的损失换得最大的胜利，最终达到"以全争于天下"的目的。

在军事领域中，"伐谋"关系着将士的生死、国家的存亡；在经济领域中，"伐谋"关系着企业的兴衰；在个人事业中，"伐谋"关系着事业的成败乃至人生价值的高低。要想建立事业、实现个人价值，务必要善于伐谋、精于伐谋，只有如此方能达到"不战而屈人之兵"的效果。

在《谋攻篇》的最后，孙子提出了一条战争中最为真实朴素的规律，即"知彼知己，百战不殆"。所谓"知彼知己"，就是把敌我双方的各方面条件加以估计比较，以探求战争胜败的形势。具体的分析方法便是《计篇》当中的"五事"和"七计"，这实际上是战争前不可逾越的一步，战争双方哪一方能够更加深入地去"知己"和"知彼"，哪一方的胜算也就更大。

而现在，这一原则早已超越了军事范畴，成为指导人们进行实践活动的基本规律。

用于商业，它要求全面了解对消费者的定位是否准确，自己的产品是否适应市场需求，主要竞争对手的情况等；用于求职，它要求全面了解自己的长处和短处，招聘单位的性质，面试时还包括考官的真实意图等；用于交际，它指导我们更全面地认识彼此，以免错失良友或遇人不淑；等等。我们甚至可以说，生活中时时处处都需要牢记"知彼知己，百战不殆"这条真理。

知彼固然不易，真正知己却更难，知己知彼自然难上加难，需要的是智慧、决心和勇气，还有最重要的实践。

形篇

全解经典

【导读】

本篇主要论述攻守时的形势，提出"先为不可胜，以待敌之可胜"，即首先要确保自己立于不败之地，然后寻求敌人的可乘之隙，以压倒性的优势击败敌人，从而达到"自保而全胜"的目的。

【原文】

孙子曰：昔之善战者，先为不可胜①，以待敌之可胜②。不可胜在己，可胜在敌。故善战者，能为不可胜，不能使敌之可胜。故曰：胜可知而不可为③。

不可胜者，守也；可胜者，攻也。守则不足，攻则有余④。善守者，藏于九地之下；善攻者，动于九天之上⑤，故能自保而全胜也。

见胜不过众人之所知⑥，非善之善者也；战胜而天下曰善，非善之善者也。故举秋毫不为多力⑦，见日月不为明目，闻雷霆不为聪耳⑧。古之所谓善战者，胜于易胜者也。故善战者之胜也，无智名，无勇功。故其战胜不忒⑨，不忒者，其所措必胜⑩，胜已败者也。故善战者，立于不败之地，而不失敌之败也。是故胜兵先胜而后求战，败兵先战而后求胜⑪。善用兵者，修道而保法，故能为胜败之政⑫。

兵法：一曰度⑬，二曰量⑭，三曰数⑮，四曰称⑯，五曰胜。地生度，度生量，量生数，数生称，称生胜。故胜兵若以镒称铢⑰，败兵若以铢称镒。胜者之战民也，若决积水于千仞之谿者，形也。

【注释】

①先为不可胜：先创造条件，使敌人不能战胜自己。为，造就、创造。不可胜，指我方不致被敌人打败。

②待：等待、寻找、捕捉。

③胜可知而不可为：指胜利是可以预知的，但敌人是否会出现破绽从而被我击败，则不是我所能决定的。

④守则不足，攻则有余：采取防守的办法，是因为自身的力量处于劣势；采取进攻的办法，是因为自身的力量处于优势。

⑤九地、九天：九地极言深不可测，九天极言高不可测。

⑥见：预见。不过：不超过。知：认识。

⑦秋毫：用来比喻最轻微的事物。

⑧闻雷霆不为聪耳：能够听到雷霆声算不上耳朵灵敏。聪，指听觉灵敏。

⑨不忒（tè）：意思是无疑误，确有把握。忒，失误，差错。

⑩措：筹措、措置。

⑪求胜：希求胜利，这里含有希望侥幸取胜的意思。

⑫政：主其事叫作"政"，这里引申指决定、主宰。

⑬度：度量土地幅员。

⑭量：容量，这里指战场容量。

⑮数：数量，指计算兵员的多寡。

⑯称：权衡，这里指双方力量的对比。

⑰镒（yì）、铢（zhū）：都是古代的重量单位。一镒为二十四两，一两为二十四铢。这里用来比喻两军实力的悬殊。

【译文】

孙子说：从前善于用兵的人，先创造条件使自己不被敌人战胜，然后等待可以战胜敌人的时机。不被敌人战胜的主动权掌握在自己手里，能否战胜敌人则取决于敌人是否留下可乘之隙。所以，擅长作战的人，能（创造条件）使自己不被战胜，而不能保证敌人一定为我所战胜。所以说：胜利可以预见而不可强求。

不能战胜敌人的时候，就要加强防守；能战胜敌人的时候，就应该发起进攻。防守是因为取胜条件不足，进攻是因为取胜条件有余。善于防守的人，就像深藏于地下（而使敌人无从下手）；善于进攻的人，就像从九天之上发动攻击（而使敌人无从逃避）。如此，就能自我保全，从而大获全胜。

对胜利的预见不超过一般人的见识，不算高明中的高明；因为战胜而被天下人说好，不算高明中的高明。这就像能举起秋毫的不算力大，能看见日月的不算眼明，能听到雷霆之声的不算耳聪一样。古时候所说的善战之人，都是战胜那些容易战胜的敌人。所以那些善战之人即使胜利了，也不会留下智慧的名声，不会表现为勇武的战功。他们取得胜利是毫无疑问的。之所以毫无疑问，是因为他们所采取的作战方略和部署是合理的，战胜的是已经处于失败地位的敌人。所以善战之人，总是确保自己立于不败之地，而又不放过任何击败敌人的机会。因此，胜利的军队总是先从各方面寻求战胜敌人的条件，然后与之交战；失败的军队总是先与敌人交战，然后才希求侥幸获胜。善于用兵的人，能够从各方面修治"先胜"之道，确保"自保而全胜"的法度，因而能掌握战争胜负的决定权。

兵法上用五条法则来估计胜利的可能性：一是"度"，二是"量"，三是"数"，四是"称"，五是"胜"。根据战场地形的实际情况，做出利用地形的判断；根据对战场地形的判断，计算出战场容量的大小；根据战场容量的大小，计算出双方兵力的多寡；根据双方兵力的多寡，判断出双方军事实力的强弱；根据双方军事实力的强弱，判断出作战的胜负。所以，胜利的军队（对失败的军队），就好像以镒称铢（那样居于绝对优势的地位）；失败的军队（对胜利的军队），就好像以铢称镒（那样居于绝对劣势的地位）。胜利者在指挥军队作战时，就像决开了千仞之上的溪水（那样势不可当），这就是所谓的"形"。

实用谋略

◎王翦灭楚◎

战国后期，秦国大将王翦用坚守之策，一方面韬光养晦，厉兵秣马；一方面示敌以弱，让其麻痹大意，掉以轻心，最后一举灭掉了楚国这个强大的对手。这一事迹也充分体现了孙子"先为不可胜，以待敌之可胜"的战略思想。

公元前225年，秦王嬴政在统一六国之战中终于要面对自己的最大的对手——楚国。一开始，嬴政询问老将王翦灭楚需要多少人马。王翦回答说，至少需要六十万。而这时，青年将领李信却扬言只要二十万人马就足以拿下楚国。嬴政听后，认为王翦年纪大了，不复当年之勇，心中非常失望，于是决定起用看上去更勇敢的李信为将军，蒙武为副将，率二十万兵马进攻楚国。王翦默不作声地退下，然后告老还乡。

李信初战告捷，心中更是轻敌，而后纵深挺进，深入楚国腹地。楚王派项燕为大将，领兵二十万，水路并进。两军会战于西陵。秦军遭遇埋伏，腹背受敌，猝不及防之下，大败而逃。项燕则乘胜追击，杀秦军都尉七人、士卒无数，直至平舆，收复了全部的失地，李信伐楚最终以惨败告终。

消息传回国内后，嬴政一怒之下削除了李信的官职，然后亲自登门请以病告退还乡隐居的王翦出山。王翦无法推托，只好答应出兵，但他仍坚持原来的说法，非八十万人马不足以战胜楚军。

秦王不解，王翦解释说："列国互相争斗，都是以强凌弱，以多侵少。每次交战，杀人动辄数万，围城动辄数年，有些国家更是全民服兵役，军队人数剧增。想那楚国是大国，地域广阔，人口众多，资源丰富，只要楚王一声令下，很快就能动员百万之众参战。我们要想征服楚国，六十万兵马恐怕还嫌少呢。"嬴政听罢，心服口服，马上拜王翦为大将，命其率六十万大军征讨楚国。

王翦率军来到楚国边境后，楚军闻讯立即发兵。两军在边境上对垒，战事一触即发。然而出人意料的是，王翦只命令军队驻扎于天中山下，连营十里，不许出战，只能坚壁固守。项燕每日派人到阵前挑战，王翦任凭对方如何挑衅，都高挂免战牌置之不理，军士一概不许应战。就这样日复一日，项燕也认为王翦年事已高，胆怯无用，惧怕楚军，于是他渐渐重蹈李信骄傲轻敌的覆辙，这种情绪在整个军营中逐渐弥漫开来。

与对外表现出的安静截然相反，秦军军营内部完全是另外一番景象：王翦命人每天杀猪宰羊，改善士兵饮食，而且将军与士兵同吃同住，上下同心，亲如一人。王翦一面禁止部下出战，一面却教导士卒进行投石和跳跃的训练。楚军听到这一消息后，对秦军更加蔑视，认为他们不思进取，玩物丧志，实际上，王翦正是用这种巧妙的方式来帮助士兵增强体质，提高战斗技能，同时麻痹了敌人。此外，王翦还命令秦军不许越过楚国边界去砍柴，抓获楚国边境百姓要用酒肉热情款待，然后释放回家。没过多久，秦军怯战和"友好"的讯息，在楚国边境一传十，十传百，楚国百姓从一开始的对抗与恐惧，逐渐转为亲近与安定。

如此相持了一年多，项燕求一战而不可得，于是戒备松懈，士兵慵懒，疏于防备和操练，对战争毫无警觉。而秦军休整操练一年有余，精力旺盛，士气高昂。王翦见此，认为伐楚的时机已经到来，此时出击必胜无疑。

于是，在某一天，王翦突然下令向楚军发起全面进攻。他选出两万精兵作为先锋，又分兵数路同时向楚军发起猛攻，并命令部队打败敌人后各自为战，向楚国纵深进攻。有备而来的秦军势如破竹，所向披靡。楚军毫无防备，仓皇应战，一触即溃，士兵纷纷逃散，曾经强大的楚军如今竟不堪一击。王翦乘胜追击，在短短几个月内就先后攻占了淮北、淮南、江南等地，一举攻破楚都寿县（今安徽曹县西南），最后俘虏了楚王负刍，大将项燕被迫自杀。

当时有句俗语言道："横则秦帝，纵则楚王。"可见楚国实力之强盛与秦国不相上下，然而从公元前225年到公元前223年，秦国仅用了三年时间，就灭掉了楚国。撇开政治经济等一系列更为深刻的历史背景不谈，单是灭楚之战的经过就颇值得后人深思。

商业案例

◎《华府邮报》的成功◎

先保证自己不被打败，再争取打败对手，这一思想不仅适用于军事领域，也适用于商业领域。《华府邮报》的成功，就很好地证明了这一点。

《华府邮报》是一份中文报纸，主要发行区域为美国首都华盛顿及其邻近地区，于1983年3月创刊。《华府邮报》之所以发展迅速，主要有以下几个原因：

一、以华盛顿地区华人为主要消费群体，经常以华人或地区的社团活动为新闻主题，而将美国新闻或其他国际新闻放在次要地位。

二、重视读者的生活需求，如开辟儿童版，登载医疗、税务、移民、房地产，还有电影电视、武侠小说、婚丧喜庆等各种贴近生活的新闻，读者觉得有亲切感，自然购买更加踊跃。

三、用低价招揽广告，然后将各类广告归并起来，并协助广告商进行美工设计。拥有这些优厚的条件，报纸在创办之初广告就蜂拥而至，有时广告太多，不得不临时增加一个版面。发展到后来，出现了这样一种情况：哪家商号不在《华府邮报》上刊登广告，就好像它不是当地的华人商店，尤其以诊所、饭店、杂货店等最为明显。

四、报纸以周报的方式发行，发行量在5000份到10000份之间，而且报纸就摆在超市里免费赠送，也接受订阅，一年只收十美金的邮费。

五、尽量降低成本。全天工作人员只有五六人，公司的股东会帮忙送报纸，主要是去超市或送小孩上中文学校时顺便代劳。拉广告等事宜则由几位兼职业务员负责，虽然没有薪酬，但可以从广告中抽成。

美国的华人很多，有这样庞大的消费群体，华文报纸数量自然不少，竞争激烈，此起彼落。而《华府邮报》之所以能在竞争中保持稳固的态势，主要是靠"先为不可胜"来巩固自己，尤其懂得突破传统中文报的格局，将办报方针定位在满足读者需求上，如广告太多需要增加版面，但往往会出现剩余，这时候就干脆整版登载武侠小说。这样的报纸或许"格调"不够高，却牢牢抓住了读者的眼球和心理，很多人看完后都大呼过瘾，欲罢不能。

办报作为一项文化服务事业，首先必须具备为文化服务的热忱，抱着这种信念才能有所发展。当然，有了利润，报纸才能长久维持下去，而广告是报社最大的财源，但有一点必须弄清楚，只有报纸的水平能够吸引到足够多的读者，厂商才会考虑在上面投放广告。归根结底，报纸本身的水准才是最关键的。如果一心只想着赚钱，就是本末倒置了。

◎国际商业贸易中的"胜于易胜者"◎

20世纪90年代，我国正处于市场经济发展的初级阶段，与发达国家相比较，重工业产品如机床、工程机械等较为落后，只能出口到东南亚和非洲等不发达地区，而很难进入欧美、日本等发达国家和地区的市场。

因为在不发达地区，我国的重工业产品在人力资源、价格上拥有很大优势，容易击败发达国家较贵的重工业产品。但我国出口到日本和西方国家的以自行车居多而汽车极少，因为我国的汽车在当地无论是价格还是质量，基本上毫无优势，自行车则价廉物美，深受消费者的欢迎。出口到俄罗斯的以轻工业产品为主，因为俄罗斯的工业本身发展极不平衡：重工业非常发达，轻工业则落后得多，我国的轻工业产品在价格、样式上与其他国家相比，可说是占有绝对优势。

中国的工业起步较晚，基础比较薄弱，与日本和西方国家的差距并非短时间内所能弥补，这种客观存在的先天不足决定了我国一开始无法与发达国家硬碰硬，在这种情况下，策略的选择就非常重要。正是靠着"胜于易胜者"这一销售方式，中国的经济逐渐发展起来了，为我国由制造大国逐渐转向制造强国创造了有利的条件。

【点评】

《形篇》实际上是孙子"全胜"思想的一种延伸。在这里，孙子指出，胜利者与失败者在战争之前所处的形势就已经不同了。在战争中能够取得胜利的一方，往往在军事实力、外部环境、战前筹划等各方面都比对手高出一截，所以在开战之前就已经处于胜利的地位。

诚然，在历史上，以少胜多，以弱胜强的例子屡见不鲜，但《孙子兵法》讨论的是战争中的普遍规律，即实力决定着战争的主动权。实力的强大就像"决积水于千仞之溪者"，一旦倾泻下来，便势不可当。

然而，对于战争的胜负是否就完全由实力决定，孙子的态度还是十分谨慎的，他没有打包票，只是告诉我们："不可胜在己，可胜在敌。"是不是能够打败敌人，这是由诸多因素决定的；但是，我们至少先要保证使自己立于不败之地。

战胜对手、获得荣誉当然令人神往，但其间的难度正如孙子所言："胜可知而不可为。"做一件事到底能不能成功，自己本身可以决定一部分，剩下的则还要取决于其他因素。比如你可以通过刻苦学习，巩固并提高知识水平，但是当你走进考场之后，同学的水平也是会变化的，而考试过程本身也会出现不确定因素，因此是否能取得理想的名次或者成绩是没有绝对把握的。

客观地讲，没有人能绝对"立于不败之地"，因为你会这样想，对手也会这样想，甚至比你做得更好。但我们不必悲观绝望，凡事先打好基础，充分利用一切条件，尽最大努力，这样，成功的概率就大多了；即便是失败了，也可以问心无愧。

势篇

全解经典

【导读】

本篇主要论述在军事实力的基础上,如何发挥将帅的指挥才能:"奇"与"正"相结合,使战术生生不息、变化无穷,还要善于选择人才,从而形成有利态势并善加利用,出奇制胜地打击敌人。

【原文】

孙子曰:凡治众如治寡[1],分数是也[2];斗众如斗寡[3],形名是也[4];三军之众,可使必受敌而无败者[5],奇正是也[6];兵之所加,如以碫投卵者[7],虚实是也[8]。

凡战者,以正合[9],以奇胜。故善出奇者,无穷如天地,不竭如江河。终而复始,日月是也。死而复生,四时是也。声不过五,五声之变[10],不可胜听也。色不过五,五色之变[11],不可胜观也。味不过五,五味之变[12],不可胜尝也。战势不过奇正,奇正之变,不可胜穷也。奇正相生[13],如循环之无端[14],孰能穷之[15]?

【注释】

①治众如治寡:管理人数众多的部队就如管理人数很少的部队一样。治,治理、管理。

②分数:把整体分为若干部分,这里指军队的组织编制。

③斗众：指挥人数众多的军队作战。

④形名：指古时军队使用的旌旗、金鼓等指挥工具，这里引申为指挥。古代战场上投入的兵力多，分布面积很广，加上通信不发达，临阵对敌时，将士们无从知道主帅的指挥意图和信息，所以主帅便用高举的旗帜来让将士明白何时前进或后退等，用金鼓来节制将士进行或结束战斗。形，指旌旗。名，指金鼓。

⑤必受敌：一旦遭受敌人进攻。必，一旦。

⑥奇正：指古代军队作战的变法和常法，常法为"正"，变法为"奇"。含义甚广，简单来说，就是指常规战术和灵活变换的战术。

⑦碫（duàn）：磨刀石，泛指石块。

⑧虚实：指强弱、劳逸、众寡、真伪等，这里是以强击弱、以实击虚之意。

⑨合：会合、交战。

⑩五声：我国古代将宫、商、角、徵、羽五个基本音阶称为五声。

⑪五色：我国古代以青、赤、黄、白、黑五种颜色为正色。

⑫五味：指甜、酸、苦、辣、咸五种味道。

⑬奇正相生：奇正之间相互依存、转化。

⑭循环之无端：指奇正变化转换，循环不止，永无尽头。循，顺着。环，圆环。无端，无始无终。

⑮穷：穷尽。之：代指奇正相生变化。

【译文】

孙子说：要想做到管理人数众多的军队像管理人数少的军队一样，靠的是好的组织编制；要想做到指挥人数众多的军队作战如同指挥人数少的军队作战一样，靠的是指挥号令的有力贯彻；要想使三军将士即使受到敌人的攻击也不会溃败，要靠"奇、正"运用得当；要想使军队进攻敌人如同以石击卵一般，靠的是"以实击虚"的战略战术运用得当。

大凡作战，都是以正兵当敌，以奇兵取胜。所以，善于出奇制胜的人，其战法变化就如天地那样无穷无尽，如江河那样永不枯竭。终而复始，就像日月此起彼落；死而复生，就像四季交替更迭。声音不过是宫、商、角、徵、羽，然而这五个音阶的组合变化，却产生了听不胜听的音调；颜色的正色不过是青、赤、黄、白、黑，然而这五种颜色的配合变化，却产生了看不胜看的色彩；味道不过是酸、甜、苦、辣、咸，然而五种味道的调配变化，却产生了尝不胜尝的味道。战势，不过奇、正两种，然而这奇与正的变化，却无穷无尽。奇、正的变化，就像顺着圆环行走，没有起点和终点，谁能穷尽它呢？

⊙名家论《孙子兵法》

"虚实"和"奇正"都属于"有所有余，有所不足"的运用之妙。但这两个概念又有所不同。"虚实"主要是指整个战局的兵力部署，即如何通过分散集结的运动变化以造成预定会战地点上的我优敌劣（"我专而敌分""我众敌寡"）；而"奇正"则是指投入实际战斗的兵力配置，应按先出、后出，正面接敌与侧翼突袭，主攻和助攻等而对兵力所做的分配。范围各不相同。

——李零

【原文】

激水之疾①，至于漂石者，势也；鸷鸟之疾②，至于毁折者，节也③。是故善战者，其势险，其节短。势如彍弩④，节如发机⑤。

纷纷纭纭，斗乱而不可乱也⑥；浑浑沌沌，形圆而不可败也⑦。乱生于治，怯生于勇，弱生于强⑧。治乱，数也⑨；勇怯，势也；强弱，形也。故善动敌者，形之，敌必从之⑩；予之，敌必取之。以利动之，以卒待之⑪。

【注释】

①激水之疾：指湍急的水流以飞快的速度奔泻。疾，急速。

②鸷(zhì)鸟：凶猛的鸟，如鹰、雕等。

③节：节奏。

④彍（guō）弩：指张满待发的弓弩。彍，把弓弩张满。

⑤发机：触发弩机的机钮，将弩箭突然射出。机，弩机，古代兵器，"弩"的机件，类似于今天枪上的扳机。

⑥斗乱：指在混乱的状态下作战。

⑦形圆：指摆成圆阵，保持态势，部署周密，首尾连贯，与敌作战时应付自如。

⑧乱生于治，怯生于勇，弱生于强：关于这句话有两种解释：一说，在一定条件下，"乱"可以由"治"产生，"怯"可以由"勇"产生，"弱"可以由"强"产生。一说，军队要装作"乱"，本身必须"治"；要装作"怯"，本身必须"勇"；要装作"弱"，本身必须"强"。这里取第一种解释。

⑨治乱，数也：军队的治与乱，是由组织编制是否有序决定的。数，指军队的组织编制，即前面所说的"分数"。

⑩形之，敌必从之：指用假象去迷惑敌人，敌人必定会判断失误而上当。形，即示形，将伪装的形态展示给敌人。

⑪以利动之，以卒待之：指用小利引诱调动敌人，用伏兵等待敌人并一举将其击破。

【译文】

湍急的流水以飞快的速度奔泻，以致能使石块漂移，这是由于它强大的水势；猛禽从空中突然疾速俯冲下来，以致能使目标毁折，这是由于它节奏的迅猛。因此，善于指挥作战的人，他所造成的态势是险峻的，他的行动节奏是短促的。这种态势，就像张满弓弩；这种节奏，就像扣发弩机。

旌旗纷乱，人马混杂，在混乱的情形下作战，要能使自己的军队整齐不乱；在战局模糊不清、势态混沌不明的情况下作战，要部署周密而能应付四面八方的情况，保持态势让自己立于不败之地。在一定条件下，严整可以转化为混乱，勇敢可以转化为怯懦，强大可以转化为弱小。军队的严整与混乱，是由组织编制是否有序决定的；勇敢与怯懦，是由军队所处的态势决定的；强大与弱小，是由实力决定的。所以，善于调动敌人的人，制造假象来迷惑敌人，敌人一定会被他调动；给敌人一些小利，敌人一定会前来夺取。用利益来引诱调动敌人，再埋伏士兵伺机打击它。

⊙名家论《孙子兵法》

战法只有灵活多变，奇正相生，互为其根，做到出其不意、攻其无备，才能收到出奇制胜的功效。奇正的巧妙运用，又能创造出我实敌虚的有利态势。所以不仅虚与实、奇与正互为其根，而且奇正与虚实也是互相依存、互为条件。

——李零

【原文】

故善战者，求之于势，不责于人①，故能择人而任势②。任势者，其战人也③，如转木石。木石之性，安则静④，危则动⑤，方则止，圆则行。故善战人之势，如转圆石于千仞之山者，势也⑥。

【注释】

①不责于人：不苛求部属。责，苛求。

②择人而任势：挑选适当的人才，充分利用形势。任，任用、利用。

③战人：指挥将士作战。与《形篇》中"战民"的意义相同。

④安：安稳，这里指地势平坦。

⑤危：高峻、危险，这里指地势高峻陡峭。

⑥势：指在"形"（军事实力）的基础上，发挥将帅的主观能动性，所造成的有利的军事态势和强大的冲击力量。

【译文】

所以，善于指挥作战的人，所寻求的是可以利用的"势"，而不会苛求部属，因而能选到合适的人去利用有利的形势。能够利用有利形势的人，他指挥将士作战，就像转动木头和石头那样。木头和石头的本性，放在平坦的地方就静止，放在高峻陡峭的地方就滚动；方形的木石就容易静止不动，圆形的木石就容易滚动。所以善于指挥作战的人所造成的有利态势，就如同把圆石从千仞的高山上推下来（那样不可阻挡），这就是所谓的"势"。

⊙名家论《孙子兵法》

我们要讲《孙子》的战术思想，首先要从中国古代战术学的名称"形势"说起。《孙子》书中有《形》《势》两篇，对"形""势"二字的含义有具体解释。

"形"，含有形象、形体等义，在《孙子》书中主要指战争中客观、有常、易见的诸因素。如《形》提到"胜可知而不可为"，这种"可知而不可为"之"胜"就是"形"。它主要是指实力的概念，即所谓"强弱，形也"（《势》）；而实力的概念又主要与军赋制度，即算地出卒之法有关。所以《形》要以"地生度，度生量，量生数，数生称，称生胜"作为全篇的总结。它是对应于战争认识过程的第一阶段，即定计过程。

"势"，含有态势之义，在《孙子》书中主要指人为、易变、潜在的诸因素。它与"形"相反，多指随机的、能动的东西，如利用优势，制造机变灵活（"势者，因利而制权也"）；利用环境，制造勇敢（"勇怯、势也"）。它是对应于战争认识过程的第二阶段，即计的实行过程。

"形"和"势"这两个概念在《孙子》书中有一定区别，但又可相互转化，有时显得含义无别。如《虚实》所说"故形人而我无形"，"形兵之极，至于无形"。这种"形"很明显已经不是什么客观、有常、易见的"形"，而是人为造成的变化莫测之"形"，实际上也就是"势"。"形""势"两字连言，含义主要是指后者，即人为的态势。

银雀山汉简《奇正》说:"有所有余,有所不足,形势是也。"它所指的主要就是"战斗的部属与实施"这一概念,所以在中国古代兵书分类中,"形势"也就成为战术学的代名词。

——李零

实用谋略

◎淝水之战◎

大凡作战,都是以正兵当敌,以奇兵取胜。善于出奇制胜的人,其战法变化就如天地那样无穷无尽。东晋将领谢石在"淝水之战"中出奇制胜,便很好地体现了这一点。

东晋时,占据北方的前秦在贤臣王猛的辅佐下迅速强盛起来,秦王苻坚踌躇满志,一心想吞并偏安江南的东晋王朝。王猛去世前,再三告诫苻坚不要发兵攻打东晋。但没过多久,苻坚就把王猛的苦心叮咛抛在了脑后,欲以"疾风扫秋叶"之势一举荡平东南,完成大统。

383年,苻坚不顾群臣反对,亲率步兵六十万、骑兵二十万、羽林军三万从长安南下;又命梓潼太守裴元略率水师七万从巴蜀顺流东下,向建康进军。苻坚骄狂地宣称:"以吾之众旅,投鞭于江,足断其流。"意思是把队伍里所有的马鞭投到江里,就能截断水流。

面对这生死存亡的危急关头,东晋王朝中以丞相谢安为首的主战派决意奋起抵御。晋帝任命谢安之弟谢石为征讨大都督,谢安之侄谢玄为先锋,率领战斗力较强的"北府兵"(东晋战斗力最强的主力军,是从北方的流亡移民中选拔精壮者,经过严格训练而建立起来的一支军队)八万迎击秦军主力;派胡彬率领水军五千火速增援战略要地寿阳(今安徽寿县);任命桓冲为江州刺史,率十万晋军于长江中游地区阻截顺江东下的秦巴蜀军。

苻坚之弟苻融率前锋部队攻占寿阳,并俘虏了守将徐元喜。苻坚一到寿阳,就派原东晋降将朱序前往晋军大营劝降。然而,令苻坚万万想不到的是,朱序到晋营后不但没有劝降，反而向谢石提供了秦军的情况，并献策说："秦军虽有百万之众，但还在进军之中，如果兵力集中起来，晋军将难以抵挡。应该趁秦军尚未全部抵达的时机，迅速发起进攻，只要能击败其前锋部队，挫其锐气，就能击破前秦百万大军。"谢石认为朱序的分析很有道理，便采纳了他的建议，改变先前制订的坚守不战、待敌疲惫再伺机反攻的作战方针，决定转守为攻，主动出击。

谢玄派刘牢之率精兵五千奔袭洛涧，揭开了淝水之战的序幕。秦将梁成率部五万在洛涧边上列阵迎敌。刘牢之分兵一部迂回到秦军阵后，切断其归路；自己则亲率士兵强渡洛水，猛攻秦阵。秦军不敌，勉强抵挡了一阵便土崩瓦解，死伤达一万五千余人，主将梁成战死，余下的官兵争先恐后地渡过淮河逃命去了。

洛涧大捷令晋军士气空前高涨。谢石趁势水陆并进，直抵淝水（今淝河，在安徽寿县南）东岸，在八公山边扎下大营，与寿阳的秦军隔岸对峙。苻坚在寿阳城上，看到晋军军容严整，行阵整齐，心中有些惊慌，误把淝水东面八公山的草木也当成是晋兵了。他对弟弟苻融说："这是劲敌！怎能说他们是弱敌呢？"于是命令部队坚守河岸，等待后续援军的到达。

谢石看到敌众我寡，知道只能速战速决；但秦军紧逼淝水西岸布阵，晋军无法渡河交战，此时他心生一计，便派使者去见苻融说："将军率军深入晋地，却紧逼河岸布阵，难道是想长久相持，而不打算速战速决吗？不如你把阵地稍稍向后移，空出一块地方，让我军渡过淝水，双方一决胜负，如何？"

秦军诸将都表示反对，但苻坚认为己方可以将计就计：先让军队稍向后退，等到晋军渡河渡到一半时，突然以骑兵冲杀，晋军进退两难，又无法组织起有效的抵抗，必败无疑。这也是兵法上常用的一招。

苻融对苻坚的计划表示赞同，于是答应了谢石的要求，指挥秦军后撤。但秦兵人数众多，加上多是被强行征至前线卖命，士气低落，结果一后撤就失去了控制，阵势大乱。谢玄率领八千多骑兵，趁势抢渡淝水，向秦军发起了猛烈进攻，这正是"善战者，其势险，其节短。势如弩，节如发机"。

与此同时，身处秦军阵后的朱序大声喊道："秦兵败了！秦兵败了！"周围的秦兵信以为真，纷纷转身奔逃。后军的动摇就像滚雪球一样蔓延到了前军。苻融眼见大事不妙，急忙骑马前去阻止，企图稳住阵脚，不料战马被乱兵冲倒，还没从地上起来，就被后面晋军的追兵杀死。

失去主将的秦兵越发混乱，没多久便彻底崩溃。前锋的溃败自然引起后部的惊恐，秦军后方主力也随之溃逃，最后全军向北败退。秦军溃兵宛如惊弓之鸟，一路只顾逃命，不敢稍作停留，听到风声和鹤的鸣叫声，都以为是晋军追兵的呼喊声，吓得心胆俱裂。晋军乘胜追击，一直到达寿阳附近的青冈。秦兵慌不择路，人马自相践踏，死尸遍野，苻坚本人也中箭负伤，最初的近百万人马逃回洛阳时仅剩十余万。

淝水之战，前秦军被歼和逃散的共七十多万，苻坚统一南北的希望彻底破灭。不仅如此，鲜卑慕容垂部率领完整无损的三万人马趁机自立，羌族的姚苌和其他各族也重新崛起，北方暂时统一的局面宣告结束，再次分裂成多个地方民族政权。苻坚本人则在两年后为姚苌所杀，前秦也随之灭亡。

"淝水之战"是中国历史上以少胜多的著名战例，它对后世兵家的战争观念和决战思想产生了深远的影响。

◎孙膑示形诱敌大破魏军◎

在《势篇》中，孙子第一次提到了"形"的概念。形就是故意摆出某种态势，使敌人受到误导，从而受制于我，让我们牵着鼻子走。"取"与"予"，在军事上就是用行为迷惑敌人，用小利引诱敌人，然后用精锐之师等待敌人。战国中期著名的军事家和军事理论家孙膑就曾以此法大破魏军。

孙膑是孙子的后代，出生于齐国。他青年的时候曾与庞涓一起向鬼谷子学习兵法。后庞涓投奔魏国，得到魏惠王的赏识，被任命为大将军。庞涓自忖才能不及孙膑，害怕孙膑到魏国影响自己的前程，更担心他到别国后成为自己的对手，于是将孙膑骗到魏国，说是要举荐孙膑为官。孙膑不知是计，欣然答应；不料到魏国后被庞涓诬陷私通齐国，魏惠王听信了庞涓的谗言，对孙膑处以膑刑（古代一种挖掉膝盖骨的酷刑），使之终身残疾。又在孙膑脸上刺字，意欲使他终身不能在外领兵，且羞于见人。孙膑为了逃离魏国，佯装癫狂，从而暂时躲过了庞涓对他的进一步迫害。后齐国大将田忌得知孙膑是一位不可多得的人才，此时又身处险境，便想方设法把孙膑带回到齐国。孙膑到了齐国之后，为齐威王所器重，被任命为齐国的军师。

公元前341年，魏国发兵进攻韩国，韩国向齐国求救。此时齐威王已经去世，齐宣王继承了君位。齐宣王采用孙膑"深结韩之亲而晚承魏之弊"的主张，答应救援韩国，却不急于发兵。目的是想要在韩、魏交战，两国皆受到损耗之后齐国坐收渔翁之利。韩、魏交战，韩军五战五败，魏军也实力大损。齐宣王这才于次年以田忌为将，孙膑为军师，发兵救韩。孙膑率齐军直驱魏都大梁。庞涓闻讯，暴跳如雷，大骂孙膑狡猾，发誓与齐军决一死战，遂率兵十万回击齐军。

鉴于此次魏军气势旺盛，并且是有备而来的实际情况，孙膑决定因势利导，利用魏军求胜心切的弱点，采取诱敌深入，伺机伏击敌人的战略。齐军前锋与魏军稍一接触，便佯装不能抵挡，向东撤退。在撤退途中，齐军还有意制造出士兵逃散的假象：第一天造了十万人吃饭用的灶，第二天造了五万人吃饭用的灶，第三天只造了三万人吃饭用的灶。庞涓与孙膑交手，本来是万分谨慎的，可看到齐军留下来的灶大幅度地减少，便认为是齐军胆怯，士兵都逃亡了，于是丢下了步兵和辎重，自己带领轻骑日夜兼程地追赶，想趁此全歼齐军，擒获孙膑。

齐军退至马陵（今河南范县西南）后，孙膑决定在马陵道设下埋伏。马陵道是夹在两山间的峡谷，进易出难，两旁树木茂盛，适合隐藏军队，且不易被人发觉。孙膑计算行程，判断魏军将于日落后追至这里，于是派士兵砍伐树木堵住道路，又挑选了一万名弓弩手埋伏在道路两侧的山上，约定天黑后见到火光就一齐放箭，最后命人将路中央的一棵大树剥去树皮，写上"庞涓死于此树之下"八个大字。

日暮时分，庞涓果然率军追到马陵，他发现道路被堵住了，大喜过望，说："齐军堵住道路，说明畏惧我们追赶，我们离他们不会很远了，传令继续前进！"等军队全都进入了狭窄的马陵道，有军士禀报说前面有棵大树上隐隐约约有字迹，庞涓于是来到树前，命士卒点燃火把，亲自上前辨认字迹。待火把点燃，他往树上一瞧，大惊失色，喊道："我中了孙膑之计了。"话音未落，只见两侧山上万弩齐发，杀声四起。庞涓带来的十万士兵，都被射死在峡谷之中，庞涓本人也因羞愤而自杀。齐军随即乘胜进攻魏军的后续部队，全歼了魏军主力，俘获魏军主将太子申。

齐威王、宣王知人善任，重用孙膑，使得齐国在军事上取得了一系列的胜利。

商业案例

◎史玉柱"主动还债"◎

出奇的销售策略，往往能在企业发展过程中发挥关键作用。史玉柱"主动还债"的例子便是一个明证。

2001年1月30日，《珠海特区报》上登出了一条名为"收购珠海巨人大厦楼花（楼花，指尚未竣工的商品房在完工达25%以上时就推向市场销售。买楼花即预购房屋，卖楼花即预售房屋）"的公告，称将以现金方式收购珠海巨人集团在内地发售的巨人大厦楼花，收购者为珠海一家名为"士安"的公司。

士安公司是什么来历，为何要这么做？后来人们才知道，这一收购行动，从头到尾都是巨人集团的总裁史玉柱在幕后一手导演的。

这件事还要从头说起，1994年初，史玉柱领导的巨人集团斥巨资建造"巨人大厦"，原计划盖38层，后来决定加到54层。然而发展到最后，大厦竟然被加高到72层。史玉柱将筹码押在了卖"楼花"上。

但市场总是瞬息万变，等到巨人集团卖楼花的时候，国家宏观调控已经启动，对卖楼花开始做出限制。1996年，巨人大厦最终因为资金链断裂而停工,先期购买了大厦楼花者纷纷要求退款。而巨人集团又在此时爆发财务危机,陷入了困境,可谓是雪上加霜。

史玉柱的主动还债之举造成了巨大的反响,尽管不少人质疑他是在为新产品进行炒作,但客观来看,这一举动既实践了当初的诺言,重塑了重信守诺的形象,又使企业和他本人重新成为人们关注的焦点,轻轻松松就赢得了巨大的广告效益,可以说是一举两得。

【点评】

势,就是态势,它的含义非常广泛。在《势篇》当中,孙子没有给出"势"的确切定义,只是用常见的例子来类比,"木石之性,安则静,危则动,方则止,圆则行,故善战人之势,如转木石于千仞之山者,势也"。由此我们能够体会出,势实际上是一种落差、一种动力。电因为有了电势差才形成了电流;水因为有了高低不平的地势才能够流动;苍鹰捕捉猎物的时候快如电光石火,是因为它从高空中俯冲而下;大军背水扎营却大败敌人,是因为已无退路只能死中求生。

孙子说"治众如治寡",又说"斗众如斗寡",多寡通吃,举重若轻,这样高深的境界,看上去普通人是难以企及了。其实不然,只要讲求方法,复杂事情往往也能迎刃而解。

生活中遇到的情况和问题更加复杂,但无论问题是大是小、是多是少,总是"万变不离其宗",只要方法对头,总是能够解决的。

孙子又说:"以利动之,以卒待之。"这一作战原则向我们阐述了应该如何面对"取舍"与"得失"。古往今来,凡成大事者,无不有大气魄、大胸怀,为了长远的利益,可以暂时放弃某些小利;为了掌握全局,可以舍弃局部;为了换取更大的胜利,可以付出部分牺牲的代价。《老子》上说:"将欲取之,必先予之。"可以说是孙子示形动敌,以利诱敌思想的本源。

虚实篇

全解经典

【导读】

本篇主要论述如何"致人而不致于人"。交战之前,应"先处战地而待敌",抢先完成作战部署,以逸待劳。作战时,要善于隐藏和伪装自己,做到"我专而敌分";还应根据实际情况的变化,主动灵活地采用相应战术,"避实而击虚""因敌而制胜"。

【原文】

孙子曰:凡先处战地而待敌者佚①,后处战地而趋战者劳②。故善战者,致人而不致于人③。能使敌人自至者,利之也;能使敌人不得至者,害之也。故敌佚能劳之,饱能饥之,安能动之。

出其所不趋④,趋其所不意。行千里而不劳者,行于无人之地也。攻而必取者,攻其所不守也;守而必固者,守其所不攻也。故善攻者,敌不知其所守;善守者,敌不知其所攻。微乎微乎⑤,至于无形,神乎神乎,至于无声,故能为敌之司命。

进而不可御者,冲其虚也;退而不可追者,速而不可及也。故我欲战,敌虽高垒深沟,不得不与我战者,攻其所必救也;我不欲战,画地而守之,敌不得与我战者,乖其所之也⑥。

故形人而我无形⑦,则我专而敌分;我专为一,敌分为十,是以十攻其一也,则我众而敌寡;能以众击寡者,则吾之所与战者约矣⑧。吾所与战之地不可知，不可知，则敌所备者多；敌所备者多，则吾所与战者寡矣。故备前则后寡，备后则前寡，备左则右寡，备右则左寡，无所不备，则无所不寡。寡者，备人者也；众者，使人备己者也。

【注释】

①凡先处战地而待敌者佚：指在作战的时候，如果能率先占据阵地，就能使自己处于主动地位，以逸待劳。处，占据。佚，通"逸"，安逸、从容。

②后处战地而趋战者劳：指在作战的时候，如果后来占据战地，仓促应战，就会疲劳被动。趋战，这里指仓促应战。趋，奔赴。

③致人而不致于人：调动敌人而不为敌人所调动。致，招致、引来。

④出其所不趋：出兵要指向敌人无法救援的地方，即击其空虚。出，出击。不，这里当"无法""无从"讲。

⑤微：微妙。

⑥乖其所之：指调动敌人，把它引向别的地方去。乖，违背、背离，这里有改变、调动的意思。之，往、去。

⑦形人而我无形：指使敌人现形而我方隐蔽真形。形人，使敌人现形。我无形，即我无形迹。

⑧能以众击寡者，则吾之所与战者约矣：能够以众击寡，那么我想要攻击的敌人必定弱小有限，难有作为。约，少而弱。

【译文】

孙子说：凡是先占据战地而等待敌人前来的就从容主动，后到达战地而且仓促应战的就疲劳被动。所以，善于指挥作战的人，能调动敌人而不为敌人所调动。能使敌人自投罗网的，是用利益引诱它的结果；使敌人不肯前来的，是因为让它感受到了威胁。所以，敌人休整得好，就要使它疲劳；敌人粮草充足，就要使它饥饿；敌军驻扎安稳，就要使它移动。

出兵要指向敌人无法救援的地方，行动于敌人意料不到的方向。部队行军千里而不觉得疲困，是因为行进在没有敌人防守的区域里。只要发起进攻就必然能够夺取，是因为攻击的是敌人没有防守的地方；只要防守就必然固若金汤，是因为防守的是敌人不敢进攻或不宜进攻的地方。所以，善于进攻的人，能使敌人不知道该怎样防守；善于防守的人，能使敌人不知道该如何进攻。微妙啊，微妙到看不出一点形迹；神奇啊，神奇到听不见一点声息。因此能够成为敌人命运的主宰。

想要进攻，敌人就无法抵御，因为攻击的是敌人防备虚弱的地方；想要撤退，敌人就无法追击，因为行动速度让敌人追赶不及。所以，己方如果想交战，敌人即使据守深沟高垒，也不得不出来与己方交战，这是因为己方攻击的是敌人必须援救的地方；己方如果不想交战，即使只是在地上画了座城池进行防守，敌人也无法与我交战，这是因为我诱使敌人改变了进攻方向。

所以，要设法使敌人暴露形迹而使我军不露痕迹，那么我就可以集中兵力，而敌人不得不分散兵力处处防备。我将力量集中于一处，敌人的力量却要分散于十处，这样，我以十倍的力量去攻击它，从而造成我众而敌寡的局面；能做到以众击寡，与我正面交战的敌人就会减少。我所要进攻的地方敌人无法得知，无法得知，敌人需要防备的地方就会很多；敌人需要防备的地方多了，我所要进攻并与之交战的敌人就会相对减少。所以，防备了前面，后面的兵力就会减弱；防备了后面，前面的兵力就会减弱；防备了左翼，右翼的兵力就会减弱；防备了右翼，左翼的兵力就会减弱；处处防备，就会处处兵力薄弱。兵力之所以处处薄弱，是由于处处防备的缘故；兵力之所以强大，是迫使敌人分兵防备我们的结果。

【原文】

故知战之地，知战之日，则可千里而会战。不知战地，不知战日，则左不能救右，右不能救左，前不能救后，后不能救前，而况远者数十里，近者数里乎？以吾度之[①]，越人之兵虽多，亦奚益于胜败哉[②]？故曰：胜可为也。

敌虽众，可使无斗。

故策之而知得失之计③，作之而知动静之理④，形之而知死生之地⑤，角之而知有余不足之处⑥。故形兵之极，至于无形；无形，则深间不能窥⑦，智者不能谋。因形而错胜于众⑧，众不能知；人皆知我所以胜之形⑨，而莫知吾所以制胜之形。故其战胜不复⑩，而应形于无穷。

夫兵形象水⑪，水之形，避高而趋下；兵之形，避实而击虚。水因地而制流，兵因敌而制胜。故兵无常势，水无常形；能因敌变化而取胜者，谓之神。故五行无常胜⑫，四时无常位⑬，日有短长，月有死生⑭。

【注释】

①度(duó)：忖度、推测、推断。

②越人之兵虽多，亦奚益于胜败哉：指越国军队虽然人数众多，然而不懂得众寡分合的运用，对战争的胜败又有什么帮助呢？奚，疑问词，何、岂。益，补益、帮助。

③策：筹算，策度。得失之计：指敌人计谋的优劣得失。

④作：兴起，这里是挑动的意思。动静之理：指敌人的行动规律。

⑤死生之地：指敌人的优势所在或薄弱致命环节。

⑥角：较量，这里指进行试探性进攻。

⑦深间不能窥：指即使有深藏的间谍，也无法探知我方的真实情况。窥，偷看。

⑧错胜于众：指将胜利摆在众人面前。错，同"措"，放置。

⑨形：形态，这里指作战的方式方法。

⑩战胜不复：获胜的方法不重复，意思是作战方法机动灵活。

⑪兵形：用兵的规律。

⑫五行无常胜：指金、木、水、火、土五种元素相生相克而没有定数。古人认为，金、木、水、火、土是构成万物的基本元素，它们彼此间是"相生相胜"的关系。所谓"相生"，即木生火，火生土，土生

金，金生水，水生木。所谓"相胜"，又叫"相克"，指金克木，木克土，土克水，水克火，火克金。

⑬四时无常位：指春、夏、秋、冬四季推移变化永无止息。四时，四季。常位，指一定的位置。

⑭日有短长，月有死生：指白昼因季节变化而有长短的变化，月亮因循环而有盈亏的变化。日，这里指白昼。死生，这里指盈亏晦明的月相变化。

【译文】

所以，能够预知交战的地点，能够预知交战的日期，那么即使相隔千里也可以前去与敌人交战。如果不能预知交战的地点，不能预知交战的日期，就会导致左军救不了右军，右军救不了左军，前军救不了后军，后军救不了前军，何况远的多达几十里，近的也要相隔几里呢？据我分析，越国的士兵虽多，可是对决定战争的胜败又有什么帮助呢？所以说，胜利是可以争取的。敌人虽然众多，但可以使它无法与我交战。

所以，要通过分析筹算来推知敌人作战计划的优劣得失；要通过调动敌人来了解敌人的活动规律；要通过佯动示形的方式来探明敌人生死命脉之所在；要通过试探性的进攻来掌握敌人兵力的虚实强弱。所以，佯动示形以诱敌的战术运用到极致，就进入了"无形"的境界。没有了形迹，即使有深藏的间谍，也无法窥知我方的真实动向；即使是老谋深算的敌人，也想不出对付我方的计策。即使把根据具体情况灵活运用战术而取得的胜利摆在众人面前，众人还是看不出其中的奥妙所在。人们都知道我军取胜的战略战术，却不知道我军所用战术必然克敌制胜的奥妙。因为每一次取胜所采用的方法都不是简单的重复，而是针对不同的情况灵活运用、变化无穷。

用兵的规律就像水。水流动的规律，是避开高处而流向低处；用兵打仗的规律，是避开敌人的坚实之处而攻击其虚弱的地方。水根据地势的高低而不断改变其流向，用兵则要根据敌情来制定不同的取胜方法。所以，用兵打仗没有固定不变的方式方法，就像水流没有一成不变的形态一样。能够根据敌情的变化而灵活取胜的，就可以叫作"用兵如神"了。五行相生相克而没有定数，四季交替更迭而没有一定的位置，白昼有短有长，月亮有缺有圆（用兵的规律和自然现象一样，永远处于变化之中）。

实用谋略

◎司马懿平定辽东◎

孙子指出，善于作战的人，一定要善于调动敌人，而不要为敌人所调动。司马懿在平定辽东时，没有直接强攻敌人的城池，而是把敌人调动出来，最终将其歼灭。

魏明帝景初二年（238年），魏明帝曹睿把太尉司马懿从长安召回京师洛阳，命他率军去征讨雄踞辽东的公孙渊。

魏明帝问司马懿："行军四千里远征作战，虽说要用奇谋取胜，但也要有足够的兵力，不应当过分计较军费开支的多少。据你推测，公孙渊将采取什么样的对策？"

司马懿回答说："放弃城邑而预先逃走，这是上策；凭据辽水以抗拒我军，这是中策；坐守襄平而单纯防御，这是下策。"

明帝又问："这三种计策，公孙渊将会采用哪一种呢？"

司马懿答道："只有贤明的人才能正确估量敌我双方的力量，并能预先对所用计策做出正确取舍，而这并不是公孙渊所能做到的。"

明帝又问："此次出征往返将用多少天？"

司马懿回答说："前往辽东需要一百天的时间，班师回朝需要一百天的时间，与公孙渊作战也需要一百天的时间，再用六十天的时间进行休整。这样，一年时间足够了。"

于是，司马懿率军向辽东进发。公孙渊派遣大将军卑衍、杨祚率领数万步骑兵进驻辽隧，构筑围墙堑壕二十余里，以此抵御司马懿的进攻。魏军诸将都想立即发起攻击,但司马懿说道:"敌人构筑坚固的防御工事,这是想长期地与我军对峙,企图把我军拖垮。要是现在去进攻,那正好落入他们的圈套。再说敌人主力集中在这里,他们的老巢必定空虚。我军舍此不攻而直捣襄平,就一定能够大破公孙渊。"

于是,司马懿命令魏军多插旗帜,伪装成要进攻敌人阵地南端的样子,自己却率领大军偷偷渡过济水,向北直取襄平。驻守在辽隧的卑衍、杨祚发觉己方中计,就迅速率本部人马救援襄平。军队行至首山的时候,公孙渊又命令回军截击魏军,司马懿率军迎战,大破公孙渊军队。魏军随即前来围攻襄平。

当时正逢秋雨连绵之际,辽水暴涨,船只能够借着雨水一直行到襄平城下。雨下了一个多月还没有停止,长久在雨水中浸泡的魏军士卒军心开始动摇,很多人提出来要找高处重新扎营。司马懿此时却传令下去:"有敢再言要移营者斩。"都督令史张静违反了命令,司马懿毫不留情地将他斩首示众,军队这才安定下来。

而襄平城中的公孙渊军,凭借着大水的阻隔,竟然还能在魏军包围圈的缺口处放牧打柴。魏军诸将再也不能忍受了,都要求对其进行攻击,司马懿则根本不听。随军司马陈珪提出疑问说:"当年您率军攻打上庸的时候,八支人马一齐攻城,昼夜不息,因而只用了十五天便将城攻破,杀了孟达。如今您长途跋涉而来,却变得谨慎而多有顾虑,对此,我实在有些迷惑不解。"

司马懿说:"上庸之战,孟达兵少而粮食却够吃一年,我军兵力相当于孟达四倍,但粮食却不够吃一个月,以仅有一个月的存粮来对抗敌人一年的存粮,怎能不求快速制胜?用四倍于敌的兵力去攻打敌人,即使损失一半兵力,只要城攻破了,还是值得的。这种情况之下是不去计较人员伤亡的,而只是从敌我粮食多少这一情况出发。如今的形势是敌众我寡,敌饥我饱,加之大雨不停,攻城器械未备,急忙进攻又能有什么作为?我军从京师远道而来,不怕敌人进攻,只怕敌人逃走。现在敌人的粮食将尽,而我军的合围却还没有完成,如果现在去抢他们的牛马、抄取他们的柴草,这是催他们逃跑啊。在战场上，做将帅的要善于根据具体的情况制定出相应的策略。现在敌人虽然饥饿，但还不肯束手就擒。我们应当伪装成无能为力的样子稳住它。要是因为贪求小利而使他们逃走，那能算是好的策略吗？"

不久，雨过天晴，司马懿令部队制造攻城器械，挖掘地道，堆起攻城的土山，开始日夜不停地攻城。城中的公孙渊军疲于应对，又陷于粮尽的窘困境地，甚至出现了人吃人的现象，城中的很多将领士兵都出城投降。这样，没过几日，襄平城便被攻破了。公孙渊和他的儿子公孙修带领着几百骑兵向东南方向突围，被魏军追上，皆被斩杀。司马懿就这样平定了辽东。

平定辽东之役中，司马懿决定不攻重兵防守的辽隧，转攻兵力薄弱的敌人老巢襄平，而辽隧的军队得知这一消息，也从深沟高垒里跑了出来，去救援襄平，半途为魏兵所败。司马懿避实击虚、引蛇出洞的战术，正应了孙子的"故我欲战，敌虽高垒深沟，不得不与我战者，攻其所必救也"的思想。

在这次战役中，司马懿还运用了示形诱敌的战术。秋雨连绵无法速攻之际，故意摆出无所作为之态，以求稳定住敌人，不使其仓皇逃窜。"形"是《虚实篇》中所要详细阐述的一个重要概念。形就是表象，这种表象可以是敌人的，可以是自己的；可以是真的，可以是假的。通过表象看到本质，使敌人暴露真形是制胜的关键；而隐藏自己的真实意图，做出种种假象迷惑敌人同样也很重要。孙子所说的"策之而知得失之计，作之而知动静之理，形之而知死生之地，角之而知有余不足之处"，就是为了看清敌人的真实意图和具体情况所进行的周密而详细的探知活动，然后才能制定出有效的克敌之法，使力量有所专攻。至于"形人而我无形"的境界，则是在使敌人暴露的要求之上又加上了隐藏自己一条。能够将自己的真实情况和真实意图隐藏起来，敌人对我也就无从下手，不知道对我应该防备些什么，最终对我处处进行防备，形成了"我专而敌分"的局面。

◎虎牢之战◎

孙子说，两军交战时，一定要做到"致人而不致于人"，也就是"先处战地而待敌"，善于隐藏和伪装自己，避实而击虚。虎牢之战，便是避实击虚、避锐击惰的成功战例。

隋朝末年，统治日趋腐朽残暴，隋炀帝横征暴敛，荒淫无道，刑罚酷烈，兵役苛繁，结果弄得民不聊生，社会矛盾激化，最终导致爆发了轰轰烈烈的农民大起义。到617年初，出现了三大起义军中心：李密瓦岗军转战于河南地区，窦建德起义军活跃于河北一带，杜伏威起义军崛起于江淮地区。

与此同时，隋朝的一些贵族和官吏也纷纷起兵反隋，从太原起兵的李渊父子便是其中一支。

李渊父子起兵后，先后消灭一批割据势力，很快攻入长安。

618年，李渊在长安称帝建国号为唐，他就是唐高祖。此后，李渊开始着手进行统一全国的战争，他首先选择进攻洛阳的王世充。王世充在洛阳与唐军苦战半年，不能退敌，便向窦建德求助。

窦建德充分意识到，王世充若被消灭，那么唐军的下一个进攻目标就是他了。正所谓"唇亡齿寒"，自己岂能隔岸观火，坐视不救？因此决定先联合王世充击唐，然后相机消灭王世充，进而夺取天下。于是窦建德在兼并了山东地区的孟海公起义军之后，于621年春亲率十余万兵马西援洛阳。窦军连下管州（今河南郑州）、荥阳、阳翟（今河南禹州市）等地，很快进抵虎牢以东的东原一带（即河南荥阳东北广武山）。

虎牢为洛阳东面的战略要地。早在武德四年（621年），唐军王君廓部就在内应的协助下，先行袭占该地。李世民在洛阳久攻未下，窦军又偷袭虎牢的不利形势下，于青城宫召开前线指挥会议，商讨破敌之策。

会上，大多数唐军将领主张暂先退兵以避敌锋，但唐宋州（治所在今河南商丘南）刺史郭孝恪、记室薛收等人却反对这么做。他们认为，王世充据守洛阳坚城，兵卒善战，其困难在于粮草匮乏；窦建德远来增援，兵多势众。如果让王、窦联手合兵，窦以河北粮草供王，就会给唐军制造很大的麻烦，也将使李唐的统一事业受挫。因此，他们主张在分兵围困洛阳孤城的同时，派唐军主力扼守虎牢，阻止窦军的西进，先消灭窦建德军，届时洛阳城就能不攻自下。李世民采纳了这一建议，立即将唐军一分为二，令李元吉、屈突通等将继续围攻洛阳；自己则率精兵三千五百人，于三月二十四日先期出发，进据虎牢。

李世民抵达虎牢的次日，即率精骑五百东出二十余里，侦察窦建德军的情况。他派徐世勣、秦叔宝、程知节等人率兵埋伏于道旁，自己则与尉迟敬德等向窦建德军营进发。在距窦军军营六里地处，李世民故意暴露自己的行踪，引诱窦建德出动骑兵追击。等窦军骑兵进入预先设伏的地点之后，徐世勣等及时向敌人发起攻击，击败窦军追兵，歼敌三百余人。这次战斗规模虽小，却挫伤了窦军的锋芒，对窦军的虚实也有了了解。

窦军被阻于虎牢东，一个多月不得西进，几次战斗又都失利，士气开始低落。四月间，窦军的粮道被唐军截断，窦军大将张青特被俘，这使得窦军的处境更加不利了。此时，国子祭酒凌敬劝窦建德改变作战计划：率主力渡黄河，攻取怀州、河阳，再翻越太行山，入上党，攻占汾阳、太原，然后攻下蒲津（今山西永济西）。并指出这样做有三个好处：这些地方唐军防守薄弱，窦军有必胜把握；拓地收众，可以极大增强窦军的实力；威胁关中，迫使唐军回师援救，以解洛阳之围。

窦建德认为凌敬的话有道理，准备采纳，但这时王世充频频遣使告急，部将又多受王世充使者的贿赂，主张直接援救洛阳，于是窦建德被迫放弃凌敬的合理建议，而与唐军相对峙于虎牢一线，处境越来越被动了。

不久，李世民得到情报：窦军企图乘唐军草料用尽，到河北岸牧马的机会，袭击虎牢。李世民将计就计，遂率兵一部过河，南临广武，在观察了窦军动静后，故意在河渚留马千余匹，诱使窦建德军出战。

次日，窦军果然中计，出动全部主力，在汜水东岸布下阵来。窦军的阵形北依大河，南连鹊山，正面宽达十多公里，摆出一副进攻的架势。李世民正确地分析了形势，指出窦军没有经历过大战，现在摆出一副咄咄逼人的阵势，显然有轻视唐军之意。于是他决定暂时按兵不动，等待窦军疲惫之后，再行出击，届时一举消灭敌人。这样，李世民一面严阵以待，使窦军无隙可乘；

一面派人召回留在河北岸的诱兵，准备出击。

窦建德轻视唐军，仅遣三百骑过汜水向唐军挑战，李世民派部将王君廓率两百长矛兵出战。两军往来交锋数次，未分胜负，各自退回本阵。战斗呈现胶着状态。

窦建德沿汜水列阵，自辰时直至午时，士卒饥饿疲乏，支撑不住，都瘫倒在地上。李世民看到这些迹象后，即派遣宇文士及率领三百精骑先进行试探性攻击，并且指示说：如果窦军严整不动，即撤回军队；如其阵势有动，则可引兵继续东进。宇文士及至窦军阵前，窦军的阵势开始动摇。李世民见状，当机立断，下令出战，并亲率骑兵先行出动，渡过汜水后，直扑窦建德的大营。

当时，窦建德正欲召集群臣议事，唐军骤然而至，群臣均惊慌失措，纷纷四处溃逃，窦建德急忙下令骑兵出战，但是为时已晚，唐军已经冲入窦建德的营帐之中。窦建德被迫向东撤退，为唐军窦抗部所截，陷入进退两难的境地。接着，李世民所率的精骑也突入窦军大营，双方展开激战。李世民命秦叔宝、程知节、宇文歆等部截住窦军的后路，对窦军实施分割包围。窦军见大势已去，遂惊慌溃逃。唐军乘胜追击十五公里，俘获窦军五万余人。窦建德本人也负伤坠马被俘，其余军卒大部溃散，仅窦建德亲率数百骑仓皇逃回河北。至此，窦军基本被歼灭。

唐军取得虎牢之战的胜利后，主力回师洛阳城下。王世充见窦军被歼，而自己也陷入内外交困，走投无路的绝境，遂于绝望之中献城投降。

虎牢之战，唐军消灭窦建德主力部队十万人，接着又迫降了洛阳王世充的残余守军，夺取了中原的大部分地区，取得"一举两克"的重大胜利。虎牢之战是我国古代"围城打援"的著名战例，也是李唐统一全国的最关键一战。至此，唐王朝的统一事业基本完成。

虎牢之战中，李世民采用围城打援、避锐击惰、奇兵突袭、一举两克的策略，其卓越的指挥才能发挥得淋漓尽致。具体说来，李世民之所以取得虎牢之战的胜利，除了凭借唐军自身的强大实力外，还与他正确运用战略战术有莫大关系。李世民在这一战中的指挥才能表现为：

一、先期占据战略要地虎牢，形成了有利于己、不利于敌的态势。

二、注重观察和分析敌情，并在此基础上制定正确的作战方针，灵活机动地打击敌人。

三、临机应变自如，将计就计，捕捉战机，利用敌人骄傲轻敌、兵疲将惰等弱点，及时发起突袭，给敌人以意想不到的打击。

四、在采取突袭行动时，正确选择主攻方向，集中兵力攻打窦军统帅部，造成其指挥中枢的瘫痪。并注重战术配合，运用穿插、迂回、分割等手段，将窦军各部逐一击破。

五、突袭得手后，适时展开战场追击，穷追猛打，以扩大战果。

商业案例

◎异军突起的苹果机◎

在企业的经营管理中，"致人而不致于人"十分关键，甚至能够决定企业的生死存亡。一般来说，一个新产品、一种新技术，总会有许多公司在同时进行开发和研究，谁先把新产品、新技术投放到市场，谁就能取得主动权，而后至者则要花费几倍、几十倍的努力，才能在市场中分得一杯羹，甚至永远被排除在市场之外。

无论是用奇还是用正，现代商战都强调掌握主动权，而掌握主动权的标志就是占领市场，"先处战地"，而后制定市场准入标准，达到"致人而不致于人"的目标。

1982年，美国《幸福》杂志公布了美国企业500强名单，名不见经传的苹果计算机公司首次入选，名列第411位。更为厉害的是，苹果计算机公司年仅5岁，是500强中最年轻的。仅仅过了一年，苹果计算机公司就跃升到了第291位，营业额高达9.8亿美元。

究竟是什么让苹果计算机公司在短时间内异军突起的呢？

1976年，美国的许多计算机厂家都把研究和生产大型计算机作为重点，而对个人计算机不屑一顾，认为个人计算机前途不大，利润不高。这时，21岁的史蒂夫和26岁的沃兹尼克却认为个人计算机必定有个很好的消费市场，所以决定在大家都忙着搞大型计算机的时候，另辟蹊径，终于成功研制出"苹果"个人计算机。从此，美国计算机界又多了一位呼风唤雨的巨人。

【点评】

"虚"与"实"是一对矛盾，而我们的世界正是由无数矛盾交织而成的，就像有白天就会有黑夜，有美丽就会有丑恶，有长处就会有短处。实际上，矛盾是世间万物内在联系和相对性的一种表现。《老子》里说："天下皆知美之为美，斯恶已。皆知善之为善，斯不善已。故有无相生，难易相成，长短相形，高下相倾……"可见，在很早的时候，人们就开始认识到了世间万物的关联性和相对性，进而又认识到了这种关联性和相对性也是随着环境和立场等因素的变化而不断变化的。

古希腊哲学家赫拉克利特有一句名言："人不能两次踏入同一条河流。"意思是说，河水是不停流动的，当人们第二次踏入同一河流时，他们所接触到的水流已不是原来的水流而是变化了的新水流了。这句名言揭示了一个真理：世间的一切事物都处在不断变化之中。

孙子的"兵形象水"同样印证了这一道理：战场上瞬息万变，因而选择作战方向、制定作战方针、实施作战计划都必须灵活机动。

人生的道路虽然不如战场凶险，但也充满了各种变数，所以人们常说"每天的太阳都是新的"，既然计划赶不上变化，那么，唯一的应对办法就是因势利导。具体问题具体分析，方不至于被湮没。

军争篇

全解经典

【导读】

本篇比较系统地论述了军争的意义、利弊、原则和方法：要先于敌人占据要地，掌握有利战机，争取战场主动；不仅要看到军争的利，还要看到军争的害，更要学会趋利避害，并提出了"避其锐气，击其惰归"的著名军事原则。

【原文】

孙子曰：凡用兵之法，将受命于君，合军聚众①，交和而舍②，莫难于军争③。军争之难者，以迂为直，以患为利④。故迂其途，而诱之以利，后人发，先人至，此知迂直之计者也。

故军争为利，军争为危⑤。举军而争利，则不及；委军而争利，则辎重捐⑥。是故卷甲而趋⑦，日夜不处，倍道兼行⑧，百里而争利，则擒三将军⑨，劲者先，疲者后，其法十一而至⑩；五十里而争利，则蹶上将军⑪，其法半至；三十里而争利，则三分之二至。是故军无辎重则亡，无粮食则亡，无委积则亡⑫。

故不知诸侯之谋者，不能豫交⑬，不知山林、险阻、沮泽之形者⑭，不能行军，不用乡导者⑮，不能得地利。

【注释】

①合军聚众：指聚集民众，组成军队。合，聚集、聚结。

②交和而舍：指两军剑拔弩张对垒而处。交，接，接触。和，即"和门"，指军门。

③军争：两军争夺制胜的条件。

④以迂为直，以患为利：指以迂回曲折的途径达到近直的目的，化不利为有利。迂，迂回、曲折。患，祸患、不利。

⑤军争为利，军争为危：指军争是为了使形势对自己有利，但军争也是一件危险的事情。

⑥委军而争利，则辎重捐：如果放弃笨重的物资器械而去争利，那么装备辎重将会遭受损失。委军，指丢弃笨重物资器械，轻装前进。委，丢弃、舍弃。辎重，指行军时运输部队携带的物资，包括军用器械、营具、粮秣、被服等。捐，损失。

⑦卷甲而趋：指卷起铠甲急速行进的意思。甲，铠甲。趋，快速前进。

⑧倍道兼行：以加倍的速度昼夜不停地连续行军。倍道，行程加倍。兼行，昼夜不停地连续行军。

⑨三将军：指上、中、下三军主帅。

⑩十一而至：指部队仅有十分之一的兵力到位。

⑪五十里而争利，则蹶（jué）上将军：奔赴五十里而争利，则前军将领很可能遭受挫败。蹶，失败、挫败。

⑫无委积则亡：指军队没有物资储备作补充，就无法生存。委积，泛指物资储备。

⑬不知诸侯之谋者，不能豫交：不知道诸侯列国的意图谋划的，不宜与其结交。

⑭沮（jǔ）泽：水草丛生的沼泽地带。

⑮乡导：即向导。

【译文】

孙子说：大凡用兵的法则，将帅接受国君的命令，从聚集民众结成军队，到开赴前线与敌人对阵,这期间最困难的事情莫过于与敌人争夺制胜的条件。争夺制胜条件最困难的地方,又在于如何以迂回曲折的方法达到近直的目的,如何化不利因素为有利因素。所以,要使敌人的路途变得迂曲,用小利引诱误导敌人,这样,即使自己比敌人后出发,也能先敌人而到达。如此就算是掌握了"迂"与"直"的道理的人。

所以,争夺制胜条件是为了使形势对自己有利,但争夺制胜条件也常常是一件危险的事情。如果以整支军队去争利,往往因为行动迟缓而无法按时到达预定地点;如果放弃笨重的物资而去争利,辎重就会被丢下。因此,卷起铠甲急速行进,日夜不停,速度加倍地连续行军,赶到百里以外去与敌人争利,三军将帅很可能为敌人所擒,强健的士兵先到达,疲困的士兵远远地落在了后面,这样的做法常常导致只有十分之一的兵力能够如期到达;奔行五十里去与敌人争利,前锋部队的将领很可能遭受挫败,这样的做法常常导致只有半数的兵力能够如期到达;奔行三十里去与敌人争利,只有三分之二的兵力能够如期到达。须知军队没有辎重就会遭受失败,没有粮食就不能生存,没有物资储备就无以为继。

所以,不了解诸侯列国战略意图的,不能与其结交;不熟悉山林、险阻、沼泽等地形的,不能率众行军;不使用向导的,就不能得到地利。

【原文】

故兵以诈立①,以利动,以分合为变者也②;故其疾如风③,其徐如林④,侵掠如火,不动如山,难知如阴⑤,动如雷震;掠乡分众⑥,廓地分利⑦,悬权而动⑧。先知迂直之计者胜。此军争之法也。

《军政》曰⑨:"言不相闻,故为金鼓;视不相见,故为旌旗。"夫金鼓旌旗者,所以一人之耳目也;人即专一,则勇者不得独进,怯者不得独退,此用众之法也。故夜战多火鼓,昼战多旌旗,所以变人之耳目也⑩。

故三军可夺气⑪,将军可夺心⑫。是故朝气锐,昼气惰,暮气归。故善用兵者,避其锐气,击其惰归⑬,此治气者也。以治待乱,以静待哗,此治心者也。以近待远,以佚待劳,以饱待饥,此治力者也。无邀正正之旗⑭,勿击堂堂之陈⑮,此治变者也。

故用兵之法,高陵勿向⑯,背丘勿逆⑰,佯北勿从⑱,锐卒勿攻⑲,饵兵勿食⑳,归师勿遏㉑,围师必阙㉒,穷寇勿迫㉓。此用兵之法也。

【注释】

①兵以诈立:指用兵打仗应当以诡诈多变取胜。

②以分合为变:指用兵打仗应当视不同情况而灵活处置兵力。

③其疾如风:指军队行动快速如风。

④其徐如林:指军队行动缓慢时,犹如严整的森林。徐,缓慢。

⑤难知如阴:指军队隐蔽时,犹如阴云遮天。

⑥掠乡分众:指分兵数路,掠夺敌国乡邑。

⑦廓地分利:指应当开疆拓土,扩大战地,分兵占领扼守有利地形。廓,通"扩",开拓、扩展。

⑧悬权而动:指权衡敌我形势,相机而动。

⑨《军政》:古兵书名。

⑩变人之耳目:指根据不同情况变换指挥信号,以便适应士卒的视听能力,即让士兵的耳朵和眼睛更容易察觉下达的命令。变,适应。

⑪夺气:指挫伤士气。夺,剥夺,这里指打击、挫伤。

⑫夺心:指动摇将军的决心。古人在用兵时,很重视扰乱和动摇敌将的决心。

⑬避其锐气,击其惰归:避开敌军锐气,等到敌军怠惰疲惫、士气低落时进行攻击。

⑭无邀正正之旗:指不要正面迎击旗帜整齐、部署周密的敌人。邀,迎击、截击。

⑮勿击堂堂之陈(zhèn):指不要攻击士气旺盛、阵容严整的敌人。陈,古"阵"字。

⑯高陵勿向：如果敌人已经占据高地，就不要去进攻它。陵，山陵。向，这里是仰攻的意思。

⑰背丘勿逆：如果敌人背倚丘陵险阻，就不要正面迎击它。背，背靠、倚靠。逆，这里是迎击的意思。

⑱佯北勿从：敌人如果是伪装败退，就不要追击。佯，假装。北，败北。

⑲锐卒：锐气正盛的部队。

⑳饵兵：诱兵，用来诱敌的小部队。

㉑归师勿遏：敌军如果正在向其本国撤退，就不要去阻截它。遏，阻止、拦阻。

㉒围师必阙（quē）：指在包围伏击敌人时，应当留出缺口，避免敌人走投无路而做困兽之斗。阙，通"缺"。

㉓穷寇勿迫：已经陷入绝境的敌人，不要过分逼迫它。

【译文】

用兵打仗是建立在诡诈多变的基础上的，任何举措都要根据是否对自己有利来决定，分散或集中兵力要根据情况而灵活变化。所以，军队急速行进时要快速如疾风，缓慢行进时要严整如密林，攻击敌人时要迅猛如烈火，原地待命时要岿然如山岳，隐蔽时要像阴云蔽日，行动时要势如雷霆。掠夺敌国的乡邑，要分兵多路进行；开拓疆土，要分兵扼守有利地形；要先权衡利害得失，然后相机而动。先懂得"迂"与"直"的道理的就能胜利，这就是争夺制胜条件的原则。

《军政》中说："用语言指挥听不到，因而使用锣鼓指挥；用动作指挥看不清，因而就使用旌旗指挥。"金鼓和旌旗，是用来统一军队作战行动的。全军上下的行动已然统一，勇猛的士兵就不会贸然单独前进，怯懦的士兵也不会擅自单独后退，这就是指挥众人作战的方法。所以夜间指挥作战多用火光和锣鼓，白天指挥作战多用旌旗，这样做都是为了适应士卒的视听能力。

对于敌人的军队，可以设法使其士气低落；对于敌人的将领，可以设法动摇他的心志。军队的士气在初战时饱满旺盛，经过一段时间后就会逐渐怠惰低落，最后就会彻底衰竭。所以善于用兵的人，要设法避开敌人的锐气，等它怠惰疲惫、士气消沉的时候再去攻击，这是掌握士气的方法。以我军的严整来对待敌军的混乱，以我军的镇静来对待敌军的哗恐，这是掌握军心的方法。以我军靠近战场的优势来对待敌军远道而来的劣势，以我军的从容休整来对待敌军的奔走疲劳，以我军的粮草充足来对待敌人的饥肠辘辘，这是掌握军队战斗力的方法。不截击旗帜整齐、部署周密的敌人，不攻击士气旺盛、阵容严整的敌人，这是掌握灵活机变的方法。

所以，用兵的法则是：敌人占据高地，就不要去仰攻；敌人背靠丘陵险阻，就不要从正面进攻；敌人假装败退，就不要跟踪追击；对敌人的精锐部队，不要主动与之交锋；对敌人诱我进攻的部队，不要去理睬；对正在撤退回国的敌人，不要加以阻截；包围伏击敌军时，一定要留出缺口；对陷入绝境的敌人，不要过分逼迫。这些都是用兵的法则。

实用谋略

◎避其锐气，击其惰归——合肥之战◎

善于用兵之人，总是避开敌人初来时的锐势，等敌人疲惫时再狠狠予以打击。三国时吴、魏合肥之战，就是这一军事思想的最好体现。

赤壁之战后，孙权与曹操又交战数次，前者均取得了胜利。孙权认为曹操势力已经衰弱，不足为患，这正是自己扩张地盘的绝佳时机，于是在214年，亲率水军沿长江攻打曹操的江北重镇——皖城。

这次行动的总指挥是东吴大将吕蒙。吕蒙任命甘宁为升城督，命其督导攻城部队，而自己则率领精锐部队在后面跟进。甘宁手持链条，身先士卒，亲自率军攻城，很快就把皖城拿了下来。

拿下皖城后，孙权又命令吕蒙继续挥师北上，围攻合肥。此时，曹操正率军讨伐汉中的张鲁。临行前，曹操曾交给合肥护军薛悌一封书信，封角处写着：等东吴大军北攻合肥时再开启。这时东吴军队马上就要到达合肥，诸将就拆开曹操留下的密信。曹操书信中说：孙权到达合肥时，我军由张辽和李典出去迎战，乐进则负责守城，不得与敌军交战。诸将看到曹操的指示，都颇感疑惑：敌多我寡，势如危卵，还要出兵击贼，这不是自找死路吗？况且张辽、乐进、李典三人向来不和，遇到这样的情况，谁也不服从谁的命令，这样安排岂不是自取灭亡？

在这个危急关头，张辽、乐进、李典三人冰释前嫌，决定齐心协力共破敌军。张辽披甲持戟，率领八百名死士杀向孙权的部队。东吴军队未做防备，张辽带队冲进了东吴军营之中，亲自斩杀了两名将领，并且高喊着："张辽在此！"敢死队冲进吴军阵营，孙权大惊，左右侍卫急忙拥着孙权退到小土丘上，并奋力抵挡袭营的曹军。

张辽率领将士从凌晨一直激战到中午，致使吴军士兵死伤无数，士气也渐渐低沉下来，张辽遂领军回城，整备守城事宜。而魏军初战告捷，军心大振，将领们对张辽也心悦诚服。

不久，东吴的后续部队到达合肥，孙权于是决定大举攻城。然而，合肥城墙高且坚固，东吴诸将连续强攻了十几日都打不下来，吕蒙、甘宁等人一时也想不出什么破城良计，此时东吴军中疾疫流行，再打下去也没什么意义，孙权只好下令班师。

张辽在城上看着吴军撤退，发现孙权主阵排在大军的最后方，而且兵力很少，便与李典、乐进率领合肥的守军出城袭击。

孙权看到合肥城步骑齐出，知道大事不妙，赶紧命前面已撤退的部队返回。但是前锋部队已经走得很远，一时赶不回来。最终，孙权在右部督凌统所属的三百侍卫奋勇力战之下，才勉强逃脱。

合肥之战，曹军躲避东吴军队的锋芒，并趁其麻痹大意时，派出精锐部队进行偷袭。待东吴军队无奈撤退时，曹军又偷袭它的后备军队，险些擒获东吴主孙权，这充分体现了"避其锐气，击其惰归"的军事思想。

◎诸葛亮妙用木牛流马◎

军争就是要争夺战争主动权。两军交战的时候,谁拥有主动权,谁就能够克敌制胜。诸葛亮妙用木牛流马退敌的故事,便体现了军争的思想。

诸葛亮最后一次北伐,率军出祁山而与魏军对峙。魏将司马懿知道蜀军粮草运输困难,所以采取了坚守不出的策略。在此情况下,诸葛亮命蜀军制造了先进的运输工具——木牛流马,蜀军的粮草供应问题因而得以解决。

司马懿听说这一情况后吃了一惊,心里暗想道:"我之所以坚守不出,就是因为他们粮草不能接济,想着他们会自行溃败;可如今他们用了此法,必是做了打持久战的打算,不想退兵了,这可怎么办?"于是急唤张虎、乐綝二人,吩咐道:"你二人各引五百军士,从斜谷小路抄出;待蜀兵驱过木牛流马,便一齐杀出;不可多抢,只抢三五匹便回。"

张乐二人依令,各引五百军士,扮作蜀兵,埋伏在斜谷之中。不多时,果然看见蜀将高翔引兵驱木牛流马而来。等蜀军将要全部通过斜谷之时,魏军突然杀出,抢了几匹木牛流马便速速收兵回营了。司马懿看了木牛流马,十分高兴,说:"你会用此法,难道我不会用!"遂令巧匠百余人,照原样制造木牛流马。不到半个月,便造出两千余只,而且使用效果与诸葛亮所造的一般无二。司马懿随即命令镇远将军岑威引一千军士,驱驾木牛流马去陇西搬运粮草,运输速度大大提高,魏营的军将无不欢喜。

高翔回到营中,向诸葛亮报告了魏军抢夺木牛流马一事,诸葛亮笑着说:"我正是要他去抢,我只费了几匹木牛流马,不久便可得到他们更多的财物!"几天后,有人来报说魏兵也造了木牛流马,正往陇西搬运粮草。

诸葛亮听到这一消息,心中大喜,说:"果然不出我所料。"当下唤大将王平来见,吩咐说:"你引一千人马,扮作魏人,星夜偷过北原,只说是巡粮军,径直赶往运粮之所,将魏军护粮之人杀散;而后驱木牛流马奔回北原。魏军必然追赶,你就将木牛流马口内舌头扭转,牛马就不能行动。你先弃之而走,等我率兵赶到,你再回兵将牛马舌扭过来,继续行走!"王平领命而去。诸葛亮又唤张嶷来见，吩咐说："你引五百军士，都扮作六丁六甲神兵，鬼头兽身，用五彩涂面，内藏烟火之物，伏于山旁。待木牛流马到时，放起烟火，一齐拥出，驱牛马而行。魏人见到后，必然怀疑是神鬼，一定不敢来追赶。"张嶷也领命而去。诸葛亮又吩咐魏延、姜维引一万兵，去北原寨口接应木牛流马；派廖化、张翼引五千兵，去截断司马懿去路。

魏将岑威用木牛流马运送粮草，这时手下忽然报告说前面有兵巡粮。岑威令人前去探听虚实，听说确是魏兵，这才放心前进，与巡粮军兵合一处。走不多时，忽听身后大乱，又有人大喊道："蜀中大将王平在此！"岑威还没缓过神来，就被王平一刀斩了，押粮的魏军也四散逃走。王平当下依诸葛亮之计尽驱木牛流马而回。魏将郭淮闻听军粮被劫，急忙引军来救。王平于是命令军士扭转木牛流马舌头，弃之而走。郭淮也没有上来追赶，只是叫魏军将木牛流马驱回；可是无论军士们如何推拉，那木牛流马就是纹丝不动。

没过多久，就听到鼓角喧天，杀声四起，郭淮定睛一看，是魏延、姜维引军杀来。王平也引军杀回。在三路人马的夹攻之下，郭淮大败而归。王平又让军士将木牛流马舌头扭转回去，那木牛流马又可以行走了。郭淮望见了，很不甘心，正想要回兵再追，只见山后出现了一队形状诡异的怪物，他们个个手执旗剑，龇牙咧嘴，驱驾着木牛流马如风般向自己杀来。郭淮看了大惊失色，说："这一定是有神相助啊！"于是不敢再去追赶。

诸葛亮故意让魏军劫走木牛流马，在木牛流马内暗设机关，使魏军不知其中奥妙，延误了时机，而蜀军则趁机完成了集结，这些都是对孙子以迂为直、以利诱敌思想的绝妙运用。

商业案例

◎以退为进的谈判◎

在商业谈判中，运用退避的策略也可以掌握主动权，以退为进的谈判方式，正是军争思想在商业领域的灵活运用。

英国友尼利福公司总经理柯尔可谓是一位深谙"以退为进"之道的大师。在企业经营和商业谈判中，柯尔不时采取退让策略，把更多的利益让给对方，而这样做的结果往往是退一步最后却进了两步。

柯尔很早就在非洲东海岸建立了友那蒂特非洲子公司，从业人员达14万。公司的重要财源之一是栽培食用油料落花生。"二战"结束后，非洲各地掀起民族独立运动高潮，独立的国家纷纷把土地收归国有，友那蒂特非洲子公司也时刻面临被逐出的危险。

在这个关键时刻，柯尔在老朋友的帮助下，对友那蒂特非洲子公司采取了任用非洲人为首席经理人员、非洲人与白人同工同酬等六项有利于非洲各国的改革措施。在与几内亚政府交涉时，柯尔主动表示将公司撤出去。几内亚政府为柯尔的诚意所感动，出人意料地表示希望柯尔的公司留下来。在与加纳政府交涉时，柯尔主动地把栽培地交还给加纳政府。加纳也为柯尔的诚意所感动，并邀请柯尔的友尼利福公司成为政府食用油料的买卖代理人，这意味着柯尔在加纳是食用油经营权的唯一持有者。在非洲其他国家，柯尔的主动退让策略也都得到了大小不同的"回报"。实际上，在风起云涌的非洲独立运动中，柯尔不但没有受到损失，反而有所收获。

【点评】

《军争篇》论述的是如何与敌争夺有利的制胜条件，即如何争夺有利的战地和战机的问题，因为二者在战争中有着至关重要的意义。

关于赢得军争的方法，孙子提出了"迂直"的概念。迂直的主导思想便是"以迂为直"，讲求的是用计谋使敌人受到误导和牵绊，用小利引诱迟滞敌人，使自己能够在敌人率先出发的情况下，却先敌人而到达。孙子所说的"故迂其途，而诱之以利，后人发，先人至"就是这个意思。"以迂为直"的战略表面上看可能意味着多付出、多耗费，实际上却能使自己始终处于主动的地位，因为敌人始终是在被我所支配和左右。

人们常说："忍一时，风平浪静；退一步，海阔天空。"又说："宰相肚里能撑船。"说的都是"以迂为直、以退为进"之意。

九变篇

全解经典

【导读】

本篇主要论述主将应根据不同情况灵活运用不同的战略战术,提出"有备无患"的战略思想,强调"智者之虑,必杂于利害",要趋利避害,防患于未然。最后点明"将有五危",应当引以为鉴。

【原文】

孙子曰:凡用兵之法,将受命于君,合军聚众。圮地无舍①,衢地交合②,绝地无留③,围地则谋④,死地则战⑤;塗有所不由⑥,军有所不击,城有所不攻,地有所不争,君命有所不受。

故将通于九变之地利者⑦,知用兵矣;将不通于九变之利者,虽知地形,不能得地之利矣。治兵不知九变之术⑧,虽知五利⑨,不能得人之用矣。

是故智者之虑,必杂于利害⑩,杂于利而务可信也⑪;杂于害而患可解也⑫。

是故屈诸侯者以害⑬,役诸侯者以业⑭,趋诸侯者以利⑮。

故用兵之法,无恃其不来,恃吾有以待也;无恃其不攻,恃吾有所不可攻也。

故将有五危:必死⑯,可杀也;必生⑰,可虏也;忿速⑱,可侮也;廉洁⑲,可辱也;爱民,可烦也。凡此五者,将之过也,用兵之灾也。覆军杀将,必以五危，不可不察也。

【注释】

①圮(pǐ)地无舍：不可在难以通行的山林、险阻、沼泽等地宿营。圮地，难于通行的地区。圮，毁坏、倒塌。舍，止，这里指宿营。

②衢（qú）地：四通八达的地区。衢，四通八达。交合：结交邻国以为后援。

③绝地：指交通困难、水草粮食缺乏、部队难以生存的地区。

④围地：指地形四面险阻、出入通路狭窄的地区。

⑤死地：指不经过死战就无法生存的地区。

⑥塗：通"途"，道路。

⑦九变：多变之意，这里指作战中的各种机变，即在军事行动中，要根据不同情况灵活运用一般原则，做到应变自如，而不要墨守成规。

⑧九变之术：指与"九变"相关的具体手段和方法。

⑨五利：指上文中的"塗有所不由，军有所不击，城有所不攻，地有所不争，君命有所不受"。

⑩杂于利害：兼顾到利益和害处两个方面。杂，掺杂，这里引申为兼顾。

⑪信：通"伸"，伸行、发展。

⑫杂于害而患可解：指在不利的情况下，考虑到有利的方面，祸患就可以解除。

⑬屈诸侯者以害：指用诸侯所害怕的事情去迫使他们屈服。

⑭役：役使，这里指役使诸侯为我效力。业：指危险的事情。

⑮趋诸侯者以利：关于这句话有两种解释：一说指用小利引诱调动诸侯，使其疲于奔走；一说指以利益引诱诸侯，使其追随归附自己。这里选择后一种解释。

⑯必死：这里指有勇无谋，只知死拼。

⑰必生：这里指贪生怕死，临阵畏怯。
⑱忿(fèn)速：这里指急躁易怒。忿，愤怒。
⑲廉洁：这里指洁身清廉，自矜名节。

【译文】

孙子说：大凡用兵的法则，主将接受了国君的命令，就开始征集民众，组织军队。军队行进时，不可在"圮地"上宿营；在"衢地"上应该结交邻国；不可在"绝地"上停留；遇到"围地"要有所防范和谋划；陷入"死地"时要殊死奋战。有的道路不要通过，有的敌军不要攻击，有的城池不要攻占，有的地方不要争夺，即使是国君的命令，不恰当的也可以不执行。

所以，将帅如果能够通晓各种机变的利弊并加以灵活运用，就是懂得用兵了；将帅如果不能够通晓各种机变的利弊，即使知道地形情况，也不能获得地利之便。指挥军队而不知道各种机变的方法，即使知道"五利"（即圮、衢、绝、围、死），也不能充分发挥军队的作用。

因此，明智的将帅考虑问题，必定同时兼顾利与害两个方面。在有利的情况下考虑到不利的方面，所做的事情就一定能够成功；在不利的情况下考虑到有利的方面，祸患就可以解除了。

因此，要想迫使诸侯屈服，就要用其最害怕的事情去威胁他们；要想役使诸侯为我效力，就要用危险的事情去烦扰他们；要想使诸侯归附自己，就要用利益去引诱他们。

所以，用兵的法则是，不要寄希望于敌人不来，而要依靠自己做好充分的准备；不要寄希望于敌人不进攻，而要依靠自己拥有使敌人无法进攻的力量。

将帅有五种致命的弱点：一味死战硬拼，就可能被敌人诱杀；贪生怕死，就可能被敌人俘虏；急躁易怒，就可能因为敌人的侮辱而轻举妄动；一味廉洁好名，就可能因为敌人的毁谤而丧失理智；一味仁慈爱民，就可能因为烦扰过多而不得安宁。这五点是将帅易犯的过错，是用兵的灾难。军队的覆灭、将帅的被杀，原因必定是出于这五点，做将帅的人不可不慎重考虑啊。

实用谋略

◎孙武不受君命◎

公元前515年，吴国公子光夺得吴国王位，称阖闾。阖闾即位后，注重搜罗各种人才，立志称霸于天下。孙武的好友伍子胥将孙武推荐给了吴王，孙武觐见时就将自己撰写的这兵法十三篇呈献给了吴王。

吴王看过了兵法，连连称好，但是不知孙武是否能将这些理论运用于实战当中，便对孙武说："你的兵法十三篇，我已经看过了，确实是不同凡响，但不知实行起来如何，可否用它小规模地演练一下，让我们见识见识？"孙武回答说："可以。"吴王又问："先生打算用什么样的人去演练？"孙武答："随君王的意愿，用什么样的人都可以。不管是高贵的还是低贱的，也不论是男的还是女的，都可以。"吴王想给孙武出个难题，便拨了一百多个宫女让孙武演练。孙武把这一百多个宫女分成了左右两队，并让吴王最为宠爱的两位美姬分别为左队和右队的队长。

孙武首先向宫女们讲明了演练的要领，而后又申明了军令，这才让宫女们进行操练；哪知那些宫女们视操练如儿戏，一个个笑得前仰后合，队伍一片混乱。孙武平静地说："这次你们的动作不合规定，是因为我讲得还不够明确，你们对军令也不太熟悉，责任在我。"于是又把军令和演练的要领重申了一遍，然后命令重新开始操练。可是宫女们不但不听号令，而且笑得比上一次更厉害，练兵场上一片喧哗。孙武严肃地说："规定不明确，军令不熟悉，这是将帅的罪过；规定已经明确，军令已经熟悉，还要明知故犯，这就是士兵的过错了。"说罢，下令按军法从事：处死两名队长。吴王在台上看见孙武要杀自己的两个爱姬，大为惊骇，立即派人向孙武求情说："寡人已经知道将军善于用兵了；可是，我若没有这两个爱姬侍候，吃饭也没有味道，请将军饶了她俩吧！"孙武毫不留情地说："臣既然受命为将，将在军中,君命有所不受。"

孙武执意杀掉两位队长,任命两队的排头充当队长,继续练兵。当孙武再次击鼓发令时,众宫女前后左右,进退回旋,跪爬滚起,全都合乎规矩,阵形十分齐整。孙武请吴王阖闾检阅,阖闾正因为失去爱姬不高兴,说:"让她们回去休息,我不愿下去看了。"孙武便求见阖闾,说:"令行禁止,赏罚分明,这是兵家的常法,为将治军的通则。对士卒一定要威严,只有这样,他们才会听从号令,打仗才能克敌制胜。"听了孙武的一席话,吴王阖闾怒气消散,终于拜孙武为吴军的统帅。

商业案例

◎ "围地则谋" 摆脱困境 ◎

"九变"强调的是灵活多变,这一计谋应用于商业领域,也能发挥奇效。

以前,纺织业一直是A省对外销售的主力。后来电子资讯业兴起,发展势头极其迅猛,已经超过了纺织业,但纺织业本身还具有一定的潜力。而A省的纺织业之所以能历久不衰,靠的正是业界人士不断创新,以及遇到困难时团结一致、同舟共济的精神。

有段时间A省遭遇能源危机,各大合成纤维厂因此举步维艰,过去所赚的利润在短短三四年间就全赔了进去,而且损失还有继续扩大的迹象。

为了应对这一危机,1977年,华隆、国华、联隆、鑫新、宝城五家化纤工厂决议合并经营。合并之后,公司以华隆为名,各公司的股权由会计师换算比率后重新分配,高阶人事与董事会则从五家公司原有人员中选择。经过一番整合,公司资本实力变得更加雄厚,财务制度也更加健全,经营渐渐有了起色,最终摆脱困境,越来越兴隆。

五家公司在面对经营上的困难时,深谙"围地则谋"之理,能达成共识,主动"谋"合并,彼此从激烈竞争的敌手变成了共渡难关的伙伴,从而使自己再次崛起,也带动了整个纺织业市场的发展。

【点评】

"九"，在这里是为数众多的意思。古人造字以纪数，起于一，极于九；九于是常用来形容一些不可穷尽的事物。"变"，在这里指的是用兵作战中的灵活机变。本篇用九来形容变，就是为了让人们对战场形势的瞬息万变，战略战术的随时随事而变，利弊转换的因人因地而变有一个最直观的感悟和认识。

《九变篇》强调的是将帅们在战场上的判断力和随机应变的能力。世界上的一切事物都在不停地运动和变化着，战争也是如此，任何人都不可能经历两次完全相同的战争，因为构成和影响战争的因素也在不断地变化着。

因此，将帅们需要知道一些相对固定的程式，比如在某些情况下能够做什么，应该做什么；但更要根据战场上的实际情况对这些程式进行取舍，有些路不能走，有些目标不能攻击，君主所下达的有些命令不一定要执行；一切都根据现实情况而定。

孙子所说的善于打仗的将帅，是那些长于迅速准确地判断形势，能够灵活机变地采取相应策略的人。正如他所说："是故智者之虑，必杂于利害。"

没有杰出智慧的军事将领只能逞匹夫之勇，难以成就大事。而对于任何一个行业的管理者来讲，杰出的智慧就像一盏明灯之于黑夜那样重要。随着现代科学技术的高速发展，生产技术日趋精密，分工明确而细致，生产力大幅度提高，随之而来的竞争压力也越来越大。在这种情况下，一个企业是在激烈的竞争中脱颖而出，还是被势不可挡的滔滔洪流所淘汰，在很大程度上取决于这个企业的领导者是否具有杰出的智慧，是否具有敏锐的市场洞察力、判断力和决策力，从而在纷繁复杂的形势下权衡利弊，趋利避害，把风险降低到最小，实现利益的最大化。

行军篇

全解经典

【导读】

本篇主要论述行军作战的要领——在山地、江河、盐碱沼泽地、平地四种地形上行军、宿营、作战的具体原则和要求,以及通过具体现象观察判断敌情的"相敌三十二法",并提出了"令之以文,齐之以武"的治军思想。

【原文】

孙子曰:凡处军相敌①:绝山依谷②,视生处高③,战隆无登④,此处山之军也。绝水必远水⑤;客绝水而来⑥,勿迎之于水内,令半济而击之,利⑦;欲战者,无附于水而迎客⑧;视生处高,无迎水流⑨,此处水上之军也。绝斥泽⑩,惟亟去无留⑪;若交军于斥泽之中,必依水草而背众树,此处斥泽之军也。平陆处易而右背高⑫,前死后生⑬,此处平陆之军也。凡此四军之利⑭,黄帝之所以胜四帝也⑮。

凡军好高而恶下⑯,贵阳而贱阴⑰,养生而处实⑱,军无百疾,是谓必胜。丘陵堤防,必处其阳而右背之。此兵之利,地之助也⑲。上雨,水沫至,欲涉者,待其定也。

凡地有绝涧、天井、天牢、天罗、天陷、天隙⑳,必亟去之,勿近也。吾远之,敌近之;吾迎之,敌背之。军行有险阻、潢井葭苇㉑、山林蘙荟者㉒,必谨复索之㉓,此伏奸之所处也。

【注释】

①处军：指行军作战中，在各种不同的地形条件下，军队行军、作战、驻扎诸方面的处置方法。处，处置、部署。相敌：指观察判断敌情。相，观察。

②绝：横渡、穿越。

③视生处高：居高向阳。视生，向阳。

④战隆无登：指在高地上与敌人作战，不宜自下而上仰攻。隆，高地。登，攀登。

⑤绝水必远水：横渡江河，要驻扎在离河流稍远的地方，这样才有进退回旋的余地。

⑥客：这里指敌军。

⑦勿迎之于水内，令半济而击之，利：不要在敌军刚到水边时就迎击，而应该乘敌军渡河渡到一半时发起攻击。这时敌军首尾不接，行列混乱，攻击容易取胜。迎，迎击。水内，水边。半济，渡过一半。济，渡。

⑧附：靠近。

⑨无迎水流：不要逆着水流在敌军的下游布阵或驻扎，以防敌军投毒、顺流来攻或是决堤淹我。迎，逆。

⑩绝斥泽：通过盐碱沼泽地带。斥，盐碱地。泽，沼泽地。

⑪惟亟去无留：指遇到盐碱沼泽地带，应当迅速离开，不可停留驻军。惟亟去，指应该迅速离开。惟，宜。亟，急、迅速。去，离开、离去。

⑫平陆处易而右背高：指遇到开阔地带，应该选择在平坦之处安营扎寨，最好把军队置于高地前，以高地为依托。平陆，平原地带。易，平坦。右背高，指军队要背靠高地以为依托。右，上的意思，古时以右为上。

⑬前死后生：前低后高。死，这里是低的意思。生，这里是高的意思。

⑭四军：指前文所述的山、水、斥泽、平陆四种地形条件下的处军原则。

⑮黄帝之所以胜四帝也：这就是黄帝能战胜四方部族首领的缘由。传说黄帝曾败炎帝于阪泉，诛蚩尤于涿鹿，北逐獯鬻，统一了黄河流域。四帝，四方之帝，即四方部落联盟的首领，一般指炎帝、蚩尤等人。

⑯好（hào）高而恶（wù）下：喜欢高处而厌恶低下的地方。

⑰贵阳而贱阴：重视向阳之处而轻视阴湿地带。贵，重视。阳，向阳干燥的地方。贱，轻视。阴，背阴潮湿的地方。

⑱养生：指物产丰富、便于生活的地方。实：坚实，这里指地势高的地方。

⑲地之助：指得自地形的辅助。

⑳绝涧：指两岸陡峭、溪谷深峻、水流其间的地形。天井：指四周高峻、中间低洼的地形。天牢：指高山环绕、易进难出的地形。牢，牢狱。天罗：指草深林密，荆棘丛生，军队进入后如同陷入罗网中难以摆脱的地形。罗，罗网。天陷：指地势低洼、道路泥泞、车马易陷的地形。陷，陷阱。天隙：指两山相向、涧道狭窄、难于通行的谷地。

㉑潢（huáng）井葭（jiā）苇：指长满芦苇的低洼地带。潢井，积水低洼之地。潢，积水池；井，指内涝积水、洼陷之地。葭苇：芦苇，这里泛指水草丛聚之地。

㉒山林蘙(yì)荟（huì）：指草木长得很繁茂的山林地带。蘙荟，草木长得很茂盛。

㉓必谨复索之：必须谨慎、反复地搜索。复，反复。索，寻找、搜索。

【译文】

孙子说：凡是部署军队和观察敌情，都应该注意：通过山地时，要沿着低谷行进；安营扎寨时，要选择居高向阳之地；如果敌人占据了高地，千万不可仰攻，这些是在山地行军布阵的法则。横渡江河之后，应当驻扎在离江河稍远的地方；如果敌军渡河来战，不要在河中迎击，而要等它渡水渡到一半时予以攻击，这样最有利；要想同敌人决战，就不要在紧靠水边的地方迎击敌人；应当在居高向阳的地方安营，切勿迎着水流布阵或驻扎，这些是在江河地带行军布阵的法则。通过盐碱沼泽地带时，应当迅速离开，不可停留；若是在盐碱沼泽地带遭遇敌人，务必使军队靠近水草而背倚树林，这些是在盐碱沼泽地带行军布阵的法则。在开阔的平原地带驻军，要选择地势平坦的地方，最好背靠高处，造成前低后高的态势，这些是在平原地带行军布阵的法则。以上四种行军布阵原则所带来的好处，是黄帝能战胜"四帝"的原因所在。

凡是驻军，总是喜欢高地而厌恶低洼的地方；总是看重干燥向阳的地方而轻视阴冷潮湿的地方；最好是驻扎在物产丰富、便于生活的地方，将士们才不会生出各种疾病，这是军队必胜的重要保证。在丘陵、堤防地带，必须驻扎在向阳的一面，而且要背靠着它。这些都是对行军布阵有利的措施，是地形地势对军队的辅助。河流上游下雨涨水，水沫漂来，洪水将至，若想涉水渡河，一定要等到水势平稳以后再渡，以防山洪暴至。

凡是遇上"绝涧""天井""天牢""天罗""天陷""天隙"这些地形，必须迅速离开，不要靠近。我军要远离它，而让敌军接近它；我军要面向它，而让敌军背靠它。行军过程中遇到险阻、积水低洼之地、水草丛聚之地、山林茂密以及草木繁盛的地方，必须谨慎地、反复地搜索，因为这些区域都是敌人容易设下伏兵和隐藏奸细的地方。

【原文】

敌近而静者，恃其险也；远而挑战者，欲人之进也；其所居易者，利也[1]。众树动者，来也；众草多障者，疑也[2]；鸟起者，伏也；兽骇者，覆也[3]。尘高而锐者，车来也；卑而广者，徒来也[4]；散而条达者，樵采也[5]；少而往来者，营军也[6]。辞卑而益备者[7]，进也；辞强而进驱者，退也[8]；轻车先出居其侧者，陈也；无约而请和者，谋也；奔走而陈兵车者，期也⑨；半进半退者，诱也。杖而立者⑩，饥也；汲而先饮者，渴也；见利而不进者，劳也。鸟集者，虚也；夜呼者，恐也；军扰者，将不重也；旌旗动者，乱也；吏怒者，倦也；粟马肉食⑪，军无悬缻⑫，不返其舍者，穷寇也。谆谆翕翕⑬，徐与人言者，失众也；数赏者，窘也⑭；数罚者，困也⑮；先暴而后畏其众者，不精之至也⑯；来委谢者，欲休息也⑰。

兵怒而相迎，久而不合，又不相去，必谨察之。兵非益多也⑱，惟无武进⑲，足以并力、料敌、取人而已⑳；夫惟无虑而易敌者㉑，必擒于人。

卒未亲附而罚之则不服㉒，不服则难用也；卒已亲附而罚不行，则不可用也。故令之以文，齐之以武㉓，是谓必取㉔。令素行以教其民㉕，则民服；令不素行以教其民，则民不服。令素行者，与众相得也㉖。

【注释】

①其所居易者，利也：指敌军之所以不扼守险要而驻扎在平地上，一定有它的好处和用意。

②众草多障者，疑也：在杂草丛生的地方设有许多遮障物，这是敌人企图迷惑我。

③兽骇者，覆也：野兽受惊奔窜，这是敌军大举来袭。覆，覆盖。

④徒：步兵。

⑤散而条达者，樵采也：飞尘分散而细长，时断时续，这是敌人在砍薪伐柴。条达，指飞尘分散断续的样子。

⑥营军：准备设营的敌军。

⑦辞卑而益备：指敌人派来的使者言辞谦卑，暗中却加紧备战。辞，同"词"，言词。

⑧辞强而进驱者，退也：敌人派来的使者言辞强硬，并摆出进逼的姿态，这往往是撤退的征兆。

⑨期：期求，这里指期求与我军交战。

⑩杖而立：倚仗手中兵器而站立。杖，扶、倚仗。

⑪粟马肉食：指敌军用粮食喂战马，杀牲口吃。

⑫军无悬瓿（fǒu）：指军队收拾炊具。瓿，同"缶"，汲水用的瓦罐，泛指炊具。

⑬谆谆翕翕（xī）：士卒聚在一起低声议论。谆谆，叮咛。翕翕，聚合。

⑭数赏者，窘也：敌军一再犒赏士卒，这往往说明敌人已经没有办法了。

⑮数罚者，困也：敌军一再处罚士卒，这往往说明其已经陷入困境。

⑯先暴而后畏其众者，不精之至也：将帅先对士卒凶暴，后来又惧怕士卒，这太不精明了。精，精明。

⑰来委谢者，欲休息也：敌方托词派使者来谈判，是想休战。委谢，指敌方托词派使者来谈判。委，托、借。谢，告、语。休息，这里指休兵息战。

⑱兵非益多：兵力不是越多越好。

⑲惟无武进：只是不要恃武冒进。武进，恃勇轻进，即冒进。

⑳足以并力、料敌、取人而已：指能做到集中兵力、正确判断敌情、争取人心以便使部下全心效力就可以了。并力，合力，这里指集中兵力。料敌，分析判断敌情。取人，善于争取人心。

㉑无虑而易敌：没有深谋远虑而又轻敌妄动。易，轻视。

㉒亲附：亲近依附。

㉓令之以文，齐之以武：指用政治、道义来教育士卒，用军纪、军法来约束管理士卒。文，这里指政治、道义。武，这里指军纪、军法。

㉔必取：必胜。取，取胜。

㉕素行：平素认真施行。素，平素、一贯。民：这里指士卒。

㉖令素行者，与众相得也：指军令平素能够顺利执行的，是因为军队统帅同兵卒之间相处融洽、相互信任。相得，相投合，即相互信任。得，亲和。

【译文】

敌军离己军很近而仍保持镇静的，这是仗着它占据了险要的地形；敌军离己军很远而前来挑战的，是想引诱己军进入圈套；敌军之所以（不扼守险要而）居于平地，一定是因为有利可图。林中树木摇动，一定是敌军正向我袭来；草丛中多设遮蔽物，一定是敌人布下疑阵想迷惑己军；鸟儿惊起，是因为下面设有伏兵；野兽受惊奔逃，是因为敌军大举来袭；飞尘又高又尖，这是敌人的战车驰来；飞尘低而宽广，这是敌人的步兵向我开来；飞尘断续分散，这是敌人在砍柴（并拖往营中）；飞尘稀薄而时起时落，这是敌人正准备安营扎寨。敌方使者言辞谦卑而暗中加紧战备的，是要向我发起进攻；敌方使者言辞强硬而敌军又向我驱驰进逼的，是在准备撤退；敌人先出动轻型战车并且部署在侧翼的，是在布列阵势；敌人没有事先约定就突然来请和的，其中必定有阴谋；敌人（频繁调动）往来奔走，并且已经摆开兵车列阵的，是想要与我军交战；敌军半进半退（往复徘徊）的，是想要引诱我军上前。敌兵倚仗手中的兵器才能站立的，是因为饥饿；敌兵从井中打上水就争相饮用的，是因为（缺水）干渴；敌人见到利益而不进兵的，是因为疲劳过度；敌营上有飞鸟停集的，说明已是空营；敌营夜间有人惊呼叫喊的，说明其心中恐惧；敌营惊扰纷乱的，说明敌将没有威严；敌营旌旗胡乱摇动的，说明其队伍已经混乱；敌人官吏急躁易怒的，说明其已经疲倦；敌人用粮食喂马，杀牲口吃，收拾炊具，部队不返回其营寨的，是准备拼死一搏；士卒聚在一起低声议论，敌将低声下气同部下讲话的，是已经失去人心；敌将一再犒赏部属的，说明已经无计可施；敌将一再惩罚部属的，说明已经陷入困境；将帅先对士卒暴虐而后又畏惧士卒的，说明他不精明了；敌人托词派使者来请求谈判的，是想休兵息战。

敌军盛怒而与己军对阵，却久不交战，又不离去，必须谨慎地观察它的意图。兵力并非越多越好，只要不轻敌冒进，并能集中兵力，判明敌情，得到部下的信任和全心效力，也就足够了。只有那些不懂得深思熟虑而又狂妄轻敌的人，才必然会成为敌人的俘虏。

　　士卒还没有亲附自己就贸然处罚他们，那他们就不会真心顺服；不真心顺服，就难以使用他们去打仗了。士卒对自己已经亲近依附，但仍不执行军纪军法，这样也不能使用他们去打仗。所以，要用"文"的手段来教育士卒，用"武"的方法来管理士卒，这样的军队打起仗来必能取胜。平素能严格贯彻命令、教育士卒，士卒就会养成服从的习惯；平素不能严格贯彻命令、教育士卒，士卒就会养成不服从的习惯。平素的命令能顺利贯彻执行，这是将帅与士卒之间关系融洽（相互取得了信任）的缘故。

实用谋略

◎王坚坚守钓鱼城◎

　　《行军篇》中介绍了在江河地带行军作战的方略，南宋末年王坚挫败蒙古大军的故事，就是这一方略的成功运用。

　　元定宗贵由死后，蒙哥继位做了蒙古大汗，是为元宪宗。蒙哥汗采取迂回的策略，绕道西南，向南宋发起进攻。他亲率西路主力四万人马，经六盘山进入四川，苦战一年之后，抵达钓鱼城（今四川合县）下。

　　钓鱼城地处嘉陵江、涪江、渠江的汇合处，四周被刀削斧凿般的悬崖绝壁所包围，可谓是"一夫当关，万夫莫开"。蒙哥汗企图拿下钓鱼城，从而进军重庆，与蒙古南路军会师，然后就可以直取南宋首都临安。因此，钓鱼城成为两军必争之地。

　　镇守钓鱼城的将领为王坚，他早在蒙哥汗到达之前，就命人储备了足够的粮食，并开凿了水源。当时山城中有百姓约十万人，守城将士也有一万余人。蒙哥汗向钓鱼城发起一次又一次的猛攻。王坚率全城军民据险而战，奋勇杀敌，将蒙古军的攻势尽数挡了回去。数月过后，蒙古军死伤惨重，但始终无法攻克钓鱼城。

　　一天，王坚命令守军将两条十五斤重的鲜鱼以及百余张蒸面饼抛入城外蒙古军的营地，并投书蒙古军，称即使再攻十年，钓鱼城也能岿然不动。

当时正值酷暑季节，蒙古族人本来就畏暑恶湿，加上水土不服，导致军中暑热、疟疾、霍乱等疾病横行，疫情相当严重。蒙哥汗眼见屯兵已久却攻不下钓鱼城，心中宛如火燎。为了观察城内虚实，蒙哥汗命令士兵在钓鱼城前建起了一座高高的望台。

王坚发现蒙哥汗亲自在城下督建望台，心中大喜，立即吩咐将士准备炮石轰击望台。蒙哥汗不知王坚的计划，望台刚一建好，就连忙登上台顶。王坚等的就是这个机会，命令士兵立刻发炮，摧毁望台。蒙哥汗被飞石击成重伤，不久死去，蒙古军队只能黯然撤离。

王坚充分利用钓鱼城临江，且四面环山的有利地形，不仅成功守住了城池，还直接打死了敌军首领，堪称经典的防御战例。

◎郭威治军"齐之以武"◎

孙子在治军方面提出了"令之以文，齐之以武"的原则，并要求赏罚适时适度。郭威治军的故事，就是一个很好的例子。

五代十国时期，后汉发生了李守贞、赵思绾、王景崇为首的"三镇之乱"，朝廷派大将郭威率兵前去征讨。

出征前，郭威向太师冯道请教治军之策，冯道说："李守贞是一员老将，他所依靠的，是将士同心。若是你能重赏将士，必定能打败他。"郭威听罢，连连点头。

李守贞盘踞于河中城（今山西永济市蒲州镇）外，郭威率军到达城外，切断城内与外界的联系，准备以长期围困的方法来逼迫李守贞投降。

郭威牢记冯道的教诲，部下有功即赏，将士受伤患病即去探望，即使犯了错误也不加严惩。时间一长，尽管郭威赢得了军心，但是军队里的姑息养奸之风也蔓延开来。

李守贞陷入重围后，几次想派人向西突围，去找赵思绾联络，但都被郭威击退。后来，李守贞听说了郭威治军的情况，便派一批精干的将士秘密潜出河中城，扮作平民百姓，在郭威驻军营地附近开设了数家酒店。这些酒店不仅价格低廉，而且可以赊账。

既有这等美事，郭威手下的士卒们自然经常结伴前去喝酒，还喝得酩酊大醉，将领们也不加约束。李守贞见计策奏效，遂派部将王继勋率千余精兵乘夜偷偷潜入河西后汉军营，发动突袭。后汉军毫无戒备，被杀得四处溃逃。

郭威知道后，急忙调派人手增援，但将士们只是你看看我，我看看你，竟无人敢奋勇向前。危急中，裨将李韬舍命冲出，众将士这才鼓足勇气，跟了上去。王继勋兵力不足，又无后援，功亏一篑，只能退回河中城。

这次突袭给郭威敲响了警钟，军纪松弛所造成的危害令他不寒而栗，于是下令道："若非犒赏宴饮，所有将士一律不得私自饮酒，违者军法论处。"谁知军令颁布的第二天清早，郭威爱将李审就违反了军令。李审是郭威的爱将，郭威听说后，又气又恨，尽管心有不忍，但是再三思量之下，还是令人将李审推出营门斩首示众，以正军法。

将士们见郭威连爱将李审都杀掉了，这才收敛了放纵之心，从此，后汉军纪严明，万众一心。没过多久，郭威便向河中城发起攻击，一举平定了李守贞，又趁势击败了赵思绾和王景崇，最终平定了"三镇之乱"。

郭威在治军初期以优厚的赏赐来聚拢人心，让士兵归顺依附；后来又及时醒悟，以严厉的军纪约束将士，甚至不惜杀死爱将来树立威严，因此最终平定了"三镇之乱"。

商业案例

◎新闻里蕴藏的商机◎

中国有句流传千百年的农谚："月晕而风，础润而雨。"意思是：月亮周围有大圆环，这是刮风的征兆；垫在房屋柱下的石头湿润了，这是天要下雨的征兆。由此可见，尽管"月晕""础润"微不足道，但其中蕴含的自然规律对人类而言是至关重要的。人类社会的许多现象也有规律可循，只要我们认真观察并总结经验,就一定能透过现象抓到本质。

在企业经营中,一句话、一条消息、一张照片可能使企业增加百万收入,也可能使拥有百万巨资的企业倒闭,其关键在于经营者是否有心,是否慎言"微不足道"。

1875年初春的一个上午,美国亚默尔肉类加工公司的老板菲利普·亚默尔像往常一样,正在细心阅读当天的报纸,一条简短的消息吸引住了他的注意力。这条消息只有一百多字,讲的是墨西哥最近发现了疑似瘟疫的病例。

就是这条不起眼的消息,却让亚默尔像发现了新大陆一样,他马上意识到,一旦墨西哥真的发生了瘟疫,就会传到美国与墨西哥接壤的加利福尼亚州或得克萨斯州。加州和得州是美国主要的肉类供应基地,如果当地发生瘟疫,全美的肉类供应肯定会紧张起来,肉价自然也会随之猛涨。

事后,亚默尔开始进行全方位的分析,并着手研究相应的对策。当天,他就派家庭医生亨利赶到墨西哥进行实地调查。几天后,亨利从墨西哥发回电报,证实当地确实发生了瘟疫,而且疫情严重,蔓延得非常迅速,已经到了难以控制的地步。

亚默尔接到电报后,立刻集中全部资金收购加州和得州的肉牛和生猪,并将其迅速转运至离加州和得州较远的东部地区进行饲养。

不出亚默尔所料,墨西哥境内的瘟疫在两三个星期内就蔓延到了美国西部的几个州。美国政府下令:严禁一切牲畜从这几个州外运,以防疫情蔓延。

肉类供应基地的产品禁止外运,美国国内顿时肉类奇缺,价格随之暴涨。亚默尔趁机把先前囤积在东部的肉牛和生猪高价抛售,在短短的几个月内净赚了900万美元。要知道,当时的900万美元比现在的几亿美元还多。就这样,一条简短的新闻成就了一笔巨大利润。

亚默尔独具慧眼,从瘟疫即将流行的征兆中,预测到可能出现的商机,充分把握住了瘟疫蔓延所带来的机遇,进而大赚了一笔。

【点评】

《行军篇》里所论述的内容可以扼要地归纳为三点：处军、相敌和治军。"处军"是指在各种地形条件下，对于军队行军、作战、驻扎等问题的处置方法；"相敌"是指观察和判断敌情；"治军"就是对于军队的治理。

在孙子所处的时代，并没有精密的观测仪器和数据统计手段作为辅助，《行军篇》中的"相敌"三十二法，是白昼时直接用视力在阵地前沿进行敌情观测的方法的总结，这些方法虽然原始，却具体而生动。孙子能见微知著，看到事物的本质，着实令人佩服。

两军对垒时，有些将领和孙子一样明察秋毫，能从一些微不足道的现象中，通过逻辑推理，判断出对方的动态和战争的走向。有些将领却对这些现象视而不见，以致错失良机招致惨败。为什么会出现这种情况呢？这里面自然有经验丰富与否的因素，但更重要的是将领在见微知著这一重要素质上存在着很大的差异。

见微知著，需要丰富的经验、通透的洞悉力和判断力，还需要谨慎又大胆的推理。"见微知著"中，关键在于"知"。能透过"微"看到"著"，是一个成功人士必备的能力。

生活中也是如此。注重生活中的细节，或许会发现重大的内涵和意义。牛顿关于苹果与地心引力说的故事，我们都耳熟能详。我们不一定要成为牛顿那样伟大的科学家，但是细心观察生活，发现生活之美，不也能给生活增添乐趣和价值吗？

讲究"文武"之道，凡事以身作则，如果我们能在生活中努力做到这两点，一方面可以使自己做事情更有效率；另一方面可以团结激励身边的人，最大限度地发挥团体的力量。

地形篇

全解经典

【导读】

　　本篇主要论述"地有六形"与"兵有六败",即分析了六种不同的作战地形及相应的用兵原则,指出了胜败的关键在于将帅的优劣和士兵的强弱,强调将帅要重视对地形的研究和利用,对于失利,将帅应负起主要责任。并在篇末点出,只有知己知彼、知天知地,才能全胜、久胜。

【原文】

　　孙子曰:地形有通者①,有挂者②,有支者③,有隘者④,有险者⑤,有远者⑥。我可以往,彼可以来,曰通;通形者,先居高阳,利粮道,以战则利。可以往,难以返,曰挂;挂形者,敌无备,出而胜之;敌若有备,出而不胜,难以返,不利。我出而不利,彼出而不利,曰支;支形者,敌虽利我,我无出也;引而去之⑦,令敌半出而击之,利。隘形者,我先居之,必盈之以待敌⑧;若敌先居之,盈而勿从,不盈而从之。险形者,我先居之,必居高阳以待敌;若敌先居之,引而去之,勿从也。远形者,势均,难以挑战,战而不利。凡此六者,地之道也⑨;将之至任,不可不察也。

　　故兵有走者⑩,有弛者⑪,有陷者⑫,有崩者⑬,有乱者,有北者。凡此六者,非天之灾,将之过也。夫势均,以一击十,曰走。卒强吏弱,曰弛。吏强卒弱,曰陷。大吏怒而不服⑭,遇敌怼而自战⑮,将不知其能,曰崩。将弱不严,教道不明⑯,吏卒无常⑰,陈兵纵横⑱,曰乱。将不能料敌,以少合众,以弱击强,兵无选锋⑲,曰北。凡此六者,败之道也;将之至任,不可不察也。

【注释】

①通者：这里指广阔平坦，四通八达，我可以去，敌人也可以来的地区。通，通达。

②挂者：这里指前平后险、易入难出的地区。挂，悬挂、牵碍。

③支者：这里指敌对双方皆可据险对峙，不易发动进攻的地区。支，支撑、支持。

④隘者：狭窄之地，这里指两山之间狭窄的通谷。

⑤险者：险要之地。

⑥远者：这里指敌我相距很远。

⑦引：引导、率领。

⑧必盈之以待敌：一定要动用充足的兵力堵住隘口，以对付来犯的敌军。盈，满、充足。

⑨地之道：关于利用地形的原则。

⑩兵：这里指败兵。

⑪弛：涣散、松懈，这里指将官软弱无能、队伍涣散。

⑫陷：陷没，这里指虽然将官勇猛顽强，但士卒没有战斗力，导致将官孤身奋战，力不能支，最终陷于失败。

⑬崩：土崩瓦解，比喻溃败。

⑭大吏怒而不服：小将（部将）怨怒，不服从指挥。

⑮怼(duì)：怨恨。

⑯教道：指对部下的训练、教育。

⑰常：指常法，法纪。

⑱陈：同"阵"。

⑲选锋：挑选勇敢善战的士卒组成的精锐部队。

【译文】

孙子说：地形可分为通、挂、支、隘、险、远六种。凡是我军可以去，敌军可以来的，叫作"通"。在通这种地形条件下作战，应该抢先占领地势高而向阳的地方，并保证粮草运输畅通无阻，这样作战就有利。凡是可以前往，但难以回退的，叫作"挂"。在挂这种地形条件下作战，如果敌人没有防备，就可以突然出击从而战胜它；如果敌人已经有了防备，出击了却不能取胜，而又难以退回，这样对我军就会很不利。我军出击不利，敌军出击也不利的地形，叫作"支"。在支这种地形条件下作战，即使敌人以利益来引诱我，我也不能出击，最好是佯装引军撤退，诱使敌人出击，待它出动到一半的时候，我突然发起攻击，这样就会对我军有利。在"隘"这种地形条件下作战，我军若能抢先占领，就要用重兵封锁隘口，等待敌人的到来。如果敌人已经抢先占领隘口，并用重兵防守，我就不要去攻打；如果敌人没有用重兵封锁隘口，就迅速攻取它。在"险"这种地形条件下作战，若是我抢先将其占领，那就必须控制那些地势高而向阳的地方，等待敌人的到来；若是敌人抢先将其占领，那就应该引军撤退，不要去进攻。在"远"这种地形条件下作战，敌我双方势均力敌，不宜挑战；若是勉强求战，会对我军产生不利影响。以上六点，均是利用地形作战的原则，是将帅的重要责任之所在，不可不认真考察研究。

导致军队作战失败的情况可以分为走、弛、陷、崩、乱、北六种。凡是属于这六种情况的，都不是上天降下的灾祸，而是由于将帅的过失造成的。在敌我双方势均力敌的情况下，以一击十（而导致失败）的，叫作"走"。士卒强悍、将官懦弱（而导致失败）的，叫作"弛"。将官强悍、士卒懦弱（而导致失败）的，叫作"陷"。部将对主将有所怨怒，不服从指挥，遇到敌人意气用事，擅自出战，主将不了解他的能力（而导致失败）的，叫作"崩"。

主将软弱缺乏威严，训练教育军队方法不得当，官兵都不守规矩，布阵列兵杂乱无章（而导致失败）的，叫作"乱"。主将不能正确判断敌情，以少击多，以弱攻强，又没有精锐部队作为中坚力量（而导致失败）的，叫作"北"。以上六点，均是导致军队败亡的原因，是将帅的重要责任，不可不认真考察研究。

⊙名家论《孙子兵法》

除了武装，决定战术的另一个重要因素，就是地形。有什么武装，就有使用这种武器的战术；在什么地方打仗，也有最适于这个特殊地方的打法。武器是各式各样的，地形是各式各样的，战术也是各式各样的。

——李零

【原文】

夫地形者，兵之助也。料敌制胜，计险阨远近①，上将之道也②。知此而用战者必胜，不知此而用战者必败。故战道必胜③，主曰无战，必战可也；战道不胜，主曰必战，无战可也。故进不求名，退不避罪，唯人是保④，而利合于主⑤，国之宝也。

视卒如婴儿，故可与之赴深谿⑥；视卒如爱子，故可与之俱死。厚而不能使⑦，爱而不能令⑧，乱而不能治，譬若骄子，不可用也⑨。

知吾卒之可以击，而不知敌之不可击，胜之半也；知敌之可击，而不知吾卒之不可以击，胜之半也；知敌之可击，知吾卒之可以击，而不知地形之不可以战，胜之半也。故知兵者⑩，动而不迷，举而不穷⑪。故曰：知彼知己，胜乃不殆；知天知地，胜乃不穷。

【注释】

①险阨（è）：这里是指地势的险易情况。阨，通"厄"，险要之处。

②上将：这里指主将。

③战道：指战场实情。

④唯人是保：指对个人的处境毫不在意，只求保全民众和士卒。人，指士卒、民众。

⑤利合于主：符合于国君的利益。主，指国君。

⑥深谿：极深的溪涧，这里比喻危险地带。谿，同"溪"。

⑦厚：厚养、优待。

⑧爱而不能令：对士卒只知溺爱而不能令使。爱，溺爱。令，令使、使用。

⑨譬若骄子，不可用也：此句指为将者，仅施仁爱而不济以威严，只会使士卒成为骄子而不能使用。

⑩知兵者：指真正懂得用兵的将帅。

⑪举而不穷：变化无穷使敌人难以捉摸。举，措施。

【译文】

地形是用兵打仗取得胜利的辅助条件。正确判断敌情，掌握制胜的主动权，研究地形的险易，计算道路的远近，这些都是高明的将帅能够取胜的方法。掌握了这些方法而应用于指挥作战的就必定能够胜利，不掌握这些方法而去指挥作战的就必定会失败。所以，如果根据战场实情进行分析，有着必胜把握的，即使国君主张不要打，坚决去打也是可以的；如果根据战场实情进行分析，没有必胜把握的，即使国君主张一定要打，不打也是可以的。进不谋求战胜的功名，退不回避违抗君命的罪责，只求使民众和士卒得以保全，行动符合于国君的利益，这样的将帅才算是国家的宝贵财富。

将帅对待士卒如同爱护婴儿，那么士卒就会与他共赴艰险；将帅对待士卒如同爱护自己的儿子，那么士卒就会与他同生共死。对士卒过分宽厚就无法使用他们，过分溺爱就无法命令他们，管理混乱松懈就无法约束治理他们，这样的军队就好像娇生惯养的孩子，是不能用来打仗的。

只了解自己的军队有能力去攻击敌人，而不了解敌人不可以攻击，取胜的可能性只有一半；只了解敌人能够被击败，而不了解（时机尚未成熟）自己的军队还不宜去攻击敌人，取胜的可能性也只有一半；知道敌人能够被击败，并且知道（时机已经成熟）我军可以前去攻打它，但不了解地形条件不利于作战，取胜的可能性仍然只有一半。所以，真正懂得用兵的将帅，行动时不会迷惑，采取的战略战术变化无穷。所以说：了解自己，了解敌人，就能常胜不败；了解天时，了解地利，胜利就可以永无穷尽。

实用谋略

◎郭进拒辽军◎

《地形篇》中，孙子论述了利用地形的重要性，他说："地形者，兵之助也。"可见较好地利用地形，可以帮助我方赢得主动权。郭进拒辽军的战例，就是对孙子这一思想的成功实践。

979年，宋太宗赵光义在统一南方之后，开始准备讨伐十国中最后一个割据政权——北汉。

宋太宗命潘美为北路都讨使，进攻太原，自己随军亲征。北汉是辽国的属臣，宋朝一旦兴兵伐汉，辽国很可能派兵救援，为了堵截辽国的援兵，宋太宗又命将军郭进率军在石岭关驻守。

果然不出所料，辽景帝听到宋朝北伐的消息后，先是派宰相耶律沙和冀王塔尔火速前去解围，后派南院大王耶律斜轸率其部属前去援救。耶律沙进至石岭关附近的白马岭时，宋军已经抢先占据了白马岭的高地险隘。

在此之前，当地连下了几场暴雨，这使得原先并不深的山涧水势猛涨，已经可以到达人的腰部了。面对湍急的涧水和把守着高地隘口的宋军，耶律沙没有冒进，而是在这里安营扎寨，等待后续部队到来，然后再相机行事。塔尔则耻笑耶律沙胆小怕死，执意要率领先头部队渡涧。耶律沙劝道："目前宋军抢先占据了有利地形，我军贸然渡涧，恐怕凶多吉少，还是小心为妙！"塔尔却说："北汉如今危在旦夕，再这样拖拖拉拉，只会贻误战机，到时想救他们也救不了了。"于是下令渡涧。

看到塔尔正率领辽军渡涧，守卫在白马岭上的宋军立刻摇旗呐喊，击鼓助威，但是并没有出击。塔尔观察了一会儿，发现不见动静，认为宋军是在虚张声势，便放心大胆地向对岸前进。

郭进耐心等待，直到塔尔的先头部队渡过山涧大半之后，才将令旗一挥，命令守在隘口的士兵放箭。霎时间，乱箭如蝗，正在渡水的辽兵纷纷中箭倒下，然后被湍急的涧水冲走了。而侥幸登上对岸的士兵则被疾驰而至的宋军骑兵砍翻在涧边。塔尔和他的儿子以及五名将领都被乱箭射死在山涧中。这时，南院大王耶律斜轸及时赶到，下令辽军全线撤退，才避免了辽军的更大伤亡。

经此一役，郭进成功地将辽军阻截在石岭关。宋太宗则率领大军从容地向太原发起进攻，北汉主刘继元无力与宋军相抗衡，又久盼辽军不至，只得开城向宋太宗投降。

宋军在战争中抢先占据有利地形，以逸待劳，居高临下，等辽军渡涧时突然发起袭击；而在宋军抢先占据高地险隘的不利情况下，辽军主帅不但没有谨慎应对，反而贸然进攻，结果落得个惨败身死的下场。

◎黄天荡之战◎

南宋建立后，宋高宗偏安东南一隅，并无收复失地之志。这时，金人仍然穷追不舍，屡次侵袭宋境。南宋建炎三年（1129年）十月，金兀术（本名完颜宗弼）统兵南下，深入长江流域，并攻破建康，接着又攻破都城临安。宋高宗赵构坐船一直逃到海上，这才没有成为金军的俘虏。在大肆烧杀掳掠之后，金军于第二年开始北撤。

抗金名将韩世忠闻讯，急忙率水军八千，于三月十五日先期赶至镇江，将金军阻截于焦山、金山之间。此后，双方在长江之上展开激战。韩世忠的夫人梁红玉亲自披挂上阵，擂鼓助威，宋军士气大振，奋勇争先，重挫金军。金军溯江而上，韩世忠在后面紧追不舍，且战且行。在宋军的阻击下，金军进入了河道湮塞的黄天荡。

黄天荡位于长江下游，原本是江中一条断港，后来河道湮塞，有进无出。金军对江南水道不熟，误入此处，进退不得。金兀术无计可施，只得向韩世忠表示，愿意献出在江南掠夺的所有财物，买路渡江，结果被韩世忠严词拒绝。金军被困在黄天荡达四十八天，眼看就要全军覆没，这时宋军的一名叛徒向金兀术献上一计，指引金兵一夜之间凿通黄天荡背面的老鹳河故道，该河道长达三十里，直通秦淮河。金军于四月十二日逃出黄天荡，反居宋军上游。

此时，金军援兵也赶到真州接应，金兀术于是决定折返黄天荡，与韩世忠军进行决战。韩世忠水军多海舰，船身高大，稳定性好，攻击力强。为了发挥己军这一优势，韩世忠命令工匠赶制了许多用铁链联结的大挠钩，又从水兵中挑选身体健壮者反复练习大挠钩的使用方法，用以对付金军的小战船。

金兀术得到消息后，经过仔细研究，决定在战船内装土，上铺木松，两舷凿洞安置桨棹，等到无风时出击，然后用火箭射向宋军大船的篷帆。船内装土，可以让船在水面上更加稳定，不易倾覆；铺上木板，可以使对方无处下钩；风平浪静时出击，一方面能克服小船不耐风浪的弱点，一方面更能发挥其机动灵活的优势，而宋军战船体积大，无风难以行动，进退不灵活，反而成了火攻的好对象。

黄天荡一役，宋军果然大败，战船多被焚毁。尽管宋军在这一战中失败，但也沉重打击了金军的嚣张气焰，此后三十年内，金军再未大规模南下。

黄天荡一战，宋军先利用黄天荡易进难出的地形，以八千水军成功阻击十万金军渡江；后来金军逃出包围，并针对宋朝水师的特点制定了有针对性的策略，扳回了一局。由此可见，能够影响战场形势的因素很多，甚至任何一个因素都可能改变战局，绝不容忽视。地形终究只是辅助，不可过分依赖地利，将领能够审时度势，扬长避短，才是克敌制胜的最大法宝。

商业案例

◎人心换人心◎

孙子提出过"视卒如爱子"的观点,这一观点在社会生活以及商业领域也同样适用。

蔡元培做北大校长的第一天,校工们恭恭敬敬地站在学校马路两侧,向他们的校长致敬,这时,蔡元培下了马车,向校工们鞠躬回礼,在场所有的人都惊呆了,因为当时的官办学校里等级森严,校长与高高在上的官吏没有区别。蔡元培向校工致敬的做法,无疑是对大学官僚制度的一大挑战。蔡元培的一个微小的动作,开启了北大的新风气和新时代。

现代企业都讲求员工的忠诚。对于智慧的企业管理者来说,要求员工忠诚并不困难,不过是个人心换人心的问题。某著名大型企业举行员工集体婚礼,所有领导包括总裁亲自为员工开车迎亲,总裁亲自主持婚礼,为新人们送上祝福。在全体员工的努力下,这家企业在该行业领域中逐渐脱颖而出,并一举成为龙头老大。

在企业管理中,领导要关心、爱护员工,就像对待自己的家人一般,这样,员工也会尊敬、热爱领导,把企业当成自己的家,并在工作中努力做出成绩,生产出高质量的产品,以回报领导的关爱,企业也会因此而兴旺发达起来了。中建五局"以信为本、以和为贵"的主流文化,追求的就是一种和谐发展,以人为本的境界,把人和看作是和谐的基础,强调"人和"是企业的灵魂,让员工在企业中从事工作时找到家的感觉,让每个人的价值都能得到充分发挥。

美国名将奥马尔·布莱德雷说:"理解人、关心人的领导者不仅会得到每一位属下的全心回报,还会得到他们的耿耿忠心。"军队如此,企业亦然。

⊙名家论《孙子兵法》

自然因素,就是孙子所说的"天"与"地"。任何战争都是在一定的时空范围内进行的，必然要受到自然条件的影响。孙子说："夫地形者，兵之助也。"地形的"远近、险易、寒暑、时制"等天候条件，不仅对一般的军事行动有影响，对古代火攻的实施，作用更为直接。因此，《孙子》认为巧妙地利用自然环境，趋利避害，也是构成战力的重要方面。

从军事地形学的角度说，孙子对他所认识到的地面空间进行了具体的分析，并且归纳出一个精辟的结论："地形者，兵之助也。"（《地形》）从军事地理学的角度说，孙子对他所认识的地理环境，从自然地理和人文地理的结合上论述了其在战争中的地位和作用。他的名言"知己知彼，胜乃不殆；知天知地，胜乃可全"（《地形》），以及他在论述"五事""七计"时讲的"天地孰得"，都是从战略高度强调地理对于克敌制胜的重要作用的。

——李零

【点评】

古代的战争大多数是在陆地与水面上进行的，因此，地形往往对战争的成败有着重要的意义。在《地形篇》中，孙子开门见山地总结了六种地形："通""挂""支""隘""险""远"。每种地形都从敌我两个角度考虑其利弊，以及该如何应对。这些缜密而周详的思考不但反映出孙子对于战争规律孜孜不倦、必穷其理的精神，更体现着孙子朴素的辩证思想。

地形是客观存在的，对于各种地形条件的正确认知和运用，是将帅们最重大的责任之一。正如孙子所说，是"将之至任，不可不察也"。很多情况下，地形条件会对战争的胜负产生导向意义，在某些情况下更是直接决定着战争的胜负。

如果说地形是客观存在的，是不能轻易变化的，那么将帅们对于军队的指挥，对于战法的运用，对于部队的治理就是主观能动的，是随时都可以变化和调整的。在这一层面上，孙子讲述了因为将帅的失误或无能而导致军队失败的六种情况："走""弛""陷""崩""乱""北"。他强调说："凡此六者，非天之灾，将之过也。"

虽然战争的结果最终是由某些深层次的原因决定，如人心向背等，但这里讨论的是用兵治军之法，因此只能将战争的胜负定义在有限的范围之内，探讨的是用兵治军之法对于战争的意义与影响。而在通常情况下，将帅对军队的指挥以及平日里对军队的治理，可以理解为战争胜负的决定性因素。

而在现实生活中，总会有人做你的上级，或者你去当别人的上级。如果上司无能，自己干起活来肯定满腹牢骚。自己当上司，如果管理不善，只会让下属白流汗水，下属同样会怨恨不服。这么看来，"将帅无能，累死三军"的说法是很有道理的。因此，做上级并非像很多人想象的那样轻轻松松且风光无限，他们往往需要具备更强的能力，还要承担比部下更重大的责任。

在本篇当中，孙子还论述了将帅爱护士卒所应掌握的尺度。他首先对将帅应该爱护士卒予以肯定，他说道："视卒如婴儿，故可与之赴豁；视卒如爱子，故可与之俱死。"但将帅对士卒的爱护又不同于父母对婴儿的爱护：父母对于婴儿的爱护是无私的，是不要求任何回报的；而将帅对于士卒的爱护则是为了让他们与自己同生共死，这其实是对人心的一种利用。

然而，即便是以恩惠制人，也要掌握尺度。如果施加恩惠而使自己的威严受损，那还不如不施加恩惠。如果士兵因为将帅的爱护而模糊了"将"与"士"之间的界限，那么他们就很可能会产生以下犯上、不服从命令等情绪。这是将帅们需要注意避免的。孙子说"厚而不能使，爱而不能令，乱而不能治，譬若骄子，不可用也"，说的就是这个问题。这段话，也为天下所有为人父母者敲响了警钟，"棍棒底下出孝子"固然不可取，"娇儿不孝"也应该谨记。关爱而不娇纵，引导孩子健康成长，才是正确的教育方式。

九地篇

全解经典

【导读】

孙子认为，只有上知天文、下知地理，那才算是称职的军事指挥员。只有懂得地形的利用，才算懂得用兵；如果只了解地理环境的自然形态，而不懂得它对军事行动的影响和规律，那是不能在战争中合理利用地形地物的。

本篇主要论述将帅应掌握"九地之变"，即九种不同的作战地区及相应的用兵原则，阐述了致敌被动的要旨和"兵之情主速"的决胜原则，以及"并敌一向，千里杀将"，即如何利用"人情之理"统领军队深入敌国作战等问题。

【原文】

孙子曰：用兵之法，有散地①，有轻地②，有争地③，有交地④，有衢地，有重地⑤，有圮地，有围地，有死地。诸侯自战其地，为散地。入人之地而不深者，为轻地。我得则利，彼得亦利者，为争地。我可以往，彼可以来者，为交地。诸侯之地三属⑥，先至而得天下之众者，为衢地。入人之地深，背城邑多者，为重地。行山林、险阻、沮泽，凡难行之道者，为圮地。所由入者隘，所从归者迂，彼寡可以击吾之众者，为围地。疾战则存，不疾战则亡者，为死地。是故散地则无战，轻地则无止⑦，争地则无攻⑧，交地则无绝⑨，衢地则合交⑩，重地则掠⑪，圮地则行，围地则谋，死地则战。

所谓古之善用兵者，能使敌人前后不相及，众寡不相恃⑫，贵贱不相救⑬，上下不相收⑭，卒离而不集，兵合而不齐。合于利而动，不合于利而止。敢问："敌众整而将来，待之若何？"曰："先夺其所爱⑮，则听矣。"

兵之情主速，乘人之不及，由不虞之道⑯，攻其所不戒也。

凡为客之道⑰，深入则专⑱，主人不克⑲；掠于饶野⑳，三军足食；谨养而勿劳，并气积力㉑；运兵计谋，为不可测。投之无所往㉒，死且不北，死焉不得㉓，士人尽力。兵士甚陷则不惧，无所往则固㉔，深入则拘㉕，不得已则斗。是故其兵不修而戒㉖，不求而得，不约而亲，不令而信。禁祥去疑㉗，至死无所之。

吾士无余财，非恶货也；无余命，非恶寿也㉘。令发之日，士卒坐者涕沾襟㉙，偃卧者涕交颐㉚。投之无所往者，诸刿之勇也㉛。

故善用兵者，譬如率然㉜；率然者，常山之蛇也㉝。击其首则尾至，击其尾则首至，击其中则首尾俱至。敢问："兵可使如率然乎？"曰："可。"夫吴人与越人相恶也，当其同舟而济，遇风，其相救也如左右手。是故方马埋轮，未足恃也㉞；齐勇若一，政之道也㉟；刚柔皆得，地之理也㊱。故善用兵者，携手若使一人㊲，不得已也。

【注释】

①散地：指诸侯在自己的领地内同敌人作战，其士卒在危急时很容易逃散的地区。

②轻地：指军队进入敌境不深，士卒离本土不远，危急时易于轻返的地区。

③争地：指我军占领有利、敌军占领也有利的地区。

④交地：指道路纵横、地势平坦、交通便利的地区。交，纵横交叉。

⑤重地：指进入敌境已深，隔着很多敌国城邑的地区。

⑥三属（zhǔ）：指敌我与其他诸侯国毗邻的地区。属，连接、毗邻。

⑦无止：不要停留。止，停留。

⑧争地则无攻：指双方必争的要害地区，应该先于敌人占领，若是敌人已抢先占领，则不宜强攻。

⑨交地则无绝：指在交地上部署军队，各部之间应保持联系，互相策

应,不可断绝。绝,断绝。

⑩衢地则合交:指在衢地上应加强外交活动,结交诸侯做盟友,以为己方后援。合交,结交。

⑪重地则掠:指深入敌方腹地,后方运输补给困难,要掠夺敌人的粮食,就地解决军队的补给问题。掠,掠取、夺取。

⑫众寡不相恃:指大部队与小部队之间不能互相依靠、协同。

⑬贵贱不相救:指军官和士兵之间不能相互救援。

⑭收:聚集、收拢。

⑮先夺其所爱:首先攻取敌人所必救的要害之处。爱,比喻敌人最关键、最重要的地方。

⑯由不虞之道:要走敌人不易料到的道路。由,经过、通过。虞,料想,预料。

⑰为客之道:指离开本土进入敌境作战的基本原则。客,这里指离开本土进入敌境作战的军队。

⑱专:专心一意,这里指深入敌国重地,士卒没有退路,只能死战。

⑲主人不克:指在本国作战的军队,无法战胜客军。主人,指在本国作战的军队、被进攻的一方。克,战胜。

⑳掠于饶野:掠夺敌方富饶田野上的庄稼。

㉑并:合,引申为集中、保持。

㉒投之无所往:把部队投置于无路可走的绝境。投,投放、投置。

㉓死焉不得:指士卒连死都不怕,还有什么做不到呢?

㉔固:牢固,这里指军心稳定。

㉕拘:拘束、束缚。

㉖不修而戒:士卒不待督促整治,就懂得加强戒备。修,整治。

㉗禁祥去疑:禁止迷信活动,消除疑虑和谣言。祥,吉凶的预兆,这里指占卜之类的迷信活动。

㉘吾士无余财,非恶货也;无余命,非恶寿也:我军士卒没有多余的钱

财，这并不是他们厌恶财货；没有多余的性命（却拼死作战），这并不是他们不想活下去。恶，厌恶。寿，寿命。

㉙士卒坐者涕沾襟：坐着的士卒热泪沾满了衣襟。涕，眼泪。襟，衣襟。

㉚偃卧者涕交颐：躺着的士卒泪流面颊。偃，仰倒。颐，面颊。

㉛诸刿（guì）之勇：像专诸、曹刿那样英勇无畏。诸，专诸，春秋时吴国的勇士。公元前515年，吴公子光（即后来的吴王阖闾）要杀吴王僚自立，于是设宴招待僚。席上，专诸用暗藏在鱼腹中的剑刺死了吴王僚，自己也当场被杀。刿，曹刿，春秋时期鲁国的武士。鲁君与齐君在柯地（今山东东阿）会盟时，他持剑劫持齐桓公，迫使其当场订立盟约，归还齐国所侵占的鲁国土地。

㉜率然：古代传说中的一种蛇。

㉝常山：即恒山。

㉞方马埋轮，未足恃也：把马并排地系在一起，把车轮埋起来，想以这种方式来稳定军队，是靠不住的。方，并列，这里是系在一起的意思。

㉟齐勇若一，政之道也：要想使士卒齐心协力，奋勇杀敌，靠的是组织指挥得法。

㊱刚柔皆得，地之理也：使强者和弱者都能尽其力，在于恰当地利用地形。刚柔，这里指强弱。

㊲携手：这里是带领、统率的意思。

【译文】

孙子说：按用兵的规律，可以将战地分为散地、轻地、争地、交地、衢地、重地、圮地、围地、死地九种。诸侯在自己的领地上与敌作战，这样的地区叫作"散地"；进入敌境但尚未深入敌人腹地，这样的地区叫作"轻地"；我方得到就对我有利，敌方得到就对敌有利的地区，叫作"争地"；我军可以前往，敌军可以前来的地区，叫作"交地"；同几个诸侯国毗邻，先到的就可以结交诸侯并取得援助的地区，叫作"衢地"；深入敌国腹地，隔着很多敌国城邑的地区，叫作"重地"；山林、险阻、沼泽等行军困难的地区，叫作"圮地"；进入的道路狭窄险要，退归的道路迂回曲折，敌人以少数兵力就能击败我众多兵力的地区，叫作"围地"；迅猛奋战则能生存，不迅猛奋战就灭亡的地区，叫作"死地"。因此，处于散地则不宜作战；处于轻地则不可停留；遇上争地则要先于敌人占领，如果敌人已经占领，就不宜强攻；遇上交地则（要相互策应）不要断绝联络；进入衢地则应结交诸侯以为己援；深入重地则应掠取粮草物资；遇上圮地则要迅速通过；陷入围地则应运用智谋，防止被困；陷入死地则要迅猛奋战，死里求生。

古时候善于用兵的人，能够使敌人的部队首尾不能相顾，主力与小部队不能相互依靠，将官与士兵之间不能相互救援，上下之间（相互隔断）无法收拢，士卒溃散而不能集中，士卒即使集合起来也是阵形混乱。在对我有利的情况下就行动，在对我不利的情况下就停止。请问："如果敌军众多而且阵容齐整地向我发起进攻，该如何对付他们呢？"答曰："首先夺取敌人的要害之处，这样，他们就不得不听凭我的摆布了。"用兵之道贵在神速，乘敌人措手不及的时候，走敌人意料不到的道路，攻击敌人没有戒备的地方。

大凡进入敌国作战的基本原则是：深入敌境则军心专一，在本土作战的敌军便无法战胜我；掠夺敌人富饶田野上的庄稼，使全军给养充足；精心地养护士卒，不要使他们疲劳，保持士气，积蓄力量；部署兵力，计算谋划，使敌人无法揣测我的意图。将军队置于无路可走的绝境，士卒们就会宁死而不败退；士卒们既然连死都不怕了，就没有人不尽力作战。士兵们深陷危险的境地，就会无所畏惧；无路可走，军心就会稳固；深入敌境，军心就不会涣散；遇到迫不得已的情况，就会殊死战斗。因此，在这样的情况下，军队不须整饬就懂得加强戒备，不待要求就能完成任务，不待约束就能亲密协作，不待下令就会遵守纪律。禁止迷信，消除士卒的疑惑，他们就会至死也不退避。

我军士卒没有多余的钱财，这并不是他们厌恶财货；豁出性命去作战，这并不是他们不想长寿。命令下达之日，坐着的士卒热泪沾满了衣襟；躺着的士卒泪流满面。将军队置于无路可走的绝境，士兵们就会像专诸、曹刿一样勇猛无畏。

所以，善于用兵的人，能使部队像率然一样（自我策应）。所谓"率然"，是常山的一种蛇，攻击它的头部，尾部就会来救援；攻击它的尾部，头部就会来救援；攻击它的中部，头尾都会来救援。试问："可以使部队像率然一样吗？"答曰："可以。"吴国人与越国人虽然互相仇视，但是当他们同船渡河而遭遇风浪时，他们互相救助（配合默契）犹如一个人的左手和右手。因此，想用把马匹系在一起、掩埋车轮的办法来控制军队，是靠不住的；要使全军齐心协力奋勇无畏如同一人，就要靠指挥驾驭有方；要使强弱不同的士卒都能充分发挥作用，就要靠将帅恰当地利用地形。所以善于用兵的人，统率三军如同使用一人，这是由于将军队置于不得已的境地而形成的。

【原文】

将军之事，静以幽①，正以治②。能愚士卒之耳目，使之无知。易其事，革其谋③，使人无识；易其居，迂其途，使人不得虑。帅与之期④，如登高而去其梯。帅与之深入诸侯之地，而发其机⑤，焚舟破釜，若驱群羊，驱而往，驱而来，莫知所之。聚三军之众，投之于险，此谓将军之事也。九地之变，屈伸之利，人情之理，不可不察。

凡为客之道，深则专，浅则散⑥。去国越境而师者，绝地也；四达者，衢地也；入深者，重地也；入浅者，轻地也；背固前隘者⑦，围地也；无所往者，死地也。是故散地，吾将一其志；轻地，吾将使之属⑧；争地，吾将趋其后⑨；交地，吾将谨其守；衢地，吾将固其结⑩；重地，吾将继其食⑪；圮地，吾将进其途；围地，吾将塞其阙⑫；死地，吾将示之以不活⑬。故兵之情，围则御⑭，不得已则斗，过则从⑮。

是故不知诸侯之谋者，不能预交⑯；不知山林、险阻、沮泽之形者，不能行军；不用乡导者，不能得地利。四五者，不知一，非霸王之兵也。夫霸王之兵，伐大国，则其众不得聚；威加于敌，则其交不得合。是故不争天下之交⑰，不养天下之权⑱，信己之私⑲，威加于敌，故其城可拔，其国可隳⑳。

施无法之赏㉑，悬无政之令㉒；犯三军之众㉓，若使一人。犯之以事，勿告以言㉔，犯之以利，勿告以害㉕。投之亡地然后存，陷之死地然后生。夫众陷于害，然后能为胜败。故为兵之事，在于顺详敌之意㉖，并敌一向，千里杀将，此谓巧能成事者也。

是故政举之日，夷关折符，无通其使㉗，厉于廊庙之上㉘，以诛其事㉙。敌人开阖，必亟入之㉚。先其所爱，微与之期㉛。践墨随敌㉜，以决战事。是故始如处女，敌人开户；后如脱兔，敌不及拒㉝。

【注释】

①静：沉着冷静。幽：幽深。

②正：严肃公正。治：不乱。

③易：改变。革：变更。

④帅与之期：将帅使部队约期赴战，即将帅赋予部队具体的战斗任务。期，约定时间。

⑤机：弩机。

⑥深则专，浅则散：指在敌国境内作战，深入则军心专一，浅进则军心涣散。

⑦背固前隘：指背后地势险要，前面道路狭隘，进退容易受制于敌的地区。

⑧使之属（zhǔ）：使军队的部署相连接。属，连接、连续。

⑨争地，吾将趋其后：在争地作战，我们要迅速进兵到争地的后面。

⑩衢地，吾将固其结：遇上衢地，我们要巩固与诸侯国的结盟。结，这里指结交诸侯。

⑪继其食：补充军粮，保障供给。继，继续，引申为保障、保持。

⑫塞其阙（quē）：堵塞缺口，意在迫使士兵拼死作战。阙，缺口。

⑬示之以不活：指向将士表示死战到底的决心。

⑭围则御：被包围就会奋起抵御。

⑮过则从：指士卒陷入危险的境地，就会听从指挥。过，这里指身陷危境。

⑯预：通"与"。

⑰不争天下之交：不必争着同别的国家结交。

⑱不养天下之权：不必在别的国家培植自己的权势。

⑲信：信从，这里指依靠。私：这里指自己的力量。

⑳隳（huī）：毁坏、摧毁。

㉑施无法之赏：施行超出惯例的奖赏。

㉒悬：悬挂，这里指颁发。

㉓犯：这里指驱使、使用。

㉔犯之以事，勿告以言：只驱使士卒去做事，而不告诉他们这样做的意图。

㉕犯之以利，勿告以害：驱使士卒完成某项任务时，只告诉他们有利的一面，而不告诉他们危险的一面。

㉖详：通"佯"。

㉗政举之日，夷关折符，无通其使：决定战争行动之日，要封锁关口，废除通行凭证，阻止与敌国使节的外交往来。政举之日，指决定战争行动的时候，即战争前夕。政，这里指战争行动。举，实施，决定。夷，这里指封锁。折，折断，这里可理解为废除。符，泛指通行凭证。古时用木、竹、铜等做成牌子，上书图文，分为两半，作为传达命令、调兵遣将和通行关界的凭证。使，使节。

㉘厉：通"砺"，这里是反复计议的意思。廊庙：即庙堂，指最高决策机构。

㉙诛：治，这里是谋划决定的意思。

㉚敌人开阖（hé），必亟入之：敌人出现疏失空隙，己方必须迅速乘

虚而入。敌人开阖，指敌人有隙可乘。阖，门扇，这里比喻敌方的空隙。亟，急。

㉛微：无。期：这里指约期交战。

㉜践墨随敌：指实行战略计划要随敌情而变化。践，实行。墨，墨线，这里指战略计划、部署。

㉝始如处女，敌人开户；后如脱兔，敌不及拒：开始时要如处女般柔弱沉静，使敌人放松戒备；随后要如逃脱追捕时的兔子般迅速敏捷，使敌人来不及抗拒。

【译文】

统率军队这种事情，要沉着冷静以使思虑深远，严肃公正以使队伍井然有序。要蒙蔽士卒的视听，使他们对军事行动一无所知；要经常变更战法，不断改变谋略，使人无法识破；要经常改换驻地，故意迂回绕道，使人们无法推测我方的意图。将帅赋予军队具体的作战任务，要像让人登高后而撤掉梯子一样，使其有进无退。将帅与军队一同深入诸侯国土，要像触发弩机射出弩箭一样，使其一往无前。要焚烧船只，打破锅子，破釜沉舟（以示死战的决心），驱使士卒要如驱赶羊群一般，赶过去，赶过来，使他们不知道要前往何处。聚集全军将士，将他们置于危险的境地（迫使他们拼死奋战），这就是统率军队作战的要务。根据地形的变化而灵活采取应对措施，根据战争态势的发展而采取相应的屈伸、进退战略，掌握全军将士在不同情况下的心理状态，这些都是将帅不能不认真考察和研究的。

大凡在敌国境内作战的基本规律是：深入敌境，军心就会变得专一；进入敌境不深，军心就容易涣散。离开本国，越过边境而进入敌国作战的地区，叫作"绝地"；四通八达的地区叫作"衢地"；深入敌国腹地的地区叫作"重地"；在敌国境内，但尚未到达其纵深的地区叫作"轻地"；背后有阻险而前方狭隘的地区叫作"围地"；无路可走的地区叫作"死地"。因此，在散地，我就要使全军上下意志统一；在轻地，我就要使军队前后连接、互相策应；

在争地，我就要使后续部队迅速跟进；在交地，我就要谨慎防守；在衢地，我就要巩固与诸侯国的结盟；在重地，我就要保障粮草的供给；在圮地，我就要争取尽快通过；陷入围地，我就要堵塞缺口；陷入死地，我就要向众将士表示死战到底的决心。所以，士卒的心理变化情况是：受到包围就会奋起抵御，迫不得已就会拼死战斗，身处险境就会听从指挥。

因此，不了解诸侯的计谋和策略的，就不能预先与之结交；不熟悉山林、险阻、沼泽等地形的，就不能行军；不使用向导的，就不能获得地利之助。对于九地之利害，有一样不了解的，都不算是能称王争霸的军队。能称王争霸的军队，攻伐大国，能使其来不及动员民众、集结军队；威力加于敌人头上，能使其无法与别国结交。因此，（拥有这样的军队）就不必争着与别的诸侯国结交，也不必在各诸侯国培植自己的势力，只要依靠自己的力量，把威力加在敌人头上，就可以夺取敌人的城邑，摧毁敌人的国家。

施行超出惯例的奖赏，颁布打破常规的号令，这样就能做到指挥全军如同指挥一个人一样。驱使士卒去做事，而不告诉他们这样做的意图；只告诉他们有利的一面，而不告诉他们危险的一面。将士卒置于危险的境地，然后才能生存；使士卒陷入死地，然后才可以死里求生。军队陷于险境，然后才能（凭借自己的积极和主动）争取胜利。所以，指挥作战这种事，在于弄清敌人的意图，（一旦时机成熟便）集中兵力指向敌人的一点，千里奔袭，擒杀敌将。这就是所谓的巧妙运筹能够成就大事。

因此，在决定战争行动的时候，就要封锁关口，废除通行凭证，停止与敌国的外交往来，要在庙堂上反复计议，以谋划制定战略决策。一旦发现敌人有机可乘，就要迅速发兵乘虚而入。首先攻取敌人最关键的地方，不要轻易与敌人约期决战。实施战略部署的时候要根据敌情的变化而不断做出调整，以求得战争的胜利。因此，战争开始时要表现得像处女般柔弱沉静，诱使敌人放松戒备；然后要像逃脱追捕时的兔子那样迅速敏捷，使敌人措手不及，无法抵抗。

⊙名家论《孙子兵法》

战争是在一定的时间和空间中进行的。孙子时代的战争都发生在地面和水面。《孙子兵法》论述到的地面主要是山地、丛林、平原和旷野,而草原、戈壁、沙漠、岛屿等地形都没有涉及。它所论述的水面主要是江河湖泽。虽然当时吴国已有近海作战,如公元前485年徐承率吴国水军由海上进攻齐国,但孙子在他的兵法中却没有反映和总结。

从军事地形学的角度说,孙子对他所认识到的地面空间进行了具体的分析,并且归纳出一个精辟的结论:"地形者,兵之助也。"(《地形篇》)从军事地理学的角度说,孙子对他所认识的地理环境,从自然地理和人文地理的结合上论述了其在战争中的地位和作用。他的名言"知彼知己,胜乃不殆;知天知地,胜乃可全"(《地形篇》),以及他在论述"五事""七计"时讲的"天地孰得",都是从战略高度强调地理对于克敌制胜的重要作用的。

……

我国的地理学源远流长,早在先秦时代就已经出现了专门的著作,比较著名的有《尚书·禹贡》《山海经·五藏山经》《穆天子传》《周礼·职方氏》《尔雅·释地》《管子·地员、度地、地图》等。这些著作内容十分丰富,可视为我国地理学研究的开端。

作为地理学重要分支的军事地理学也在先秦时代就表现出了自己独具的特色。其杰出的代表作当推《孙子兵法》。《孙子兵法》中的《地形篇》《九地篇》《行军篇》等可称得上先秦时代论述兵要地理和战术地形的不朽篇章,是我国军事地理学发展史上一座高大的丰碑。

孙子的军事地理学内容丰富、立论新颖、思维独特,应当引起我们的重视。

……

孙子对军事地形进行了分类,确定了概念,并且对这些地理现象做出了若干规律性的总结。《孙子兵法》涉及了几十种地形名称,如不了解其分类标准,便很难确切地把握其含义,甚至会被那众多的地理名称弄得迷离惝恍。孙子是我国研究军事地理的开山祖,对后世的影响极为深远。因此,从《孙子兵法》中寻绎其分类标准对于我们学习和研究孙子的军事地理观是十分必要的。

——吴如嵩

实用谋略

◎高平之战◎

《九地篇》中说道：善于指挥打仗的人，能够使敌人前后部队无法相顾及，官兵不能相救援，并趁机歼灭敌人。高平之战中，后周军使北汉军陷入前后隔断，首尾不能联系的境地，并趁此一举歼灭了北汉军，此战例很好地体现了孙子的这一思想。

高平之战是后周和北汉、契丹联军之间进行的一次关键性战役，也是五代十国时期最为重要的一次决战，它最终以周世宗大获全胜而告终。

五代十国时期，北汉曾多次南下进攻后周，但是后周军队总能在太祖郭威的率领下击退北汉军队。

954年，郭威去世，其养子柴荣（实际上是郭威的内侄，柴荣是其妻子柴守玉的哥哥柴守礼的儿子）即位，就是周世宗。北汉主得知这个消息，非常高兴，立刻向契丹请兵，再次南下攻打后周。契丹派武定节度使、政事令杨衮率领万余骑兵和北汉会师于晋阳，北汉主亲自统帅三万人马，和契丹合兵南下。后周昭宁节度使李筠派部将穆令均率领两千人马迎击北汉军队，自己则率领主力在后面扎营。北汉前锋都指挥使、武宁节度使张元徽设下埋伏，自己佯败诱敌，结果穆令均中伏被杀，士卒折损了上千人。

李筠退回潞州，凭城固守。周世宗得到禀报，打算亲自出征。但是大臣们都认为：北汉主自晋州惨败以后，一定不敢再亲自出征。而皇帝刚刚即位，人心还未稳定，不宜亲征，应该派下面的将帅去抵御。但是周世宗有自己的看法，他认为：北汉主刘崇趁我国大丧来进攻，必定是轻视我年少没有经验，一定会亲自前来，想一举吞并我国，我不能不亲自出征。于是，周世宗率领禁军从京城开封出发。在北上的途中，禁军控鹤都指挥使赵晁派人向周世宗进言，劝阻亲征。周世宗大怒，将赵晁囚禁在怀州。北汉主不知道周世宗亲自出征，他看潞州城坚固，一时难以攻取，就越过潞州不攻，直取大梁。北汉兵的前锋与后周军在高平以南相遇，被周军击退。周世宗生怕北汉军撤退，遂加紧前进。北汉主刘崇在巴公原排开阵势准备迎击，他亲自率领中路军，张元徽率领东路军，杨衮率领西路军（即契丹骑兵），军容极盛。这时，后周军前锋行进过于迅速，河阳节度使刘词率领的后军落在了后面。面对这种敌众我寡的局面，周军的将士难免怀有畏惧心理。而周世宗反而更加镇定，坚信一定可以打败北汉与契丹的联军。于是，他命令白重赞与侍卫马军都虞侯李重进在西面统率左军，樊爱能、何徽在东面统率右军，向训、史彦超率领精骑在中间列阵，殿前都指挥使张永德率领禁军护卫皇帝。周世宗自己也全身披挂铠甲，并跨马到阵前督战，双方都严阵以待。

北汉主看到后周人马不多，认为不用契丹的人马也可以击败周军，他对手下的将领说："我用汉军就可以击败周军，哪用得着契丹人。今天不但要一举击败周国，还要让契丹人知道我们汉军的厉害。"北汉的将领们也都表示赞同。杨衮在阵前观察了后周军的阵势和军容，对北汉主说："周军是强敌，不可贸然进攻。"北汉主不以为然地说道："机不可失，将军就不要再说了，且看我来破敌。"杨衮不再言语，静观汉军的举动。当时天上吹起东北风，不久又突然转为南风。北汉副枢密使王延嗣派司天监李义向北汉主进言，劝北汉主出击。枢密直学士王得中认为风势不利，不宜出击，北汉主不听，命东路军率先发起进攻，张元徽亲自率领千余精骑冲击后周的右军。后周的右军主将樊爱能、何徽本来就有怯战心理，交战不久，看到北汉军来势很猛，抵挡不住，就率领骑兵率先逃走。后周右军被击溃，有上千步兵解甲投降。周世宗看到战事紧急，后周军濒临溃败的边缘，便亲自率领左右的亲兵冒着矢石出阵督战。

后来的宋太祖赵匡胤当时还是后周禁军将领，他先招呼同伴向前冲锋，又请张永德率军从左翼出击，自己率军从右翼出击。张永德同意，两人各率领两千人马随周世宗出击。赵匡胤身先士卒，奋力杀向敌阵。主将奋勇当先，士卒更是拼死力战，无不以一当百，北汉兵抵挡不住，纷纷溃败下来。后周内殿直马仁禹也激励同伴进击，他自己跃马猛射，连毙数十敌军，后周军的士气更加高涨了。北汉主知道周世宗亲自出战，遂命人对张元徽进行嘉奖，并催促张元徽乘胜进攻。张元徽继续向前进攻，不料战马被射倒，自己从马上摔了下来，被后周士兵斩杀。张元徽一死，北汉军士气低落，后周军乘胜追击，把北汉军杀得大败。

此后，北汉主刘崇亲自挥舞旗帜，试图稳住军心，但是这也无法阻止北汉军的溃败。杨衮看到后周军如此骁勇，不敢救援，又痛恨刘崇不听自己的劝告，所以立即率领契丹骑兵撤退了。这时，从战场上溃败下来的后周将领樊爱能、何徽等人率领溃军一路抢劫辎重，散布谣言，并企图阻止后军大将刘词继续前进。刘词不听，继续率军向前进发，在黄昏时与前军会合，当时北汉尚有士兵万余人，隔山涧布阵，企图抵抗。后周军得到增援，又发起猛攻，北汉军崩溃了，王延嗣被杀，后周军一路追杀到高平，北汉将士的尸体布满了山谷，丢弃的军资器械到处都是。走投无路的北汉士兵被迫投降了后周。最终，北汉主刘崇仅仅率领百余骑兵逃回了晋阳。这样，后周在高平大战中取得了最终胜利。

高平之战，直接关系到后周的存亡兴衰。在右军已经被击溃的危急情况下，周世宗亲自出阵，极大地鼓舞了周军的士气，从而挽救了岌岌可危的战局。

商业案例

◎茅台酒走向世界◎

孙子所谓"衢地"，指的是四通八达、敌我与其他诸侯国接壤的地区，一般都离本土较远，是交战各方必争的战略要地。谁能抢在前面占领它，谁就能掌握战争的主动权。古今中外的军事家们无不为夺取衢地而绞尽脑汁，留下了许多著名战例。

在现代商战中,形形色色的"商品交易会""博览会""展销会"不时在世界各地隆重举行。"会议"的所在地,便成了企业家们商战中的"衢地"。谁能在会上出风头,成为获胜者的概率就要大很多,商业合作机会也会比以前更多。

1915年,当茅台酒第一次在巴拿马万国博览会上开瓶时,它飘散出来的浓香,一下子征服了各国的评酒大师。茅台第一次在国际展台亮相,就立刻步入国际名酒的行列。

据史料记载,茅台酒的酿造开始于汉武帝年间,距今已有两千多年的历史。而正是凭借巴拿马万国博览会这一盛大的舞台,茅台酒才真正走向了世界。

◎快速反应留住市场◎

孙子说:"兵之情主速。"用兵打仗如果速度缓慢,那么自己很有可能先被敌人一口给吃掉了。猛狮逐鹿,兔起鹘落,一个"速"字决定生死。

战争需要速度,办企业、搞经营也需要速度。有句俗话说得好:当真理还在穿鞋子的时候,谣言已经跑遍了全世界。所谓"众口铄金,积毁销骨",当发生危急公关事件时,任何一家企业都应该建立快速反应机制,果决行动,从而迅速控制事态,否则会扩大突发危机的范围,甚至可能失去对全局的控制。

1993年7月,美国百事可乐公司突然遭遇谣言袭击:罐装百事可乐内出现了注射器和针头,甚至有人活灵活现地描述针头如何刺破了消费者,说得有鼻子有眼。人们立刻把此事与传染艾滋病联系起来。一时间,许多超级市场把百事可乐纷纷从货架上撤走。面对这突如其来的灾难,美国百事可乐公司的高层迅速做出反应,在第一时间做出三项决策:第一,先向投诉者道歉,后邀请其到生产线上参观,使其确信百事可乐质量可靠,还给予其一笔可观的奖金以示安慰;第二,不惜代价买下美国所有电视、广播公司的黄金时间和非黄金时间，反复进行辟谣宣传，并播放百事可乐罐装生产线和生产流程录像；第三，与美国食品与药物管理局密切合作，由该局出面揭穿这是件诈骗案，政府部门主管官员和公司领导人共同出现在电视荧屏上，事实得以澄清。

◎企鹅丛书的诞生◎

面对突发事件，临危不乱，快速、及时、果断地采取应对措施，甚至可以拯救一个企业的生命。

艾伦·莱恩是英国人，他在年轻时就继承了伯父的事业，出任了希德出版社的董事。当时，出版社的处境已是举步维艰，几乎陷入绝境。

针对当时图书市场上只有高价精装书和庸俗读物的情况，莱恩决定出版价格低廉的平装书。第一套平装系列丛书共十本，规格也比精装本缩小了。这样不仅节省了封面制作的成本，也节省了纸张，再加上莱恩决定以购买再版图书重印权的方式出版这十本书，因而大大降低了成本费。莱恩把每本书的价钱压到六便士，这样，人们只要少吸六支香烟就可买到一本书。

这套书的封面很引人注目，这是因为莱恩在上面设计了一个惹人喜爱的丛书标志物———一只翘首站立的小企鹅。因此，莱恩把这套丛书起名为"企鹅丛书"。莱恩还用颜色表示图书的类别：紫色为剧本，浅蓝色为传记，橘红色为小说，灰色为时事政治读物，绿色为侦探类作品，黄色为其他类别读物。这一系列的改革使这套书不仅在外观上鲜艳明快，让人耳目一新，而且在装订上显得简单朴实，印刷上更是字迹工整。

1936年元旦，希德出版社改名为企鹅图书公司。企鹅图书公司一直坚持薄利多销、为大众服务的原则，因此能垄断英国平装书市场二十多年。

【点评】

战争不仅是智谋的较量，也是力量、意志、决心和勇气的决斗。孙子说

"围地则谋,死地则战"——当陷入九死一生的绝境时,利用全军将士的求生之心,激发他们决一死战的勇气,反败为胜,是为"陷之死地而后生"。

战争中是这样,生活中也是如此。一个初出茅庐的求职者在残酷的竞争中处处碰壁,一个小企业濒临破产的窘境,一个城市面对突如其来的灾害,一个人突然遭受恶毒的流言蜚语的攻击……生活就是如此,不管你愿不愿意,它就是会突然间给你设置前面有恶虎挡道,背后有饿狼追随的绝境,而且更不巧的是你正走在独木桥上,桥下是湍急的河流。

怎么办?如果你瘫倒在地,那么就成为虎狼的美餐了。不如跳下河去,也许有机会游到没有危险的浅滩。如果你不会水,那就只能选择从狼和虎的防线上突破。哪边胜算大,哪怕大一点点,也要鼓起勇气,做最后一搏。也许不一定每次都能赢,但是如果不去试,那就肯定连赢的机会都没有。

战争是最残酷的一项人类活动,它令人生离死别、家破人亡。"不战而屈人之兵"的案例毕竟是少数,既然战争不可避免,既然不是你死就是我亡,那就不如"投之无所往",奋"诸、刿之勇",或者可以"置之死地而后生"。

一位母亲见别人的孩子从十层楼高的窗台上掉了下来,就在那一瞬间,她不知从哪里爆发出来力量,从十几米远的地方飞身冲到楼底下接住了孩子!这个速度,比有记录的人类最快的短跑速度还快。

事后,这位母亲本人也感到万分惊讶,她说自己当时其实什么也没想,一心只想着一定要在孩子落地之前接住他。正是这种强烈的心情让她柔弱的身躯爆发出了"投之无所往"的力量。

人们常常嘲笑"困兽犹斗",但是这种求生精神又何尝不令人动容?在漫漫人生道路上,碰到挫折与困境,一定要鼓起"投之无所往"的勇气,战胜它们,即使被打败,也不可失去尊严。

火攻篇

全解经典

【导读】

本篇主要论述了火攻的种类、条件和实施方法，主张火攻与兵攻相结合。同时阐述了"主不可以怒而兴师，将不可以愠而致战"的慎战思想。

此篇体现了孙子重利的原则。合于利则动，不合于利则止。只有在有利可图的情况下，才可以实施行动。如果在行动的时候，受到性格、情绪、恩怨等因素的影响，只顾逞匹夫之勇，那么结果只能是损失利益，或是抱恨终生。

【原文】

孙子曰：凡火攻有五：一曰火人①，二曰火积，三曰火辎②，四曰火库，五曰火队③。行火必有因④，烟火必素具⑤。发火有时，起火有日。时者，天之燥也；日者，月在箕、壁、翼、轸也⑥，凡此四宿者⑦，风起之日也。

凡火攻，必因五火之变而应之⑧。火发于内，则早应之于外。火发兵静者，待而勿攻，极其火力，可从而从之⑨，不可从而止。火可发于外，无待于内，以时发之。火发上风，无攻下风。昼风久，夜风止。凡军必知有五火之变，以数守之⑩。

故以火佐攻者明⑪，以水佐攻者强。水可以绝，不可以夺⑫。

夫战胜攻取，而不修其功者凶⑬，命曰费留⑭。故曰：明主虑之，良将修之。非利不动，非得不用⑮，非危不战。主不可以怒而兴师，将不可以愠而致战⑯。合于利而动，不合于利而止。怒可以复喜，愠可以复悦，亡国不可以复存，死者不可以复生。故明君慎之，良将警之，此安国全军之道也。

【注释】

①火人：指焚烧敌军人马。

②火辎：指焚烧敌军辎重。

③火队(suì)：指焚烧敌人的运输设施。队，通"隧"，指运输设施。

④因：条件。

⑤烟火必素具：发火用的器材必须平时就准备妥当。烟火，指发火用的器具、燃料等物。素，平素、经常。具，准备。

⑥箕、壁、翼、轸：中国古代星宿名，是二十八宿中的四宿。

⑦四宿：即箕、壁、翼、轸四个星宿。古代认为月亮运行到达这四个星宿位置时多风。

⑧应：策应。

⑨从：跟从，这里指进攻。

⑩数：指前文所说的"发火有时，起火有日"等火攻条件。

⑪明：这里指效果显著。

⑫夺：剥夺，这里指焚毁敌人的物资器械。

⑬修：修治，引申为巩固。

⑭命：明命。费留：即白费。留，通"流"。

⑮非得不用：不能取胜就不要用兵。得，得胜、取胜。用，用兵。

⑯愠(yùn)：怨愤、恼怒。

【译文】

孙子说：火攻的方式有五种：一是火烧敌军人马，二是焚烧敌军粮草，三是焚烧敌军辎重，四是火烧敌军仓库，五是火烧敌军的运输设施。实施火攻必须具备一定的条件，发火器材平时就要准备妥当。放火要选择适当的时候，起火要选择有利的日期。所谓适当的时候，是指天气干燥；所谓有利的日期，是指月亮行经箕、壁、翼、轸这四个星宿的位置，凡是月亮行经这四宿的位置时，就是起风的日子。

凡是用火攻，必须根据上述五种火攻所引起的变化，灵活部属兵力加以策应。在敌营内部放火，就要早早派兵在敌营外进行策应。火已燃起而敌军依然保持镇静的，就应等待观察，切勿贸然发起攻击，等到火势最猛烈的时候，根据情况，可以进攻就进攻，不可以进攻就要停止。火也可以在敌营外燃放，那样就不必等待内应，只要时机成熟就可以放火。在上风放火时，不可从下风进攻。白天风刮得久了，夜晚就容易停止。军队必须懂得这五种火攻方法的变化运用，等火攻的条件具备时，再来实施。

用火来辅助军队进攻，效果非常显著；用水来辅助军队进攻，攻势可以得到加强。水可以将敌军分割开来，但不能焚毁敌人的军需物资。

大凡打了胜仗，攻取了土地、城池，而不能及时巩固胜利的，会非常凶险，这种情况叫作"费留"。所以说：英明的君主要慎重考虑这个问题，贤良的将帅要严肃处理这个问题。不是对国家有利的，就不要采取行动；没有取胜的把握，就不要用兵；不到危急关头，就不要轻易开战。君主不可以因为一时的恼怒而兴兵打仗，将帅不可以因为一时的愤怒而贸然出战。符合国家利益的才可以行动，不符合国家利益的就要停止。恼怒了还可以重新欢喜起来，愤怒了还可以重新高兴起来，但是国家灭亡了就不复存在了，人死了也不能复生。所以，英明的君主对于战争应该十分慎重，贤良的将帅对于战争应该时刻保持警惕，这是安定国家、保全军队的根本之道。

⊙名家论《孙子兵法》

重战，就是重视战争，提高警惕，加强戒备。平时国家对敌人可能的进攻，应该采取的态度是"无其恃不来，恃吾有以待也，无恃其不攻，恃吾有所不可攻也"。当国家一旦遭受侵犯的时候，就要为挽危救亡而战，采取积极的攻势行动"屈人之兵"，甚至可以打出去，深入敌境，"拔人之城""毁人之国"。但是这一重战原则并不能成为好战者的口实，为了避免片面性，孙子同时还提出慎战原则。

慎战，指对发动战争要取慎重态度。用战是为了安国保民，不是国君将帅逞威泄愤的手段，也不是追求形式上的战胜攻取。……汉简逸文中还有"兵，利也，非好也"的论述。孙子所说的"利"和"功"的落脚点，都在"安国保民"上。《火攻篇》末尾一段话集中地表述了孙子这一思想，他说："非利不动，非得不用，非危不战。主不可以怒而兴师，将不可以愠而致战。合于利而动，不合于利而止。……故明君慎之，良将警之，此安国全军之道也。"

——于泽民

实用谋略

◎鄱阳湖之战◎

元末的鄱阳湖之战，是朱元璋在统一江南的过程中，率军在鄱阳湖（今江西鄱阳湖）击败陈友谅军的著名战役。在这场战役中，朱元璋采用火攻战术重创陈军，这也成为其取胜的关键。

元朝末期，朝政废弛，社会动乱，农民起义如火如荼。在江南，形成了两支强大的义军势力——朱元璋军和陈友谅军。为了争夺天下，朱、陈二人展开了一场激烈厮杀。

至正二十三年（1363年）七月，朱、陈二军在康郎山（在今江西鄱阳湖内）湖面遭遇。当时，陈军巨舰联结布阵，展开数十里，"望之如山"，气势夺人。朱元璋针对其巨舰首尾连接而不利进退的弱点，将己方舰船分为二十队，每队都配备大小火炮、火铳、火箭、火蒺藜、火枪、神机箭和弓弩，下令各队接近敌舰时，先发火器，次用弓弩，靠近敌舰时再用短兵器进行格斗。

朱军大将徐达身先士卒，率舰队勇猛冲击，击败陈军前锋，毙敌一千五百人，缴获巨舰一艘。俞通海乘风发炮，焚毁陈军二十余艘舰船，陈军被杀和淹死者甚众。但朱军伤亡也不少，尤其是朱元璋坐舰搁浅被围，险遭不测。战斗呈胶着状态，从早晨至日暮，双方未分胜负，最后鸣金收兵，战斗告一段落。

这时，朱元璋亲自率领水师出战。但陈舰巨大，朱军舰小不能仰攻，接连受挫。朱元璋及时采纳了部将郭兴的建议，决定改用火攻破敌。黄昏时分湖面上吹起东北风，朱元璋选择勇敢士兵驾驶七艘渔船，船上装满火药柴薪，朱军迫近敌舰，顺风放火，风急火烈，迅速蔓延。一时烈焰飞腾，湖水尽赤，转瞬之间烧毁陈军数百艘巨舰，陈军死伤过半，陈友谅的两个兄弟及大将陈普略均被烧死。朱元璋挥军乘势发起猛攻，又毙敌二千余人。

陈友谅遭受重创，于是下令把抓到的俘虏全部杀掉泄愤。朱元璋却反其道而行之，将俘虏全部送还，并悼死医伤，瓦解陈军士气，从而大得人心。陈军内部分崩离析，士气更加低落。

经过一个多月的对峙，陈友谅被困湖中，军粮殆尽，计穷力竭，于是孤注一掷，于八月二十六日，由南湖嘴冒死突围，企图进入长江退回武昌。行至湖口时，朱军以舟师、火筏四面猛攻，陈军无法前进，复走泾江，又遭伏兵阻击，左冲右突，打不开生路，陈友谅中箭而死，军队溃败，五万余人投降。

鄱阳湖之战中，朱元璋面对舰只庞大、装备精良的陈军，冷静、敏捷地捕捉敌方的弱点，利用风向、水流等自然条件，及时抢占有利攻击阵位，不失时机地实施火攻，充分发挥火器的作用，终于以少胜多、以弱胜强，创造了我国水战史上的著名战例。

<u>商业案例</u>

◎巧借东风而成功◎

在战争中巧借水、火之势，可以化劣势为优势，从而以弱胜强。现代商战中，思维敏捷的商人往往巧借各种辅助力量，取得良好的市场效益。

1992年，湖南常德举办了首届桃花源游园会、国际文化研讨会，商品成交额高达十几亿元，引进外资项目也有数十个，这是借东晋大文学家陶渊明的名作《桃花源记》而生财。巴西的贝利是一代"球王"，而"贝利"成了著名商标，这是借"名"生财。浙江温州人通过海外华侨的商店出售自己的产品，这是借"地"生财。日本的吉田忠雄买来美国生产拉链的机器，又首创用各种不同合金材料制作拉链，其产品产量占全世界总产量的35%，年销售额达二十多亿美元，这是"借鸡下蛋"而生财。诸如此类，不胜枚举。

"他山之石，可以攻玉。"不管是在现代战争、商战、体育竞赛里，还是在高科技发明创造中，巧妙利用外在辅助力量，是杰出的军事家、企业家、教练员、运动员和科学家们取得事业成功的重要手段之一。

【点评】

火攻是古代战争中常用的一种攻击方法，之所以常用，在于火攻的效果明显，破坏力大，而攻击所付出的代价却很小。本篇主要从火攻的种类、条件和实施方法几个方面对火攻进行了论述。

在《火攻篇》的最后，孙子强调了巩固胜利的重要性。认为即使是取得了战争的胜利，但不能将其巩固，这也是十分危险的事情。

孙子还语重心长地告诫君主将帅们用兵作战要慎之又慎，不能因为一时的冲动愤怒而举兵作战，战争的出发点就是要对国家有利，我们可以看出，孙子是一个对于国家和人民非常负责任的将领，他把将帅的职责和使命看得十分重大。

孙子告诫国君和统帅对待战争要谨慎，不可因一时之怒而妄逞干戈。我们在生活中，在做任何一件事情之前，都应该理性地克制个人情绪，控制自己的行为，绝不可逞一时之气。

用间篇

全解经典

【导读】

本篇主要论述用间的重要意义，以及间谍的种类及使用方法，强调任用智能之士为间谍定能成就大功，提出了先知敌情"不可取于鬼神""必取于人"的朴素唯物主义观点。本篇与论述战略决策的《计篇》首尾呼应，使孙子"知己知彼""先胜而后求战"的"全胜"思想得以贯穿始终。

【原文】

孙子曰：凡兴师十万，出征千里，百姓之费，公家之奉①，日费千金；内外骚动，怠于道路，不得操事者②，七十万家③。相守数年④，以争一日之胜，而爱爵禄百金，不知敌之情者，不仁之至也，非人之将也，非主之佐也，非胜之主也。

故明君贤将，所以动而胜人⑤，成功出于众者，先知也⑥。先知者，不可取于鬼神⑦，不可象于事⑧，不可验于度⑨，必取于人，知敌之情者也。

故用间有五：有因间⑩，有内间，有反间，有死间，有生间。五间俱起，莫知其道⑪，是谓神纪⑫，人君之宝也。因间者，因其乡人而用之⑬。内间者，因其官人而用之⑭。反间者，因其敌间而用之。死间者，为诳事于外⑮，令吾间知之，而传于敌间也。生间者，反报也⑯。

故三军之事，莫亲于间⑰，赏莫厚于间，事莫密于间⑱。非圣智不能用间⑲，非仁义不能使间⑳，非微妙不能得间之实㉑。微哉！微哉！无所不用间也。间事未发，而先闻者，间与所告者皆死。

凡军之所欲击，城之所欲攻，人之所欲杀，必先知其守将、左右、谒者、门者、舍人之姓名㉒，令吾间必索知之。

必索敌人之间来间我者，因而利之，导而舍之㉓，故反间可得而用也。因是而知之，故乡间、内间可得而使也。因是而知之，故死间为诳事，可使告敌。因是而知之，故生间可使如期。五间之事，主必知之，知之必在于反间，故反间不可不厚也。

昔殷之兴也，伊挚在夏㉔；周之兴也，吕牙在殷㉕。故惟明君贤将，能以上智为间者㉖，必成大功。此兵之要，三军之所恃而动也。

【注释】

①奉：同"俸"。

②操事：这里指操作农事。

③七十万家：指出兵打仗，要有大量民众承受繁重的徭役、赋税，而不能正常地从事生产劳动。

④相守：相持。

⑤动：举动。

⑥先知：这里指事先知道敌人的情况。

⑦取于鬼神：指用祈祷、祭祀鬼神和占卜等办法去取得（敌情）。

⑧象：相类。

⑨不可验于度：指不能用日月星辰运行的位置来验证敌情。验，验证、应验。度，度数，这里指日月星辰运行的度数（即位置）。

⑩因间：即本篇下文所说的"乡间"——依赖与敌人的乡亲关系来直接获取情报，或利用与敌军官兵的同乡关系打入敌营，从事间谍活动以获取情报。

⑪道：途径、规律。

⑫纪：即道。

⑬因：凭借、根据。

⑭官人：这里指敌国官吏。

⑮为诳（kuáng）事于外：假装泄露机密，故意向外散布虚假消息，以欺骗、迷惑敌人。诳，迷惑、欺骗。

⑯反：通"返"。

⑰三军之事，莫亲于间：军队中没有比间谍更为亲信的了。

⑱密：秘密、机密。

⑲圣智：才智超群。

⑳非仁义不能使间：指如果吝惜爵禄、金钱，不能真诚对待间谍，就不

㉑非微妙不能得间之实：不是用心精细、手段巧妙的将领，不能获得间谍的真实情报。实，这里指实情。

㉒守将：指主管将领。左右：指守将身边的亲信。谒（yè）者：指负责传达通报的官吏。门者：指负责守门的官吏。舍人：指守将的门客幕僚。

㉓导：引导、诱导。舍：释放。

㉔伊挚：即伊尹。他原本是夏桀之臣，商汤用他为相，灭了夏桀，建立了商（又称殷）。

㉕吕牙：即姜子牙，俗称姜太公。他原本为殷纣王之臣，周武王姬发在他的辅佐下，打败了纣王，建立了周朝。

㉖上智：指具有很高智谋的人。

【译文】

孙子说：凡是出兵十万，千里征战，百姓的耗费，公家的开支，每天都要花费千金；国内局势动荡不安，民众（为战事所迫而）疲惫于道路，不能从事耕作劳动的，多达七十万家。交战双方相持数年，是为了有朝一日赢得胜利，如果因为吝惜爵禄和区区百金钱（而不肯重用间谍），以致不能了解敌情而遭受失败，是不仁到了极点，（这种人）不配做统率三军的将领，不配做君主的助手；这样的国君，不是能打胜仗的好国君。

所以，英明的君主和贤良的将帅，之所以一行动就能战胜敌人，而成就超出众人，是因为他们能够事先了解敌情。事先了解敌情，不能用求神问鬼的方式来获取，不能用相似的事情做类比，不能根据日月星辰运行的位置去进行验证，而是从了解敌情的人那里获取。

使用间谍的方式分为五种：因间、内间、反间、死间、生间。同时使用这五种间谍，能使敌人无从知道我用间的规律（从而无以应对），这是神秘莫测的道理，是国君克敌制胜的法宝。所谓"因间"，是指利用敌人的同乡做间谍。所谓"内间"，是指利用敌方的官吏做间谍。所谓"反间"，是指收买或利用敌方的间谍为我所用。所谓"死间"，是指故意散布虚假情报，并通过我方间谍把情报传达给敌方间谍，使敌人上当受骗（然而敌人一旦发现上当，我方间谍往往难逃一死）。所谓"生间"，是指派往敌方侦察而能活着回来报告敌情的人。

所以军队中的亲信，没有比间谍更为亲信的了，奖赏没有比间谍更为优厚的了，事情没有比间谍所做的更为机密的了。不是才智超群的人不能使用间谍；不是仁慈慷慨的人不能使用间谍；不是谋虑精细、手段巧妙的人不能获得间谍所提供的真实情报。微妙啊！微妙啊！无时无处不可以用间。用间的计谋尚未施行，而秘密已经先行泄露的，那么间谍和知道机密的人都要处死。

凡是想要攻打的敌方军队，想要攻占的敌方城邑，想要刺杀的敌方人员，都必须先了解主管将领、左右亲信、负责传达通报的官员、守门官吏以及门客幕僚的姓名，命令我方间谍一定要将这些情况侦察清楚。

必须查出敌方派来刺探我方情报的间谍，根据具体情况对其加以利用和收买，诱导他，再放他回去，这样，策反的间谍就可以为我所用了。通过反间得知了敌情，乡间、内间也就可以为我所用了。通过反间得知了敌情，就可以通过死间来散布虚假情报给敌人了。通过反间得知敌情，所以生间就可以按照预定时间返回报告敌情了。这五种间谍的使用，国君都必须懂得，懂得的关键在于如何使用反间。所以，对于反间不可不给予优厚的待遇。

昔日殷商的兴起，是由于重用了在夏为臣的伊尹；周朝的兴起，是由于重用了在殷为官的姜子牙。所以，只有英明的君主和贤能的将帅，能任用智慧高超的人充当间谍，必定能成就巨大的功业。这是用兵的关键所在，是整个军队采取行动所依赖的东西。

⊙名家论《孙子兵法》

孙子主张以"上智为间"，用那些睿智聪颖的智谋之士担当战略侦察的重任，这正反映了他对智战的重视。他举例说："昔殷之兴也，伊挚在夏；

周之兴也，吕牙在殷。"吕牙即姜子牙，姜子牙辅佐周武王灭商的故事，由于《封神演义》的广泛流传已为人们所熟知，我不想赘述。这里只把伊挚其人其事略加介绍，以加深我们对《孙子兵法》战略策略思想的认识。

伊挚又称伊尹，尹是官名。伊尹是商汤的右相，协助商汤进行了灭夏的鸣条（今山西永济市）之战。这次战争发生在公元前16世纪初，比孙子诞生要早一千年。当时，商汤为了推翻夏桀残暴的统治，派伊尹深入夏都三年，侦探夏王朝的战略情报。伊尹又协助商汤制定了剪夏羽翼、争取民心、逐步壮大实力的策略。当看到夏桀政治腐败，众叛亲离，败亡之形已露端倪时，他即准确地判断灭夏的条件已经成熟、时机已经到来，于是请求商汤大举出兵。正是由于伊尹做了大量的、多方面的战略侦察工作，因此很快赢得了战争的胜利。

早于孙子一千年的伊尹就有这样的深谋远虑，不能不使我们惊叹。无怪乎孙子竭力主张"未战而庙算胜"，后世的兵家甚至提出"贵谋而贱战"（《汉书·赵充国传》），"以计代战一当万"（《晋书·杜预传》）。因为，它实在是军事斗争中的一柄利剑。

——吴如嵩

实用谋略

◎蒋干盗书◎

用间用得巧妙，可以诱使敌人内部不和，激化其矛盾，从而达到削弱敌人的目的。

东汉末年，曹操占领荆州之后，因为北方士卒不习水战，于是任用荆州降将蔡瑁和张允为都督，让他们负责训练水军，为进攻江东做准备。

蔡、张二人久居荆州，深谙水战之法，一旦真让他们训练水军，将会对江东形成极大的威胁。东吴大都督周瑜对此很担忧，想除掉蔡瑁、张允二人，但一时又想不出良策来。

一天，周瑜正在帐中议事，有人通报说曹操的谋士蒋干来访。周瑜闻讯，立刻猜出了蒋干的来意，他突然计上心头，于是如此这般吩咐了一番，让众将士依计而行。

蒋干，字子翼，九江（今安徽寿县）人。幼时与周瑜同窗读书，交情颇厚，后为曹操帐下幕僚。这次出访江东，是他主动向曹操请命而来，目的是想向周瑜劝降。

周瑜亲自带着部属出帐迎接。众人见面寒暄一番之后，周瑜便挽着蒋干的手一同走入大帐，请文武官员从旁作陪，设宴款待蒋干，并解下腰间佩剑交给大将太史慈，命他掌剑监酒，吩咐道："子翼和我是同窗好友，虽然是从江北过来的，但他并不是曹操的说客，诸位不要多心。今天是我们老同学相见，诸位只准叙朋友之情，不准言军旅之事，若有人胆敢提起两家战事，就立即推出门外斩首！"

蒋干一听，大惊失色，哪里还敢开口说出自己的来意。周瑜又转头对蒋干说道："我自领兵以来，向来是滴酒不沾，今日故友相会，定要喝个一醉方休！"说罢，传令军中奏起音乐，自己不等人劝就一杯一杯不停往肚子里灌，很快就喝得酩酊大醉。蒋干满腹心事，因此不敢多饮酒，以免误了大事。

宴罢，蒋干搀扶着醉醺醺的周瑜回到帐中，周瑜说很久没有和蒋干见面，一定要与他同榻而眠。说完后就和衣而卧，才躺下一会儿就鼾声如雷。蒋干惦记着自己曾在曹操面前夸下海口，不知就这样空手而回该如何交代，哪里能入睡？他看周瑜睡得正熟，帐内残灯尚明，桌上堆满了文书，便翻身下床，一边紧张地注视周瑜的动静，一边翻看文书。翻着翻着，忽见里面有一封书信，细看之下竟是蔡瑁、张允写给周瑜的降书。蒋干看罢，大吃一惊，慌忙将信藏在身上。待要再翻看其他文书，周瑜突然在床上翻了个身，梦中含含糊糊地呓语道："子翼，我定叫你在数日之内看到曹操首级。"蒋干含糊答应着，连忙熄灯上床，假装睡下。

将近四更时分，只听得有人进帐唤道："都督醒了吗？"周瑜睡眼蒙眬地问道："床上睡的是什么人？"那人答道："都督忘了吗，是您自己邀请子翼共寝的。"周瑜懊恼地说："我平日从不醉酒，昨天喝醉了，不知可曾说过些什么？"那人道："江北有人过来……"周瑜急忙小声喝止："低声！"又去看蒋干，连叫"子翼"，蒋干只装熟睡，一声不应。周瑜同来人轻轻走出帐外，蒋干则竖起耳朵躲在帐内偷听。那人低声说道："蔡、张二位都督道：'急切间无法下手。'……"后面的话因为声音太小，无法听清，蒋干心中着急，但又不敢轻举妄动。过了一会儿，周瑜回到帐内，又连声呼唤蒋干的名字，蒋干不应，仍然蒙头假睡。周瑜遂脱衣上床就寝。

蒋干暗想：周瑜为人精细，天亮后若不见了蔡、张二人的书信，岂肯与我善罢甘休？因此，刚到五更，蒋干就趁周瑜熟睡之机，偷偷地爬起来，溜出帐外，叫上随身小童，径直走出军营，守营将士也不阻拦。蒋干飞快地赶到江边，寻了小船，飞一般赶回江北去见曹操。

曹操看到蒋干呈上的书信后，勃然大怒，立刻唤蔡瑁、张允入帐，不容二人分辩，就命手下武士将其推出斩首。可是刚等二人人头落地，曹操便忽然醒悟，知道自己中了周瑜的计，可惜一切都为时晚矣，只好另换了两个都督训练水军。

就这样，大战尚未开始，周瑜便用反间计轻而易举地除掉了曹军最为得力的两个水军将领，为日后的胜利奠定了基础。

◎石勒用间智取王浚◎

西晋末年，爆发了"八王之乱"，百姓无法容忍战乱的祸害，遂纷纷起来反抗。而一些少数民族首领也趁机起兵，建立了割据政权，羯人石勒就是其中的一个。

石勒，字世龙，羯族人。年轻时与汲桑一起追随公师藩造反，他们劫掠郡县，释放囚犯，聚集了一批亡命之徒，势力越来越大。后来，石勒等人在一次战斗中失败，汲桑也被晋军所杀，于是石勒前往投奔已称汉王的刘渊。

石勒归顺刘渊后，东征西讨，为其立下了汗马功劳，他自己的势力也在征战中不断发展壮大起来。311年，地方豪强王弥密谋除掉石勒，以吞并他的势力，却不慎走漏了消息，结果石勒抢先下手，杀死了王弥，吞并了他的全部人马。

王弥死后，幽州刺史王浚成为石勒的最大威胁。王浚是西晋的地方实力派，早有自立为帝之心，他曾想兼并石勒的势力，但是遭受了失败。尽管如此，石勒的军师张宾叮嘱石勒说："虽然王浚兵势衰弱，但要想彻底消灭他，只可智取，不可硬战，如果现在假装归顺王浚，并表示愿意辅助他当皇帝，那么他一定会喜出望外。等到王浚疏于防备时，再一举消灭他，这才是上策。"石勒采纳了这一建议，并依照张宾的计谋行事。

石勒派门客王子春、董肇等人带上许多珍宝去拜见王浚，并附上书信一封。信里石勒对王浚十分恭维，并表示希望王浚能顺应天意民心，登基称帝；又表示自己将会像对待亲生父母那样崇敬拥戴王浚。

在给王浚上书献宝的同时，石勒还让使者以重金笼络王浚的心腹近臣枣高。王浚见石勒归顺，高兴万分，当即将王子春等人封侯，并派使者以地方特产答谢石勒。不久，王浚的部下阴谋叛变，并派使者去向石勒请降，石勒当场杀了使者，将此事告知王浚，以表忠诚。王浚因此更加信任石勒。

后来，王子春与王浚的使者一同归来。石勒预先得到消息，遂下令将精兵和武器都隐藏起来。使者到达时，石勒摆出迎接天子使节的架势，向北拜见王浚的使者，态度恭敬地接过他的书信。王浚赐给石勒拂尘，石勒先是假装惶恐不敢收下，等勉强接受后又毕恭毕敬地把它挂在墙上，每天早、晚都要对着拂尘敬拜。与此同时，石勒派董肇向王浚上书，约定日期亲自去幽州奉上皇帝的尊号。王浚的使者回去后，把这些情况告诉王浚。王浚认定石勒忠贞不贰，至此疑心尽释。

石勒经过反复刺探，确信王浚已经相信了自己，便开始着手准备消灭王浚。

石勒先召见王子春，命他汇报幽州的情况，王子春说："幽州去年发生大水灾，百姓连饭都吃不上，王浚手中有数百万斤粮食，却坐视百姓挨饿，不肯开仓放粮。而且王浚征收赋税极为频繁，统治苛刻残酷，又不听忠言，残害贤臣良将，属下无法忍受，背叛逃亡的有很多。在外，鲜卑、乌桓与其离心离德；在内，枣高、田矫贪虐横暴，军队疲敝，人心动摇。而王浚还口出狂言，说汉高祖、魏武帝都不足以与他相提并论。

得知王浚众叛亲离，幽州又正陷于饥荒贫困之中，石勒遂决定发兵突袭幽州。但他又怕并州刺史刘琨趁机从背后偷袭。张宾建议利用刘琨与王浚的矛盾，写信请求刘琨允许自己讨伐王浚来将功补过。石勒按张宾的意思，安抚住了刘琨，解除了后顾之忧。

314年，石勒率领轻骑日夜兼程向幽州进发。石勒到达易水时，王浚手下的督护孙纬收到消息，立即派人给王浚送信，请求抵抗。不料王浚却说："石勒到这里来，是要拥戴我当皇帝的。如果有谁还敢再说石勒的坏话，我就立刻处死他！"

不仅如此，王浚还大设宴席等待石勒的到来。清晨，石勒率军赶到蓟县，让守城的人开门。因为一切都进行得太过顺利，石勒怀疑城内有埋伏，还想出了一条计策来应对：他先驱赶了几千头牛羊，声称是献给王浚的礼物，实际上是用这些数量众多的牲畜来堵塞街巷，使王浚的军队无法出战。

直到这时，王浚才意识到大事不妙，可惜已经太迟了。结果，王浚为石勒所擒，后被处死。就这样，石勒占据了幽州，吞并了王浚的军队，为其以后自立为赵王创造了条件。

从这个故事中，我们不难看出，孙子所说的用间的方法，石勒都已掌握，并能熟练运用，他之所以能轻取王浚，正是连续用间的成果：石勒的门客王子春为生间，他被派往王浚营中，一方面投书示好，一方面侦察王浚在幽州的政治和军事情况；石勒又以重金收买了王浚的心腹枣高，将其作为内间，使得王浚对石勒更加信任；石勒又巧妙利用王浚使者，在其来访时制造假象，让使者将虚假情报带回，成功地蒙蔽了对方。

通过连续用间，石勒在全面掌握敌情、占据先机的同时，也使得王浚彻底陷入了错误的认识和判断之中，为最后的出奇制胜创造了条件。

【点评】

在本篇一开始，孙子就着重论述了使用间谍的重要意义。我们知道，孙子对于制胜的重要理念之一便是"知彼知己,百战不殆",这个理念也无不体现在《孙子兵法》的每一章节当中。

在日费千金、消耗巨大的战争期间,为战争所困的士兵与人民无不盼望着战争尽快结束,然而在大多数情况下,战争只有两种结果:不是胜,就是负。要想快速地取得胜利,就要制定出行之有效的制敌之法。

而在战争中,谋划和用间贯彻始终,而且互为关联。了解和掌握敌情,是正确制定军事战略战术的基本前提,关系着战争胜负全局。孙子指出,两国"相守数年,以争一日之胜,而爱爵禄百金,不知敌之情者,不仁之至也,非人之将也,非主之佐也,非胜之主也"。使用间谍作为探知敌方内幕实情的最有效的办法,虽然耗费"爵禄百金",但与劳民伤财的战争本身相比,绝对"物超所值"。

孙子把因为爱惜爵禄而不重用间谍的统治者视作极为不仁的人,还说:"成功出于众者,先知也。"认为要想获得战争的成功,就必须预先知晓敌情。

《三十六计》

胜战计

第一计 瞒天过海

全解经典

【原文】

备周则意怠①，常见则不疑。阴在阳之内，不在阳之对②。太阳，太阴③。

【注释】

①备周则意怠：防备十分周密，往往容易让人意志松懈，削弱战斗力。怠，松懈。

②阴在阳之内，不在阳之对：兵法上指秘计往往隐藏在公开的事物里，而不是处在公开事物的对立面上。阴阳及我国传统哲学和思想文化的基点，有关阴阳的思想不仅笼罩了整个宇宙，而且影响了所有意识形态领域。阴阳学说将宇宙万物都看作对立统一体，表现出朴素的辩证思想。阴阳之说最早见于《易经》一书，但阴气、阳气之说最早是由道家创始人老子提出的。此计中所讲的"阴"，意思是机密、隐蔽；"阳"，意思是公开、暴露。

③太阳、太阴：相传伏羲以阴阳集成八种图形，即八卦。周文王又将其推演为六十四卦。阴阳在军事上涉及的范围十分广泛，无论是阴晴雨雪等天时气象，还是山川湖泽等地理形态，抑或是攻防进退等战略战术，都可以分为阴阳相对的关系。一般来说，柔、暗、后、奇、虚

等为阴，刚、明、先、正、实等为阳。阴中寓阳，阳中隐阴，二者可以互相转化，阳发展到极端必然转变为阴，阴发展到极端必然转变为阳。

【译文】

防备得十分周密，往往容易让人松懈大意；经常见到的人和事，往往不会引起怀疑。把秘密隐藏在公开的事物中，而不是和公开的形式相对立。非常公开的事物中往往蕴藏着非常机密的事物。

【计名讲解】

此计名出自《永乐大典·薛仁贵征辽事略》。

贞观十七年（643年），唐太宗御驾亲征，统率三十万大军向高句丽进发。当大军浩浩荡荡来到东海边时，只见大海一望无际，海上波浪滔天，此处离都城已经甚为遥远，而高句丽远在千里之外的对岸。三十万大军人数众多，要如何渡过大海？此时的唐太宗开始后悔当初不听房玄龄和杜如晦的劝谏，执意远征高句丽，当即召集将领和谋士前来商议，询问是否有过海之计，尉迟敬德说："可以问张士贵。"张士贵是当时的前部总管，于是唐太宗问他："爱卿是否有办法？"张士贵回禀说："请让臣思考一下。"然后大家就散了。

张士贵回到自己的营寨后，招来部下商议，部下建议问计于薛仁贵，说他必有奇谋。张士贵请薛仁贵至帐下，对他说了此事。薛仁贵思考了一番，说："皇上担心的是大海阻隔，难征高句丽。我有一计，能叫千里海水来日不见半滴。上至皇上，下到小兵，都如履平地，安稳渡海。你意下如何？"然后附在张士贵耳边，将自己的计策如此这般说了一遍，张士贵听罢大喜，于是薛仁贵回去后就依计行事。

数天后，张士贵和诸将领去见太宗，说：当地有一个老人，他听说皇帝在此，就特地来见驾，并表示三十万大军远渡重洋的军粮全由他一个人负责就可以了。太宗非常高兴，立即传令召见老人。随后，老人请太宗和文武百官前往海边一间华美的房子里去验收粮食。太宗来到海边后，眼前是数不清的房子，而且四壁都用彩帐遮围，而大海则不见踪迹。

老人请太宗进入靠东边的一间屋子，只见室内铺满了彩锦绣幔，地上也铺着厚厚的褥子，桌上早已摆上了美酒佳肴。太宗及百官席地而坐，开怀畅饮，把过海之事忘得一干二净。

过了一会儿，只听四壁的帷幕被风吹得哗哗作响，波涛声响如雷鸣，桌子上的杯盏东倒西歪，众人的身子也晃个不停。太宗不由心生疑惑，忙命近臣拉开帷幕查看，不看则已，一看愕然，外面竟然是一望无际的大海，满目所见皆是海水。太宗大惊，急忙问道："这是在什么地方？"张士贵忙起身奏道："这就是臣的过海之计。现在赶上顺风，陛下及三十万大军正乘船渡海，前往高句丽，已经到东岸了。"太宗出去一看，发现自己果然是在船上。事已至此，太宗再无退路，只能下定决心去攻打高句丽。

原来，太宗所在的华丽房子并非什么老人的家，而是由一条大船装饰而成，那位老人正是薛仁贵所扮，这条"瞒天过海"之计正是他所献。

从这个故事可见，瞒天过海原意就是瞒着天子——唐太宗，使之在不知不觉中渡过大海。比喻用谎言和伪装隐瞒自己的真实意图，背地里偷偷行动。从兵法上来讲，就是指采用伪装手段，制造公开的假象。这里指人为地造成对方的错觉，以达到获胜的目的。

运筹设谋，既不能不合时宜，也不能在无人地域施用。如夜间盗窃，或在僻巷暗杀，都是愚昧的庸俗行为，绝不是决策者所应有之举。当初孔融被围，太史慈要设法突围救援，便骑着马，执着鞭，带上弓箭，领着两名骑士做随从，并让骑士各自拿着一个箭靶，打开城门走了出去。这时城内的守军和城外的围兵见了大吃一惊，他们看到太史慈等人牵着马走进了城下的堑壕里立上箭靶，在那里练习射箭；练完了箭，便又回城了。第二天又照样如此，那些围城的士兵便有的躺着，有的站着观看，神色不显得那么吃惊了。如此这般一连练习了好几天，那些围城的士兵便（渐渐习以为常）一个个躺在地上，连看都懒得看了。这时，太史慈认为时机已到，便整好装，扬鞭策马，径直突围而去。等到敌兵醒悟过来时，他已经驰出数里之远了。

实用谋略

◎刘邦荥阳脱困◎

在战场上，用谎言和伪装向敌人隐藏自己行踪的真实意图，而在背地里采取行动，这就是瞒天过海之计。在楚汉相争中，刘邦就曾施用这一计谋，成功地脱离了项羽的包围。

公元前203年，刘邦被项羽率军围困在荥阳已经长达一年，刘邦几次想要求和，都因项羽手下的第一谋士亚父范增坚决反对而没有成功。

正在这时，幸亏刘邦手下谋士陈平施计离间项羽君臣。项羽中了反间计，赶走了范增这位最得力的谋臣。范增年事已高，又因气恨交加引发了背上的毒疮，没多久就去世了。项羽就此失去了最有力的臂膀。

这时，项羽挥军猛攻荥阳。荥阳被围困已久，粮道和对外联络早已切断，城中食物匮乏，士兵无力支持。眼看荥阳摇摇欲坠，随时都会被破，这时，又是陈平给刘邦献了一计："请大王速速写一封诈降信送给霸王，将投降地点约定在东门。这样，霸王必定会将大军布置在东门外，然后我们再想办法把他在西、北、南门的卫士引到东门去，这样，大王就可以从西门冲出去了。"刘邦认为这个计策可行。

很快，陈平就领着一个名叫纪信的将军来见刘邦，原来此人面目跟刘邦长得颇为相似，陈平打算让他化装成汉王的样子出去诈降，以吸引敌人的注意，使项羽把兵力集中在东门，为己方西门的突围创造条件。

第二天天还没亮的时候，汉军便打开东门，陈平之前征集了两千名妇女，命她们一批一批地从东门出去。围困南、西、北门的楚兵已经听说了汉军求和的消息，放松了警惕，现在听东门外竟然全是美女，便争先恐后地涌向东门。

正在这闹哄哄的时刻，忽然有人大喊一声："汉王来了！"大家抬头一看，果然见到纪信假扮的"汉王"坐在车驾中，由仪仗队开道，缓缓走出东门，一路上还宣称汉军粮食已尽，不得不投降。楚军士兵听说这一消息，纷纷欢呼，更加你推我搡地要前往东门围观。

纪信一行人一直走到楚营近前，项羽才发现坐在车中的是他人假冒，并非刘邦本人，勃然大怒，欲待追击，然而真正的汉王早已乘着东门一片混乱，带着陈平、张良、樊哙等数十骑，杀开一条血路，从西门逃出，向关中方向而去。

虽然事后项羽杀死了纪信，又杀了刘邦留下的守城官员，怎奈纵虎归山，事情再也无法挽回。后来，刘邦在垓下之战中消灭了项羽，统一了天下。

◎刘备巧语欺袁绍◎

刘备在栖身于袁绍处的日子里，起初，整日思念失散了的关羽和张飞。后来，当他得知关羽在曹操处落脚的消息后，又为无法与关羽相聚而忧愁。

一天，汝南的刘辟、龚都遣刘备的故吏孙乾为使，约袁绍与他们合力共破曹操。袁绍由于不知道汝南方面的实力如何，一时踌躇未定。这时孙乾在探望刘备时献策说："皇叔不借此机会脱身还等什么？"刘备说："我离开此地又能前往何处？"孙乾说："皇叔可在汝南发展自己的势力，这样关将军日后也能有个寄身之处。不然的话，关将军能冒险来投袁绍吗？白马之战关羽杀了袁绍两员大将，袁绍岂能不记恨他？"刘备说："卿所虑极是，不过我怎样才能脱身呢？"孙乾笑道："这还不容易？明日袁绍与主公议事时，主公主动请求出使汝南不就得了？"刘备听罢大喜。

第二天，当袁绍向刘备计议与汝南合力讨伐曹操大计时，刘备说："待我亲往汝南，探望考察一番再做决策为宜。"袁绍也觉得这样比较稳当，便遣刘备即刻动身。

刘备到了汝南，见刘辟兵寡势微，不能立足，遂打消了留在汝南的念头。于是又回到了袁绍处。

没过几天，刘备又听说关羽已从曹操处脱身，还与三弟张飞会合于古城，且招揽了许多兵马。刘备心想，现在可是从袁绍处脱身的时候了。于是把简雍召请来密议脱身之计。

简雍说："主公明日可去见袁绍，就说前往荆州约刘表共同伐曹。他若应允，我们可以乘机脱身。"刘备问："卿如何脱身？"简雍说："主公不必多虑，我自有脱身之法。"

次日，刘备对袁绍说："刘表镇守荆襄九郡，兵精粮足，我前去约他共同伐曹如何？"袁绍说："我也曾遣使去过他那里，只是他不肯与我合作。"刘备说："我与他同是汉室宗亲，我去劝他，他必不推辞。"袁绍说："若能与刘表结盟，要比与汝南刘辟联合强得多了。"于是命刘备即日起程。

刘备刚走，简雍又对袁绍说："刘表在荆州根基牢固，他与刘备又是同宗，我怕刘备说不成刘表反被刘表说服，留在荆州不归。不如我和他同去，一则可以共同说服刘表，二来可以督促他不日即归。"袁绍说："卿想得很周全，汝可速去。"这样，简雍和刘备联手演了一出"瞒天过海"的好戏，成功从袁绍处脱身了。

就这样，刘备、简雍从袁绍处双双脱身，会合了关羽、张飞、赵云一同到汝南驻扎下来。

商业案例

◎长城饭店名扬海外◎

1983年，北京长城饭店正式营业，它是我国第一家五星级宾馆，也是第一家中美合资的宾馆。开业伊始，饭店面临的首要问题就是如何招揽顾客。长城饭店的基本客户主要来自中国香港、澳门及海外各国和地区，如果用常规广告的方式进行宣传，费用将极为高昂，简直就是大文数字。

起初，长城饭店也曾在美国几家报纸上登过广告，但收效甚微，加上后来经费不足，只得停止。不过，饭店的宣传活动并未就此终止。为了缓解八达岭长城过于拥挤的问题，北京市政府出资整修了慕田峪长城。慕田峪长城刚刚修复好,长城饭店得知了其准备开放的消息,认为这是一个绝好的机会,于是赶紧向慕田峪长城管理处提出举办一次招待外国记者的活动,并表示自己将负责全部费用。双方经过一番磋商后,很快达成协议。在这次活动中,有一项内容是请外国记者游览整修一新的慕田峪长城,目的当然是通过外国记者替慕田峪长城打开知名度。

活动开始的这一天,当外国记者们陆续到达山顶时,主办方取出法国香槟,供记者们饮用。长城和香槟,分别代表着东西方文化,在这里形成了鲜明的对比,但这个画面又是如此和谐美好。记者们本就拥有比常人更加敏锐的"嗅觉",自然是连连叫好,同时纷纷举起手中的照相机,把这一场景拍摄下来。而各大报纸的编辑也对这一题材表现出浓厚的兴趣,于是第二天,世界各地的报纸几乎都刊登了这次慕田峪长城行的照片。

长城饭店既以"长城"为名,也随之名声大振。长城饭店的公关经理是一位美国小姐,曾经当过记者,这次通过记者的镜头、编辑的笔头将长城饭店介绍给世界,不仅省下了大笔费用,而且所起到的效果远远比广告要好得多。尝到甜头之后,这位精明的公关小姐自然不愿就此停手,于是在心中盘算着举办一次规模更大的公关活动。不过,这样的机遇总是可遇而不可求的。好在功夫不负有心人,机会总算是来了。

1984年4月26日至5月1日,美国总统里根访问中国。一得到这个重要消息,长城饭店立即着手了解里根访华的日程安排和随行人员名单。得知此次访问有一个五百人左右的新闻代表团随行,其中包括美国的三大电视广播公司、各通讯社及著名的报刊。长城饭店的公关经理喜出望外,酝酿已久的计划终于可以付诸实施了。

这个计划具体内容是什么呢?

首先,免费邀请美国驻华使馆工作人员来饭店参观,饭店的总经理亲自征求使馆对服务质量的意见,并多次上门求教。之后就以美国投资的一流饭店应该接待美国的一流新闻代表团为理由,提出了想接待里根随行的新闻代表团的请求,并最终获得了接待美国新闻代表团的机会。

其次，饭店对新闻代表团的各项要求都予以满足。为了使各新闻机构能及时将稿件发回国内，饭店主动在楼顶上架起扇形天线，并把高级套房布置成发稿的工作间。饭店对美国三大电视广播公司尤其重视，给予了特殊照顾：露天花园古色古香，饭店将其介绍给 ABC 公司；"艺亭苑"茶园富有中国园林特色，饭店将其中的六角亭介绍给 CBS 公司；顶楼酒吧"凌霄阁"中西合璧，饭店将其介绍给 NBC 公司，这些地方都成了三大公司播放电视新闻的背景。这样一来，西方各国的公众一下子就将长城饭店的精华尽收眼底。总经理还提出，只要广播电视公司在播映时说一句"我是在北京长城饭店向观众讲话"，那么，一切费用从优，其目的自然是使公众牢牢记住"长城饭店"这一名字。只是一句话而已，各广播电视公司面对优渥的交换条件当然不会推拒，而长城饭店则在优惠的服务中成功实现了自己的预期目标，将品牌推向了世界。

实现以上两个步骤后，长城饭店再接再厉，又把目标对准了里根总统的答谢宴会。须知这样的答谢宴会规格极高，之前都是在人民大会堂或美国大使馆举行，并没有在其他地方举行的先例。但长城饭店还是大胆做出了尝试。

他们一方面，向中美两国礼宾司的首脑及有关执行部门的工作人员详细介绍饭店情况，向他们提供详细而全面的资料。另一方面，邀请各方首脑及各级负责人对饭店进行参观考察。长城饭店的店容店貌、酒菜质量和服务水平，不仅在中国首屈一指，就算在世界上也属一流，饭店的负责人对此极为自信。

果不其然，到场的中美官员对饭店赞不绝口，美方代表回去后，向里根总统反映了饭店的情况，里根总统听后，立即同意在长城饭店举行答谢宴会。

举行答谢宴会当天，中美首脑、外国驻华使节及中外记者在长城饭店云集。电视将长城饭店豪华宴会厅中的盛况清清楚楚地呈现在世界观众面前，与此同时，美国三大电视广播公司的节目主持人和各国电视台的记者异口同声地说："现在我们是在中国北京长城饭店转播里根总统访华的最后一项活动——答谢宴会……"在衣香鬓影、觥筹交错的画面中，"长城饭店"深深烙在了公众的心中。里根总统的夫人南希回国后给长城饭店写了一封信，信中说："感谢你们周到的服务，使我和我的丈夫在这里度过了一个愉快的夜晚。"

这次盛大而成功的公关活动，让长城饭店声名鹊起，享誉海内外。各国旅游者、经商者、访问团慕名而来，各大旅游公司也纷纷前来签订合同。38个国家的首脑率代表团访问中国时，都在长城饭店举办了答谢宴会。至此，"长城饭店"终于扬名海内外了。

【点评】

人们在观察和处理事情的过程中，由于对某些事情习以为常而产生松懈和疏漏，此计正是着眼于这一点而趁机示之以假象，以掩盖某项行动，然后把握时机，出奇制胜。瞒天过海是寓暗于明，关键在于一个"瞒"字，瞒不过则会弄巧成拙。不过，需要注意的是，"瞒"是"过海"的手段，而不是最终目的。

第二计 围魏救赵

全解经典

【原文】

共敌不如分敌①，敌阳不如敌阴②。

【注释】

① 共敌：指兵力较集中的敌人。共，集中的。分：分散。
② 敌阳：指攻打敌人精锐强盛的部分。敌，动词，攻打。敌阴：指敌人必然存在的空虚薄弱环节。

【译文】

攻打兵力集中的敌人，不如设法使它分散兵力而后各个击破；正面攻击敌人，不如迂回攻击其空虚薄弱的环节。

【计名讲解】

此计名出自《史记·孙子吴起列传》，讲的是战国时齐国与魏国的桂陵之战。

公元前353年，魏惠王想报失去中山之地的旧仇，于是派大将庞涓前去攻打中山。这中山原本是魏国邻近的一个小国，先归附于魏国，后来赵国趁魏国国丧之机而抢夺之。庞涓认为中山不过是弹丸之地，离赵国又近，不如直接攻打赵国的都城邯郸，既报了旧仇又好好教训一下赵国，可谓一举两得。魏王听了，欣喜非常，好像看到他的霸业将从此开始，立即以庞涓为将，拨给他五百辆战车、十万大军，然后浩浩荡荡杀奔赵国而去，赵军不敌，节节败退。

次年，魏军包围了赵国都城邯郸。危难之际，赵王急忙向盟国齐国求救，并许诺解围后将中山割让给齐国。齐威王之前一直坐山观虎斗，现在看时机差不多了，于是应允出兵。他命田忌为大将，孙膑为军师，率兵八万出发去救援赵国。

孙膑与庞涓曾一同拜在鬼谷子门下。庞涓做了魏国大将之后，魏王听说孙膑的大名，想用重金聘请他。庞涓深知孙膑能力远在自己之上，心生嫉妒，于是设计将孙膑骗到魏国，施以膑刑。幸亏孙膑装疯才逃过一劫，后来在齐国使者的救助下逃到齐国，并得到齐威王的重用。这一次，孙膑复仇的机会终于来了。

齐军进入魏赵交界之地时，田忌试图派军队直奔赵都邯郸，攻打包围邯郸的魏军。苦候已久的复仇之机就摆在眼前，相信任何一个人都会激动不已，但孙膑却表现得很冷静，并不急于与庞涓在战场上兵戎相见。他坚决反对田忌领兵直趋邯郸与魏军决战的计划，说："如果想解开一个纷乱的结绳，不能用蛮力去强行拉扯；如果要排解争斗，就不能把自己也卷进去；如果要解除重围，最好的办法就是抓住要害，避开敌军人多势众的地方，攻击其空虚薄弱之处，敌方受到挫折和牵制，围困自然会解除。"然后建议道："现在魏赵交战，魏国的精锐部队必定倾巢而出，集中在前线，国内只剩下一些老弱残兵。您不如带部队直插魏国的都城大梁（今河南开封），占据它的交通要道，攻击它空虚的后方，魏军必然会放弃赵国而回师自救。这一举既可以解救赵国，还能在魏军回撤的途中进行截击，其军必败。"

田忌依计而行，带兵直奔大梁而去。齐军攻打魏国的消息马上传开了。不出孙膑所料，正在赵国前线的庞涓听闻后院起火，急忙从赵国退兵。魏军回国心切，日夜兼程往国都赶。齐军得到消息，迅速从大梁撤围，在魏军回国的必经之地桂陵一带布下埋伏，严阵以待。齐军占据了地形之利，魏军长途跋涉，早已是筋疲力尽，被齐军打得溃不成军。庞涓勉强收拾残部，退回大梁，赵国之围自然解除。

桂陵之战，齐军之所以能击败强大的魏军，一是因为选择了正确的进攻方向，二是由于抓住了魏军疲惫不堪的有利战机。从而产生了历史上著名的"围魏救赵"的故事。

十三年后，齐魏再度交战，孙膑又施此计伏击庞涓，并将其包围，庞涓兵败自刎。孙膑从此名扬天下，世传其兵法。

古人的按语说："治兵如治水：锐者避其锋，如导疏；弱者塞其虚，如筑堰。故当齐救赵时，孙膑谓田忌曰：'夫解杂乱纠纷者不控拳，救斗者，不搏击，批亢捣虚，形格势禁，则自为解耳。'"意思是说：对敌作战就好像治水一般：对待凶猛的敌人，一定要先避开它的冲击，而采用疏导引流的办法，等它力量分散后再打；对待弱小的敌人，要采用筑堤堵流的办法，必须抓住其弱点，然后一举围歼。因此，当齐国援救赵国的时候，孙膑对田忌说道："凡想解开乱丝结绳的，不能用手掌拍，也不能挥舞拳头打；同样，调解争斗的，只能动口劝说，而不能动手参与其中。"对待敌人，只有避实就虚，攻其要害，使敌人受到挫折，受到牵制，这样才能轻而易举地将敌人消灭。

实用谋略

◎孔明巧计退曹兵◎

曹操得知东吴大都督周瑜病逝的消息，准备趁此机会再次兴兵进犯江东，消灭孙权。就在这时，有探马报告说，刘备正在打造兵器，训练军队，准备攻取西川。曹操大惊，深知刘备若是占据了西川，将会如虎添翼，到那时，再要剪除刘备的势力可谓难上加难。

曹操有心先去攻打刘备，又不愿错失这次灭吴的大好时机，正在犹豫不决之际，谋士陈群建议道："刘备和孙权已经结盟，如果刘备进攻西川，丞相您就命人带兵直趋江南，孙权必会向刘备求助。而刘备只想着夺取西川，肯定无心分兵救援孙权。这样一来，我们就可以先攻下东吴，平定荆州，然后再想办法拿下西川。"曹操听罢，感觉茅塞顿开。

决定了进攻方向之后，曹操又担心到时后方空虚，西凉的镇东将军马腾会乘机袭取许都（今河南许昌）。于是，曹操派使者去凉州，以朝廷的名义加封马腾为征南将军，命他前往许都随军讨伐孙权。

马腾不疑有诈，让长子马超留守西凉，自己带着儿子马休、马铁及五千西凉兵卒来到许昌城下。结果父子三人惨遭杀害，西凉兵也被曹操消灭。

曹操认为后顾之忧已经解除，当即起兵三十万，直扑江东。面对曹操咄咄逼人的气势，孙权立即命鲁肃派使者前往荆州刘备处求援。刘备收到孙权的求援信，顿感左右为难：如果只顾攻取西川，而不顾东吴，必定导致孙刘联盟的瓦解，何况曹操消灭东吴之后，下一个目标就是自己，所谓唇亡齿寒，不可不救；但如果支援孙权，放弃西川，白白浪费良机，岂不可惜？

正在刘备犹豫不决之时，军师诸葛亮恰好从南郡赶回荆州，他看罢江东的求救信，胸有成竹地说道："主公勿忧，这次既不必出兵东吴，也不必停止攻打西川，我自有妙计使曹操不敢进兵东南。"他让来使带回一封信，信中只说："如果曹军南犯，刘皇叔自有退兵之策。"

刘备向诸葛亮求问到底有何妙策，诸葛亮说："曹操平生最担心的就是西凉之兵。现在他杀了马腾，自以为可以高枕无忧，但马腾长子马超仍然统领着西凉之众。主公只消修书一封，劝说马超兴兵入关，使曹操首尾不得兼顾，这样一来，他只能乖乖从东吴撤兵。"刘备闻言大喜，连忙派人带着他的亲笔书信火速前往西凉。

马超听说父亲和两个弟弟遇害的噩耗，当场放声大哭，痛骂曹操，无时无刻不想着替亲人报仇。他一见刘备来信，便点起西凉兵马，正准备进发时，西凉太守韩遂请马超相见。韩遂与马腾是结义兄弟，他告诉马超：曹操派人送来书信，以西凉侯的封号为诱饵，让韩遂擒拿马超。韩遂表示与马超亲如叔侄，不忍加害，愿意与马超一起联军攻打曹操，报仇雪恨。然后韩遂杀掉曹操的使者，征调手下军马，与马超合兵一处，二人率二十万大军，浩浩荡荡杀向关内，连续攻下长安、潼关。曹操得到关中警报以后，无心继续南下攻打东吴，急忙回师西北。

诸葛亮巧妙利用当时各方割据势力互相牵制的情况，向刘备献上"围魏救赵"之计，只用了一封书信就轻而易举地制止了曹军南犯，不仅解除了东吴的危机，而且使刘备能继续攻打西川，为日后蜀国的建立打下了基础。

商业案例

◎巧寻谈判突破口◎

"围魏救赵"的"围"只是手段，"救"才是最终目的。而要达到目的，就要分散对方的注意力。在商业领域，同样也需要围魏救赵的策略。例如，在进行商业谈判时，巧寻谈判的突破口，对于取得谈判的主动权，以至赢得最后的胜利，有着十分关键的意义。

1993年8月，中国的一家进出口公司从国外购进了200万吨DW产品。

但是，由于对方延期交货，致使该公司失去了几次展销良机，遭受了一些损失。不过，考虑到该产品质优价廉，颇受消费者欢迎，各大厂家也竞相前来订货，所以该公司并没有向对方索赔。

过了不久，DW产品在国内供不应求，该公司瞅准商机，准备同外商洽谈重复进口该产品事宜。为了降低商品的采购成本，提高公司盈利水平，同时也为国家节约外汇资金，该公司打算向对方提出在价格上降低10%的要求。同时，该公司也意识到，在目前国际市场并未出现明显变化的情况下，如果在谈判一开始就提出要求，一定很难令对方接受。于是，该公司经过研究，找到了突破口，设计了一套颇为周密的谈判方案。

谈判伊始，该公司先发制人，就上次那200万吨货物延期交付之事大做文章，说道："由于贵方上次延期交货，使我方几次失去展销良机，导致我方遭受了重大的经济损失。"对方听罢，以为该公司会趁机提出索赔要求，心里十分着急，连忙对延期交货问题加以解释，并不断表示歉意。

眼看时机成熟，该公司趁机提出降价的要求，并明确指出，希望能通过减价10%来弥补上次延期交易所造成的损失。对方无奈，只好同意。该公司乘胜追击，提出将当初预订的200万吨货物增加到500万吨，对方因为理亏，一开始就落了下风，最终不得不在合同上签字，谈判圆满结束。

在这次谈判中，这家进口公司的谈判者懂得如何成功运用围魏救赵之计，他们不是直接涉入自己真正关心的问题，而是迂回绕道，等待时机，使对方摸不清自己的真正意图，结果顾此失彼，最终不得不妥协。谈判者巧妙运用了围魏救赵之计，使谈判一举成功，不仅达成了预期的目标，而且趁势扩大了战果。

【点评】

古人云："治兵如治水。"对敌作战就好比治水：面对弱小的敌人，应当抓住时机消灭它，就像筑堤围堰拦住水流；面对来势凶猛的强敌，应当避其锋芒，或者攻击敌人的薄弱环节，或者袭击敌人的要害部位，或者绕到敌人背后，迫使敌人放弃原来的目标，像疏导洪水那样诱使敌人分兵，是一种转化敌我双方地位的迂回策略。

其中，"围魏"是"救赵"的前提条件，也就是说，只有确定"围魏"能够达到"救赵"这个目的时才能使用这个计策，否则就是一厢情愿的空想。

第三计 借刀杀人

全解经典

【原文】

敌已明，友未定①，引友杀敌，不自出力，以《损》推演②。

【注释】

①友未定：指盟友徘徊观望，态度不定的情况。友，指军事上的盟友，也指除敌、我两方之外的第三者中，可以结盟以为助力的人、集团或国家。

②《损》：指《易经》中的《损》卦。《易经·损》曰："损下益上，其道上行。"论述的是"损"与"益"的相互转化关系：将《损》卦反过来推演，就成了《益》卦，这里指借用盟友的力量去打击敌人，势必使盟友遭受损失，但是盟友的损失正可以换来自己的利益。

【译文】

在敌方已经明确，而盟友的态度还不确定的情况下，要引诱盟友去消灭敌人，自己就不用出力（以此来保存实力），这是按照《损》卦推演出来的。

【计名讲解】

此计名出自明代戏剧《三祝记》。该剧主要讲述了北宋时期范仲淹的政敌密谋打算让毫无作战经验的范仲淹领兵征讨西夏，其目的就是借兵强马壮的西夏军队这把锋利的"刀"来除掉范仲淹。

"借刀杀人"的本义是阴谋使他人与自己的仇人结怨，从而利用他人去杀掉仇人。比喻自己不出面，借他人之手害人。运用在军事上，是指为了保存己方实力而巧妙地利用矛盾间接杀人的谋略。

古人的按语为："敌象已露，而另一势力更张，将有所为，便应借此力以毁敌人。如子贡之存鲁、乱齐、破吴、强晋。"意思是说：敌对的征象已经十分显露，而另一股势力也正在不断发展，并且还将起到重大的作用，因此要立即借用这股势力去消灭敌人。就像古代子贡为了保卫鲁国而搅乱齐国、破坏吴国以及增强晋国所运用的策略那样。

实用谋略

◎刘备一言杀吕布◎

"借刀杀人"主要体现在善于利用第三者的力量，除掉自己的敌人，以达到取胜的目的。"刘备一言杀吕布"的故事，就是这一计策的具体体现。

吕布本是董卓的义子。东汉末年，董卓把持朝政，挟汉献帝以令诸侯。后来，司徒王允设计离间吕布与董卓的关系，董卓终于为吕布所杀。其后，董卓的余党李榷、郭汜、张济、樊稠等人一边抵抗吕布，一边攻破京城，杀了王允。吕布先后投奔南阳太守袁术、渤海太守袁绍、上党太守张杨、陈留太守张邈，但是都没有获得重用。后来，吕布又带兵投奔刚刚得到徐州的刘备。刘备想把徐州让给吕布，但遭到张飞的强烈反对，因此只好叫吕布驻军在徐州附近的沛县。

吕布到达沛县后，曹操采纳谋士荀彧的"驱虎吞狼"之计，借用天子的名义要刘备去讨伐袁术，却让吕布乘机夺了徐州。吕布夺得徐州后，又采纳谋士陈宫的建议，邀请讨伐袁术失败的刘备回到徐州，让他在沛县驻军。刘备无奈，只好接受这一现实。

刘备驻守沛县，与吕布的军队守望相助，关系十分友好。这时，袁术派大将纪灵率领大军讨伐刘备，吕布出面调解，辕门射戟，使纪灵不敢进攻刘备，解除了刘备的危难。这样，刘、吕二军的关系更好了。吕布曾对刘备说："我今天解了你的危难，今后你若得志，不可忘记我的恩义啊！"刘备再三感谢。后来，张飞拦路抢了吕布派人从山东买回的一百五十匹马，引发了两家矛盾，吕布围攻沛县讨马，刘备等突围投靠曹操。

曹操率领大军亲征徐州，吕布兵败，退入下邳城坚守。两个月后，吕布在睡觉时被捆绑起来，然后其部将打开城门，将其献给曹操。

曹操在白门楼上处置吕布及其随从，是否斩杀这员盖世骁将，曹操一时犹豫不定。当时刘备在场，吕布对刘备说："公为座上客，布为阶下囚，为何不发一言而相救呢？"刘备点头应允。一会儿曹操上楼，吕布表示自己愿意投降，以辅佐曹操平定天下。曹操回头问刘备说："如何？"刘备却回答说："公不见丁建阳、董卓之事乎？"吕布听罢，十分生气，于是大骂刘备道："这个家伙是最无信的人！"又谴责刘备说："你难道不记得辕门射戟时的情形了吗？"刘备一言不发，曹操于是下令将吕布缢死，然后割下脑袋示众。

◎曹操借刀杀祢衡◎

假借他人之手，除掉自己的敌人，这是一种很高明的计策。曹操借刘表之手杀掉祢衡的故事，正是出自这一计策。

汉献帝建安初年，曹操想派使者去荆州劝说荆州牧刘表归顺自己。这时，谋士贾诩向他建议道："刘表喜欢与当代的名士交往，希望您能派一位名士前往荆州，这样就能达到目的了。"曹操认为贾诩的建议很有道理，就想物色一位名士，于是他找到了祢衡。

祢衡是汉末名士，长于文学和辞令，且与孔融交善。他来到曹操府中，曹操并没有特别重视他，因此祢衡心有不满。在宴会上，祢衡几次三番羞辱曹操，说曹操没有识人之才，手底下尽是无用之人。

曹操听了祢衡的一番话，不禁大怒。这时，曹操的部将张辽向曹操说道：

"祢衡这个人说话如此放肆，不如让我杀了他吧？"

曹操笑笑说："这个人在外面有点虚名，我今天杀了他，人家就会议论我容不得人。"他沉默了一会儿，心中顿生一计，只见他装出大度的样子，用手指着祢衡说："我现在派你出使荆州。如果你能劝降刘表，我就委任你做大官。"

祢衡早就听说过刘表的为人，知道他残暴不仁，他心里明白，刘表是不会归降曹操的，出使荆州多半会凶多吉少，这分明是曹操借刀杀人的伎俩，所以坚决不肯答应。曹操立即传令侍从，要他们备下三匹马，派两个人挟持祢衡前往荆州。

祢衡到荆州见了刘表之后，表面上颂扬刘表的功德，实际上尽是讥讽之语。刘表不高兴，叫他去见黄祖。有人问刘表："祢衡戏谑主公，为何不杀了他？"刘表说："祢衡多次羞辱曹操，曹操不杀他，是因为曹操怕因此失去人心，所以叫他当说客到我这里来，要借我的手杀他，使我蒙受害贤的恶名。我如今让他去见黄祖，让曹操知道我刘表有见识。"众人皆说好。

祢衡到了黄祖的地盘，黄祖邀请祢衡一起饮酒，二人喝得大醉。这时，黄祖向祢衡问道："你在许都有什么人？"

祢衡说："大儿孔融，小儿杨修。除此二人，别无人物。"

黄祖又问："我像什么呢？"

祢衡回答说："你像庙中的神，虽然受祭祀，遗憾的是不灵验！"

黄祖大怒，说道："你把我比成泥塑木雕，看来你是不想活了！"于是下令杀了祢衡。祢衡至死骂不绝口。曹操得知祢衡受害，笑着说："腐儒舌剑，反自杀了！"

曹操老谋深算，绝不是黄祖一类的莽汉和蠢人。他既想杀掉祢衡，又不想担负害贤之名，避免使自己招贤纳士的大计受到半点损害。经过与祢衡的谈话，曹操知道祢衡这种人肯定会为达官显贵所嫉恨，所以便派他去出使刘表，企图借刘表之手杀死祢衡，以泄心头之恨。刘表识破了曹操的计谋，竟然也容忍了祢衡的讥讽，但他令祢衡去见黄祖，将祢衡推到了刀口上。不过曹操也没有失算，不管祢衡最终死在谁的手中，曹操的计谋都是成功的。

商业案例

◎威尔逊高价出售品质和服务◎

20世纪40年代，威尔逊从父亲手里继承了美国塞洛克斯公司。一天，德国籍发明家约翰·罗梭上门拜访威尔逊，交谈间，他说起自己正在研究的干式复印机。威尔逊也觉得其中大有商机，二人一拍即合，同意双方共同合作开发。

经过反复研制，塞洛克斯公司终于制作出了干式复印机样机——塞洛克斯914型复印机。当时市面上所有的复印机都是湿式的。这种复印机使用前必须用专门涂过感光材料的复印纸，印出的文件则是湿漉漉的，需要干透了才能取走，使用起来非常麻烦。相比之下，干式复印机就要便利得多。

威尔逊在慎重研究过整个市场之后，决定将此产品作为"拳头产品"推出。他一开始是打算把首批货物以成本价销售，以图打开市场。他的律师提醒说："这种行为是倾销，是法律禁止的。"于是威尔逊将卖价定为2.95万美元。要知道，干式复印机的成本仅为2400美元，这个定价相当于成本的十多倍，就连副总经理罗梭也被吓呆了。

当时，法律明令禁止高价出售商品，威尔逊却信心十足，说："我不出售成品，而是出售品质和服务，这就足够了。"

不出所料，这种干式新型复印机果然因定价太高而被禁止出售。但之前展销期间，人们已经见识过它独特的性能，无不渴望能尽快使用这种奇特的机器。

而威尔逊早已独占了这种新型复印机的生产专利权，所以当他以出租服务的形式将干式复印机重新推出时，顾客立刻蜂拥而至。尽管租金并不便宜，但受到之前定价很高这种潜意识的影响，顾客依然认为物超所值。

1960年，威尔逊的黄金时代来临——干式复印机迅速流行起来，虽然公司尽量加快生产，但产品仍然供不应求。

由于产品被塞洛克斯公司独家垄断，加上原有的高额租金所产生的影响，所以，尽管塞洛克斯914型复印机后来出售的价位很高，但消费者依然争相购买，丰厚的利润像潮水一样滚滚涌来。这一年，公司营业额高达3300万美元，市场占有率达15%。五年后，公司营业额上升至四亿美元，市场占有率大大超过了湿式复印机，达66%。到了1966年，公司营业额上升至5.3亿美元。

塞洛克斯公司因此被美国《财富》杂志评为"十年内发展最快的公司"，从此跻身于世界巨型企业的行列。

威尔逊的成功之道在于他奇妙地借用法律禁止高价出售的行为，实际上却是用法律的威势，封死了消费者的购买之门，逼他们走向威尔逊早已为其准备好的租借之路。同时，威尔逊还制定了超出平常的高租金，斩断了消费者廉价租用的念头，为后来的高价出售预先做好了准备。

【点评】

《兵经百字·借字》中说："艰于力则借敌之力，难于诛则借敌之刃。"

杀人有愚笨与高明之分。愚笨者杀人，往往是亲自出马，虽然一时痛快，却费时费力，而且总有东窗事发的那一天，到时势必承担相应的后果。高明者则假手于人，不仅达到了目的，而且将自己撇得干干净净，所以有句话叫作"杀人莫见血，见血非英雄"。

借刀杀人主要是为了保存己方实力，我方虽不可避免会有小的损失，但主力却能得以保全，也是大大得利。

第四计 以逸待劳

全解经典

【原文】

困敌之势①，不以战；损刚益柔②。

【注释】

①困敌之势：迫使敌人处于困顿的境地。

②损刚益柔：出自《易经·损》。"刚"与"柔"本来是相对的，在一定条件下又可相互转化。兵法上是指在敌我双方总的力量不变的情况下，根据强弱相互转化的原理，先逐渐消耗敌人的有生力量，使敌人由优势变为劣势，由主动变为被动，而我方自然也就由劣势变为优势，由被动变为主动，这时再发动进攻，便能克敌制胜。

【译文】

要迫使敌人处于困顿的境地，不一定要直接出兵攻打，而是采取"损刚益柔"的办法（令敌人由盛转衰、由强变弱，再发动进攻，便可获胜）。

【计名解说】

此计名出自《孙子兵法·军争篇》："故三军可夺气，将军可夺心。是故朝气锐，昼气惰，暮气归。故善用兵者，避其锐气，击其惰归，此治气者也。以治待乱，以静待哗，此治心者也。以近待远，以佚（通"逸"）待劳，以饱待饥，此治力者也。"

以上这段话的大意为：对于敌人的军队，可以设法使其士气低落；对于敌人的将领，可以设法动摇他的心志。因此，军队的士气在初战时饱满旺盛，经过一段时间后就会逐渐怠惰低落，最后就会彻底衰竭。所以善于用兵的人，要设法避开敌人的锐气，等它怠惰疲惫、士气消沉的时候再去攻击，这是掌握士气的方法。以我军的严整来对待敌军的混乱，以我军的镇静来对待敌军的喧哗，这是掌握军心的方法。以我军靠近战场的优势来对待敌军远道而来的劣势，以我军的安逸休整来对待敌军的奔走疲劳，以我军的粮草充足来对待敌人的饥肠辘辘，这是掌握军队战斗力的方法。不截击旗帜整齐、部署周密的敌人，不攻击士气旺盛、阵容严整的敌人，这是掌握灵活机变的方法。

又见于《孙子兵法·虚实篇》："凡先处战地而待敌者佚（通'逸'），后处战地而趋战者劳。故善战者，致人而不致于人。能使敌人自至者，利之也；能使敌人不得至者，害之也。故敌佚能劳之，饱能饥之，安能动之。"

上段的大意为：凡是先占据战地而等待敌人前来的就从容主动，后到达战地而且仓促应战的就疲劳被动。所以，善于指挥作战的人，能调动敌人而不为敌人所调动。能使敌人自投罗网的，是用利益引诱它的结果；使敌人不肯前来的，是因为让它感受到了威胁妨害。所以，敌人休整得好，要想法使它疲劳；敌人粮草充足，要想法使它饥饿；敌军驻扎安稳，要想法使它移动。

实用谋略

◎曹刿论战◎

以逸待劳之计，就是在敌人气势正盛之际，采取不直接进攻的战略，坚守住自己的阵地，消磨敌人士气，使敌人疲于奔命。同时审时度势，寻找最有利的战机，从而后发制人，一举破敌。齐、鲁长勺之战中，曹刿待齐军疲劳后再率领鲁军发起进攻，最终打败了强大的齐国。这则故事正是"以逸待劳"的典型战例。

公元前684年，齐国拜鲍叔牙为大将，派其带领大军侵犯鲁国，一直推进到长勺（在今山东莱芜东北，一说在曲阜北）一带。

鲁庄公听到消息后，决定奋起反抗。大臣施伯极力推荐一个名叫曹刿的人，说此人文武双全，如果让他带兵，一定能战胜齐国。

于是鲁庄公马上派施伯把曹刿请来，向他请教怎样才能打退齐军。曹刿问庄公凭什么与齐国一战，庄公说自己一生尽力为百姓做事，因此可以得到百姓的拥护。曹刿说这是取胜的关键，并表示愿意追随庄公前去迎敌。庄公听罢，非常高兴，于是拜曹刿为大将，让他随自己一起出征。

齐军与鲁军在长勺摆开了阵势。齐军之前一路高歌猛进，士气高昂，鲍叔牙一见到鲁军，就立刻命令击鼓进军。这时，只听见齐军那边战鼓齐鸣，杀声震天，兵士们如潮水般冲了过来，鲁庄公也急忙下令鲁军击鼓迎敌。曹刿制止了鲁庄公，说："敌人刚打了胜仗，现在锐气正盛，如果交锋，正中他们下怀，不如暂缓交兵，严阵以待，等待适当时机，千万不可急躁。"

齐军一阵冲锋过来，但鲁军并不与之交战，只是竭力稳住阵脚。齐军见没有冲垮鲁军的队列，只得退回原地。

过了一会儿，齐军再次擂鼓冲锋，鲁军依然坚守不出，阵地也纹丝不动，齐军只能重归本营。但鲍叔牙并不死心，并据此判断鲁军势弱怯战，于是命令齐军第三次击鼓进军，准备一举消灭鲁军。经过两次冲锋，齐军将士认为鲁军懦弱不敢出击，斗志已经松懈。曹刿听到齐军第三次击鼓，便对鲁庄公说："现在是出击的时候了！"

齐军正在冲锋，忽然听到鲁军阵中传出震耳欲聋的鼓声，又看到鲁军士兵像猛虎下山一样冲了过来，顿时心中慌乱，被杀得溃不成军，大败而逃。

鲁庄公见齐军逃却，正要下令全线追击，又被曹刿制止："且慢，等我看看。"说完，曹刿跳下车，查看地上的车辙马迹，又跳上车，手扶横档向逃走的齐军方向张望了一阵，然后说："可以放心追击。"鲁军一路尾随，把齐军赶出国境。此役鲁军大获全胜，缴获的战利品堆积如山。

事后，鲁庄公问曹刿为什么头两回不迎战，而要在敌人第三次击鼓时才出击。曹刿答道："凡是打仗，凭的完全是士气。当第一次击鼓时，齐军的士气非常旺盛，不可硬拼；第二次击鼓时，齐军的斗志已经有所松懈；到第三次击鼓时，齐军士气衰竭，已经没什么战斗力了。而这时我军初次鸣鼓进攻，攻疲乏之敌，自然能旗开得胜。"

鲁庄公点头称是，但仍然不明白齐军败退时为什么不立刻追击。曹刿回答道："齐国是大国，素来诡计多端，虽然逃跑了，但我唯恐还有埋伏。我看见对方的车辙印杂乱无章，远处的旗帜也倒下了，这才确定他们是真的溃散，所以才敢放心大胆地追击。"

◎城濮之战◎

"以逸待劳"的关键，是趁着敌军士气正盛的时候，调动敌人主动前来攻打我方，而我方则要在这一过程中逐渐消磨敌军的士气，寻觅时机一举将其消灭。

春秋前期，晋国与楚国争夺中原地区的霸主。公元前633年冬，楚国派大将成得臣领军，同时联合陈、蔡、郑、许等诸侯国共同攻打宋国。宋国派使臣向晋国求救。晋文公召集群臣商议此事，大臣们都认为楚国经常发兵攻打中原诸侯，如果晋文公能挺身而出，扶助弱小，那么成就霸业就指日可待了。晋文公几经思量，决定攻打楚国的盟国曹国和卫国，并认为届时楚国必定引兵救援，这样自然就可以解除楚国对宋国的包围了。

公元前632年春，晋军攻占了曹国和卫国，并俘虏了两国国君。楚成王并不想同晋文公交战，听说晋国出兵的消息后，急忙命成得臣从宋国退兵。但成得臣自恃兵强马壮，认为宋国已经是囊中之物，迟早可以拿下，不肯半途而废。他还派人对楚成王说："我虽不敢说一定能打胜仗，至少也要拼个死活。"楚成王听了，很不高兴，将大军调回国内，只留下少部分兵力归成得臣指挥。

成得臣对此也并不在意，依然雄心勃勃地想要做出一番功绩给楚成王看。他先派人通知晋军，要他们释放曹、卫两国国君。晋文公则暗中告诉这两国国君，如果他们答应跟楚国断交，就恢复他们的君位。结果，他们真的按晋文公的意思去办了。

成得臣本来是想援救这两个国家，却不料它们反而先跟楚国断交，气得火冒三丈，说："分明是重耳逼他们做的。"于是立即命令全军赶到晋军驻扎的地方。

两军相遇之后，晋文公立刻下令晋军退避三舍。将士们反对说："我们的统帅是国君，对方的统帅则是臣子，哪有国君让臣子的道理？"

大臣狐偃解释说："打仗先要占个理字，理直就气壮。当年楚王曾经帮助过主公，主公向他许下过一旦两国交战，晋国将退避三舍的诺言。今天我们后撤，就是为了实现这个诺言。如果我们对楚国失信，就是我们理亏。如果我们退了兵，他们却不罢休，步步进逼，那就是他们输了理，到时再跟他们交手也不迟。而且，后退还可以避开楚军锐气，待其斗志松懈时再与之交战，获胜的把握更大。"

众将士见狐偃说得有理，于是晋军一口气后撤了三十里。见楚军尾随追来，又继续后撤，一共退了九十里，到了城濮（今山东鄄城西南）才停下来，并布置好了阵势。

楚国有部分将领见晋军后撤，想就此停止攻势。但成得臣认为晋军怯战，坚决不听部下的建议，下令穷追不舍，一直追到城濮，与晋军相互对峙。

成得臣还派人给晋文公下了一封战书，其中的措辞十分傲慢。晋文公回答说："我们从来都不敢忘记贵国的恩惠，所以一直退让到这里。既然你们不肯谅解，那我们只好在战场上一较高低了。"

大战开始后，两军刚一交手，晋军就伪装败退，他们还把砍下来的树枝拖在战车后面，这样战车后退时，地上就会扬起一阵阵的尘土，伪装出十分慌乱的模样。

成得臣骄傲自大，向来不把晋人放在眼中，不加考虑就率军追了上去，正中晋军埋伏。晋军的主力部队猛冲过来，将楚军拦腰截断，原来假装败退的晋军则掉转头与主力部队前后夹击，把楚军分割围歼。

晋文公吩咐将士们只要打败楚军即可，不得继续追杀。成得臣收拢败兵残将，在回国的半路上，觉得无法向楚成王交代，就自杀谢罪了。这就是"城濮之战"。

晋国打败楚国的消息传到当时周朝的都城洛邑后，周襄王亲自到践土（在今河南原阳西南）慰劳晋军。晋文公趁此机会召集各国诸侯召开大会，订立盟约，继齐桓公之后成为中原的第二个霸主。

城濮之战中，晋军主动退避三舍，既避开了楚军锋芒，又激励了晋军士气，此消彼长，最终赢得了战争的胜利。

商业案例

◎友尼利福公司以退为进巧渡难关◎

英国友尼利福公司的经理柯尔在企业经营中一直遵循一个基本信条：不拘于体面，而以互利为前提。根据这一信条，他经常在企业经营和商业谈判中采用退让策略，甚至在必要的时候甘愿妥协让步。不过，他这样做往往是为了赢得时机发展自己，所以最后往往是退一步进两步，实际上还是自身获益。

友尼利福公司早年在非洲东海岸设有大量子公司，因为当地有丰富的肥料，适合栽培食用油原料——落花生，是一块宝地，也是友尼利福公司的主要财源之一。

第二次世界大战结束后，非洲的民族独立运动蓬勃发展起来，东海岸这些肥沃的落花生栽培地逐步被新兴的非洲国家没收，使得该公司面临着极大的危机。为了挽回局面，柯尔迅速指示当地子公司采取如下方案：第一，迅速起用非洲人担任非洲各地所有子公司的首席经理；第二，取消黑人与白人之间的工资差异，实行同工同酬；第二，在尼日利亚设立经营干部养成所，把非洲人培养成为公司的干部，并着重强调要采取互利互惠的策略，以逐步寻求生存之道，应以创造最大利益为要务，不可拘泥于面子问题。

柯尔在与加纳政府的交涉中，为了表示尊重对方的利益，主动把自己的栽培地交给加纳政府，从而获得加纳政府的好感。后来为了报答他，加纳政府指定友尼利福公司为政府食用油原料买卖代理人，这就使柯尔在加纳享有一定的特权。在同几内亚政府的交涉中，柯尔表示愿意自行撤走公司。他这种坦诚的态度反而使几内亚政府深受感动，因而几内亚政府允许柯尔的公司继续留在几内亚经营销售。在与非洲其他几个国家进行交涉时，柯尔也采用了主动退让的策略，纷纷收到了良好的效果。欲擒故纵之计的巧妙运用，使公司平安渡过了难关。

在生意场上，遇到特殊情况时，如果顽固不化，一味咄咄逼人，很可能陷入死胡同，而必要的退让则可以换来更大的利益。当然，退让策略要运用得适时而得体，尤其要注意事先充分掌握对方的心理，还要正确估计自己控制局势的能力，千万不可滥用。

【点评】

两军对垒时总是逸者胜，劳者败，从中可以掌握克敌制胜的法宝，那就是创造条件使己逸，使敌劳。

以逸待劳之计主要强调，要想使敌方处于困境，不一定要一味进攻，关键是掌握主动权，积极调动敌人而不被敌人所调动，以静制动，以不变应万变。

此计对我们的生活很有启发。比如有些学生喜欢用题海战术提高成绩，觉得做的题越多，效果就越好。他们不可谓不勤奋，付出的努力不可谓不多，但那些一味死读书的学生其实有时成绩并不理想，尤其是到了关键的考试中，还因为过于疲劳而影响了发挥。如果将考试看作敌人，那么学生们也应该注意采用正确的战略战术，临战前注意养精蓄锐，最后方可克敌制胜。

第五计 趁火打劫

全解经典

【原文】

敌之害大①，就势取利，刚决柔也②。

【注释】

①害：这里指敌人所遭遇的困难、危险的处境。

②刚决柔也：出自《易经·夬》卦："象曰：夬，决也，刚决柔也。"这里指强大者趁机征服弱小者，即力量强盛又处于有利的形势时，应当果敢决断，优柔寡断就会错失良机。

【译文】

当敌人遇到危难时，就要趁势出兵夺取胜利。这是一个强大者果敢决断，抓住有利战机，制服敌人的谋略。

【计名解说】

此计名出自吴承恩的章回体小说《西游记》第十六回"观音院僧谋宝贝，黑风山怪窃袈裟"。

话说唐僧立誓要前往西天雷音寺取回真经，他拜别唐王后，一路向西而行。途经五指山，救出了五百年前因大闹天宫而被如来佛祖镇压在此的齐天大圣孙悟空，并收他做了大弟子。

一天晚上，唐僧师徒二人来到一座名叫"观音禅院"的寺庙投宿。庙中方丈听说二人是从东土大唐而来，前往西天拜佛求经，甚是热情，命人给他们敬茶。

唐僧见茶具或是美玉雕成，或是镶金嵌银，茶也是上好的茶叶，不由得赞叹了一句。方丈说："老爷是从天朝上国而来，广览奇珍，这些器物不足为道。可有什么好宝贝，借给弟子一观？"三藏说："路途遥远，哪里能带什么宝贝。"悟空在旁边说："师父包袱中的那件袈裟不就是件宝贝么，给他看看又如何。"

众僧听了，一个个冷笑不已，方丈道："袈裟算得了什么宝贝。像我就有不止二三十件，要说到我师祖，足有七八百件。"转头命众僧，"拿出来让唐朝的长老也看看。"

方丈让人开了库房，抬出十二个柜子，然后开了锁，只见这些袈裟都是绫罗锦绣，精美无比。

悟空看了，笑道："好，好，让你也看看我们的。"唐僧忙扯住悟空，悄悄道："你我单身在外，不可与人斗富，恐有什么意外。"悟空却道："放心，包在老孙身上。"急忙走过去，刚把包袱解开，就见有霞光迸出，悟空又把包在袈裟外的两层油纸去掉，抖开袈裟，霎时间红光满室，彩气盈庭，真是件世所罕见的绝世宝贝。众僧见了，无不欢呼雀跃，交口称赞。

而方丈见了这等稀世珍宝，果然生了歹意，他当即走上前，对唐僧跪下，眼中含泪，说："弟子没缘法，老爷这件宝贝，方才展开，可惜天色晚了，弟子老眼昏花看不清楚。"唐僧说："掌上灯来再看。"方丈说："这宝贝本身就光亮，一点上灯就更加看不清了。请长老允许弟子拿回房中，细细地看一夜，明天一早就送还。"唐僧吃了一惊，不由得埋怨悟空生事，悟空不以为然地笑道："怕什么，让他拿去看，出了什么差错尽管找老孙就是。"方丈听了，高兴万分，命小童把袈裟拿回后房，又派人打扫禅堂，请二人安歇。

回到后房，方丈却抱着袈裟号啕大哭，众僧慌忙来劝，却原来是他对这袈裟越看越爱，空有那么多袈裟，都比不上这一件，深恨不能为己所有。有个和尚说："这还不好办！趁他们睡熟的时候，找几个人把他们杀了，把尸首埋在后园，白马和包袱就都是我们的了。"另一个和尚却说："不好，唐僧看着容易对付，他那个徒弟恐怕有些棘手，万一没得手，岂不是自招祸患？

不如搬些柴草，把三间禅堂一把火烧了，就是别人看到了，只说是那两人自己不小心失了火，连我们的禅堂都烧了。正好掩人耳目。这件袈裟不就成了咱们的传家之宝吗？"

方丈觉得此计甚妙，于是吩咐全寺上下几百个和尚一起搬柴，把禅堂围得密不透风。唐僧此时早已睡熟，而孙悟空却被门外人的脚步声和堆柴声惊醒，就变成一只小蜜蜂飞出禅堂查看，却见和尚们正要放火，不由得心中暗笑，欲待打他们一顿，但这些和尚都是凡人，不经打，一下子就打死了，恐怕到时候师父又要责怪自己行凶，因此不如将计就计。

于是他一个筋斗翻到南天门，向广目天王借来宝贝"避火罩"，回去罩住了唐僧和白马，自己坐到方丈的屋脊上保护袈裟。看到和尚们堆好柴，点起火，便掐诀念咒，一口气吹过去，霎时间狂风大作，烈焰腾空，大火向四周蔓延开来，整个观音院成了一片火海。众僧抢救不迭，被烧得抱头鼠窜，哭天号地，这正是引火烧身，自食其果。

所谓"螳螂捕蝉，黄雀在后"。这场冲天大火也惊动了山中的野兽和妖怪。观音院正南有一座山，叫黑风山；山上有一个洞，叫黑风洞；洞里住着一个妖怪，叫黑风怪。这天晚上黑风怪正在睡觉，却见窗上透入亮光，还以为是天亮了，起身一看，却发现是观音院中的火光给照亮的。他与观音院方丈素有交情，于是急忙前去相救。黑风怪来到寺中正要救火，却发现后房安然无恙，屋脊上还坐着一个人，正在放风。他奔入后房一看，就见霞光万道，正是袈裟放出的异彩。黑风怪认得此乃佛门之宝，便起了贪念，救火的心思顿消，来了个趁火打劫，拿起那袈裟径直回山上去了。

"趁火打劫"的原意是趁别人家里失火，正处于一片混乱、无暇自顾的时候，偷抢人家的东西。乘人之危在平日是不道德的行为，用在军事上，是指趁着形势混乱，或敌方遇到麻烦、危险时，迅速出击，或一举制伏对手，或从中获利、扩充实力，所以又叫"乘虚而入"。《孙子兵法·计篇》云："乱而取之。"《十一家注孙子》中说"敌有昏乱，可以乘而取之"，就是讲的这个道理。

实用谋略

◎晋惠公伐秦◎

趁火打劫虽然有利可图，却也很容易让人背上不仁不义之名，并因此陷入困境。

晋献公死后，晋国陷入混乱，正在梁地（今陕西韩城南）避难的晋公子夷吾向秦国许诺说：假使秦国可以护送自己回晋国，并帮助自己成为晋国国君，自己就把河西的五座城池割给秦国。然而，在当上国君（即晋惠公）后，夷吾却反悔了，秦国为此非常生气。

晋惠公掌权没几年，晋国就发生了大饥荒，饥荒一直持续了五年，晋国的国力大受影响，国家粮库空虚，百姓民不聊生，四处逃难。晋惠公无奈，只得再次向秦国求援，希望秦国能帮助自己渡过难关。不过，秦国的国君秦穆公仍然对几年前晋惠公背约的事情耿耿于怀，他的第一反应便是拒绝。秦大夫公孙枝听说后，赶忙找到秦穆公，说："当年是晋侯违背约定，晋国的百姓是无辜的。现在晋国的百姓正在受灾，我们应该援助他们。"秦穆公听了，改变了主意，答应了晋惠公的要求，晋国的百姓对秦国很感激。

但秦穆公万万没有想到，第二年秦国也闹起了饥荒，秦国本来有足够的粮食可以抵御饥荒，只是这些粮食早在一年前就作为援助送给了晋国。一时间，秦国人心惶惶。秦穆公派人到晋国求援，他想到秦国屡屡向晋国伸出援手，晋国不会对秦国的困难坐视不管，更何况这一年晋国粮食大丰收。

晋国的大臣韩简认为，晋国应当知恩图报，支援秦国，但大夫郤芮、虢射不仅反对帮助秦国，还唆使晋惠公趁秦国闹大灾时联合梁国一起攻打秦国。晋惠公动了心，采纳了虢射等人的意见，整顿兵马大举攻秦。

晋国的背信弃义大大激怒了秦国，秦国国民上下一心奋勇抗晋。一开始，局势对秦国十分不利。激战中，秦穆公还险些被晋军俘虏，幸亏被山野土著救出。秦、晋两军在韩原展开大战（今陕西韩城西南），背负不义之名的晋军被杀得落花流水，晋惠公也成了秦人的俘虏。

晋惠公本想趁火打劫捞取利益，却没料到此举会让他陷入失道寡助的境地，他不只没能从这场战争中获取好处，还被秦人俘获，自身难保。一想到晋惠公几次三番违背诺言，秦穆公就愤怒不已，打算将他杀死祭天。若不是秦穆公的夫人（即晋惠公的姐姐）及时阻止，晋惠公恐怕要死无全尸了。最后，秦国和晋国缔结了盟约，晋惠公也被送回了晋国。

趁火打劫不但要选好时机，还要考虑天时、地利、人和等因素，否则就要像晋惠公那样"偷鸡不成蚀把米"了。

◎山海关之战◎

趁火打劫的关键在于掌握好打劫的时机，计划采用此计的一方必须小心拿捏"火"烧的程度，审时度势，为自己争取最大的利益。

1644年，明朝崇祯皇帝自杀身亡，李自成的农民军开入京城，明王朝寿终正寝。这年四月，李自成挥兵北上，计划平定北方，掌握辽东。四月二十一日，他和驻守山海关的吴三桂展开激战，双方人马斗得昏天暗地，不可开交。

山海关曾是明朝的军事重地，包括关城、东罗城、西罗城、南翼城、北翼城、威远城、宁远城七大城堡，要想将其攻克十分不易。然而它偏偏又是李自成掌握辽东必须攻克的堡垒，李自成率领农民军同时向西罗城、东罗城和北翼城发起攻击，随着战事的推进，其获胜的希望越来越大。

这让吴三桂非常惊慌，照这样下去，用不了多久李自成就会将山海关攻破，到时他自己就性命难保了。情急之下，吴三桂将生存的希望寄托在清军身上。他非常明白，野心勃勃的满洲人也很想拿下山海关这一重镇。只是相对于李自成而言，协助清军对吴三桂本人更为有利，至少帮助清军入关，清军不会伤害他的性命。

而清军也早有趁火打劫之心，不过面对吴三桂的求援，指挥清军的多尔衮却选择了坐山观虎斗，坐收渔人之利。在多尔衮看来，吴三桂并不值得信赖，不把他逼到山穷水尽的境地，他不会乖乖降清。另外，若清军过早出手灭掉李自成，吴三桂就有机会保留一定的军事力量对付清军。因此多尔衮假意为吴三桂提供帮助，实际上只打掉了一小部分农民军，并未对整体战事起到什么影响。

吴三桂心急如焚，最后只能亲自前往清军大营，以表投降的诚心。多尔衮借机向吴三桂提出相当苛刻的条件，要其剃头盟誓，归降大清，吴三桂只好一一照做。

多尔衮这才正式出兵援吴，他的介入极大地改变了战场的形势。清军集中力量攻打李自成的阵尾，吴三桂则主要负责攻打李自成的阵头，两相配合，李自成首尾受敌，应对不暇，很快陷入被动。再加上清军多为骑兵，而农民军多为步兵，根本不可能抵挡住前者的冲锋，面对清军的猛攻，农民军只得步步后退。

山海关之战结束了，李自成大败。多尔衮联合吴三桂追击李自成。李自成回到紫禁城后，匆匆举行登基仪式，没过几天就离开了北京。而清军不仅缴获了农民军的大量辎重，还顺利地进入北京城，进而一举南下，统一了全国。

在山海关之战中，清军采用"趁火打劫"之计，不仅取得了山海关，攻入北京城，还为统一全国创造了条件。

商业案例

◎ 摩根财团与美国政府的谈判 ◎

1873年，美国爆发了大规模的经济危机，几乎每小时都有企业宣布破产。库克公司是费城一家著名的投资银行，因在南北战争中帮政府出售国库券而声名大噪，库克被认为是投资银行家中最杰出的人物，谁知在这次经济危机中也未能幸免。他的破产在当时的商业界所引起的巨大震动可想而知。不过，后来的事实证明，即便库克能侥幸度过危机，其力量也早已衰微，根本无力面对约翰·摩根的挑战。

摩根在国内外出售证券的能力堪称举世无双，他与其他几位大银行家联合，于1871年从库克手中夺走了价值两亿美元的国库券，并把其中大部分成功地出售给外国投资者。与之相比，库克在出售他那部分国库券时却并不顺利，这也是导致其破产的原因之一。

在这场经济危机中，摩根公司一跃而成为美国实力最雄厚的投资银行，并控制了美国政府的债券市场，同时还在继续向欧洲抛出优惠证券。而摩根的地位又在1884年的金融危机中进一步得到巩固，一直到1913年去世，他一直是美国投资银行业中最具影响力的人物。

1884年11月的金融危机以来，美国财政部的库存黄金大量外流，市面上掀起了一股抢购黄金的狂潮。与此同时，一个谣言也在华尔街迅速流传开来：美国政府被迫放弃用黄金来支付货币的做法。尽管当时的美国总统格罗弗·克利夫兰亲自出面澄清这并非事实，但是收效甚微，人们仍旧继续抛售美国证券来套购黄金，时间一长，国库几乎到了无力清偿债务的地步。

为了稳定经济形势，制止金库空虚所造成的经济恐慌，必须立即筹集一笔巨额资金。据政府财政当局估计，这笔资金至少要一亿美元。格罗弗·克利夫兰总统一筹莫展，不得不求救于大金融家摩根和贝尔蒙，请他们想办法稳定金融市场。

摩根深知，这股抢购黄金的狂潮，与各地工人为争取八小时工作制所举行的罢工有很大关系，而且政府已经到了无计可施的地步。于是他同贝尔蒙商定了一个计划，由他们两家银行财团组成一个辛迪加（资本主义垄断组织的重要形式之一），承办黄金公债，这样既可以解救财政部的危机，又可以获得高额利润。

当然，摩根为此提出的附加条件极其苛刻，不仅总统本人难以接受，就连美国国会也拒绝通过这一建议。

然而，强硬的态度往往需要强大的经济实力作为后盾，而当时的美国政府并没有其他办法来缓解危机。无奈之下，总统只得再次将摩根召入白宫，打算和他摊牌。

不过，事情远比总统想象的要棘手得多，因为摩根之前已经通过秘密渠道探知国库存金只剩下 900 万美元。

摩根从头到尾态度都极其顽固，丝毫不肯让步，而且胸有成竹地说："总统先生，据我所知，除了我和罗斯查尔组成辛迪加，让伦敦的黄金重新流回国内之外，似乎再没有第二条路可以确保国库能渡过难关。现在，我手头就有一张总额为 1200 万美元的黄金支票，而且今天就到期了，如果今天不能将这张支票兑现，那么一切就都完了。是否需要我在这里拍一封电报，然后立刻汇往伦敦呢？"

在摩根近乎赤裸裸的威胁下，克利夫兰总统不得不以去洗手间为名，每隔五分钟就出去与等候在另一室的财政部长卡利史尔商量对策。

摩根清楚地知道，如果不拿出强硬的手段，白宫方面绝不会轻易就范。因此，在面谈中，他单刀直入，步步紧逼，丝毫不给总统喘息的机会，明知道克利夫兰总统讨厌雪茄烟的气味，他却在谈判时故意掏出雪茄吸了起来，神态极为悠闲，仿佛笃定了总统只能按照自己的步骤来，从精神上给对方施加了极大的压力。

结果，总统在走投无路的情况下，不得不答应了摩根提出的条件。当夜，摩根就取出大量美元交给财政部，帮助财政部融通资金，渡过了难关。当然，摩根财团的慷慨正是先予后取的一招——在后来向政府承办公债的过程中，摩根财团利用市场差价，轻轻松松就净赚了 1200 万美元。

谈判者要想在谈判中达到预期目的，必须真正掌握对方的情况。摩根与总统谈判之所以能大获全胜，就是因为他事先探知国库存款确实已近枯竭，才能逼得总统不得不答应他的苛刻条件。

从对手级别、整个谈判过程以及最后的收益来看，商战高手应当首推摩根这位华尔街大佬。

【点评】

《孙子兵法》中说:"乱而取之。"《十一家注孙子》也说:"敌有昏乱,可以乘而取之。"

趁火打劫在生活中是一种不道德的行为。不过在战争中,除了战争本身的性质之外,是不可以普通的仁义道德来衡量的。

战争中敌人的"乱"有三种情况:一是内忧,二是外患,三是内外交困。这些混乱情况就是敌人之"火",我方需要做的就是抓住机会,乘势"打劫"。"打劫"要讲究时机和方法,不仅容易成功,还往往有意外的收获,否则如火中取栗,甚至会引火烧身。

◎第六计 声东击西◎

全解经典

【原文】

敌志乱萃①,不虞,坤下兑上之象②。利其不自主而取之。

【注释】

①敌志乱萃:语出《易经·萃》卦中《象》辞:"乃乱乃萃,其志乱也。"乱萃,乱成一团。萃,丛生的野草,引出下文的萃卦。

②不虞:没有意料到,不及提防。坤下兑上:萃卦是由下面的"坤"和上面的"兑"构成。在八卦中,坤象征地,兑象征泽,萃卦的意思是高出地面的水泽,必然溃决,寓意是一群乌合之众,注定失败。见《易经·萃》卦。

【译文】

当敌人混乱得像丛生的野草,无法预料将要发生的事情时,这正是《萃》卦中所说的水高出地面(必然溃决)的象征。必须利用敌人不能自主的机会去消灭他们。

【计名讲解】

计名出自唐杜佑《通典》卷一百五十三《兵六》:"声言击东,其实击西。""声东击西"指造成要攻打东边的声势,实际上却攻打西边,这是一种制造假象诱使敌人上当进而出奇制胜的计谋。

历代兵家对此计均十分重视,古代兵书中对其论述颇多。如《孙子兵法·势篇》说:"故善动敌者,形之,敌必从之。"《淮南子·兵略训》说:"将欲西,而示之以东。"《百战奇谋·声战》说:"声东而击西,声彼而击此;使敌人不知其所备,则我所攻者,乃敌人所不守也。"

古人的按语说:"西汉景帝时,吴、楚等七国造反,周亚夫固守城中,坚不出战。当吴军向围城东南角发起总攻时,周亚夫便下令加强西北方向的守备。不久,吴王果然派精兵攻打西北角,因为周亚夫事先做了准备,所以吴王的行动遭受失败。这是指挥者坚毅沉着、不为敌方所惑的战例。东汉末年,朱儁在宛城围攻黄巾军,他先在城外筑起小山以便观察敌情,然后擂鼓下令,指挥部队向宛城西南方向发起佯攻,黄巾军得到消息后,便仓皇拼凑兵力集中于西南方向进行防守。于是朱儁亲自率领精兵五千,出其不意地攻击东北方,遂乘虚而入。这是主将临战之时方寸已乱,无法应变的战例。由这两个例子可知,运用声东击西的策略,一定要先观察敌方指挥官的意志,然后再做出决定。当敌志混乱时,用计便能成功;否则,反而有战败之虞。所以,这的确是一条险策啊。"

实用谋略

◎韩信讨伐魏王豹◎

兵不厌诈，声东击西需要人制造假象诱骗敌人，让敌人错误地判断我方的攻击地点，制订错误的兵力部署计划。韩信在讨伐魏王豹时就运用了这一方法。

公元前205年，刘邦在彭城（今江苏徐州）被项羽击败，损失惨重，很多原本归顺他的人都倒向了项羽，魏王豹就是其中之一。

当初，魏王豹借口回老家探望生病的母亲，离开汉军返回封地，而一到封地，他就向项羽示好，切断了黄河渡口紧邻晋关的要道，拉起了反汉的旗帜。

魏王豹有十万人马，他的背叛对刘邦而言无疑是火上浇油，汉军登时面临着被项羽和魏王豹夹击的危险。刘邦派人游说魏王豹，希望他能重新加入汉军，却遭到了魏王豹的拒绝。

最后，刘邦只好命韩信为左丞相，要他和灌婴、曹参一起，率领十万大军攻打魏王。魏王豹得知这个消息，就派大将柏直率领大军死死扼住黄河东岸的蒲坂（今山西永济西蒲州镇），阻止汉军过河。

韩信仔细观察了蒲坂的地形，发现这里地势险要，易守难攻，直接硬攻胜算渺茫。于是他离开蒲坂前往黄河上游的夏阳（今陕西韩城南）考察情况。在夏阳，他发现了一件令人惊喜的事情，由于魏王几乎将所有注意力都放在了蒲坂，致使夏阳驻军防守力量单薄。韩信遂决定采取声东击西的战术，假装攻打蒲坂，实则攻打夏阳。

韩信将军营扎在蒲坂对岸，在军营四周插起旗子，又找来一些船，大张旗鼓地训练起士兵，似乎在向对岸的魏军表示，汉军早晚要从这里渡河。与此同时，他又悄悄地将汉军主力调往北边，为真正的决战做好准备。渡河需要船只，韩信一面叫人砍树制舟，一面安排人买小口大肚的瓦瓮。灌婴、曹参不明白他的用意，韩信就告诉他们，将这样的瓦瓮封住口，口朝下倒立起来，数十只一起排成长方形，再用木头夹住，就制成了筏子。这种筏子不但制作起来方便快捷，承载能力也比普通的木筏子要高很多。

没过多久，韩信就做好了渡河的准备。他要灌婴带一万兵马在蒲坂对岸虚张声势，做出要过河的样子，迷惑敌人。而他自己则和曹参一起带领大部队乘着用瓦瓮做的筏子由夏阳偷偷渡河。

魏军果然上当了，密切关注着蒲坂的局势，等了好久，只看到对面的汉军叫嚷着要渡河，却始终不见有汉军渡过来，就在他们以为汉军不打算过河的时候，突然听到韩信已拿下魏城安邑（今山西夏县北）的消息，韩信正势不可当地杀向魏王豹所在的平阳（今山西临汾）。

魏王豹这才知道韩信已经渡过黄河，他赶忙组织力量阻截汉军，可是已经回天乏术，不久平阳失守，而他自己也被汉军俘获了。

◎姜维声东击西骗魏军◎

魏景元四年（263年）七月，魏国大将军司马昭遣派镇西将军钟会率军十万，从长安出发，大举开往汉中，又令安西将军邓艾从陇右出击，前往沓中牵制蜀将姜维，向蜀汉发起全面进攻。魏军兵势强大，蜀军不能抵挡，很快就丢掉汉中之地。此时，驻守沓中的姜维，也被邓艾击败，情势相当危急。

姜维听到汉中失守的消息后，打算前去救援，但是去汉中的必经之路阴平桥，此时已被魏将诸葛绪占据。想到这里，姜维万分着急，他仰天长叹道："这是老天要让我命丧于此啊！"

就在这危急时刻，副将宁随向姜维建议道："尽管现在魏兵已切断阴平桥头，但雍州兵力必然空虚，如果我军从孔函谷抄近路去奇袭雍州，诸葛绪一定会把驻守阴平桥的守军调走去援救雍州，到那个时候，我军再夺取阴平桥，继而守住剑阁，便可以收复汉中了。"姜维想了想，觉得这招"声东击西"的计谋很好，便采纳了宁随的建议。

这时，驻守阴平桥的诸葛绪听说姜维去攻打雍州，心里暗自想道：雍州一向由我驻守，一旦有了闪失，上峰一定会责罚我的。于是连忙撤走大部分军队去回援雍州，桥头只留少量军兵把守。

姜维率兵走出三十里左右，得到诸葛绪回援雍州的消息，便调转方向，迅速赶往阴平桥，轻而易举地拿下了阴平桥，烧毁敌寨，率兵直奔剑阁。

诸葛绪赶回雍州后，听说姜维拿下了阴平桥，这才知道中计，等他返回阴平桥时，姜维已率军过去半日了，他因此受到了钟会的责罚。

在这则战例中，姜维实施"声东击西"之计，成功地调动了诸葛绪，使其离开阴平桥，从而乘虚而入，夺取剑阁，收复了汉中。

商业案例

◎娄维川声东击西谈判成功◎

在商业谈判中，先把自己的目标隐蔽起来，把一些次要的问题渲染成很重要的问题，而让对方误以为自己多占了些便宜，这便是对声东击西策略的成功运用。

娄维川，山东省烟台市塑料编织袋厂厂长。1985年春，娄维川与日本株式会社东吉村先生达成正式购买生产线的口头协议。4月5日，娄维川一行人开始在青岛与日方进行谈判。

经过为期一周的技术交流后，谈判进入了实质性阶段，对方主要代表发言说："我方经销的生产线，是由日本最守信誉的三家公司生产的，具有世界领先水平，全套设备的总价为240万美元。"该代表报完价后，便摆出一副不容置疑的神情。

娄厂长微微一笑，根据实地考察以及多方收集到的情报，他早已得知，以前中国进口的同类设备，最贵的不过180万美元，而便宜的才140万美元，这次分明是对方以为自己不了解业界底细，狮子大开口。于是娄维川缓缓站起身，朗声说道："据我们掌握的情报，你们的设备性能与贵国某某会社提供的产品完全一样，我省B厂购买的该设备，比贵方开价便宜一半。因此，我提请你重新出示价格。"

日方代表听罢，意识到中方对市场行情相当了解，这一点显然出乎他们的意料，只能相视而望，首次谈判就这样宣告结束。

当天晚上，日方就各类设备的价格列出了一份详细清单，次日报出总价180万美元。经过几轮激烈的争论，中方将总价压到140万美元，后又到130万美元。至此，日方表示价格已达底线，无法再压。

随后，双方又展开了长达九天的谈判，共计谈崩了35次，但这次拉锯战并没有取得丝毫进展，双方均不肯让步。

"是不是到了该签字的时候了？"娄维川开始思考这个问题，这时，他突然灵机一动，计上心头。娄维川回顾整个谈判过程，他觉得，之前基本上是日方开价、我方还价的模式，我方一直为对方所牵制，处于较被动的地位。而且这种模式会让人觉得中方是抱着过了这村就没这店的心理来谈判的，所以才坚持不肯让步。

想通了这一节，娄维川当即与另一家西方公司进行洽谈联系。当然，这个小动作很快被日方发现，便把总价降至120万美元。虽然这个价格算是相当不错了，但当时有几家外商正同时在青岛竞销各自的编织袋生产线，娄维川了解到这一信息，认为形势对自己相当有利，应当牢牢把握这个机会，迫使对方进一步让价。

这时，谈判桌上的较量几乎已经达到了白热化的程度，双方在日商住所谈了整整一个上午，终于，日方代表愤怒地说道："娄先生，我们多次请示厂东，四次压价，将报价从240万美元降到120万美元，比原价已经降了50%，可以说是仁至义尽，如今你们还不签字，实在太苛刻，简直是毫无诚意！"他一边说，一边生气地把手中的提包摔在了谈判桌上。

娄维川毫不示弱地站起身："先生，请记住，中国不再是几十年前的任人摆布的中国了，你们的价格，还有先生的态度，我们都是不能接受的！"说完，娄维川同样生气地将提包摔在桌上。不过，他却是有意这么做的，那提包的拉链没拉上，他这一摔，让里面装的西方某公司的设备资料与照片都撒了出来，日方代表见到照片和资料后，大吃一惊，急忙拉住转身欲离去的娄维川，赔笑道："娄先生，我的权限只有这么多，请允许我请示厂东之后，再行磋商。"娄维川见对方态度软化，心中欣喜，但表面上依旧寸步不让："请转告贵厂东，这样的价格，我们不感兴趣。"说完，毫不犹豫地抽身离去。

可是到了第二天，日方那边却毫无动静，中方有谈判人员怕真谈崩了，落个竹篮打水一场空，便有些沉不住气，但娄维川表现得泰然自若，说："沉住气，明天上午会有信儿来的。"

事情果不出他所料，第二天清早日方那边就传来消息，希望中方暂时不要和其他厂家谈判，厂东正在联系生产厂家，进行协商，希望几家一齐让价。

当天下午，日方设宴邀请中方，并在宴会上宣布第五次压价，娄维川反应迅速，立即跟上，要求再降5%即可成交。他心知日方代表目前陷于两头受挤压的处境，便善解人意地主动缓和气氛，说道："你们是客人，理应由我们来宴请，这次宴会费用，我们包了，价格问题请再和东京恳请一下。"

日方经过再次请示，宣布再让3%，最后开价为110万美元，与中方的报价只差三万多美元。娄维川知道这已经是最后价格，便与日本代表握手成交，同时提出日方来华安装设备的费用一概由日本方面承担，这个建议把那2%的差价又挤过去不少，可以说基本上实现了娄维川最初的构想。

娄厂长能将设备售价从一开始的240万美元降到最后的110万美元，其高超的谈判艺术和技巧着实令人佩服，主要原因在于：娄厂长预先对市场进行了全面了解，并在谈判中运用了"声东击西"的谋略，使谈判对手慌了手脚，结果在犹豫中败下阵来。

◎哈利巧售柠檬水◎

美国有一位促销奇才名叫哈利，他15岁时在一家马戏团当童工，当时他已经初步展现了自己的商业头脑，非常善于吸引观众前来光顾，于是团主让他站在马戏团门口招徕观众。勤劳聪明的哈利果然不负团主所托，为马戏团招来不少观众。但是哈利并未安于现状，还想凭自己的智慧和才能做出更多成绩。经过一番思考，他想出了一个好主意。

这一天，他请求团主允许自己在马戏场内出售饮料，团主说，可以允许哈利出售饮料，但前提是不能影响演出收入。哈里神秘一笑，让团长放心，说马上会有更多观众。

于是，哈利买回了花生和柠檬水，自己躲在屋子里面炒花生。花生炒得酥脆之后，他就用纸将花生米分成一个一个小包，然后带着这些小包站在马戏团售票口处，使出浑身的力气，扯开嗓门大声吆喝道："来！来！来看马戏的人，买一张马戏票，赠送一包顶好吃的花生米啦。精彩的马戏，又香又脆的花生米，一边吃一边看，快来啊……"

卖票的人一听，惊讶地看着哈利问道："赠一包花生米？那你不是亏了吗？"哈利只是冲他笑笑，并不回答。观众闻到花生米的香味，纷纷围了过来，甚至很多本来没打算看马戏的人也被这免费赠送的花生米引得动了心，纷纷拿出钞票："给我一张票，花生米别忘了。""我要一张票……""我也来一张。""还有我……"在前面人潮的带动下，观众们就像被磁石吸引的磁铁一样全涌了过来，马戏票瞬间被卖得精光。

马戏开始后，观众们一边观看精彩的马戏，一边嚼着又香又脆的花生米。一小包花生米很快下了肚，人们便觉得有些口渴，想着要是有水喝就好了。就在这时，哈利又出现了，手里拿着柠檬水，轻声问道："我这里有柠檬水，谁要柠檬水？"话音未落，观众们纷纷高喊道："我要柠檬水！""我也要！"就像刚才的花生米一样，柠檬水瞬间也被人们抢得干干净净，哈利的口袋被钞票装得鼓鼓囊囊，大赚了一笔。

吃花生米容易使口腔发干，吃完了自然口渴难耐，这样他的饮料生意才能兴隆。表面上是赠送花生米，实际上是推销柠檬水，哈利"声东击西"的策略既帮马戏团招来了大量观众，也让自己收益颇丰，这的确是一个妙招。

【点评】

声东击西，是制造假象，佯动以伪装进攻方向。通常是用灵活的行动，忽东忽西，巧妙制造假象，使敌人做出错误的判断，我方便可出其不意，一举取得胜利。

此计一般用在我方处于进攻态势时。"西"是真正的进攻目标，但为了迷惑敌人，故意"声东"，虚晃一枪，使敌人因此而放松对"西"的戒备：本来打算进攻乙地而不打算进攻甲地，却佯攻甲地，而不显出任何进攻乙地的迹象。这是保证此计成功的关键。

在现代商业活动中，声东击西主要是把对方的注意力引到我方并不感兴趣的地方，在为我方谋得利益的同时，最大限度地增加对方的满足感，从而使双方保持良好的关系，这是谈判中常常使用的重要策略之一。在谈判中，一个成熟老练的谈判者往往会巧妙地将自己的目标隐藏起来，而故意将一些次要的问题渲染成非常重要的甚至是关键问题，让对方以为占了便宜，自己见目的已经达到便"勉强"表示让步。这种策略不必冒重大风险，可以成为影响谈判的积极因素，而且能熟练掌握，对方很难做出反击。

敌战计

第七计 无中生有

全解经典

【原文】

诳也[1]，非诳也，实其所诳也[2]。少阴、太阴、太阳[3]。

【注释】

①诳：欺骗、诳骗。

②实：实在、真实，这里是意动用法，把……当作真实的。

③少阴、太阴、太阳：参见第一计瞒天过海的注释。这里将三者并列，以说明阴阳相互过渡、相互转化的道理。兵法上主要指欺敌活动的发展过程：由虚假逐渐转化为真实，简单来说就是用大大小小的假象去掩护真相，使敌人再次上当受骗。少阴，指虚假。太阴，指虚假至极。太阳，指真实至极。

【译文】

使用假象欺骗敌人，但并非一假到底，而是巧妙地让对方把欺骗当作真实。即开始用小的假象，然后用大的假象，（造成敌人的错觉使其）最后把假象当成真相。

【计名讲解】

此计名出自《老子》（即《道德经》）第四十章："天下万物生于有，有生于无。"此计本是道家术语，指万物来源于"无"。后来引申为凭空捏造，把本来不存在的事说成确有其事。广义上指一种采取真真假假、虚虚实实的手法，用假象欺骗敌人，使敌人判断失误而采取错误行为的计谋。

后来，尉缭子把"无中生有"的思想运用到军事上，他说："战权在乎道之所极，有者无之，安所信之？"提倡以"无"来迷惑敌人，乘其对"无"习以为常时，变虚为实，给敌人以致命一击。

古人按语说："无而示有，诳也。诳不可久而易觉，故无不可以终无。无中生有，则由诳而真，由虚而实矣，无不可以败敌，生有则败敌矣。""无中生有"其实是诳敌的战略。这句话的意思是说：无中生有是一种骗局，但是骗局容易识破而不能长久。因而"无"不能始终为"无"，而是要弄假成真、由虚转实。因此，用无不能击败敌人；把无变为有的时候，就能使敌人受挫。

实用谋略

◎宋太祖杯酒收钱财◎

北宋建立之初,有两个节度使起兵造反,宋太祖亲自出征,费了很大的力气才平定叛乱。此事也让宋太祖忧心忡忡,担心将领们的威望太高、兵权太重,国家将来会重蹈唐朝藩镇割据的覆辙,对皇权造成威胁,于是来了个"杯酒释兵权",收回了地方将领的兵权。从此以后,这些将领赋闲在家,一个劲儿地积蓄财产,整日只顾着吃喝玩乐。但看到他们手中的财产逐渐增多,宋太祖又担心会另生事端,受"杯酒释兵权"的启发,他又想出一个"杯酒收钱财"之法。

首先,宋太祖给每位将领赏赐了一块宝地,让他们在这块土地上修建豪宅。宅地是皇上所赐,将领们当然不敢怠慢。接到赏赐后,将领们立即大兴土木,等到住宅完工了,宋太祖就招他们进宫,赐宴招待他们。酒宴上气氛很好,君臣和乐,宋太祖趁机再三劝酒,结果那些将领个个喝得酩酊大醉,连路都走不动了,更不用说自己回家。

宋太祖传令,让每位将领家中来一个公子,把各自的父亲搀扶回家。宋太祖将宾客送到大殿门外,在他们即将离开的时候,若无其事地说:"你们的父亲刚刚在酒宴上都表示愿意捐给朝廷十万缗(一千钱为一缗)钱。"

将领们酒醒后,发现在自己家中,于是连忙叫来家里人询问自己是怎么回来的,在皇上面前是否有失礼之处。自然也在询问中知道了捐钱之事。尽管将领们都怀疑自己是否真的在酒醉时许诺过向朝廷捐钱,但是既然此事是从皇帝口中说出,不管真假皆已成定局,第二天都非常识时务地上交了十万缗钱。

宋太祖担心将领们手中积蓄的钱财太多,对自己的统治有所不利,就想从他们手中收取一部分作为限制。但他毕竟是一国之君,怎么能主动开口向手下臣子要钱呢?于是,宋太祖便巧施"无中生有"之计,反正当事人也无法确认自己一定没有说过给朝廷捐献之言,这样既保全了皇上的尊严,又帮朝廷大赚了一笔,将领们却无话可说,真可谓一石三鸟。

商业案例

◎假想对手以振奋已方士气◎

在日本热水瓶业界,"象"和"泰佳"是两个彼此敌视的品牌,它们之间的斗争之激烈可说是有目共睹。

最初,泰佳热水瓶是独霸热水瓶业的老大,很长时间内没有人敢去和它争夺市场。而象牌热水瓶作为后起之秀,刚开始成立时只是一家不起眼的小公司,根本没有人能想到它日后会崛起成为能与泰佳分庭抗礼的大企业。

然而,当一个名叫市川重幸的年轻人就任董事长后,情形逐渐变得大不一样了。市川重幸上任后,始终牢记一个信念:独霸热水瓶业的泰佳是象牌的劲敌,一定要用各种方式去战胜它。

于是,这位董事长对每一个将要出差的员工都再三叮嘱说:"你们到各地出差时,在旅馆和饭店,一定要注意服务员手中的热水瓶,如果他拿出来的是泰佳牌热水瓶,你们立刻走出去,选择别的地方,坚决不要在那里住宿或吃饭,记住,一定要选择不使用泰佳热水瓶的旅馆和饭店。"

刚开始,员工们不了解董事长的心意,觉得这个要求有些奇怪,但依旧非常认真地执行。过了不久,董事长的话就传达给了每一个员工,这种有些过分的敌视政策逐渐变成全公司一致的"战胜泰佳"的信念。在这种上下团结一心的企业精神的鼓舞下,象牌终于杀进了泰佳的地盘,公司销售额也逐渐追上了泰佳,到后来甚至相差无几,将不可能的事情变成了可能。

泰佳之前一直是热水瓶行业的王者,象牌奋起直追时,泰佳并不把这家小公司看在眼中,却没想到对方竟然是一个劲敌,业绩蒸蒸日上。泰佳董事长终于意识到事情不妙,开始将象牌引为不共戴天的仇敌:"情况非常不妙,我们必须打倒象牌才能生存!"

在日本的热水瓶业，只有象牌和泰佳两家的销售额是不断增加的，其中最大的原因，就是两家公司在强烈的敌对意识的鼓动下不断去跟对方竞争。

在对方没有敌意的情况下预先将其树为假想敌，这样的做法放在普通生活中缺少君子风度，有制造事端、推波助澜之嫌。但放在宛如战场的商场上，情况就有所不同了：二流企业要向一流企业迈进，必须全力以赴，让全体员工团结一心，企业经营者必须设法激起员工的斗志。在这种情况下，假设一个强大的敌人，即使这个敌人是无中生有的，也往往能起到良好的效果。

【点评】

无中生有，就是真假相掺，虚实互变，以扰乱敌人，使其行动出现失误。在运用"无中生有"之计的时候，主要分三步：第一步，示敌以假，使其误以为真；第二步，故意让敌人识破我方制造的假象，令其因此而掉以轻心；第三步，我方化假为真，却让敌人仍误以为假。

一般来讲，"无"是指迷惑敌人的假象，"有"是指我方的真实意图。另外，无还可以指没有条件，有则指创造出了条件。

谨防无中生有，就是要相应地克服这种心理上的弱点，做到知己知彼，切忌为假象所迷惑。

第八计 暗度陈仓

全解经典

【原文】

示之以动①，利其静而有主②，益动而巽③。

【注释】

①示：给人看。动：这里指正面佯攻、佯动等迷惑敌方的军事行动。

②利其静而有主：敌方静下心来专注于（我方的佯动）则对我方有利。主，专心、专一。

③益动而巽：语出《易经·益》："益动而巽，日进无疆。"意思是，充分发挥军事行动的灵活性，像风一样乘虚而入、迂回偷袭。益，增加。巽，八卦之一，象征风，风无孔不入，有隙即钻。

【译文】

采取佯攻的行动，利用敌人在某地集结固守的有利时机，迅速绕到敌人的薄弱之处发动突袭，出奇制胜。

【计名讲解】

此计全称为"明修栈道，暗度陈仓（古县名，位于今陕西省宝鸡市东）"，出自西汉司马迁《史记·淮阴侯列传》。"明修栈道，暗度陈仓"是汉大将军韩信运用过的一个计谋，也是古代战争史上的著名战例。

秦朝末年，群雄并起，楚怀王许诺：先入关中者为王。

公元前207年，项羽在巨鹿之战中大败秦军，想要趁势一举攻下咸阳。但当他到达函谷关时，却获悉刘邦早已趁着他与秦军激战时抢先进入关中，攻占了咸阳，并与关中父老约法三章，赢得了民众的支持，自立为关中王。

项羽大怒，仗着自己的军事实力强大，率军直逼关中，扬言要消灭刘邦，刘邦自知不敌，于是将咸阳和关中拱手相让。

公元前206年，项羽自封为西楚霸王，定都彭城（今江苏徐州），势力范围包括今天的江苏、安徽、山东、河南等地区。然后项羽给各路诸侯"计功割地"，按说其中刘邦功劳最大，项羽却视而不见，故意将偏僻荒凉的巴、蜀分封给刘邦，刘邦因此获得了"汉中王"的称号。

但就是这样，项羽仍然不放心，又将与汉中相邻的关中之地一分为三，分封给秦朝的三位降将——雍王章邯、塞王司马欣和翟王董翳，让他们率领重兵镇守，以遏制刘邦北上。其中，直接与刘邦相接的是雍王章邯。

刘邦见状，心中怨愤不已，就想立即率兵进攻项羽，在萧何、张良的一再劝阻下，才决定隐忍不发。

眼见天下分封已定，张良打算离开刘邦，回韩国侍奉韩王成。临行前，刘邦送给张良许多金银珠宝，张良却悉数转赠给项伯，并请求他说服项羽将汉中地区加封给刘邦。项伯果然照办。于是刘邦占据了秦岭以南巴、蜀、汉中三郡，建都南郑（在今陕西南郑区东北）。

刘邦前往汉中时，张良为他送别，走到褒中（今陕西褒城）时，张良见此处群山环抱，沿途都是悬崖峭壁，只有栈道可以通行，于是建议刘邦沿途烧毁入蜀的栈道，一方面表明自己绝无东扩之意，消除项羽的戒心；一方面也可以防备他人的袭击。然后在蜀中养精蓄锐，等待时机。刘邦也依计而行。

刘邦内心深处一天也没有忘记过争夺天下的雄心，进入汉中后，他励精图治，积极休整。公元前206年，刘邦见时机成熟，便派大将军韩信东征。而陈仓，正是刘邦从汉中入关中的必经之地，两地之间有崇山峻岭阻隔，又有雍王章邯率重兵把守，要强攻夺取，殊为不易。

为了麻痹敌人，韩信向刘邦献上一计，他故意派出樊哙带领一万士兵，大张旗鼓地修复已经被烧毁的山间栈道，并限令一个月修好，摆出一副要从原路杀回关中的架势。

章邯果然中计，一方面觉得十分好笑，因为这样浩大的工程没有几年是无法完成的；另一方面也确实如韩信所料那样密切注视着修复栈道的进展情况，并调来重兵在栈道所经地区的各个关口严加防范，准备阻拦汉军进攻。

但令章邯万万没有想到的是，就在栈道开始重修不久，韩信早已暗中率领汉军主力部队翻山越岭，从隐蔽的小道偷偷来到了陈仓，出其不意地从侧面发动袭击，一举攻下了陈仓。章邯听说陈仓失守，慌忙率兵迎战，结果连连失利，章邯见大势已去，被迫自杀。在不到三个月的时间里，刘邦就趁势一举平定了三秦，夺取了关中地区，并以这块富饶的宝地为基点，开始了争夺天下的大业。

"暗度陈仓"意思是正面迷惑敌人，悄悄绕到敌人侧面发动突然袭击。

古人按语说："奇出于正，无正不能出奇。不明修栈道，则不能暗度陈仓。"意思是说：奇兵与正兵要相互配合，如果没有正面攻击，就无法出奇制胜。就好像如果不去明修栈道，也就没有暗中东出陈仓一样。这则按语讲出了"奇""正"的辩证关系。奇正相互对立，又相互联系。孙子说："凡战者，以正合，以奇胜。"这里的"正"，指的正是兵法中的常规原则；这里的"奇"，指的是与常规原则相对而言的灵活用兵之法。其实，奇正也可以互相转化。比如说，"明修栈道，暗度陈仓"，写入兵书，此法可以说由奇变为正，而适时的正面强攻又可能转化为奇了。按语中举了三国时邓艾与姜维的故事："昔邓艾屯白水之北，姜维遣廖化屯白水之南而结营焉。艾谓诸将曰：'维今卒还，吾军少，法当一渡不而作桥；此维使化持吾，令不得还，必自东袭取洮城矣。'艾即夜潜军，径到洮城。维果来渡。而艾先至，据城，得以不破。"在这则故事当中，邓艾识破了姜维的"暗度陈仓"之计，认定姜维派廖化屯白水之南，不过是想迷惑自己，目的是袭取洪城，等姜维偷袭洪城时，邓艾已严阵以待了。邓艾懂得兵法中奇正互变的道理，识破姜维之计。由此可见，对于熟悉兵法的人来说，战场上千变万化，使用各种计谋，必须审时度势，机械搬用某种计谋，是难以成功的。

实用谋略

◎邓艾偷渡阴平◎

三国时期，魏将邓艾施用"暗度陈仓"之计，灭掉了蜀国。

三国后期，蜀主昏庸，吴主残暴，魏国实力最为强大，不过大权都掌握在司马氏手中。司马昭为统一天下，派大将邓艾和钟会率军伐蜀。

钟会开始连战皆捷，占领了蜀国许多城池，后来却被蜀国大将姜维阻挡在剑阁之外，无法继续西行。钟会手下人数虽多，却奈何不了姜维，再加上粮草供应跟不上，只能盘算着撤兵回去。

正在这时，邓艾从阴平赶来。当时，钟会统领着十万大军，他自恃兵多将广,根本不把手下仅有三万人马的邓艾放在眼中。

邓艾早就听说钟会在剑阁受阻,当时他就在心中暗自盘算:剑阁地势险峻,无法通过,是否还能找到别的入蜀通道呢?

于是他派出许多探马去调查当地的地形、环境,终于发现了一条从阴平通往成都的隐秘小路。这条小路据说是当年汉武帝南征时派人开凿的,四面都是崇山峻岭,已经有三四百年无人行走了。

听到这个消息后,邓艾心中大喜,心想:真乃天助我也。既然此路已有好几百年无人通行,想必蜀军做梦也想不到我会率军从此路秘密前往成都,自然也不会加以防范。

而剑阁地势险要,素来有"一夫当关,万夫莫开"的说法,邓艾赶到剑阁后见此情形,知道短时间内无法从正面攻破剑阁,于是把自己的想法告诉了钟会。

钟会当时早已是身经百战、沙场经验丰富的大将,素来瞧不起邓艾,现在听他讲出这种异想天开的计策,更是万分不屑。但是钟会想让邓艾出丑,所以并不阻拦。

邓艾知道钟会的想法,便向司马昭建议说不如派一支队伍偷渡阴平天堑,过汉中德阳亭,然后直取成都,姜维得到消息,必定率军援救,到时候就可以乘虚攻下剑阁了。

司马昭觉得此计甚为合理,便予以采纳。他一方面命令钟会继续从正面进攻,并架起云梯炮架,只管猛攻剑阁,以吸引姜维的注意力;另一方面派邓艾领兵偷偷往阴平而去。

邓艾命儿子邓忠为先锋,率五千精兵手执斧头、凿子等器具,逢山开路,遇水架桥,自己亲自率领三万人马带着干粮、绳索沿着开凿的险路紧随其后。魏军几次陷入绝境,但硬是凭着勇气闯了过去。就这样马不停蹄地奔行了二十多天,他们共走过了七百多里的崎岖山路。

最后,魏军来到江油北面的摩天岭,邓忠与开路的士兵见前面已是深谷绝壁,人马无法前进,也无法再开凿道路,唯恐前功尽弃。邓艾对将士们说:

"'不入虎穴，焉得虎子。'我们已经走过了七百多里山路，前面就是江油。哪怕脚下是刀山火海，我们也绝不能后退半步，一定要闯过去。"将士们受到邓艾慷慨之气的激励，表示愿意与他同生共死。

于是，邓艾命令士兵们将武器扔下山去，然后带头用毡裹住身子滚下深谷。部将们也不顾生死，紧紧跟随邓艾，有毡的裹着毡滚下山，没有毡的就将绳索绑在腰上，攀着树木，鱼贯而行。终于，邓艾率军成功越过了摩天岭，然后直奔江油。

当邓艾军突然出现在江油城下时，蜀军守将正在家中饮酒。他本以为守住了大路就万无一失，却根本料不到邓艾会突然出现，结果很快就被消灭，邓艾轻松拿下了江油。

接着，邓艾又乘胜前进，一路拿下涪城、绵竹，后主刘禅听到消息，也不打算率军抵抗，率太子及群臣六十多人出城投降，蜀汉就此灭亡。

商业案例

◎三井东山再起◎

三井和三菱是日本两大著名财团，有道是"一山不容二虎"，这两大财团相互对立，就成了很自然的事情。

在一次业务竞争中，三井失败，导致产品大量积压，资金周转不灵，另外还有一项革新技术没有公开。

为了帮助公司摆脱困境，有人建议，将现有产品以低于三菱公司的价格出售，然后将革新技术转让出去，与三菱做最后一搏。

三井公司的董事长没有采纳这一建议，他看准了三菱公司狂傲自负这一弱点，故意对外宣布三井公司停止营业，并大量裁减人员，同时向媒体宣布：三井公司将改变经营性质。

三菱听说三井公司准备改变经营性质，错误地认为三井已经垮台，从而放松了对三井的警惕。而三井则利用这个机会，暗地里集中全力将新技术应用到新产品中。

其实,当初三井在裁员时早已经过了慎重选择,留下的全部是技术骨干。两个月后,三井的新技术转产成功,大批新产品瞬间涌入市场,风行全日本。短短一周的时间里,三菱公司的产品全部滞销,三井用暗度陈仓之计战胜了三菱。

◎音乐教室的回报◎

川上源 38 岁时担任了日本乐器公司——山叶音乐振兴会的董事长。他上任后,首先就行业和市场状况进行了调查分析,知道要想在激烈的商业竞争中获胜,就必须先仔细规划,铺好制胜的道路,再一步步走向成功。于是,一个关于公司发展的长远计划在川上脑海中诞生了。

川上热心地开办了一家名为"山叶"的音乐教室,以推广音乐教育,先后接收的学生多达数百万名。实际上,音乐教室是山叶音乐振兴会的一部分,川上投入了二十多亿日元的资金来支持这项教育事业。

山叶音乐教室分为长笛班、电子合成器班、特殊人才训练班等,而且从幼儿班到妈妈班全部包括。音乐教室配备了最好的老师和最好的教材,师资力量相当雄厚。支持这项教育事业,看上去是一件相当亏本的事情,但川上一直表现出浓厚的兴趣,不断为其注入资金,并且声明开办这个教室纯粹是为了支持音乐教育事业,不带有任何商业色彩。

那么,事实真的如此吗?

实际上,虽然早已禁止授课教师在课堂上进行任何关于山叶乐器的宣传,但在他们的协助下,学员的大名单已经送到了山叶音乐振兴会的手中,这些人就成了山叶乐器推销员的主要推销对象。而且,课堂教程是由音乐振兴会制定的,如果不使用山叶的电子琴,就无法弹奏出来。加上班级层次越高,学员的水平也越高,要想更好地演奏该级别的音乐,必须使用山叶乐器。综上所述,推行音乐教育其实对山叶音乐振兴会大有裨益。

面对激烈的竞争,川上源没有硬拼,而是"明修栈道,暗度陈仓",在音乐教室的掩护下,暗中让山叶音乐振兴会取得了成功。当他的对手明白过来的时候,山叶乐器早已在市场上站稳了脚跟。

【点评】

"暗度陈仓"与"声东击西"有异曲同工之妙:都有迷惑敌人、隐蔽进攻的作用。不同之处在于:声东击西隐蔽的是攻击点,而暗度陈仓隐蔽的是进攻路线。

在战争中,明修栈道是故意做给敌人看,掩人耳目,以吸引和牵制敌人的主力,其实暗度陈仓才是真实意图。只有一"明"一"暗"配合得当,才能保证行动的成功。

在我方正面进攻不便,又另有可"度"之路的情况下,就可以使用此计。

名家论《三十六计》

"奇出于正,无正不能出奇。不明修栈道,则不能暗度陈仓。"这里所谓"正",指的是兵法中的常规原则;所谓"奇",指的是与常规原则相对而言的灵活用兵之法。古人认为,只有活用"奇"与"正",明修栈道与暗度陈仓相结合,才能收到以迂为直、出其不意的效果。

根据这句话的意思,我总结出了暗度陈仓的三大特征:

1. 以正为明。大张旗鼓,让敌人知道,按照通常的战术原则和常规思路在正面战场作战,摆出我方要打堂堂之战的态势。

2. 以奇为暗。暗中根据战场情况,运用计谋攻其不备,出其不意打击敌人。

3. 以明隐暗。一明一暗两套办法同时使用,明的一套大张旗鼓,让敌人知道;暗的一套,"藏于九地之下",让敌人无从发现。

……

在现代的信息战争中,由于科技的高度发达,一切都在监视之中,暗度陈仓是不是根本就不可能实施了?就算还可以用这一计,如果本来计划得好好的,但是却在"暗度"时被敌人发现了,又该怎么办呢?

这的确是一个值得注意和需要回答的问题。在现代战争中,各种侦察监视手段越来越先进，战争的"迷雾"已经越来越清晰，暗度陈仓计谋使用的条件也发生了很大的变化。但是任何先进的武器都会有漏洞，也会存在弱点，比如先进雷达探测范围也有盲区、盲点，侦察卫星的侦察时间也有空白时段，并且也可以被击毁。而现代隐形技术已经有很大发展，比如各种隐形飞机、隐形战舰层出不穷。因此暗度陈仓这一计谋在现代条件下仍可被施用，只是更加需要现代伪装、更加强调信息干扰了。

至于在"暗度"时，被敌人发现了怎么办，通常有两种办法：第一种是快速通过，减少损失。现代战争是以快打慢，要求迅速达成战役目的，这样即使敌人发现了，也已经晚了。第二种是将计就计，明修栈道与暗度陈仓是相互配合的。如果暗度陈仓时被敌人发现了，可以以奇为正，以正为奇，这样敌人不能确定哪一个是我的主攻方向，还是会上当受骗。

（由上可知）暗度陈仓的思想核心是出奇制胜、反常用兵，这是兵家利用人们的思维定式而施用的计谋，常常能收到出乎意料的战果。古代名将韩信就是将这一计谋用到出神入化的地步，才赢得了"韩信将兵，多多益善"的美誉。另外，暗度陈仓这一计谋不但韩信本人曾经使用过，古今中外也有很多战争都曾经采用过。

——薛国安

第九计 隔岸观火

全解经典

【原文】

阳乖序乱①，阴以待逆②，暴戾恣睢③，其势自毙。顺以动豫，豫顺以动④。

【注释】

①乖：违背，抵触，这里是分崩离析的意思。

②逆：叛逆。

③暴戾恣睢：这里指横暴凶残，互相仇杀。戾，凶暴、凶狠。恣睢，任意妄为。

④顺以动豫，豫顺以动：语出《易经·豫》："彖曰：豫，刚应而志行，顺以动，豫。豫，顺以动。"意思是，顺任事物自然发展，自然于我有所得；若想必有所得，就必须顺任事物自然发展。这里指采取顺应的态度，不要逼迫敌人，让其自相残杀，我方再乘机取利。

【译文】

当敌方内部矛盾激化，甚至明显表现出分崩离析之势时，我方应暗中静观其变，等待敌方形势进一步恶化。敌人横暴凶残，互相仇杀，势必自取灭亡。我方应采取顺其自然的态度，相机行事，坐收渔人之利。

【计名讲解】

此计名最初见于唐代僧人乾康的诗："隔岸红尘忙似火，当轩青嶂冷如冰。"本义为在河的这边看对岸失火。比喻在别人出现危难时袖手旁观，以便从中取利。敌方自相残杀之际，却是我方渔翁得利之时，此时静观其变，顺势取利，实乃明智之举。

古人按语说：乖气浮张，逼则受击，退而远之，则乱自起。昔袁尚、袁熙奔辽东，众尚有数千骑。初，辽东太守公孙康，恃远不服。及曹操破乌丸，或说曹遂征之，尚兄弟可擒也。操曰："吾方使康斩送尚、熙首来，不烦兵矣！"九月，操引兵自柳城还，康即斩尚、熙，传其首。诸将问其故，操曰："彼素畏尚等，吾急之，则并力；缓之，则相图。其势然也。"意思是说：敌人内部矛盾加剧，这时如果我方前去攻击，反而会促使它内部团结起来，对我进行攻击。如果我们不逼迫得太急，暂时停止进攻，敌人内部就会发生叛乱。当初，袁尚、袁熙带领数千人马逃向辽东。起初，辽东太守公孙康仗着自己所处偏远，不肯服从曹操。当曹操击破乌桓以后，有人劝说曹操乘胜远征公孙康，袁尚、袁熙兄弟也可一并擒获。曹操说："我正叫公孙康送袁尚、袁熙兄弟的人头来，用不着劳师远征了。"九月，曹操率领大军从柳城撤回，公孙康立即杀了袁尚、袁熙两兄弟，并把他们的人头送来。诸将领不明白为什么会这样，向曹操请教原因，曹操说："公孙康一向惧怕袁尚、袁熙等人，如果我们急着进攻，他们定然会合力抵抗；如果我们暂时放缓一下攻势，他们就会自相火拼。这种形势的发展是很自然的事情。"

实用谋略

◎秦国隔岸观火坐收渔利◎

打仗是为了争夺利益，什么时候打，什么时候停，怎样打，和谁打，都应该以"利益"为中心。若出战不能为自己带来利益或不能为自己带来那么多利益，就不如按兵不动，隔岸观火，待时机成熟再展开行动。

战国时期，韩国和魏国打仗，打了整整一年，都没打出个结果来。远远关注着这场战争的秦惠王打算要它们停止战争，于是向大臣们征询意见："我想使韩魏两国休兵，大家觉得怎么样？"

有的大臣表示支持，认为从道义上说，秦国帮助韩魏解决纷争是件好事。有的大臣则表示反对，理由是别的国家打仗，和秦国没有关系，秦国没必要蹚这浑水。就在大家争论不休的时候，一个名叫陈轸的楚国客卿说话了："大王想统一天下吗？"

秦惠王答："当然想。"陈轸听了，要求给秦惠王讲个故事。秦惠王答应了。

"春秋时期，鲁国有个武艺高强的人名叫卞庄子。一天，卞庄子到一个地方住宿，听说当地有两只老虎常跑出来伤害家禽，还咬伤、咬死过人。卞庄子便决心为民除害，带了把闪着寒光的青铜剑去山上刺虎。

卞庄子所在的旅店有个小伙子也跟着卞庄子一起去刺虎，两人来到一个山谷里，看到一大一小两只老虎正在吃一头牛。卞庄子拔了剑就要往前冲，小伙子却拦住了他，说道：'这两头虎正吃牛吃得起劲，吃到后面，一定会发生争夺，一争夺就会相互撕咬。小的会被大的咬死，大的会被小的咬伤。这时你再冲上去。对付一只受伤的老虎不比同时对付两只健壮的老虎要省力得多吗？'

卞庄子认为此计甚妙，就和小伙子一起藏进了附近的树林。过了一会儿，两头虎果然争斗起来。大者伤，小者死。卞庄子跳出来刺死了受伤的大虎，一下子得到了杀掉两头老虎的名声。"

陈轸的故事讲完了，秦惠王似有所悟。陈轸接着说："如今韩魏交战，打了一年还没有打完，势必大国损伤，小国危亡，到时您讨伐受伤的大国，一定可以一举两得。"

秦惠王采纳了陈轸的意见，直等到魏国受了重创，韩国被打得破败不堪的时候，秦国才派大兵袭击这两个国家。隔岸观火的策略让秦惠王不费吹灰之力就从韩魏手中夺走好几座城池。

商业案例

◎保险公司巧挖人才◎

"隔岸观火"与"坐山观虎斗"的意思相近，使用的正确方法是按兵不动，而当对手发生矛盾冲突、内讧火并之际，却也正是鹬蚌相争、渔翁得利之时。因此，静观其变，从中取利，确实不失为明智之举。

在保险业领域，A保险公司的分区经理李经理在业内享有较高的名声，他每年签下的优质车险、财产险及意外险业务总金额在3600万元以上，各家保险公司均希望得到这个"宝贝"。

A保险公司的老总很赏识李经理，同时他也怕失去这个人才，因此对李经理非常重视，也非常尊重，而对于李经理提出的各种需求，他都尽可能予以满足。所以，尽管别的保险公司为李经理开出了更加优越的条件，但李经理从未考虑过跳槽的问题。

2010年2月，A公司的人事发生很大变动，原先的老总调到其他省分公司任职。而新到任的老总性格倔强，而且刚愎自用，喜欢听下属的吹捧，而容不得别人犯错误。李经理向来只知道埋头苦干，说话也比较耿直，因此没有得到新老总的信任和赏识。

B保险公司一直希望得到李经理这样的人才，也几次三番地向李经理抛出橄榄枝，但是均没有成功。但这一次，B公司敏锐地感觉到，他们的机会来了，于是，该公司开始密切地留意着李经理与新老总之间的关系。终于有一天，两人的矛盾爆发了。

原来，因为新老总对李经理的忽视以及对李经理拓展的一个大项目没有给予足够的支持，李经理在与其他同事交流的时候流露出了不满的情绪，结果让新老总的一位亲信听到了，新老总也很快听到这个消息。

新老总把李经理叫到办公室，然后对他狠狠地批评了一顿，并且还当面辱骂了李经理。李经理再也无法容忍，当面顶撞了新老总几句，并愤怒地拍了桌子，一怒而去。

B保险公司第一时间得到这个消息，于是，该公司的总经理让人打电话邀请李经理在当天晚上参加一个聚会。席间，B公司的总经理与李经理以兄弟相称，只谈感情不谈工作。酒过三巡之后，李经理终于吐露心中不快，B公司的总经理当即表示愿意以更高的职务与薪酬邀请李经理加盟到自己的公司之中，同时承诺将在展业方面给李经理以更大的权限及相关支持。巨大的心理落差让李经理此次欣然接受了B公司的邀请。第二天，李经理向A保险公司递交了辞职信，成为B保险公司的得力干将。

在这个案例中，B保险公司抓住时机，成功地将李经理招至麾下。

【点评】

隔岸观火，就是"坐山观虎斗"。俗话说：见蛇不打三分罪，见火不救七分过。但是在战场上，当敌人陷入内部分裂，互相倾轧的处境，也正是我方坐收渔翁之利的绝佳时机。不过，施行此计不可操之过急，以免反过来促成敌人暂时联手，共同对付我方。正确的做法是静观其变，当几股敌人互相残杀，等其力量大幅度削弱，甚至自行瓦解后再见机行事。

要想使用此计，有两个先决条件：一是有"火"可"观"，即敌人出现混乱的局面；二是有"岸"可"隔"，否则将会面临极大的风险。

第十计 笑里藏刀

全解经典

【原文】

信而安之①，阴以图之；备而后动，勿使有变。刚中柔外也②。

【注释】

①信：使相信。安：使安心，这里指不生疑心。

②刚中柔外：这里是内藏杀机、外示柔和之意。

【译文】

设法使敌人相信我方是善意友好的，从而不生疑心，放松警惕；我方则暗中策划，积极准备，相机而后动，绝不可让敌人有所察觉而采取应变措施。这是一种内藏杀机而外示柔和的谋略。

【计名讲解】

此计名可追溯到唐代大诗人白居易的《劝酒》诗："且灭嗔中火，休磨笑里刀。不如来饮酒，稳卧醉陶陶。"

笑里藏刀，原意是形容外表和善而内心狠毒。与口蜜腹剑、两面三刀含义相同。此计用在军事上,是一种表面友善而内藏杀机的谋略,即运用政治、外交上的伪装手段,欺骗、麻痹对方,以掩盖己方的行动。

古人的按语说:兵书云:"辞卑而益备者,进也;辞强而进驱者,退也;轻车先出居其侧者,陈也;无约而请和者,谋也;奔走而陈兵车者,期也;半进半退者,诱也。"故:凡敌人之巧言令色,皆杀机之外露也。宋曹玮知渭州,号令明肃,西人惮之。一日,方召诸将饮,会有叛卒数千,亡奔夏境。堠骑报至,诸将相顾失色,公言笑如平时。徐谓骑曰:"吾命也,汝勿显言!"西人闻之,以为袭之,尽杀之。此临机应变之用也。若勾践之事夫差,则竟使其久而安之矣。

这段按语的意思是说:"《孙子兵法》中说道:'敌方使者言辞谦卑而暗中加紧战备的,是要向我发起进攻;敌方使者言辞强硬而敌军又向我驱驰进逼的,是在准备撤退;敌人先出动轻型战车并且部署在侧翼的,是在布列阵势;敌人没有事先约定就突然来请和的,其中必定有阴谋;敌人(频繁调动)往来奔走,并且已经摆开兵车列阵的,是想要与我军交战;敌军半进半退(往复徘徊)的,是想要引诱我军上前。'所以,凡是敌人的花言巧语,都是使用阴谋诡计的表现。宋代时,曹玮任渭州州牧的时候,他的军纪严明,西夏人十分惧怕他。有一天,曹玮正与属下饮酒,突然有数千名士兵发动叛乱,逃到了西夏。当探子前来报告时,将官们听了都面面相觑,十分惊恐。而曹玮却谈笑自如,好像什么都没有发生一样。这时,他站起身来,对身边的将官说道:'请别声张,他们都是遵照我的命令行事的!'西夏人听到这话,还以为前来投奔的宋军士兵是假投降,于是立刻把他们处决了。这正是曹玮在谋略上的运用。"

实用谋略

◎公孙鞅轻取崤山◎

"笑里藏刀"是一种表面友善而暗藏杀机的谋略,它是指运用外交上的伪装手段，欺骗和麻痹对方，来掩盖己方的军事行动。公孙鞅智取崤山，便是成功地运用了这一招"笑里藏刀"。

公孙鞅，战国时卫国人，又名卫鞅、商鞅。他应秦孝公求贤令入秦，主持变法二十余年，使秦国强大起来，实力凌驾于六国之上。

黄河、崤山一带地势险要，秦国要对外扩张，必须夺取这一地区。当时，这一地区是魏国的领土，秦王派公孙鞅为大将，率兵攻打魏国。

公孙鞅领命出发，大军直抵魏国的吴城城下。吴城当年是魏国名将吴起苦心经营之地，吴起在此构筑了坚固的工事，加上此处地势险要，秦军正面强攻恐怕是劳而无功。

正在公孙鞅为攻城之策苦苦思索时，他派出去的人打探到魏国守将是公子印，公子印与公孙鞅曾经有过交往。公孙鞅心中大喜，觉得可以从这一点下手，于是马上修书一封，主动与公子印套近乎。

信中说，虽然你我二人现在各为其主，但鉴于过去的交情，罢兵议和方为上策。字里行间无不流露出对昔日友谊的怀念。公孙鞅还在信中建议约定一个时间商谈议和之事。

就在这封信送出的同时，公孙鞅命令秦军前锋立即撤回，摆出主动撤兵的姿态。

公子印看到来信，又得知秦军退兵的消息，非常高兴，立马给公孙鞅回了信，约定了会谈日期。公孙鞅见公子印已经完全相信了自己，于是下令在约定的会谈地点暗中设下埋伏。

会谈当天，公子印只带了三百名随从前往约定地点，见公孙鞅的随从更少，而且全都没有携带兵器，心中更是对对方的诚意深信不疑。

会谈开始后，气氛友好而融洽，公孙鞅和公子印重叙旧谊，借此表达与对方交好的诚意。然后公孙鞅设宴款待公子印，公子印欣然入席。谁知还不等坐定，忽听公孙鞅一声号令，四周突然杀出重重伏兵将魏兵包围，公子印和三百随从事先毫无准备，还没来得及做出反应，便全部被生擒活捉。

随后，公孙鞅从被俘的随从中挑选了几个人，让他们前去诈开吴城城门，自己领兵紧跟其后，迅速占领吴城。魏国无奈之下，只得向秦求和，主动割让西河一带。

公孙鞅用"笑里藏刀"之计轻轻松松就帮助秦国夺下了崤山地区。

◎杨廷和计除江彬◎

明武宗朱厚照虽然天资聪颖，但是性好玩乐，纵情于声色犬马，不理朝政，先后宠信大宦官刘瑾、奸臣江彬，幸亏朝中尚有一批能干的大臣支撑。

明武宗死后不久，内阁大学士杨廷和负责主持朝廷大事，他在入宫禀告过皇太后的情况下，以武宗遗诏的名义，撤销了威武团练诸营，并将所有受命入卫京师的边兵都遣归原地，为了安抚军心，众将士均得到了厚赏。

当时江彬正担任兵马提督，忙于改组团营，没有时间入宫，因此没有在第一时间得到武宗的死讯。当他接到遗诏，得知要罢团营、遣边兵时，不由得大惊失色，赶紧招来心腹商议对策。

其中就有人建议说，现在皇帝刚刚归天，朝政不稳，不如趁此机会起兵造反。江彬其实早就心怀异志，恨不能早成大事。但谋朝篡位毕竟非同小可，一旦事败，不仅身首异处，还要株连九族，为了谨慎起见，他派安边伯许泰入宫打探消息，等摸清楚宫内外的情况后再做打算。

杨廷和见许泰前来，知道这是"来者不善，善者不来"，脸上不动声色，心中却已经有了计较。寒暄过后，杨廷和微笑着对许泰说："许伯爵来得正好，大行皇帝突然晏驾，诸事忙乱，头绪繁杂，我等正为此苦恼，本欲请诸公前来协助办理，偏偏遗诏上清清楚楚地写着'罢团营，遣边兵'。而要妥善处理这些事宜，必须仰仗江提督，故而一时没有奉请，还望见谅。"

许泰见杨廷和所言有理，又态度谦和，便打消了心中的疑虑，回去向江彬复命。

许泰前脚刚走，杨廷和即唤来志同道合的幕僚，一番密谈之后，决定伺机捉拿江彬。然后杨廷和命手下的魏彬立即入宫，将此事秘密禀报给皇太后，太后当场允准了这一计划。

随后,杨廷和又与江彬会了一次面,向他详细述说了内阁的情形,而且言辞谦恭,此举使得江彬更加安心不疑。

又过了一天,江彬带着几名贴身卫士入宫。等候在门口的魏彬一见江彬到来,立刻迎上前,说:"坤宁宫刚刚落成,昨日太后颁下懿旨,命朝中大员及工部官员致祭,江公你来得正是时候。"

江彬一听,欢喜不已,赶紧换了一身衣服入宫致祭。祭祀完毕,江彬在往外走的时候遇到了杨廷和的心腹张永。张永亲热地跟江彬打招呼,随即又邀请他一同宴饮。

酒过数巡,太后懿旨忽至,命令逮捕江彬,江彬接旨时惊慌不已,当场推案而起,翻身上马想要离去。但此时城门早已关闭,无路可逃的江彬被官兵当场拿下。

面对政局不稳、危机四伏,奸臣随时可能起兵作乱的情形,杨廷和外松内紧,用"笑里藏刀"之计使江彬丧失了应有的警觉,最后不得不乖乖束手就擒。

商业案例

《佐贺报》以真诚打动客户

笑里藏刀是一种表面和善而暗藏杀机的谋略。在商业领域,面对消费者,也可以采用这一策略,只不过,这里的"笑"要表现出足够的诚意,其目的当然是成功地推销自己的产品。

《佐贺报》是日本的一家地方性报纸,迄今为止已经有一百多年历史。《佐贺报》之所以能在激烈的市场竞争中屹立不倒,靠的就是处处为消费者考虑,以自己的诚意打动客户。

佐贺位于日本九州岛西北部,南、北、东三面临海,是典型的海洋性气候,全年雨量充沛。这给报纸的传递带来极大不便。为了不让消费者收到湿漉漉的报纸,《佐贺报》的董事长规定,每天早晨投递员送报纸时,都要用塑料袋细心包裹报纸，这样一来，即使遇到雨天，也不会淋湿报纸了。

《佐贺报》对消费者的这份真诚和温馨，使它能够在全领域中保持优势，这种"笑里藏刀"的策略收到了明显效果。

实际上，消费者花钱购买商品，除了渴望买到货真价实的商品之外，还希望能够得到另一种不花钱的额外"商品"，那就是商家的"诚意"。这个"诚意"就是"笑"，而隐藏着的"刀"便是商业活动的目的，即实现效益，在市场中立于不败之地。《佐贺报》的成功告诉我们，只有用真诚、有礼貌的服务对待顾客，才能赢得顾客的芳心。

【点评】

"笑里藏刀"之计的关键在于一个"笑"字。笑必须拿捏好分寸，表现得真实自然，千万不可将隐藏其中的"刀"露出来。否则，笑得做作或过火，反而会引起对方的怀疑和警觉。

孔子曰："巧言令色，鲜矣仁。"无论是在战场上，还是在日常生活中，都要谨防笑面虎，万不可为笑容所迷惑，而忽视了其隐藏在背后的祸心。

第十一计 李代桃僵

全解经典

【原文】

势必有损，损阴以益阳①。

【注释】

①损阴以益阳：这里是指以暂时的、局部的牺牲为代价，来换取长远的、全局的胜利。阴，这里指局部。阳，这里指全局。

【译文】

当局势发展到必然会有所损失的时候，就应该牺牲局部来换取全局的胜利。

【计名讲解】

此计名出自《乐府诗集·鸡鸣篇》："桃生露井上，李树生桃旁，虫来啮桃根，李树代桃僵，树木身相代，兄弟还相忘？"本义是指李树代替桃树受虫蛀。这里比喻兄弟之间的关系，就如桃李共患难一般，要互助互爱。

此计作为计谋，是指在双方势均力敌，或敌优我劣等很难获取全胜的情况下，用较小的代价或牺牲，换取大的胜利，是一种舍小保大的谋略，类似于象棋比赛中"弃车保帅"的战术。

两军对峙，敌优我劣或势均力敌的情况是很多的。如果指挥者主观指导正确，常可变劣势为优势。孙膑赛马的故事为大家所熟知，他在田忌的马总体上不如对方的情况下，使田忌仍以二比一获胜。但是，运用此法也不可生搬硬套。战国时齐魏桂陵之战，魏军左军最强，中军次之，右军最弱。齐将田忌准备按孙膑赛马之计如法炮制，孙膑却认为不可。他说，这次作战不是争个两胜一负的结果，而应大量消灭敌人。于是用下军对敌人最强的左军，以中军对势均力敌的中军，以力量最强的部队迅速消灭敌人最弱的右军。齐军虽有局部失利，但敌方左军、中军已被钳制住，右军很快败退。田忌旋即指挥己方上军乘胜与中军会合，力克敌方中军。得手后，三军合击，一起攻破敌方最强的左军。这样，齐军在全局上形成了优势，终于取胜。

古人的按语说道："我敌之情，各有长短。战争之事，难得全胜，而胜负之诀，即在长短之相较，乃有以短胜长之秘诀。如'以下驷敌上驷，以上驷敌中驷，以中驷敌下驷'之类；则诚兵家独具之诡谋，非常理之可推测者也。"意思是：敌我双方的情况互有短长。战争中企图在各个方面压倒敌人，这实在难以做到。战争的胜败，取决于双方力量的对比，通常是占有优势的一方能够获得胜利。但是，为使我方取得优势地位，应当运用以劣胜优的诀窍。就像战国时孙膑向田忌献计一样，"用下等马对对方的上等马，以上等马对对方的中等马，以中等马对对方的下等马"。

实用谋略

◎田完子舍身保全齐国◎

春秋末年，齐国国君姜氏的势力逐渐衰弱，大夫田成子取代姜氏独揽了齐国大权。但是，田成子上台名分不正，所以朝野上下及齐国内外都感到不服气。

怨气积累久了，总会有爆发的时候，何况有心人更不会放过这个机会。终于有一天，越国以田成子谋逆篡权为借口，派军队攻打齐国。

田成子得知这一消息后心慌意乱，赶紧召来幕僚商议对策。但是幕僚们的意见本身就存在很大分歧。

有的说："越国发兵来犯，欺人太甚。虽然我国军事力量弱小，但可以发动齐国上下共同抗敌。"

有的说："目前国内局势不稳，人心浮动，如果倾城而出，恐怕会怨声载道，难以服众。"

有的说："越国强大，大王您何不效仿其他国家，割让几个城池给越国，让它主动退兵，或可免动干戈。"

田成子想来想去，觉得上述建议都不是破敌良策，而他自己一时又拿不出好计策，因此陷入了苦恼之中。

正在这时，田成子的哥哥田完子为他献上一计，说："我想率领一批忠良之士出城迎敌，迎敌一定要真打，打了一定要战败，不仅是战败，而且一定要全部战死。请大王准许，因为只有如此，才能让越国退兵，从而保住齐国。"

田完子的话刚一说完，满座皆惊，田成子同样大惑不解，便追问道："你为何要带一批忠良之士出城迎敌？"

田完子回答："王弟你刚刚拥有齐国，人心未定，百姓们并不知道你的治国之才，甚至有人对你恨得咬牙切齿，骂你是窃国大盗、无能之辈，所以在目前这种情况下，很难指望百姓们为你卖力。只有那些心中存有大义，认为齐国蒙受了耻辱的忠良之士，才愿意撇开私怨，冒死抵御外敌。"

田成子又问："即便如此，那为什么要做到战必败，败必死的程度呢？"

田完子答道："越国也知道现在就吞并齐国是不可能的，所以此次出兵，目的无非是在各路诸侯面前耍耍威风，顺便还能捞个'正义'的名声。我带忠良之士出兵迎敌，战败身死，这就是'以身殉国'。越国见自己杀死了大王的兄长，教训齐国的目的已经达到。同时也知道了齐国尚有这样一批慷慨赴死的勇士，必然心生畏惧，认为没必要为此次行动付出过高的代价。所以，越军在我们死后，一定会班师。"

田成子听了，为兄长的自我牺牲精神所感动，当场流下热泪。为了将齐国从危机中拯救出来，他不得不听从了兄长的建议。

果然不出田完子所料，越军在杀死了以田完子为首的一批忠良之士之后，旋即班师，齐国终于转危为安。

田完子反复权衡利弊，做出了以身殉国的决定，用"李代桃僵"的计策，将齐国从灾难中拯救了出来。

◎田忌赛马◎

战国时，齐威王和齐国的大将田忌都很喜欢赛马，因此两人经常在一起比赛。

两人约定的比赛方式是：把各自的马分成上、中、下三等，比赛时，上等马对上等马，中等马对中等马，下等马对下等马。齐威王是一国之君，他的马自然比田忌的马要强一些，所以每次比赛田忌都是三场连败，田忌因此输了不少钱。

有一次，田忌的好友孙膑也去看了比赛，结果自然又是田忌输了。田忌觉得很扫兴，正要垂头丧气地离开赛马场时，却听见有人叫自己的名字，抬头一看，原来是孙膑。

孙膑招呼田忌过来，然后拍了拍他的肩膀，说："我刚才看了赛马，才发现原来威王的马比你的马快不了多少呀。"

孙膑话还没说完，田忌就瞪了他一眼："没想到居然连你也来挖苦我。"

孙膑说："我没有挖苦你。你再同大王赛一次，我保准能让你赢他。"

田忌疑惑地看着孙膑，问道："你是说另外换马比赛？"

孙膑摇摇头，说："一匹马也不用换。"

田忌一听，立刻泄了气，说："那还不是照样得输。"

孙膑胸有成竹地说："你按照我的安排去做，保准没问题。"

田忌知道孙膑足智多谋，虽然心中困惑不已，但还是决定听他的话。

齐威王之前屡战屡胜，正在得意扬扬之际，看见田忌在孙膑的陪同下迎面走来，便讥讽田忌说："怎么，难道你不服气，嫌输得不够，还想再来一次？"

田忌说："当然不服气，咱们再比一场！"还掏出一大堆银钱放在桌子上作为赌注。

齐威王见了，心里暗暗觉得好笑，不过田忌之前每次都是他的手下败将，现在居然主动把钱送上门，他自然也不会拒之门外，于是吩咐手下人把前几次赢的钱全部拿来，还追加了一千两黄金，然后满怀信心地说道："现在就开始吧！"

随着一声锣响，比赛开始了。第一局，还是田忌输了，而且是以极大的差距输掉了这场比赛。齐威王兴奋地站起来说："想不到大名鼎鼎的孙膑先生，想出来的对策也不过如此。"孙膑并没有与齐威王做口舌之争，因为他自信能够挽回败局。

在接着进行的第二场比赛中，田忌的马竟然胜了一局，齐威王有点慌了。

但更让齐威王目瞪口呆的事情还在后面，第三局比赛还是田忌获胜。这样，在三局比赛中，田忌胜了两局，结果自然是田忌获得了最终的胜利。田忌不仅收回了之前输掉的赌注，还大赚了一笔，孙膑也因此更受信任和重用。

面对这样出乎意料的结果，齐威王百思不得其解。原来，孙膑发现，田忌的马和齐威王的马之间的差距并不大，于是第一场比赛用下等马对齐威王的上等马，第二场比赛用上等马对齐威王的中等马，第三场比赛用中等马对齐威王的下等马。田忌赛马的故事，正是用了"李代桃僵"的计谋。

孙膑主动先败一局，以换取后两局的胜利。还是同样的马匹，孙膑只是巧妙地调换了一下出场顺序，结果就转败为胜。

【点评】

在两军阵前，在商场中，要想不付出任何代价就大获全胜非常困难，所以总是不可避免地要付出一定的代价或牺牲。在这种情况下，必须牢记"两利相权取其重，两害相权取其轻"的原则，以保全大局和长远利益为重。

而当敌我双方势均力敌或者敌强我弱时，也可以运用李代桃僵之计，以少量的损失换取极大的胜利，从而逐渐将劣势转化为优势。李代桃僵，就是趋利避害，以少量的损失换取很大的胜利，这就是李代桃僵之计的实质。

在此计中，"李"表示要做出牺牲的一方，"桃"则表示被保全的一方。在实施此计时，有两点需要注意：李与桃之间必须具备一定的联系，否则将无法完成替代任务；李轻而桃重，绝不能反向替代。

此计有四种含义：

一、弃车保帅。

二、弃子争先。虽然损失了一些棋子，但有利于占据先手，从而让整盘棋都活了。相反，如果过于计较眼前利益，每子必争，往往一败涂地。

三、忍痛割爱。

四、代人受过。

在现代生活中，我们要从全局出发，对优劣形势进行对比分析，既不可为小利所引诱，也不可为小害所妨碍，要争取主动和优势，但不必寸步不让，适当的时候以退为进，从而达到最终的目的。

第十二计 顺手牵羊

全解经典

【原文】

微隙在所必乘①，微利在所必得。少阴，少阳②。

【注释】

①微隙：很小的空隙，这里指敌方的某些漏洞、疏忽。
②少阴，少阳：意思是抓住敌方小的疏漏，变为我方小的胜利。少阴，阴之初始，比喻敌人的小漏洞。少阳，阳之初始，比喻我方的小胜利。

【译文】

敌人出现的漏洞再微小，也必须乘机利用；利益再微小，也要力争获得。要变敌人的小漏洞为我方的小胜利。

【计名讲解】

本计语出《草庐经略·游失》："伺敌之隙，乘间取胜。"关汉卿著元杂剧《尉迟恭单鞭夺槊》台词中，就出现了本计计名。《水浒传》第九十九回写道："前面马灵正在飞行，却撞着一个胖大和尚，劈面抢来，把马灵一禅杖打翻，顺手牵羊，早把马灵擒住。"但以上说的均不是战争。中国历史上，有很多顺手牵羊的战例，例如：晋献公途经虞国灭掉虢国，回师虞国时又乘其不备，灭掉了虞国；秦穆公攻打郑国，兵至滑国时，知郑人已有戒备，灭郑没有希望，就顺手灭掉滑国，然后班师。

"顺手牵羊"的本义是顺手把别人的羊牵走。比喻在实现主要目的的过程中，伺机取得意外收获。在军事上是指看准敌人出现的漏洞，抓住其薄弱环节，乘便获利的谋略。

古人对顺手牵羊之计非常重视。《六韬》中说道："善战者，见利不失，遇时不疑。"（意思是说要善于捕捉战机，乘隙争利。）《鬼谷子·谋篇》中说："察其天地，伺其空隙。"（意思是说根据天地万物的变化，抓住敌人的间隙，趁机将其消灭。）《草庐经略·游兵》中说："伺敌之隙，乘间取利。"（意思是说看到敌方有间隙可趁，便伺机谋取好处。）《登坛必究·叙战》中说："见利宜疾，未利则止。取利乘时，间不容息，先之一刻则大过，后之一刻则失时也。"（意思是说看到有利可图就迅速行动，没有好处就不轻举妄动。谋取好处要掌握时机，恰逢其时，如果时机未到就采取行动，或是已经错过最佳时机，就不能实现预定目的。）这些兵法中虽未出现"顺手牵羊"四个字，却是对这一计策的最好说明。

古人的按语说："大军动处，其隙甚多；乘间取利，不必以战。胜固可用，败亦可用。"意思是说：凡是大军行动的时候，一定会留下很多缝隙和漏洞，我方可以乘虚而入，在这种情况下，一定要争取获得胜利，而且不必使用过多的兵力或经过特别大的战斗。这种战法，强者固然可以使用，而弱者同样可以运用。

实用谋略

◎楚王问鼎◎

实施"顺手牵羊"之计，要把握好时机，一方面敌方必须得留下可趁的间隙，一方面我方要有消灭敌方的绝对实力。春秋时期楚庄王在灭掉陆浑之戎后，想趁机顺手灭掉周朝，但是由于时机不成熟，楚庄王并没能抓到这只"羊"。

楚国位于江、汉流域，向来被视为南方之蛮夷。起先熊绎在西周初期曾被成王封为子爵，但楚国对周室时服时叛，不受封建之约束。春秋初年，王权衰微，楚君熊通索性于公元前740年自立为王（即楚武王），欲与天子分庭抗礼，一较长短。不久其子文王定都于郢（今湖北江陵西北），国势进一步强大起来。春秋初期，强楚实乃中原诸国之心腹大患，而中原诸侯经常说的"尊王攘夷"，也往往以抑楚为其主要目标。

楚早就有窥伺中原的志向，所以长期以来，它一方面吞并周围小国，一方面不断向北推进。但它先在齐桓公时被阻于召陵，继而在晋文公时战败于城濮，其北进图谋一再受挫。后来，楚庄王即位，开始任用贤才进行改革，使楚国迅速强大起来。

公元前606年，楚庄王亲自率领军队讨伐周都洛邑西南方的陆浑之戎。陆浑之戎是姜戎的一支，是不同于华夏族的少数民族。陆浑之戎原住在西北的瓜州，由于不臣服于秦国，秦国率兵把它驱逐到远处。晋献公认为，姜戎是炎帝后裔，应与华夏族同等对待，所以把伊水中上游的山地封赐给姜戎。姜戎在伊水立国，熊耳山区尽为戎地。陆浑之戎成为楚国北扩的重大障碍，楚庄王决定以武力将其剿灭。

陆浑之戎生性剽悍，习于骑战，但不习于战阵兵法。楚军长驱直入，大破陆浑之戎。返回楚国的时候，楚军到达洛水之畔，楚庄王在这里举行盛大的阅兵式，打算顺手牵羊，一举灭掉周朝，从而实现其称霸中原的目的。

楚军阅兵于周朝边境的消息传到了洛邑，周王极为恐慌。周朝的大夫王孙满自告奋勇，表示能劝退楚王。周王便下令让王孙满慰劳楚王，以观楚军的动静。

王孙满素有贤德，是一位杰出的政治家。他到达洛水之南，见楚军营帐相连，甲胄鲜明，楚王居于中帐，不降阶相迎。王孙满看到楚王的架势，知道他态度傲慢，浑然不把自己这位"代天巡狩"放在眼里。但是，王孙满并不介意，他仍旧向楚王致答了周天子劳师之意，说道："周朝天子听说大王率军路经此地，因此特派小臣前来慰劳。"

楚庄王听了王孙满的话，心里更加得意了，他并不向王孙满致谢，而是傲慢地问道："九鼎现在都在周朝，其大小轻重如何？"

王孙满一听楚王打听九鼎的大小轻重，深知其有灭周之心，于是从容地回答说："大小、轻重在于德而不在于鼎。"

楚庄王听后，大惑不解，忙问道："这句话怎么说呢？"

王孙满回答道："从前，夏朝施行德政的时候，远方的国家把物产画成图像进献，九州又进贡了各自出产的铜。夏王于是用这些铜铸成了九鼎，把图像铸在鼎上，鼎上各种事物都已具备，使百姓懂得哪些是神，哪些是邪恶的东西。所以百姓进入川泽、山林，就不会碰上不顺利的事情。

"因此能使上下协调一致，承受上天的福佑。夏桀昏乱无德，九鼎便迁到商朝，前后六百年；商纣暴虐，九鼎又迁到了周朝。如果德行美好光明，九鼎虽小，也重得无法迁走。如果德行奸邪昏乱，九鼎再大，也是轻的。上天保佑有圣明德行的人，也是有限度的。成王将九鼎安放在王城时，曾占卜预告周朝传国三十代，享国七百年，这个期限是由上天决定的。周朝的德行虽然衰落，天命并没有改变。九鼎的轻重，也就不必询问了。"

楚庄王闻此，知道取代周王室的时机还不成熟，于是率领军队撤退了。

王孙满知道楚庄王的亡周之心，他阐述"德"，一方面是想以理说退楚王，一方面也说明想取得天下，只能凭借德行，才能令天下顺服。仅仅通过得到鼎来窃取天下的权力，纵然能够成功，也不能长久。楚王在听到王孙满的一番言论后，知道自己还无法取代周朝，于是只得撤军了。这样，楚王顺手牵羊的美梦破灭了。

商业案例

◎电影《少林寺》带来的商机◎

中国电影《少林寺》在美国上映后，引起了极大的轰动，中国功夫一举名扬海外，令无数外国人津津乐道，而作为电影主角的少林寺和尚也随之"身价倍增"，甚至连他们脚上穿的粗布鞋也令美国人羡慕不已，恨不得自己也能拥有一双，好像穿上之后就能和少林寺的和尚一样身怀绝世武艺。

一个美国商人敏感地注意到了这种潮流，认为这是一个绝佳的赚钱机会。他依据电影《少林寺》中和尚们所穿的僧鞋，很快设计出了一种"少林鞋"。

设计完成后，这位美国商人专程赶往上海，与一家中国鞋厂合作生产这种鞋，然后返销到美国。

正如这位美国商人之前所预料的那样，借助《少林寺》掀起的"少林热潮"，少林鞋在美国上市后迅速畅销，他趁机大赚了一笔。

商机总是稍纵即逝，因此，当机会出现在面前时，一定要牢牢抓住。

【点评】

从某种意义上讲，"贪"是人类生活的根本追求：人类贪求更香的食物，于是学会了用火烤制熟食；人类贪求更安逸的生活，于是学会了盖房子，然后逐渐出现了高楼大厦；人类贪求更方便的出行方式和更快的速度，于是有了汽车、轮船、飞机等交通工具。顺手牵羊也是人类"贪"的本性的一种自然流露。

实施此计，关键在于"顺手"二字，如果是在不顺手的情况下勉强为之，不仅徒劳无功，可能还会对原有的主要目的造成妨碍。

"顺手牵羊"中，"羊"比喻意外的小利，但并不是见羊就要"牵"。首先要观察它是不是敌人布下的诱饵；其次要明确，小利终归是小利，不能因此而偏离了自己的主要目的，只有在通观全局，确定不会因小失大的前提下，才能顺手牵羊，否则很可能捡了芝麻丢了西瓜。

无论是强者还是弱者，胜利者还是失败者，战争史上经常会出现这样的情况：一方开始处于劣势，然后用小股精锐部队钻入敌人的心脏，神出鬼没地打击敌人，从而转化为优势。

名家论《三十六计》

可能有人会问：顺手牵羊什么情况下才能"下手"，有没有可能遇上偷鸡不成蚀把米，或赔了夫人又折兵的时候？在回答这个问题时我们要注意到这样的情况：实施顺手牵羊这一计的时候要注意"顺"，即来去顺路，取之顺手，赢之顺时，得之顺便。如果在不顺手的情况下强行取利，不仅徒劳无功，而且会影响原有的主要目标的实现。必须明确的是，小利终归是小利，不能代替自己的主要目的。只有在不影响主要目标实现的前提下，才能顺手去取意外之利。否则会因小失大，捡了芝麻丢了西瓜。另外，还要看所要牵的"羊"是不是敌人为我们准备的诱饵，要根据当时的战场态势详察明判，并不是见"羊"就可以牵。

顺手牵羊作为一种伺隙捣虚，捕捉战机的计谋，要明白战机是很重要的，也是很难得的，难以把握的，往往是"先之一刻则太过，后之一刻则失时"，一瞬间即可扭转整个战局。所以要"见利不失，迂时不疑"。

——薛国安

攻战计

第十三计 打草惊蛇

全解经典

【原文】

疑以叩实①，察而后动；复者②，阴之媒也③。

【注释】

①疑以叩实：发现了可疑情况就应当考实调查清楚。叩，询问、寻求。
②复者：反复去做，即反复去叩实，察而后动。

③阴：指某些隐藏着的、尚不明显或者尚未暴露的事物、情况。媒，媒介。

【译文】

发现了可疑情况就要去寻求实情，只有调查清楚后才能采取行动；反复查探分析，是发现敌人阴谋的重要方法。

【计名讲解】

此计名出自段成式《酉阳杂俎》。

唐代时，当涂县有个县令叫王鲁，此人贪得无厌，见钱眼开，一天到晚只想着贪污受贿，搜刮民脂民膏，只要是有利可图，他就可以不顾是非曲直，肆意颠倒黑白，因此干了许多不法之事。

常言道：上梁不正下梁歪。见到上司贪赃枉法，大开方便之门，王鲁属下的大小官员自然也不会客气。

一天，有个人递了一张状纸到衙门，原来是当地百姓联名控告王鲁手下的主簿贪赃枉法。王鲁将状纸粗粗扫了一眼，状纸上所陈述的各种罪状几乎和他平日的违法乱纪行为一模一样，简直就好像是在控告自己一样。

王鲁做贼心虚，一边看着状纸，一边忍不住全身都在颤抖，生怕自己的不法行径也会暴露。他越想越害怕，连状纸都不知道该怎么批了，竟然不由自主地在状纸上写下了此刻内心的真实感受："汝虽打草，吾已惊蛇。"意思是说你这么做，本来的目的是打地上的草，但我就像躲在草丛中的蛇一样，被大大地吓了一跳。后来，人们就将王鲁所写的这八个字简化为"打草惊蛇"了。

"打草惊蛇"本义是惩治甲而警告乙。后比喻做事不密，使人有所戒备。运用在军事上，一是指己方行动不够机密，致使对方有所察觉而提前采取对策，从而隐藏得更深；二是指敌情不明或有可疑之处时，先佯动诱敌，待敌人暴露出真实的情况后再采取行动，目的是防止堕入敌人的陷阱之中，或者诱使敌人按照我方的战略意图行动。正如《虎钤经》中所说："观彼动静而后举焉。"

实用谋略

◎崤之战◎

打草惊蛇是三十六计之一，但它有时也是兵家大忌，如果行动过早而被敌人得知，那么极有可能导致全部军事计划作废。战国时期，好武善战的秦穆公就曾在这方面有过很大的教训。

周襄王二十四年（公元前628年），郑文公、晋文公相继去世，帮助郑国守卫城池的秦国大夫杞子认为这是偷袭郑国的好机会，便告诉秦穆公，自己掌握着郑国的北门，如果偷偷地派兵伐郑，拿下郑国指日可待。

秦穆公听到杞子的汇报，非常高兴，遂征求大夫蹇叔的意见。但蹇叔不看好这个计划。蹇叔以为，从来没听说过让疲劳之师去攻打远方的国家，军士疲劳，远方的君主又有所防备，事情恐难以成功。秦军的动作，郑国一定会知道，而军队长途跋涉又没有所得，注定会产生反叛之心。但是秦穆公完全听不进蹇叔的话，因此下了攻打郑国的命令，派大臣百里傒的儿子孟明视、蹇叔的儿子西乞术以和白乙丙统领大军出征。

出征的那天，蹇叔哭着说，自己只能看到秦军出发却看不到他们回来。秦穆公听了很是不快。

秦军出发了，到达滑邑。一个名叫弦高的郑国商贩在滑邑的市场上看到秦国大军，就顺手将自己的十二头牛献给秦军，说："听说秦国想灭掉郑国，郑国的国君很小心地进行防备，还派我送牛来犒劳贵国将士。"秦国的军官听到这话，互相说："郑国已经察觉到我们偷袭他们的事情了，继续前进不会有什么好结果。"

弦高立刻返回郑国，将秦军袭郑的事情告诉郑国国君郑穆公，后者则在探明情况后立即派大夫皇武子暗示留在郑国的杞子等人，郑国已知晓秦国的计划，杞子等人听后都知趣地离开了郑国。而秦军方面得知秦在郑国的内应已经离开，伐郑的胜算甚小，便改变了作战计划，转而攻打并灭掉了滑邑。

不过，事情并没有就此结束。正值服丧期的晋国得知秦国打算偷袭郑国，认为这正是天赐的攻秦良机。晋襄公采纳了中军帅先轸的意见，起兵攻秦，为鼓舞士气，晋襄公还穿着丧服亲自督战，晋军在崤函地区的东、西崤山之间设下埋伏，就等着秦军送上门来。

此时，秦军正在孟明视的率领下经过崤山，还没有对当地的地形进行侦察，不知不觉进入晋军的埋伏圈。晋军封锁了山谷的两头，堵死了秦军的退路，对秦军发动猛攻。晋襄公亲临战场，率兵出击，秦军被打得措手不及，进退不能，最后秦军被悉数歼灭，领军的几位大将也成了晋军的俘虏。秦军因打草惊蛇全军覆没，晋军则因为行动隐秘获得成功。

◎诸葛亮于汉水巧战曹操◎

有时为了更好地迷惑敌人、扰乱敌人计划，可以重复"打草"，反复"惊蛇"，让敌人陷入虚实莫辨、惊恐不安的境地。

218年，刘备领兵十万围困汉中。曹操得知后非常吃惊，亲自率领四十万大军与之相抗。蜀军见曹操来势汹汹，便退驻到汉水以西，蜀魏大军隔水相望。

一天，刘备和军师诸葛亮外出观察两岸情况，思考克敌之策。诸葛亮见汉水上游有一片土山，认为可以埋伏千余士兵，回营后，便要大将赵云带着五百名士兵，伏于土山之下。临行之前，诸葛亮还特地要这五百名士兵都带上鼓角，他告诉赵云，每到黄昏时分，只要听到营中有炮声响起，就擂鼓吹角，但不能出战。

第二天，曹军到阵前挑战，蜀军却坚持按兵不动。曹军叫喊了一阵，见对方没有动静，便班师。诸葛亮站在高处观察敌军的动向，这天夜里，他见曹营的灯火熄灭了，便命令士兵开炮为号，埋伏在土山处的赵云等听到炮声，马上擂鼓吹角。

曹兵被蜀军的动静惊动了，非常恐慌，怀疑蜀兵会来劫营，忙起来迎敌，不想出营一看，并未看到有人劫营。这样一夜折腾了好几次，曹兵不由得怨声载道，他们被蜀军的号角弄得魂不守舍，寝食难安。而曹操虽然知道这是诸葛亮的计谋，却也不敢号令将士不去理会蜀军的战鼓战号，万一蜀军发动了真正的袭击，精神松懈的曹军很可能反应不过来。考虑再三，曹操最终决定退兵三十里，另寻地方安营扎寨。

诸葛亮见曹兵后退了，便趁势率部渡过汉水。而在渡过汉水之后，诸葛亮又让将士们背水扎寨，故意让蜀军身处险境，同时也让曹操大惑不解。曹操担心诸葛亮又在耍什么计谋，就修书一封给刘备，和他约定时间进行交战。

约定的日子很快到来，战斗一开始，蜀军就假装失败，向汉水方向撤退，但在撤退的时候，蜀军却故意将不少辎重弃于道旁，曹操不由得疑心大起。为了避免落入敌人圈套，曹操早早便鸣金收兵，禁止魏军追击蜀军。有人不明白曹操的意图，问："为何不乘胜追击？"曹操则答道："蜀军背水扎寨本就可疑，现又故意丢弃辎重则更令人怀疑，小心为上，必须火速撤兵。"

然而，就在曹兵开始后撤的时候，诸葛亮亮起了旗号，指挥蜀兵重新杀来，曹军猝不及防，慌乱溃散，损失惨重。原来诸葛亮的"打草惊蛇"，就是为了让曹军陷入恐慌混乱，给蜀军创造获胜的条件。曹操猜不透诸葛亮的意图，保险起见计划撤兵，结果正中诸葛亮之计。

商业案例

◎艾柯卡重振"克莱斯勒"◎

"打草惊蛇"的好处之一就是可以帮助人们发现隐藏起来的敌人，人只有知道敌人在哪里，才好有的放矢，将其各个击破。

1978年，李·艾柯卡出任克莱斯勒汽车公司的总经理。他一上任就面临着一个棘手的问题：如何将克莱斯勒从破产的边缘拉回来？面对债台高筑的"克莱斯勒"，艾柯卡认为必须向美国政府求助，争取得到政府的担保，并以此为基础向银行借贷。至于到底需要借多少钱，艾柯卡心中的理想数目为12亿美元。

克莱斯勒打算借巨额贷款的事很快便闹得沸沸扬扬，绝大多数人都对此表示反对。原来，在美国，很多人认为企业借助政府的力量发展经济会破坏自由竞争的原则。艾柯卡和克莱斯勒顿时成了众矢之的。

然而，艾柯卡没有被排山倒海的反对声所吓坏，反而向反对他的人进行了反击。他反驳说，在他之前，美国政府曾给不少大企业提供过帮助，比如洛克菲勒公司、华盛顿地铁公司以及全美五大钢铁公司。这些公司通过美国政府的担保从银行那里一共贷到了四千多亿美元，而现在克莱斯勒需要的不过是12亿美元，艾柯卡不明白为什么那么多企业会对克莱斯勒有这样大的非议。之后，艾柯卡又向人们强调，拯救克莱斯勒不仅不会破坏美国的自由竞争原则，相反，还会保护竞争。整个北美只有三家大的汽车公司——克莱斯勒、福特和通用，若克莱斯勒破产了，北美的汽车市场就成了福特和通用的天下了，这对消费者来说显然不是件好事。

艾柯卡态度强硬地要美国政府帮助自己，他用数字向美国政府发出警告，倘若政府拒绝向克莱斯勒施以援手，一旦克莱斯勒破产，美国政府必须支付高达27亿美元的失业保险金和其他社会福利。而美国政府到底是愿意帮克莱斯勒贷12亿呢，还是愿意为克莱斯勒的破产花27亿？答案不言而喻。另外，艾柯卡还提醒那些试图阻挠克莱斯勒获得政府担保的议员，克莱斯勒在全美各地设有很多机构，一旦克莱斯勒倒台，这些机构的工作人员就失业了，考虑到克莱斯勒的员工和与其有经济往来的公司、人员数目庞大，议员们有理由担心自己的支持率会因此而下降。

当艾柯卡大张旗鼓地要求美国政府为克莱斯勒担保时，很多人都以为他疯了，认为他的贷款计划定敌不过强大的舆论压力。然而最后，艾柯卡却成功地拿到了12亿美元的贷款，并用这笔钱帮助克莱斯勒起死回生。原来，艾柯卡之所以高调地要求政府为其做贷款担保，就是想用打草惊蛇的办法摸清贷款之路上会遇到哪些阻碍，看清楚究竟有谁在反对，又是因为什么原因而反对。正是在掌握了这些情况的基础上，他才可以有针对性地将种种困难一一解决。

【点评】

在进军途中，如果经过坑地、水洼、芦苇、密林及山隘等地，一定不能麻痹大意，稍有不慎，就会"打草惊蛇"而被埋伏之敌所歼。可是，战场情况复杂，变化多端，有时己方巧设伏兵，故意打草惊蛇，让敌军中计的战例也层出不穷。

运用此计前，首先要明确究竟什么是"草"，什么是"蛇"。

草与蛇虽然性质不同，却是互相联系的：蛇借草藏身，草能迅速地向蛇传递信息，尤其是危险来临的讯号。可见，草指敌人的盟友，或者敌人的小股部队，蛇指敌人自身或者敌人的主力。

打草惊蛇有三重含义：

一、引蛇出洞。因为蛇潜伏在草丛中，不易发觉，因此在行动时故意先打草，让蛇暴露踪迹。一旦蛇的位置不再隐蔽，要想消灭它也就很容易了。

二、打草惊走蛇。直接打蛇，蛇可能随棍而上，这种情况比较危险。而通过远远地击打草丛吓走蛇，往往比较有效。当不愿或者不能与敌人正面交锋时，便可使用这种间接驱敌之法。

三、甲和乙互相关联，可以通过打击甲来警告乙，是一种间接警告之法。

第十四计 借尸还魂

全解经典

【原文】

有用者，不可借；不能用者，求借。借不能用者而用之，匪我求童蒙，童蒙求我①。

【注释】

①匪我求童蒙，童蒙求我：语出《易经·蒙》。匪，通"非"，不、不是。童蒙，年幼无知的小孩，这里指受支配者。

【译文】

有作为的，不求助于人；无作为的，求助于人。利用那些无所作为的并顺势控制它，结果就不是我受别人支配，而是我支配别人。

【计名讲解】

此计名出自元代岳伯川的杂剧《吕洞宾度铁拐李岳》："岳寿，谁想你浑家将你尸骸烧化了，我如今着你借尸还魂，尸骸是小李屠，魂灵是岳寿。"这个剧本原型应当是中国古代的一个民间故事。

从前，有一个叫李玄的人，曾拜太上老君为师，跟他修道，学习长生不老之术。

一天，李玄应太上老君之召，留下肉体凡胎，灵魂出窍，飘飘然游于三山五岳之间。临行前，他嘱咐徒弟看护好自己的肉体，说是七日便回。

徒弟也一直很小心地在一旁守护，但是到了第六天，徒弟忽然接到消息，说是母亲病危。徒弟看李玄的躯体之前一动不动，现在摸上去浑身冰凉，连呼吸也停止了，认为师父已经死了，就算离他之前说的七日之期还有一天时间，但人死了也不可能复生，便匆匆忙忙将李玄的身体火化后回家去了。

待李玄神游归来，却发现徒弟不见踪影，自己的躯体也不见了，魂魄无所归依。这种状态持续的时间一长，他的灵魂也将跟着消散，落得个魂飞魄散、灰飞烟灭的下场。

李玄苦苦思索着办法，眼看时间越来越少，恰好路旁有一个刚死的乞丐，尸体还可以借用。慌乱之中，李玄也来不及查看，便将灵魂附在了这具乞丐的尸体上。

借尸还魂后的李玄，蓬头垢面，胡子拉碴，袒腹露胸，而且一条腿还跛了。虽然不甚满意，但总算是活了过来。为了方便行走，李玄对着一根竹竿轻轻吹了一口气，竹竿立即变成了一条铁杖，李玄因此被称为"铁拐李"，他原来的名字反而逐渐被人淡忘了。

"借尸还魂"的本义是人死后灵魂还能借着别人的尸体复活。比喻已经没落或死亡的事物、势力、思想等，又假借某种形式重新出现或复活。运用在军事上，是指利用那些没有作为的名义或势力来达到我方的目的。另外，当处于被动或面临失败时，利用一些有利条件来扭转局势，争取主动，实现自己的目标，也可视为"借尸还魂"。

实用谋略

◎刘备占益州◎

借尸还魂的一个重要内涵就是借他人的名义，夺自己的地盘；借用他人的力量，扩充自己的势力范围。三国时期，刘备就是凭借此计占据了益州。

211年，益州牧刘璋唯恐曹操进攻巴蜀，他的谋士张松便给他出谋划策，要他迎接刘备入蜀。刘璋同意了，遂派法正带四千人及巨款送给刘备。这对刘备而言正是天赐良机，巴蜀地理位置好，资源丰富，很方便英雄大展宏图，建功立业。于是，刘备接受了刘璋的请求，和庞统一起进入益州，留诸葛亮、关羽等据守荆州。

刘璋热情地欢迎刘备到来。而此时，由于被刘备的英雄气概所折服，原为刘璋谋事的张松、法正都建议刘备杀掉刘璋自立。但刘备认为自己初来乍到，人心尚未归服，不能轻举妄动。进入益州后，刘备十分注重提高自己的声望。刘璋推荐他做大司马，领司隶校尉，刘备也推荐刘璋做镇西大将军，领益州牧。刘璋配给刘备士兵，命其督白水军，还令他攻击张鲁。尽管刘备当时总共有三万多人，车甲、器械、资货甚多，但他并未急着出兵，而是树立恩德，收买民心。

刘备和刘璋的友好关系一直维持到212年。这年曹操出兵征讨孙权，孙权向刘备求援。刘备便请求刘璋给自己万名士兵和军事物资，但刘璋只许诺为他提供四千兵马和一点点物资。

刘备马上抓住这个把柄骂刘璋不义，然后将矛头对准刘璋，向刘璋宣战。刘璋根本不是刘备的对手，几场仗打下来，刘备的势力越来越大，刘璋的势力则越来越小。213年，曹操停止讨伐孙权，这让诸葛亮等刘备的得力助手得以腾出手来率军入川，有了他们的帮忙，刘备如虎添翼。214年夏天，刘备率汉军围成都数十日，派简雍为说客，劝说刘璋投降，刘璋终于放弃了抵抗。

刘备如愿以偿地占据了益州，为蜀国的建立打下了基础。在这个过程中，刘璋即他所借的"尸"，他以助刘璋抗曹为名，进驻益州，又借刘璋在益州的影响力，迅速地建立起自己的势力，最终反客为主，夺取了对益州的控制权。

商业案例

◎派克公司的完美转变◎

为趋于没落的事物注入新的灵魂，让其重新焕发生机，是借尸还魂的关键。不少公司都是利用这一策略让濒临绝境的品牌起死回生、再创奇迹的。

很长一段时间，派克公司都牢牢占据着中国钢笔市场龙头老大的地位，它的钢笔和自来水笔销量都十分可观。20世纪四五十年代，凭借着这两款产品，派克公司在中国市场进入巅峰时期。然而就在这时，有人发明了圆珠笔。廉价实用的圆珠笔一经问世就受到了消费者的喜爱，买圆珠笔的人一多，买钢笔的人自然而然就少了很多，派克公司大受打击，利润也直线下滑，照这样持续下去，派克公司很快就会出现财务危机。

派克公司对此大为懊恼，为了夺回失去的市场，其不得不将一部分精力放在圆珠笔的生产上。但这仍然不能改变派克公司江河日下的境况。派克公司欧洲高管马科利为此伤透了脑筋。就在这时，他从一封老朋友的来信中得到启发。信是这样写的：

"我家附近有个卖器皿的商店，价格便宜东西又好，大家都很喜欢。没多久，这家店就把周遭的同行都给挤跑了。过了一段时间，我家隔壁又开了家商店，我问老板：'您打算卖什么？'老板说：'卖器皿。'我觉得奇怪，问：'您不是找死吗？您难道不知道不远处有个生意很火的器皿店吗？'老板说：'我知道，可我卖的不是物美价廉的器皿，而是古董。'"

朋友告诉马科利，现在这两家器皿店都经营得很好。

马科利马上意识到派克的问题出现在哪儿了，并想到了解决问题的办法。派克在生产策略上犯了严重的错误，它不应该以己之短攻人之长，而应利用自己的优势开拓新的市场。于是马科利为派克制定了全新的发展战略，他不再在"物美价廉"上做文章，转而赋予了派克钢笔高贵、典雅的新形象，让派克从普通的大众消费品摇身变成一种彰显身份的奢侈品。为了凸显派克钢笔的珍贵，派克公司在提高自家钢笔价格的同时，削减了它的产量，又加大了广告宣传的力度。马科利甚至找到了英国女王伊丽莎白二世，想方设法使派克钢笔成为女王专用笔。而在和皇室搭上关系后，派克钢笔果然身价倍增。公众对它的印象渐渐发生了变化，一切都如马科利预料的那样顺利进行。

派克钢笔脱胎换骨，提起它，人们想到的不再是"便宜易用"，而是"奢华精致"。对此，马科利做了这样一番感叹："当你山穷水尽的时候，不要总盯着前方的绝境怨天尤人……如果人类只专注于在陆地上跑得快，就不会发明飞机，而事实证明，再快的汽车也跑不过飞机。派克笔就是这样，既然在地上跑不过你，那就飞到天上去。"

【点评】

"借尸还魂"在政治、经济、军事、外交甚至文化领域运用甚广，尤其是在历史上经常出现这样一种情况：在一个朝代的末期，反抗者总会首先扶植一个前朝亡国之君的后代，以他的名义来号召天下。这就是典型的借尸还魂。在此计中，"借尸"只是手段，"还魂"才是目的。所以借尸时还需注意一点，"尸体"的灵魂仍在，即必须具有一定的影响力和号召力，否则时间过得太久，早已被人们遗忘了，以至于响应者寥寥无几，也就达不到目的了。

第十五计 调虎离山

全解经典

【原文】

待天以困之①，用人以诱之②。往蹇来返③。

【注释】

①待天以困之：指在战场上，我方等待自然条件或情况对敌方不利时，再去围困它。天，这里指天时、气候，也包括地理环境。
②用人以诱之：用人为的假象去引诱敌方使其就范。
③往蹇来返：语出《易经·蹇》："蹇，难也，险在前也，见险而能止，知矣哉。"意思是往前走危险，就返身离开。

【译文】

等到自然条件对敌人不利时再去围困它，用人为的假象去引诱调动敌人。向前进攻有危险时，就要设法使敌人反过来攻打我。

【计名讲解】

"调虎离山"一语出自《管子·形势解》："虎豹，兽之猛者也，居深林广泽之中则人畏其威而载之。人主，天下之有势者也，深居则人畏其势。故虎豹去其幽而近于人，则人得之而易其威。人主去其门而迫于民，则民轻之而傲其势。故曰：'虎豹托幽而威可载也。'"意思是说：虎豹是兽类中最威猛的。当它们居住在深山大泽中时，人们就会因惧怕其威风而敬畏它们。君主是天下最有势力的人，如果深居简出，人们便会害怕他的势力。虎豹若是离开它们居住的深山大泽而走近人类居住的地方，人们就可以将它捕捉使它失去原来的威风。做君主的若是离开王宫的门而与普通的人混在一起，人们就会轻视他而以傲慢的态度看待他。所以说，虎豹只有不离开它们居住的深山幽谷，其威风才会使人感到畏怯。这里虽然尚未使用"调虎离山"一语，但已经包含只有将老虎调离深山，才能将其制伏的意思。后来在民间文学作品中便逐渐出现了"调虎离山"的说法。

调虎离山的本义是设法使老虎离开山冈。比喻为了便于行事，设法诱使对方离开原来的地方。老虎是兽中之王，又占据了对它来说属于有利地形的大山，必然横行无忌，难以捕获。然而，再凶猛的老虎，一旦失去了高山密林作为倚仗，也会威势大减，很容易受到攻击，也很容易被制服。这就是俗语说的"虎落平阳被犬欺"。因此，要想捕捉老虎，就要引诱它离开大山。

此计作为一种军事计谋，是指有目的地调动敌人并将其消灭的谋略。调虎离山的核心就在一个"调"字。"虎"是指敌人，"山"是指敌人占据的有利地形或其凭借的有利条件。《十一家注孙子》中说："兵得地者昌，失地者亡。地者，要害之地。"在两军对峙中，当敌方占据了有利地形，兵力众多，防范严密时，我方应设法引诱敌人离开有利地形，或使其失去有利条件，然后展开包围或袭击，这些都可以视为调虎离山的具体应用。

实用谋略

◎诸葛亮调虎离山败曹魏◎

要想成功地将"虎"调出"山"，就要准备好足够诱人的诱饵。

234年，诸葛亮率34万大军讨伐魏国，魏国则派司马懿为大都督领40万军迎击。两军在渭水之滨严阵以待。双方都知道对方是不容小觑的对手，因此都不敢掉以轻心。诸葛亮在祁山排兵布阵，司马懿则将大军屯在了渭水之北。出征之前，魏明帝曾嘱咐司马懿到了渭水之畔后，最好坚守壁垒，不要轻易和蜀军交战。蜀军见魏军只守不攻，一定会假装撤退引诱魏军，因此，魏明帝要司马懿万万不可盲目追击，蜀军的粮草耗尽后，自然会撤走，到那时再趁机攻打他们。

司马懿听从了曹睿的建议，和蜀军打了几场小仗后，就挖沟造垒，只守不攻了。诸葛亮见此情况，非常焦急，蜀军远道而来，粮草有限，不能长时间地和魏军对峙下去。于是诸葛亮将计就计，他特意高调地下达了分兵屯田的命令，要求士兵和当地百姓一起就地生产军粮。此举无异于向司马懿传递一个信息：蜀军已经想到了解决粮草问题的办法，蜀军做好了和魏军打持久战的准备。

司马懿知道后，不由得担心起来，而诸葛亮则一不做二不休，他研制了方便长途运送军粮的木牛流马，要士兵带着它往来穿梭，以便给敌人造成蜀军不愁没有粮草的假象。他还命令士兵在山上虚搭窝铺草营，装成和百姓一起屯田的样子，引诱魏兵过来劫营。而司马懿果真动了劫营之心，很想一把火将蜀军的粮草烧光，逼蜀军退兵。不过，由于担心诸葛亮设下埋伏，司马懿一改过去让主攻部队走在前面的做法，让部将在前面冲锋，负责吸引蜀军主力出营，自己则领大军在后面支援，趁蜀军主力被吸引走的工夫，烧掉蜀军的粮草。

然而，诸葛亮早就揣测到司马懿的心思。当他看到魏军袭击蜀军大营时，立即意识到这是司马懿的佯攻之计。他赶忙命令士兵虚张声势，奔走呐喊，就好像真的调动主力迎击魏军一样。与此同时，诸葛亮却命一队精兵趁司马懿举大军来烧粮草的时候，偷袭司马懿的"后院"。

蜀军干净利落地夺了魏军的营地，司马懿及其所领军队杀了好一阵才发现自己上了当，他们被蜀军引入山谷，中了埋伏，一时间利箭如雨点般从山谷两边射了下来。魏军大乱，想要逃跑，不想其周围尽是蜀军搭建好的草房。蜀军将草房点燃，魏军登时陷入一片火海。若不是突然下起了雨，司马懿自己也性命难保。

诸葛亮利用司马懿求胜心切的心理，成功地将他这只"虎"调出了山，取得了这场战役的胜利。

商业案例

◎范旭东调虎离山智斗"卜内门"◎

遇到强敌时，不妨采取调虎离山的办法，迫使对手将注意力投往他处，从而使其停止或减轻对己方的攻击。

第一次世界大战爆发后，"洋碱"输入中国的数量大幅减少，中国市场上的碱稀缺。原本从事盐业生产的企业家范旭东见机会难得，遂于1918年成立了中国第一家制碱企业"永利制碱公司"。然而永利的成立却引起英国卜内门公司的极大不快。在相当长的一段时间里，中国的碱市场都被卜内门公司垄断着，现在中国人有了自己的制碱企业，洋人独霸中国碱市场的日子结束了。这让卜内门心里十分不甘，它不想和永利共同分享市场。因此，卜内门调来大批纯碱，以低于原价40%的价格在中国市场倾销，企图抢走永利的市场。

面对咄咄逼人的卜内门，范旭东不想坐以待毙，决定予以还击。但永利成立的时间不长，市场占有率有限，远不如卜内门财大气粗。这意味着永利不可能也用倾销的办法来对付卜内门。如果永利不顾自身情况盲目调低产品价格，用不了多久，就会面临财务危机。但如果永利拒不降价，产品就卖不出去，资金无法收回，用不了多久，也会悲惨破产。

范旭东陷入了深思。

一天，范旭东在书房做事，无意中看到自己留学日本时的照片。原来，范旭东早年曾参加戊戌变法，变法失败后为避免被清政府迫害，他东渡日本，在日本学习了一段时间。看到这张照片，回想起往日情景，范旭东突然有了灵感："为什么不避开卜内门的锋芒，远赴日本呢？"永利的建立就是利用了西方制碱企业因第一次世界大战无暇顾及东方市场的时机，那么现在永利大可以"故技重施"。另外，日本又刚好是卜内门在远东的重要销售地，"一战"刚刚结束，卜内门还没有完全恢复生产，其销往远东的碱本来就没有多少，为了对付永利，卜内门一下子在中国倾销了大量的碱，其投入日本的碱产品必然减少。此时的日本一定非常需要碱。而对永利来说，去日本发展一可以开辟新市场，缓解眼下的危机；二还能调虎离山，通过抢占卜内门在日本的市场份额，迫使卜内门将注意力从中国市场转移到日本市场，无暇兼顾在中国的竞争对手。

虽然永利销往日本的纯碱数量只占卜内门公司在日本销量的十分之一，却让卜内门不敢小视。为了保住日本的大市场，卜内门停止了对永利的攻击，主动要求和永利进行谈判。调虎离山不只帮助范旭东解决了危机，还让他拥有了和对手讨价还价的筹码。范旭东遂向卜内门提出要求，从今以后卜内门必须在征得永利的同意后，才能在中国市场变动碱价，卜内门只得同意。

【点评】

《孙子兵法》已经告诉我们：攻城为下。而不顾一切地攻城终将以失败而告终。当敌人已经占据了有利地形，并做好了充分准备时，我军千万不可直接争地，应该巧妙地用小利将敌人诱离坚固的防御地区，而引诱至对我军有利的地区，然后我方就可以变被动为主动。

调虎离山主要有两种方法：一是引诱敌人离开防御严密的据点；二是将敌人引诱至我军的次要方向，以减轻其对我正面战场的压力。

大致说来，调虎离山可以分为以下几种方式：

一、如果敌方较为明智，尽量晓以利害或大义，使其自动退让。此为上策，也是理想状况，不过多数情况下较难实现。

二、诱之以利。

三、用虚虚实实的办法扰乱敌人的视线，使其漫无目的地四处奔走，然后伺机将敌人引诱至对其不利的地形中。

四、巧妙地激怒敌人，使其丧失理智，轻举妄动，最终落入我军的圈套。

五、在敌人内部或外部制造祸害，使其为了自保而自动逃离。

总之，调动敌人一定要审时度势，因势利导，做到巧妙灵活，千万不可被敌人看出形迹。

第十六计 欲擒故纵

全解经典

【原文】

逼则反兵，走则减势①。紧随勿迫，累其气力，消其斗志，散而后擒，兵不血刃②。需，有孚，光③。

【注释】

①逼则反兵，走则减势：将敌人逼迫得太紧，它就可能拼死反扑；如果让其逃跑，则可以削减它的气势。走，跑。

②兵不血刃：兵器上没有沾血。形容未经战斗就轻易取得了胜利。

③需：指《易经》中的《需》卦，这里是耐心等待而不进逼敌人之意。

有孚：这里指让敌人相信。光：光明，这里指战局前途光明。

【译文】

如果将敌人逼得太紧，它就可能拼命反扑；如果让敌人逃跑，则可以削减它的气势。对逃跑之敌要紧紧跟随，但不要过于逼迫，以此来消耗其体力，瓦解其斗志，等到敌人士气低落、军心涣散时再去擒拿它，这样就可以不动刀枪，避免不必要的流血牺牲。总之，不过分逼迫敌人，并使其相信这一点，就能使战局前途充满光明。

【计名讲解】

此计名最早见于《老子》第三十六章："将欲歙之，必固张之；将欲弱之，必固强之；将欲废之，必固兴之；将欲夺之，必固与之。是谓微明，柔弱胜刚强。"意思是说：想要收敛它，就一定要先扩张它；想要削弱它，就一定要先使它强壮；想要废除它，就一定要先抬举它；想要夺取它，就一定要先给予它。这就是微妙而又显明，以柔克刚的道理。

上面这句话体现了老子的辩证思想，后世在此基础上多有发挥。《鬼谷子·谋篇》中说："去之者纵之，纵之者乘之。"

"欲擒故纵"也写作"欲擒姑纵"，意思是为了捉住对方，故意先放开他。比喻为了更好地控制而故意放松一步。

"擒"和"纵"是一对矛盾，擒是目的，纵指方法。要想制服敌人，先要放任它，古人有"穷寇莫追"的说法，其实不是"不追"，而是要看怎样去追。因为把敌人逼急了，它必然会集中全力，拼死反扑。所以不如故意放松一步，使敌人放松警惕，松懈斗志，然后突然发动进攻，歼灭敌人。因此，欲擒故纵是一种放长线钓大鱼的计谋。

古人的按语说："所谓'纵'者，非放之也，随之，而稍松之耳。'穷寇勿追'，亦即此意。盖不追者，非不随也，不追之而已。"意思是说：所谓的"纵"，并非对敌视而不见，而是尾随其后稍松一些而已。兵书说"对溃败之敌，不要穷追不舍"，也即这个意思。这里所说的不追，并非不尾随跟踪，只是不过分紧逼罢了。

实用谋略

◎康熙擒鳌拜◎

要想捉住一个人不一定要在他身后步步紧逼，还可以假装放开他，待他以为没有威胁后，再对他下手。欲擒故纵之计很适合用在那些麻烦的、比自己强大的敌人身上。

康熙是清朝杰出的君主，他在位六十一年，为清朝的兴盛奠定了基础。而他即位的时候，还只是个八岁的孩子。顺治帝临终之前，留下遗诏，命四位辅政大臣帮助康熙处理国家大事。这四位大臣分别是索尼、苏克萨哈、遏必隆、鳌拜，其中数鳌拜最有权势。

鳌拜仗着自己手握重兵，并不把年幼的康熙放在眼里，不时便会违逆康熙的旨意。大臣们对此都敢怒不敢言，稍稍和他意见不合，就会遭到他的迫害。康熙亲政后，鳌拜的嚣张气焰一点都没有收敛，还杀害了同为辅政大臣的苏克萨哈。这让康熙萌生了铲除鳌拜的念头。但是顾忌到鳌拜的权势，康熙并没有把这一想法表露出来，相反，对鳌拜，还表现得比往日更加谦恭。

康熙明白，单凭一己之力无法铲除鳌拜，便找来了自己最亲密的伙伴——索尼之子索额图，任命索额图为御前侍卫，和索额图一起筹备对付鳌拜的事宜，他以娱乐为名，让索额图在贵族子弟中挑选出一批少年入宫担任侍卫。这些少年个个都长得矫健强壮。康熙把他们留在身边，天天练习摔跤，一连几天都不处理政事。

鳌拜对康熙的变化感到奇怪，决定到宫中探个究竟。于是，在早朝后直奔康熙和小侍卫们一起"玩耍"的布库房。

在布库房，康熙故意用话刺激鳌拜，要鳌拜和小侍卫比试。鳌拜答应了，三两下就把小侍卫打倒在地。康熙假意奉承了鳌拜一番，鳌拜心满意足地告退出去。在鳌拜看来，康熙无非是个胸无大志的贪玩少年，根本没有扳倒朝中权臣的能力。

康熙成功地迷惑住鳌拜，不动声色地训练着少年侍卫。一段时间之后，这些少年侍卫的武功都有了很大的长进。康熙见时机成熟，便单独宣鳌拜进武英殿面圣。

骄横惯了的鳌拜不知有诈，没有一点戒备就去了，而他刚进入武英殿的大门就被不知从哪里钻出来的一群少年扑倒，他努力挣扎想脱身离开，却怎么也挣扎不动。就这样，权势熏天的鳌拜被擒住了。

鳌拜擅权已久，势力庞大，若和他硬碰硬地对决，即使身为皇帝也没有百分百的胜算。因此，康熙通过欲擒故纵，故意给鳌拜制造了一种假象，促使鳌拜误以为他只是个贪恋玩耍的寻常少年，从而放松了对他的戒备，也给了他扶植亲信、筹备倒鳌计划的时间。

商业案例

◎原一平的销售秘诀◎

原一平是日本最富传奇色彩的推销员，连续15年在日本保险业绩排行榜中排名第一。而他最擅长的销售方法，当属"欲擒故纵"。他很讨厌对着一个客户不停地说上半天话，遇到难以沟通的客户，他还会主动停止谈话，借故告辞。

有一次，原一平和一位企业家约好了时间谈保险方面的事。尽管很早就听说那名企业家很难打交道，但真的见到对方时，原一平还是有些吃惊。前台的工作人员将原一平带到企业家的办公室，原一平很有礼貌地和企业家打了招呼。但企业家只抬头看了原一平一眼，什么话都没有说，就又转头去做自己的事情了。

原一平很是尴尬。突然，他用非常大的声音喊了一句："您好，我是原一平，很冒昧打扰了您，我改天再来拜访。"

企业家被吓了一跳，大惑不解地看着原一平："您说什么？"

原一平一面站起身做出要离开的样子，一面说："我告辞了，再见！"

企业家有些不高兴了，还从来没有人这样对待过他，于是吼住了原一平："你这人怎么回事？刚一来就走，你到底想做什么？"

原一平转过身，看着企业家说："我之前听前台小姐说您很忙，就拜托她给我一分钟的时间见一见您，和您问声好。我已经问候您了，事情完成了，所以向您告辞。谢谢您，改天我再来拜访，再见！"

原一平留下了自己的名片，随后走出了企业家的办公室。

通常，对一般的客人，问候一声，留下张名片，并不会让对方把你记在心上，再说站在待人接物的角度，这样做也不大礼貌。但对付骄傲自大的客人这招非常管用。该企业家被人逢迎惯了，很少遇到像原一平这样不客气的人，对原一平及其拜访自己的用意充满好奇。因此，几天之后，当原一平再去拜访企业家时，企业家对他的态度和上次明显不同。他一看到原一平，就立刻站起身迎接："又是您！您这人真奇怪，前几天才来了没一会儿，什么也没说就走了。"

原一平笑了笑答道："那天真是抱歉，打扰了您。"

企业家忙招呼原一平就座，不等原一平开口，就主动和他攀谈起来。原一平借机推销起保险，顺利地谈下了单子。

对原一平来说，与其追着客户不放让客户厌烦，或者被客户冷落讪讪而归，倒不如用一些"反常"的做法吊起客户的胃口，让客户期待和你再度见面。按照常人的逻辑，推销员总是满脸笑容地巴结客户，而原一平偏偏反其道而行之，欲擒故纵，故意做出对客户爱搭不理的样子，诱使客户主动向他敞开沟通的大门。

【点评】

一般来说，打仗都是以消灭敌人、夺取地盘为目的，所以说"纵虎归山，后患无穷"。

但是，在特殊情况下，纵敌也可以成为一种有效的歼敌手段。比如兵法上常说"穷寇勿追"，就是指当敌人尚未被彻底打败，还有一定的实力时，不可急于进攻。否则敌人被逼得狗急跳墙，做困兽之斗，拼命反扑，将会给我方造成不必要的损失。这时候，正确的做法是放敌人一马，但并不是真的放过它，只是虚留生路，让敌人看到一线希望，令其斗志松懈，只想着如何保命，从而无法下定死战到底的决心，逐渐消耗、拖垮敌军，我军则寻机将其全歼。

诸葛亮七擒七纵孟获之事乃"欲擒故纵"之计的典型应用。诸葛亮此举绝非感情用事，他的最终目的是使孟获心悦诚服，永不再叛，然后就可以利用孟获在当地的影响力，稳住整个南方的局势，为将来北伐解除后顾之忧。

军事谋略有"变""常"之分。在通常情况下，抓住了敌人都不会轻易将其放走，更何况是敌军主帅，因此释放敌人主帅显然属于"变"。诸葛亮审时度势，采用攻心之计，最后终于达到了目的。

当然，纵敌须有节有度。诸葛亮之所以敢七擒七纵，是因为他在不动声色间一直将主动权牢牢掌握在手中。而历史上"当断不断，反受其乱"者也比比皆是：商纣王囚禁了周文王，却又敌不过珍宝的诱惑放走了他，最后在鹿台自焚被周人夺了天下；项羽不听范增劝谏，在鸿门宴上放走刘邦，最后被刘邦逼得在乌江自刎；建文帝妇人之仁命部下不可伤害燕王朱棣，又放走了朱棣的两个儿子，最后被朱棣夺了皇位……这些都是历史上因纵敌不当而导致国破身死的血淋淋的教训，后人须谨记。

由此可见，纵敌并不是放任不管，而是战略上的必要放松，主要是防止敌人做垂死挣扎。"纵"是手段，"擒"才是目的。

施行此计的人，首先应当具有宽广的胸怀和远大的目光，能够摸透对方的心理；同时，施行此计的人也必须具有超凡的智慧和高妙的手段，方能随时将敌人轻松擒回来。

◎第十七计 抛砖引玉◎

全解经典

【原文】

类以诱之①，击蒙也②。

【注释】

①类以诱之：用类似的东西去诱惑敌人。

②击蒙：这里指诱惑敌人，然后便可打击这种受我诱惑的愚昧之人。击，打击。蒙，指《易经》的《蒙》卦。蒙的本义是事物的初始状态，这里指使敌人懵懵懂懂地上当。

【译文】

用类似的东西去引诱敌人，使敌人懵懵懂懂地上当受骗。

【计名讲解】

抛砖引玉，出自《传灯录》。《传灯录》中记载了一个故事：相传，唐代诗人常建听说赵嘏要去游览苏州的灵岩寺。为了请赵嘏作诗，常建先在庙壁上题写了两句，赵嘏见到后，立刻提笔续写了两句，而且比前两句写得好。后来文人称常建的这种做法为"抛砖引玉"。

北宋释道原《景德传灯录·卷十·赵州东院从稔禅师》说："大众晚参，师云：'今夜答话去也，有解问者出来。'时有一僧便出，礼拜。稔曰：'比来抛砖引玉，却引得个墼子（墼指的是没有烧的砖坯）。'"

"抛砖引玉"的本义是抛出砖去，引回玉来。后来比喻用自己不成熟的意见或作品引出别人更好的意见或作品。此计用在军事上，指的是用相类似的东西去迷惑、诱骗敌方，使其落入我方事先设好的圈套之中，然后伺机粉碎敌人的计谋。在这里，砖和玉是一种形象的比喻："砖"喻指小利，即诱饵；"玉"喻指作战的目的，即大的胜利。"引玉"，才是最终的目的；"抛砖"，是为了达到目的而采取的手段。这就好比钓鱼需用钓饵，先让鱼儿尝到一点甜头，它才会上钩一般；把小的利益抛给敌人，使其得到一点好处，占了一点便宜，敌人就会放松警惕，才会误入我方事先设好的圈套里，从而一举将敌人消灭。

古人的按语说："诱敌之法甚多，最妙之法，不在疑似之间，而在类同，以固其惑。以旌旗金鼓诱敌者，疑似也；以老弱粮草诱敌者，则类同也。"

按语的意思是说：迷惑敌人的办法有很多，最好不要使用似是而非、引人起疑的办法，而是要用同类相似的方法，用以加深敌方的错觉。凡是以旗帜招展与锣鼓齐鸣的办法来迷惑敌人的，是疑似之法；凡是用老弱残兵和粮食柴草迷惑敌人的，才是类同之法。

实用谋略

◎楚国轻取绞城◎

抛砖引玉，即用相类似的事物去迷惑、诱骗敌人，使其懵懂上当，中我圈套，然后乘机击败敌人的计谋。春秋时期，楚国轻取绞城，用的正是抛砖引玉的计谋。

公元前700年，楚国发兵攻打绞国（在今湖北郧县西北）。

楚军兵势强大，行动迅速，很快就兵临城下。绞国见楚军士气旺盛，自知出城迎战肯定凶多吉少，于是决定坚守不出。

绞城地势险要，易守难攻，楚军的多次进攻均被击退。两军就这样相持了一个多月。

楚国大夫莫傲屈瑕在仔细分析了双方的情况后，认为绞城只可智取，不可硬攻。他面见楚王，献上了一条"以鱼饵钓大鱼"的计谋。

莫傲屈瑕说："既然绞城强攻不下，不如利而诱之。"

楚王向他询问诱敌之法，莫傲屈瑕建议说，绞城被围月余，城中必定会缺少薪柴，我们正好可以利用这个，派一些士兵装扮成樵夫，上山打柴。敌军见了，一定会出城劫夺柴草。头几天，我军按兵不动，让他们先占得一些小利。他们必定因此而麻痹大意，派出大批士兵出城劫夺柴草，到时我们先设下伏兵断其后路，然后聚而歼之，乘势夺城。

楚王认为此计虽好，但绞国不一定能够上当。莫傲屈瑕说："大王放心，绞国虽然小，但是轻敌躁进。轻敌躁进就会少虑寡谋。现在我们主动送上香甜的钓饵，不愁它不乖乖上钩。"

楚王于是依计行事，命一些士兵装扮成樵夫上山打柴。

绞侯听探子报告说有樵夫进山，忙问这些樵夫周围是否有楚军保护。

探子说，他们都是三三两两进山，身边并无兵士跟随。

绞侯立刻布置人马，等这些"樵夫"背着柴火从山中走出时，突然发动袭击，顺利得手，抓了三十多个樵夫，夺得了不少柴草。

一连几天，绞军频频出动，收获颇丰。既然有利可图，又不见楚军出动，出城劫夺柴草的绞国士兵越来越多。楚王抛出的诱饵已经被敌人吞下，便决定及时收杆，逮到这尾大鱼。

第六天，绞国士兵仍然像前几天一样大摇大摆地出城劫掠，"樵夫"们见绞军来劫掠，顿时吓得没命逃奔，绞国士兵穷追不舍，却在不知不觉中被引入了楚军早已设下的埋伏圈中。霎时间，伏兵四起，杀声震天，绞国士兵本来战斗力就不如楚军，加上毫无防备，哪里抵挡得住，慌忙之余，只想后撤，却早已被伏兵断了归路，结果死伤无数。

趁此机会，楚王迅速派兵攻城，绞侯这才知道自己中了计，但已经无力抵抗，只得主动开城投降。

楚军巧用"抛砖引玉"之计，轻轻松松拿下了之前久攻不下的绞城。

◎芒卯救魏◎

战国时，诸侯之间既互相攻打，又随时因利益而结盟，时分时合，混战不已。秦国与赵国结盟，相约一起攻打魏国。秦国还许诺，打败魏国后，就将原属于魏国的邺城（今河南河阳）割让给赵国。

魏国两面受敌，上下均十分恐慌，魏王急忙召集群臣商议对策，但急切间大家谁也拿不出妥善的办法。最后，一个名叫芒卯的人对魏王说："大王无须为此事忧虑，秦、赵之间素来不和，如今他们暂时联合起来，不过是为了瓜分我魏国的领土，扩大自己的地盘和势力。所以，我们只要主动让赵国尝点甜头，它自然会断绝与秦国的联盟关系。"然后芒卯就将自己的计划如此这般说了一遍，魏王一边听，一边连连点头称是。

按照计划，魏王派张倚出使赵国。张倚见到赵王，说："如今大王与秦国联手攻打我国，无非是为了邺城。反正邺城早晚都要失陷，魏王素有仁爱之心，为了使两国百姓免遭战争之苦，于是决定不动干戈就将邺城献给大王，请大王接纳。"

不用一兵一卒，就能白白得到邺城，赵王当然非常高兴，又问张倚："如果寡人接受了这份礼物，那魏王有什么期望呢？"

张倚答道："魏、赵两国一直维持着友好的关系，而魏、秦之间素来互相视为敌人。而且秦国乃虎狼之国，请大王仔细权衡其中的利弊。如果您想与魏国结好，请大王断绝与秦国的联盟关系，然后就可以得到邺城，不然的话，魏国即使拼到城毁人亡，也誓将与敌人血战到底。"

赵王当夜便召来群臣商议此事，经过一番讨论，最后决定接受邺城，便宣布与秦国断交。芒卯计策的第一步——"抛砖"已获成功。

赵国与秦国断交后，就准备兑现当初与魏国的协议。赵王派了一支部队前去接收邺城，而守城的主将正是芒卯。他对领兵的赵国将领说："我奉魏王之命在此守城，怎么可能将城池拱手出让呢？张倚哄骗赵王说要把邺城献给赵王，这是张倚的罪过，跟我没关系，你还是去找张倚吧。"赵国大将没有办法，只好退兵。

听了将领的回报，赵王才意识到上了魏国的大当。而秦王正在因赵国擅自毁约之事而恼怒不已，于是四处联络，准备联合魏国攻打赵国。

赵王听到风声后，惊慌失措，惶惶不可终日，但又想不出对策，在走投无路的情况下，只能决定将赵国的五座城池割让给魏国，来换取魏与自己联手共同抗秦。

在这则故事中，魏国玩了一招"无中生有"，结果靠着抛出的空"砖"引来了真"玉"。

商业案例

◎新光人寿打响品牌◎

台湾新光人寿保险公司始建于1963年7月，总经理为吴家录先生，他还兼任台北市人寿保险同业公会理事长。吴家录先生多年来一直从事人寿保险业，他之所以能从竞争激烈的行业中脱颖而出，并成为一位大老板，主要靠的是腹中的各种妙计。

新光人寿保险公司成立之初，筹备工作较为仓促，当时公司就设在台北市繁华热闹的馆前路，整个办公室只有十张桌椅和一套沙发，以及十位员工。

制造业出售的是有形的商品，保险业则不同，它出售的是完善的服务与安全的保证，因此，保险单的设计对于一家人寿保险公司来说是至关重要的。

但是，新光人寿当时刚刚成立，人才稀缺，连一个能设计保险单的人都没有。公司欲向同业索取，又接连遭到婉拒，大家无计可施，整天愁眉不展。

见此情形，吴家录灵机一动，派本公司职员假装到别的人寿保险公司应聘。当时台北市共有八家保险公司，在不到三天的时间里，这八家保险公司的各种保单就统统摆在了吴家录的桌上。

他们首先研究八家保险公司的各种保单，分析其优点与缺点以及保费、投保内容、理赔项目等。

拿到需要的资料后，新光人寿开始进行细密研究，然后在此基础上设计出了自己的保单，不仅投保费用每月比其他八家公司中最低的还要便宜一块钱，而且在理赔项目中，飞机失事或火灾身亡的理赔金额是八家公司中最高赔偿金额的五倍。

如此优惠的"新产品"，加上新光人寿打出的广告——"最少的保费，最高的保障"，二者配合默契，相得益彰，在同业中一下子就出尽了风头，具有了强大的竞争力。

公司刚开张没多久，就打响了自己的牌子，初战告捷，下一步工作的突破点在哪里呢？

吴家录对当时的市场进行了仔细研究和分析，指出各家公司都集中在都市，导致台北人寿保险业竞争过于激烈，而农村在人寿保险业这一块项目上尚且属于真空地带，具有极大的发展潜力，于是吴家录决定，先开发农村。

虽然农村市场潜力很大，但阻力也同样很大，因为当时农村人对人寿保险这个事物非常陌生，自然体会不到人寿保险的重要性，甚至认为投人寿保险不吉利。

为此，吴家录绞尽脑汁，专门设计了一种"样本保险"——先通过农村的村主任了解到村子中有谁得了不治之症，新光人寿保险公司便主动免费为其提供保险。若人去世后，公司便按承诺如数拨给逝者的亲人一笔保险金，由村主任转交，以便广为示范。这一招果然灵验，乡下人淳朴，由此认定新光人寿保险公司的的确确为乡民们带来了实惠，一传十，十传百，大家便纷纷加入了保险。

任何企业及其产品要想扩大知名度，除了质量过硬赢得好口碑之外，最主要的宣传手段莫过于做广告。在这一点上，新光人寿保险公司也是费尽心思。

但是在20年前，大众传媒并不发达，台北也不例外，当时的广告媒介既不普遍，价格还非常昂贵，一般公司根本负担不起。

但吴家录并不因此就知难而退，而是一直在苦思办法，功夫不负有心人，还真让他寻得了一条妙计。

每天晚上八点钟左右，吴家录就会前往生意红火、客源兴旺的电影院。但他并不是来看电影的，而是来发"寻人启事"的。寻人启事的文字是直接打在银幕上的，内容非常一致，都是"新光人寿保险公司某某，有人找"。但是实际上，根本没有新光人寿的员工在看电影，这样做的目的是让更多的电影观众熟悉并逐渐牢记新光人寿保险公司的名字。

与高昂的广告费用相比，每条"寻人启事"只需要花五角钱，价格非常便宜，所收到的效果却很不错。

就这样，新光人寿保险公司的品牌逐渐在城乡之间传了开来。吴家录的计策并不需要什么昂贵的代价，就是这一次又一次的微小付出，却为公司带来了巨大的收益，这是"抛砖引玉"之计在商业领域的最好体现。

【点评】

此计的顺利实施全靠"利而诱之"：抛砖，就是先给敌人一些甜头，以达到"引玉"的目的。

抛出的"砖"，可以是"真砖"，即实实在在的好处，也可以是"假砖"，即只是一个假动作，但不管是真是假，不管怎么将"砖"抛出，必须明确的是，抛出的是"砖"，引到的是"玉"，即抛出的诱饵一定要比后来所收获的东西价值小，否则就是得不偿失。

古人认为，引诱和迷惑敌人最好的办法，不是用敲锣打鼓、张设旗帜的方式虚张声势，而是示假隐真，利而诱敌。钓鱼要用诱饵，引玉先得抛砖。

抛砖引玉有以下三重含义：我方用小利引诱对方，最后得到较大的利益，而用来做小利的诱饵并未丧失；我方以较小的代价换来较大的利益；我方以较小的事物来对抗对方较大的事物，最后二者同归于尽。虽然双方均有损失，但我方的损失比对方小得多，这也是一种胜利。

要想有所收获，首先须得付出，就像钓鱼必须先放诱饵一样，想引玉就得先抛砖，让敌人先尝到一点甜头，而让自己收获更大的甜头。

第十八计 擒贼擒王

全解经典

【原文】

摧其坚，夺其魁，以解其体。龙战于野，其道穷也①。

【注释】

①龙战于野，其道穷也：语出《易经·坤》："象曰：战于野，其道穷也。"意思是强龙争斗于田野大地上，是走入了困顿的绝境，这里比喻敌人陷入绝境。

【译文】

摧毁敌人的主力，擒住或消灭它的首领，就可以瓦解它的整体力量。这就好像龙离开大海到陆地上作战，从而面临绝境一样。

【计名讲解】

此计名出自唐代诗人杜甫的《前出塞》诗："挽弓当挽强，用箭当用长。射人先射马，擒贼先擒王。"杜甫写这首诗的时代背景是：唐开元十八年（737年），唐玄宗利用吐蕃人未做防备的机会，派兵入侵吐蕃，大败吐蕃军队，深入敌境两千余里。两年之后，金城公主去世，吐蕃遣使到长安报丧，并借此向唐朝求和，玄宗没有答应。740年，吐蕃攻占唐朝边境重镇石堡（今青海省会西宁西南）。天宝七年（748年），唐朝派陇右节度使、大将哥舒翰统军三万三千人与吐蕃军决战。尽管此役收回了石堡，但是唐军死伤惨重。杜甫的《前出塞》诗，正是针对这一情况有感而发的，意思是说，只要能够制伏敌国的首领，保住本国的疆土，防止异国的入侵就可以了，没必要杀太多的人。从当时历史背景来看，杜甫的这首诗寓含着对唐玄宗李隆基无节制地对外用兵的讽谏之意。

"擒贼擒王"的本义是捉坏人先要捉住其头领，和俗语"打蛇打七寸"的意义相近。比喻做事要抓住要害。运用在军事上，是指首先歼灭敌军主力或擒拿敌军主要将领，借此动摇敌人的斗志，扰乱其阵脚，使敌人彻底瓦解；也可指集中优势兵力，消灭敌人的有生力量。

古人按语说："攻胜则利不胜取。取小遗大，卒之利、将之累、帅之害、功之亏也。全胜而不摧坚擒王，是纵虎归山也。擒王之法，不可图辨旌旗，而当察其阵中之首动。"意思是说：战胜敌人就不能不乘机扩大战果，如果仅仅满足于小利，而失掉获得大利的战机，只顾使士兵减少伤亡，但是由于敌军的主力仍旧完好无损，就会给指挥者带来巨大的困难，甚至会前功尽弃。认为取得完全胜利而不消灭敌军主力并俘虏其首领，就像放纵归山，后患无穷。俘获敌军首领的办法，不要只辨别旗帜，而应观察在敌营中谁是指挥官。

实用谋略

◎张巡智胜尹子奇◎

杜甫《前出塞》诗中有句写道："射人先射虎，擒贼先擒王。"古往今来的许多战例，都出现过"擒贼先擒王"的情形，"张巡智胜尹子奇"的故事，便是典型的一个。

唐玄宗时爆发了安史之乱。一开始叛军声势浩大，连战连捷。757年，安禄山在洛阳被杀，他的儿子安庆绪接掌大权。安庆绪派手下大将尹子奇率十万劲旅向睢阳进犯，企图夺取江淮，继续扩大地盘。

睢阳守将许远知道情况危急，遂向河南节度副使张巡告急求援。张巡立刻带领三千兵丁火速前往救援，即便如此，两部人马合起来也不过七千人，与叛军相比，实在相差太多了。

好在张巡足智多谋，作战经验丰富，善于用兵。叛军包围城池以后，连连猛攻，张巡身先士卒，奋力抵抗，并在敌强我弱的情况下，俘获叛军将领六十余名，斩杀两万多敌人。初战告捷，睢阳守军军心大振。

叛军自然不甘心就这样失败，于是仗着人多势众，旋即卷土重来。张巡虽然指挥唐军打退了叛军一次又一次的进攻，并且每次都有所斩获，但始终未能动摇其根本。而张巡人马少，更加经不起消耗。对于睢阳守军来说，当时的形势依然非常严峻。

而尹子奇见二十余次攻城均被击退，士兵已经非常疲惫，因此不得不鸣金收兵，暂作休整。

当天夜里，叛军刚刚准备休息，忽听城头战鼓隆隆，杀声震天，似乎唐军即刻就要开城出战。尹子奇迅速集合列队，准备与冲出城来的唐军激战。

谁知张巡却是"干打雷，不下雨"，虽然把战鼓擂得隆隆作响，却一直紧闭城门不出战。叛军被折腾了一整夜，没有得到休息，将士们又累又困，疲倦至极，连眼睛都要睁不开了，倒在地上就开始呼呼大睡。

正在叛军人困马乏的时候，只听城中一声炮响，张巡突然率领守军冲杀出来。

叛军在睡梦中被喊杀声惊醒，吓得乱作一团。张巡一马当先，接连斩杀敌将五十余名，士兵五千余人。

但叛军依然未伤元气，张巡召集将领们商议退敌方案，有的说：敌军有十万，而我军只有几千人，恐怕难以抵挡，最好赶快请来援兵。有的说：应该偷袭敌人的粮仓，乱其军心，断其后路，然后方能取胜。但是，就算派人杀出重围去请援兵，也要数月才能到达，远水解不了近渴，恐怕到时睢阳早已失守。而敌军粮草由重兵把守，显然是早有准备，难以劫下。所以这些方案很快就被一一否定。

这时，张巡分析道："如果硬拼，我军肯定不敌叛军，必须智取。只要先除掉叛军主将尹子奇，敌人定会乱作一团，我军再乘胜追击，打他个落花流水。"

但张巡以前从未见过尹子奇，现在两军混战，辨认起来更加不易。

于是张巡心生一计，当尹子奇又开始发动进攻时，他命士兵从城头向敌阵放箭，只是这箭枝是用蒿草秆做的。叛军中有人捡到箭，以为睢阳守军的箭已经用光了，心中大喜，立刻兴冲冲地拿去向主将报告。

张巡在阵前看得一清二楚，立即让部将南霁云张弓搭箭射向尹子奇。南霁云是有名的神箭手，虽然相距较远，但他依然一箭射中尹子奇左眼，这回可是"货真价实"的真箭，尹子奇立刻鲜血满面，差点落下马来。

张巡见尹子奇中箭，立即指挥几千精兵趁势掩杀，差点将尹子奇生擒活捉。尹子奇则如惊弓之鸟，仓皇逃命。主帅负伤遁走，手下将士顿失主心骨，乱成一锅粥，在唐军的冲杀下，兵败如山倒。

◎李靖追捕颉利◎

"擒贼擒王"是指在交战之时，用消灭敌方指挥部门的方式击溃敌人。控制住敌人的首领就相当于控制了整个战场的形势。相反，如果让"擒王"的机会白白溜走，在很多时候即意味着给了敌人卷土重来的机会，就算取得了部分战场的胜利也不能高枕无忧。

由于屡屡遭到突厥进犯，贞观三年（629年），唐太宗决定对突厥发动进攻，命大将李靖等人统率十万兵马讨伐突厥。第二年的二月，李靖在阴山之战中大败突厥颉利可汗，致使后者不得不带领麾下数万人仓皇逃跑。逃跑途中颉利可汗派人向唐太宗请罪，表示愿意举国依附大唐。唐太宗一面派鸿胪卿唐俭和颉利接洽，一面派李靖领兵迎接颉利。

然而，李靖却认为颉利虽然表面上臣服，实际上仍盘算和大唐为敌，只待草丰马壮后再卷土重来。考虑到放过颉利如同纵虎归山，李靖和另一名讨伐突厥的大将李世勣商量，决定冒险违抗命令，突袭颉利，将其余部一网打尽。

于是，李靖带领人马进军阴山，路上，他们发现了数千顶突厥兵的帐篷，为了确保突袭计划不会提早泄露，李靖等当即决定将这些突厥人全部俘虏充入军中。而此时此刻，颉利可汗则因为见到了唐使唐俭，以为一切皆在自己掌握之中，因此沾沾自喜，没有任何提防。当他察觉到李靖等人的行动时，后者距他的大帐只有十几里路了，摆在他眼前的选择只剩下一种——逃跑。

颉利惊慌失措地跳上马，带着一支部队踏上逃亡之路。而剩下的突厥大军则群龙无首，乱作一团，根本没有心思对付杀气腾腾的唐军。李靖等人势如破竹杀得酣畅淋漓，一口气杀了突厥一万多人，俘虏十余万，其中包括颉利可汗的儿子叠罗施。一场突袭下来，颉利的身边只剩下一万多人，这些人还大多被李世勣堵在了碛口。

颉利可汗一路逃至灵州附近的苏尼失那里，试图在此稍作休整后向南前往依吐谷浑。但他的行踪被唐大同道行军总管李道宗得知，李道宗向苏尼失施压，逼后者交出颉利。这次，尽管颉利藏进了深山中，却依然没能逃跑成功。

颉利就这样被唐军抓获了，颉利被抓后，苏尼失见大势已去，也归降大唐。根据《新唐书》的记载，苏尼失有帐部五万，原本位于灵州西北。他为人骁勇善战，又常给手下恩惠，所以归顺者众多，对大唐而言，也是一股不容小觑的力量。若颉利可汗没有被抓住，借助苏尼失的力量东山再起，大唐又不知增添多少麻烦。

由于苏尼失是"率众归服"，他归服之后，漠南之地尽归大唐的版图。唐太宗非常高兴，给了他优厚的赏赐，封他为北宁州都督、右卫大将军、怀德郡王。而颉利则被带到了长安，一直到死，他都没有能力再和唐朝作对了。

商业案例

◎ "柳江"的成功之道 ◎

在企业经营中，"擒贼擒王"之计可引申为：紧紧抓住事物发展的关键，或把握问题的重点。在开发新产品时，面对强手如林的产品市场，应着力研制集众人之长于一身、技冠群雄的王牌产品，以增强产品的竞争力。

此外，在销售对象上，应善于抓住主要的消费人群，并针对他们的消费心理和需求，改进产品的质量、功能、式样和包装，以吸引顾客。

世界著名企业家无不是重点经营某一产业而起家的。如美国的石油大王洛克菲勒、钢铁大王卡内基，新加坡的玻璃大王陈家和，中国香港的船王包玉刚等，这些企业巨子，无不重点以生产或经营某种产品而著名。企业经营者，特别是中小企业的领导者，运用擒贼擒王之计，关键就在于集中人力、财力、物力，重点经营。如果不考虑企业实力，盲目扩大营业项目或多角经营，往往会因分身力薄而难以成功，至于大企业要搞多种经营或多角经营，经营的每一项，也要谨慎研究，集中力量抓住重点。

1969年，柳州农机厂开始转产2.5吨"柳江"牌汽车，由于工厂沿用小生产经营方式，厂小而求全，除发动机外，其余零部件几乎都由自己生产。结果，"柳江"牌汽车成本高、质量差，企业效益低，到1980年出现亏损，陷入困境。

厂领导经过研究，苦思对策，确定加入东风汽车联营公司，生产"东风"车。并改变了过去"小而全"的生产格局，走专业化生产之路，结果成本大大降低，效益显著提高。

以此为起点，柳汽又改汽油车为柴油车，从而适合大批个体运输户的需要，投放市场后，甚为走俏，1991年生产一万辆后即销售一空；1992年生产1.5万辆仍供不应求，这一创举，正是集中力量、重点经营的结果。

【点评】

在战争中，打败敌人了，将会取得丰厚的利益。但是，如果因为满足于小胜而错过了大胜的好机会，就像仅仅击溃了敌军，却放走了"贼王"，这无异于纵虎归山。只有捕杀了敌人首领，摧毁了敌方的指挥部，使敌人陷于群龙无首的境地，才能迅速消灭敌人。

而从哲学角度看，"擒贼擒王"中的"王"指主要矛盾或矛盾的主要方面，它是居于领导和支配地位，解决了主要矛盾或矛盾的主要方面，次要矛盾和矛盾的次要方面也就迎刃而解了。

"擒贼擒王"的含义包括以下三重：

一、擒其首脑；二、攻击要害；三、提纲挈领。

人们常说："蛇无头不行。"一个组织的形成和发展，总是取决于少数关键性的人物。一旦关键人物不在了，余下的人就成了一盘散沙。

所以，要消灭和瓦解一个组织，首要的攻击目标就是它的首领和核心人物，这就是"打蛇打七寸"。不过，擒王的具体实施方法有很多种，还可以与其他计谋联用。

从明处下手，硬擒硬杀是其中一种，但往往要付出高昂的代价，而且容易引起对方的警觉，成功的可能性比较低。

"调虎离山"和"美人计"都是行之有效的手段，和武力擒王相比，代价较小，成功的系数也要高得多。总之，擒王的方法有很多，依照具体情况还能进行各种变通，但首先擒王这条原则是恒定不变的。

混战计

第十九计 釜底抽薪

全解经典

【原文】

不敌其力，而消其势①，兑下乾上之象②。

【注释】

①势：气势。

②兑下乾上之象：指履卦。《易经·履》中说："柔履刚也。"这里含有以柔克刚之意。

【译文】

不直接面对敌人的锋芒与之抗衡，而是间接地削弱它的气势。也就是说用以柔克刚的办法来转弱为强。

【计名讲解】

计名出自北齐魏收所写的《为侯景叛移梁朝文》："抽薪止沸，剪草除根。"水凉水沸，是日常生活中常见的现象。要想让水不沸腾，可以加进一些凉水，即扬汤止沸，也可以抽掉锅底的柴草，即"釜底抽薪"。扬汤止沸，水一时凉了，很快又会再沸。这是因为没有从根本上止沸。釜底抽薪，因为水靠火沸，火要薪生，便从根本上消除了水沸的基础或依靠物了。

釜底抽薪本义是把柴火从锅底抽掉（使水停止沸腾）。比喻从根本上解决问题。

运用在军事上，指的是切断敌人的供给来源，从根本上动摇敌人的军心和士气，使其成为"无源之水，无本之木"，然后一举战胜敌人。尤其是当敌人力量强大时，绝不能正面硬拼，而应该以柔克刚，避其锋芒，削弱其气势。在古代战争中，粮草是关键和重中之重，所以运用此计时多在粮草上做文章。到了近现代，"薪"的范围更加广泛。

古人按语说："水沸者，力也，火之力也，阳中之阳也，锐不可当；薪者，火之魄也，即力之势也，阴中之阴也，近而无害。故力不可挡而势犹可消。尉缭子曰：'气实则斗，气夺则走。'而夺气之法，则在攻心。"意思是说：锅水沸腾，靠的是一种力量，也就是火。星星之火可以燎原，迅猛而不可挡。柴草是火的灵魂，是发火的基础，其中蕴藏着极大的能量。但是，柴草本身却不凶暴，即使碰到它也不会受到伤害。因此，强大的力量尽管无法阻厄，但从气势上使其自行瓦解的妙招，还是有的。尉缭子说："士气旺盛就要向敌发起进攻，士气低沉就主动退出战斗。"削弱敌军士气的办法，就在于巧妙地运用政治攻势。

实用谋略

◎勾践蒸粟还粮◎

古今战争中，粮草为部队生存之根本，为部队战斗力的本源，因此，总是"兵马未动，粮草先行"。如果部队缺粮，就会陷入困境，以致遭受失败。

春秋末年，吴、越逐渐崛起，两国之间经常发生摩擦。吴王夫差先打败越国，越王勾践为保全国家，只能屈膝求和，并亲入吴国为奴，伺候夫差。勾践表现得谦卑而谨慎，从而蒙蔽了夫差。过了几年，夫差便允许其回国。

勾践回国后，卧薪尝胆，暗中积极备战，想要灭掉吴国，一雪前耻。

勾践让妻子织布，自己则带头下田耕作，并实行轻徭薄赋的政策，百姓吃穿不愁，家家蓄有余粮。人口逐渐增加，国力日渐强盛。

反观吴国，吴王夫差沉溺于酒色，不理朝政，他刚愎自用，生性多疑，不但重用伯嚭这样的小人，还逼死了忠臣伍子胥。夫差穷兵黩武，多次北上与中原诸侯争夺霸主之位，搞得国内怨声载道。

虽然越国已经国富民强，但为了麻痹吴国，勾践借口越国遇到灾荒，向吴国借了一万石粮食，许诺第二年将所借粮食如数归还给吴国。

眼看归还之期就要到了，勾践和大臣文种谈及此事，说："如果我们不还粮食，吴王就会以此为借口，兴兵讨伐我们，而越国尚未完全做好准备，况且这样做也是我们失信于人；但如果把粮食还给吴国，这就等于是帮助敌人，而不利于越国。怎样才能做到两全其美呢？"

文种说："粮食是一定要还的。但我们可以在粮食上做些手脚。我们从粮食中精选出一部分，蒸熟后再还给吴国。然后就有好戏看了。"

越国送还的粮食因为被蒸过，颗粒大而饱满，吴国人见了，非常高兴。于是到了第二年春天，许多人把这些粮食当作良种播到地里，他们本来以为会有好的收成。但是被蒸过的种子根本就不可能发芽，所以到秋天的时候，吴国的田地里几乎颗粒无收，严重的饥荒导致很多人饿死，吴国的国力大大衰弱了。

国以民为本，而民以食为天，勾践还的是蒸熟之粮，吴国不知内情而中了计，结果发生饥荒。这是一招典型的"釜底抽薪"之计。勾践通过施用这一计谋，从根本上削弱了吴国的实力，也为最终灭掉吴国奠定了基础。

商业案例

◎ "釜底抽薪"要看准时机 ◎

如果从釜底所抽之薪不足以灭掉釜底之火，那么不仅不能彻底止住釜中沸水，还会制造出大量呛人的烟。

始创于 1958 年的长虹是中国知名的家电企业，其资产达六百多亿元，在国际上具有很强的竞争力。但和所有企业一样，其发展并非一帆风顺，不时便会遇到挑战。1996 年中国彩电市场竞争异常激烈，很多厂家都不得不用压低价格、减少利润的办法确保自己产品的市场占有率不会下降，但这种做法必定给企业带来巨大的压力。

长虹也是如此，低价竞争让它疲惫不堪，它不得不思考应对之策。在对彩电市场进行了一番细致的研究后，长虹的决策者决定用釜底抽薪的办法解决难题——通过控制彩电零部件的销售控制彩电整机的成本价，进而掌握市场的主导权。

这个办法看上去很高明。一旦长虹主导了彩电整机的成本价，其产品至少在价格上就拥有了其他彩电品牌难以比拟的优势。而在彩电的所有零部件中，属显像管所占的成本最高，约占整个彩电成本的 70%，长虹遂决定从彩电的显像管下手。其凭借雄厚的财力和良好的商业信誉，大量吸纳彩电显像管，一口气便买断了中国 70% 左右的彩色显像管。

长虹的做法引起了很多同行的恐慌。从 1998 年下半年开始，不少生产彩电的厂家就因显像管不足而不得不减少产量甚至停止生产。长虹借机扩大市场份额，一跃成为行业霸主。但是，中国的彩电市场并非只有长虹一家实力雄厚，况且彩电的生产技术总在发展，要降低成本并非只能靠压低显像管成本这一条途径。因此，长虹在彩电领域的好日子并没有持续多久，其彩电部门就出现了亏损。显像管不仅没能成为长虹制约其他彩电企业的"凶器"，还成为长虹的拖累，大批地积压在库房里。

釜底抽薪即意味着抓住问题最关键的环节，以此下手，一举解决整个问题。但是如果不具备抓住问题最关键环节的能力，就要慎用此计。

【点评】

为了让锅中的水停止沸腾，我们经常会把锅中的水不停地舀出来再倒回去（即"扬汤止沸"），或者直接倒入凉水，但这样治标不治本，因为只要火源还在，水很快还能再沸腾。因此，最好的办法是抽掉锅底的柴草，即"釜底抽薪"。

两军对阵时，如果敌人势力强大，一时难以阻挡，那么就应该避其锋芒，并从根本上动摇敌人。

在冷兵器时代，粮草对军队的作用至关重要，"军无粮草则亡"。因此，绝大多数情况下，古代军事家将截断敌人的粮草视为"釜底抽薪"的目标。

而在近现代，此计运用的范围更加广泛，而"薪"所包含的内容也更加广泛。此计所包括的含义如下：

一、先治本后治标。任何事物都分为"标"（枝节、表面）和"本"（根本、本质）两个方面。只有先找出根本，从根本入手，才能彻底解决问题。

二、去其所恃。世界上的事物都是相互联系、相互依存的，一旦破坏了某事物赖以生存的基础，那么将会对这一事物造成致命的打击。

三、以柔克刚。硬碰硬往往会两败俱伤，当必须保存实力时，不妨用柔和的办法去制伏刚强的敌人，这样做能收到意想不到的效果。

第二十计 混水摸鱼

全解经典

【原文】

乘其阴乱①,利其弱而无主。随,以向晦入宴息②。

【注释】

①乘其阴乱:乘敌人内部发生混乱。阴,内部。
②随,以向晦入宴息:语出《易经·随》,意思是人要顺应天时去安排作息,向晚就应当入室休息。随,顺从。

【译文】

趁敌人内部发生混乱,利用其力量虚弱而没有主见这一弱点,使敌人顺从我,就像人顺应天时到了夜晚就要入室休息一样。

【计名讲解】

"混水摸鱼"又写作"浑水摸鱼",本义是趁着水浑把鱼捉住。比喻乘乱捞取利益。用到军事上,指的是当敌人内部出现混乱的时候,趁机抢夺利益或夺取胜利,这是一种乱中取胜的计谋。

混水摸鱼的计名出自《三国志·蜀志·先主传》。

东汉末年,朝政黑暗腐败,爆发了黄巾起义。各路豪强纷纷起兵,彼此混战,借镇压黄巾起义的机会争夺地盘,壮大自己的势力。刘备就是其中的一个。

刘备是汉室宗亲,但是到他父亲那一辈的时候,家道已经衰落了。刘备不像曹操和袁绍等人那样有雄厚的基础，因此只能东奔西走，不断依附于别人。

有一次，刘备来到隆中，他三顾茅庐，请出了诸葛亮，有了自己的战略规划，并在诸葛亮的辅佐下，势力逐渐壮大。赤壁之战后，刘备先夺荆州，有了立足之地，后取西川，终于与魏、吴形成鼎足之势，这就是运用了混水摸鱼的计谋。

古人的按语说："动荡之际，数力冲撞，弱者依违无主；敌蔽而不察，我随而取之。《六韬》曰：'三军数惊，士卒不齐，相恐以敌强，相语以不利，耳目相属，妖言不止，众口相惑，不畏法令，不重其将：此弱征也。'是'鱼'，混战之际，择此而取之。如刘备之得荆州、取西川，皆此计也。"

这段按语意思是说：在动荡不稳的局势中，总是有几种相互冲突的力量同时存在。弱小者联合谁与反对谁的态度都没有明确，敌方又都受蒙蔽而没有察觉，我方则应毫不犹豫地顺手消灭他们。兵书《六韬·兵征》说："全军多次出现恐慌，军心不稳。又因高估敌情而心怀惧怕。互相传闻，说泄气话。谣言四起，听信假话。不畏惧军令，也不尊重将帅。这些都是怯弱的表现。"凡有这样的目标，都应趁势夺取。就像刘备能取得荆州、西川那样，那都是因为施用这一妙计的缘故。

实用谋略

◎张守珪平契丹◎

"混水摸鱼"之计成功的关键，在于先把"水"搅浑了，然后趁着敌人摸不清我方的真实意图的时候，果断采取行动，给对方以致命一击。张守珪平定契丹的事迹，就是对混水摸鱼之计的一次成功运用。

张守珪，唐朝名将。开元十七年（729年），契丹发动叛乱，大举进犯唐朝疆土，唐玄宗任命张守珪为幽州节度使，负责平定契丹之乱。

张守珪来到幽州后，一面积极整顿人马，训练士卒；一面加强幽州城防，将城墙加厚加高。契丹大将可突干连攻数次，但均被打退。

一天，可突干突然派使者来到幽州拜见张守珪。张守珪心中疑惑，便命军队加强戒备，然后打开城门。契丹使者自称是来投降的，说是可突干愿意重新归顺朝廷，永不进犯。实际上，这只是一个借口，可突干是想趁此机会探听唐军的虚实。

张守珪见契丹兵力强盛，但是偏偏在这时主动求和，知道其中必定有诈，但他并没有揭破契丹的阴谋，而是将计就计，客气地接待了来使，还说："既然可突干派你来表示和好之意，我会派人随你到贵处去慰问可突干。"

第二天，张守珪派王悔代表朝廷随契丹使者前往可突干营中持节宣抚，并叮嘱王悔一定要设法摸清契丹的情况。

王悔来到契丹营中，对可突干说明了自己的来意，可突干假意设宴盛情款待。王悔牢记自己的任务，在酒宴上留心观察契丹众将的一举一动：有的是真心实意地举杯相邀；有的则是虚与委蛇，表面热情，眼里却暗藏凶光。王悔由此断定：契丹众将对朝廷的态度并不一致。

随后，王悔发现契丹士卒中有一个人是自己认识的，两人交谈了一会儿，王悔从这名士卒口中探知，分掌兵权的衙官李过折与可突干素有嫌隙，两人谁也不服谁，只是表面上假装友好罢了。

听到这一情况后，王悔决定利用它挑起契丹军的内讧，乘机铲除可突干。于是王悔特意去拜访李过折，假装对他和可突干之间的矛盾一无所知，当着李过折的面大肆夸赞可突干的才干，以激起李过折的嫉妒之心。

李过折听了，果然怒火中烧，愤然道："都是因为可突干挑起了这场战争，才导致生灵涂炭，他有什么才干？"李过折还告诉王悔，说契丹这次求和根本是出于假意，可突干早已在暗中向突厥借兵，不日就要攻打幽州。

王悔听后，知道时机已经成熟，便劝说李过折归顺唐朝，他说道："唐军兵势很盛，可突干最后肯定会失败，李将军你一世英雄，论才能并不输于任何人。只要你能除掉可突干，便是立了大功，我会向天子保举你，让你得到王爵。"

王悔此言正中李过折下怀，他当即表示愿意归顺朝廷。王悔见大功告成，又探知可突干已经派人去突厥搬救兵，便立即辞别可突干，赶回幽州，把情况告诉张守珪。

王悔走后的第二天晚上，李过折果然率领本部人马突袭可突干大帐。当时可突干正在熟睡之中，毫无防备，结果在乱军中被杀。

不过，李过折素来骄横狂妄，不得人心，这次袭杀可突干，引起了可突干的亲信和其他将士的不满。忠于可突干的大将涅礼得知此事后，立即召集人马，与李过折展开激战，很快就杀了李过折，但李过折的军队并不投降，仍旧顽强抵抗，契丹军队陷入一片混乱之中。

张守珪探得消息，立即亲率大军前往契丹大营。唐军冲入契丹军营时，契丹军正在火拼，张守珪乘势发起猛攻，很快大破契丹军，斩杀无数，并生擒涅礼。契丹叛乱就这样被平息了。

张守珪之所以能平定契丹，关键在于先挑起了敌人的内讧，使之自相残杀，把"清水"搅浑之后，再趁乱下手，果然摸到了"大鱼"。

商业案例

◎"金星"赢得商机◎

在金星金笔厂创办之初，一般人都以购买国外金笔为荣，国产金笔名不见经传，要想打开销路非常困难。

当时，上海中华书局、商务印书馆、大新、永安这四大公司均出售外国金笔，金星金笔厂要想打开销路，首先必须让自己的产品能进入这四大公司。

其中，永安公司一向以"环球百货"为经营宗旨，并因为选货严格、服务周到而在消费者中享有极佳的口碑，营业额一直居于榜首。国产商品无不以进入永安为荣——这是因为，一旦进入永安，商品就成了"精品"，从而身价倍增。

金星金笔厂创始人周子柏自然也将目光重点瞄准了永安公司，为了让产品能在永安的柜台上占有一席之地，他煞费苦心，精心策划了一个营销方案。

周子柏动员周围所有的亲朋好友，时不时就去永安公司询问："你们这里有没有金星金笔？""怎么金星金笔还没有上柜啊？"

这一招果然奏效，永安公司购进了少量的金星金笔进行试销。

不过，金星金笔本身质量过硬，用实力说话，渐渐地也就有了真正的购买者，从而树立起了自己的品牌。

在这种情况下，永安公司终于消除了疑虑，放开手脚大量进货。

金星金笔之所以能够走俏，一方面靠的是产品本身，另一方面得益于周子柏高明的推销手腕，他先把水搅浑，然后乘机将笔销售出去。

每一位经营者都想从市场这个水塘中摸到大鱼，但并非每个人都能如愿以偿，只有那些独具慧眼、手腕灵活的经营者，懂得趁着"水浑"的时候，凭借能力和智慧悄悄地把"鱼"摸去。

【点评】

无论是两军对阵，还是商场较量，抑或是政坛角逐，取胜之道数不胜数，而混水摸鱼便是一种有效的方法。这是因为，施行此计可以轻易达到目的，需要付出的代价往往也比较小。不过，混乱的局面并不能经常出现，一旦碰上，那就务必要牢记"机不可失，时不再来"八个字。

古代兵书《六韬》中列举了敌军衰弱的种种表现：士兵们交头接耳，窃窃私语，传播谣言，不畏惧军法，不尊重将领……如果发现上述情况，则说明"水已经浑了"，就应该乘机"摸鱼"，及时夺取胜利。

具体来说，混水摸鱼中的"鱼"有以下几种含义：可制伏的敌人；可获取的利益；可利用的时机；可凭借的条件；可争取的力量。

在浑浊的水中，鱼儿辨不清方向，会到处乱撞；在复杂的战争中，某一方经常会因为种种原因而出现观望、动摇的情况，这时就有了可乘之机。

总之，"混水"二字乃是运用此计的必要条件，它可以分为两种情形：水本来就浑浊，我方抓住机会"乱而取之"；水本来是清澈的，我方故意将水搅浑，再趁乱"摸鱼"。二者相较，自然是后者的难度比前者大一些，因为更多时候，没有那么多可乘之机，光靠等待是没有用的，得自己主动去创造，让情况变得更加复杂，然后见机行事。就计策而言，"混水摸鱼"要比"趁火打劫"更具有谋略，因为它要求指挥者在运用的过程中发挥出更大的主动性。

第二十一计 金蝉脱壳

全解经典

【原文】

存其形，完其势①，友不疑，敌不动。巽而止蛊②。

【注释】

①存其形，完其势：保存阵地已有的战斗形貌，进一步完备各种作战态势。

②巽而止蛊：语出《易经·蛊》，这里指暗中转移兵力，防止敌人造成危害。巽，退让。蛊，惑乱。

【译文】

保存阵地的原形，进一步完备作战态势，使友军不怀疑，敌人不敢轻举妄动。我方却趁机秘密转移了主力，安然躲过了战乱之危。

【计名讲解】

"金蝉脱壳"本是一个成语，它的字面意思是蝉脱去外壳的蜕变。后用来比喻制造或利用假象脱身，使对方不能及时发觉。或比喻事物发生根本性的变化。

此计名出自《元曲选·朱砂担》第一折："兄弟，与你一搭儿买卖呀，他倒过个金蝉脱壳计去了也。"

金蝉脱壳本义是蝉在蜕变为成虫时，要脱去幼虫的壳。比喻巧妙地脱身逃走，使对方不能及时发觉。用到军事上，它指的是留下虚假的外形来稳住敌人，自己则暗中撤退或转移，以实现脱离险境或迂回到其他作战地点的目的，这是一种走而示之不走的策略。

古人的按语说："共友击敌，坐观其势。尚另有一敌，则须去而存势。则金蝉脱壳者，非徒走也，盖为分身之法也。故我大军转动，而旌旗金鼓，俨然原阵，使敌不敢动，友不生疑，待以摧他敌而返，而友敌始知，或犹且不知。然则金蝉脱壳者，在对敌之际，而抽精锐以袭别阵也。"意思是说：与友军联合作战的时候，要仔细察明敌、友、我三方的态势。倘若另外又发现敌人，那就必须保持原有阵势而分兵对敌。使用此计，并不是要一走了之，而是分兵合击战胜敌军的战术。所以，当我方主力转移之后，仍要旗帜招展、锣鼓齐鸣，以保持原先的阵势。这样，敌军就不敢随意妄动，而友军也不会对我怀疑了。等到击溃别处之敌胜利而返时，友军和敌方才能发现，或是仍然没有察觉。金蝉脱壳之计，实际上是对敌作战时，暗中抽调精锐部队去突然袭击别处敌军的奇谋。

⊙名家论《三十六计》

金蝉脱壳是一种积极主动的撤退和转移，这种撤退和转移又是在十分危急的情况下进行的，稍有不慎，就会带来灭顶之灾，因此，应该冷静地观察和分析形势，然后坚决果断地采取行动。而且在整个过程中都应该隐秘进行，不能让任何人发觉。

——薛国安

实用谋略

◎悬羊击鼓◎

"金蝉脱壳"是指制造或利用假象脱身,使对方不能及时发觉,毕再遇"悬羊击鼓"而脱身,就是用了金蝉脱壳之计。

南宋开禧年间,金兵见宋室软弱,屡屡南下进犯。

南宋名将毕再遇多次与金军对垒,并打了好几次胜仗。金兵为歼灭毕再遇的军队,遂调集数万精锐骑兵,打算与毕再遇展开一场决战。

这时,毕再遇只有几千人马,而金军的增援部队却越来越多,两军实力悬殊,如果与金军决战,必败无疑。鉴于敌众我寡的态势,毕再遇准备暂时撤退,以保存实力。

但当时金军已经兵临城下,如果宋军公开撤退,金兵发现后一定会全力追击。那样的话,宋军肯定会损失惨重。

以往与金兵交战时,毕再遇总是命令手下将士擂鼓不止,认为这样既能威慑敌军,又能鼓舞己方的士气。一旦全营撤退,鼓声必将停止,到时候就会引起敌人的注意。

怎样才能瞒着金兵悄悄将部队转移呢?毕再遇苦苦思索。这时,帐外忽然传来阵阵马蹄声,毕再遇眼前一亮,想出了一条妙计。

于是,毕再遇召集众将商议撤退之事,他说道:"现在敌众我寡,为保存我军实力,必须主动撤退。当然,撤退必须悄悄进行,越隐秘越好。但如果我方营中的军鼓声突然停止,势必被敌人发现。我有一计,可以让我军安全撤离。"于是他小声对属下嘱咐了一番,让众将依计行事。

毕再遇先暗中做好了撤退部署,等到深夜时分,突然下令兵士擂响战鼓。金军听见宋营中传来隆隆的战鼓声,以为宋军趁夜劫营,遂匆匆忙忙集合部队,准备迎战。

谁知道等了半天,只听到鼓声一直在响,却始终不见一个宋兵出城。一整晚，宋军都在连续不断地击鼓，搅得金兵整夜不得安睡。第二天，金军将领似有所悟：宋军这是在施用疲兵之计，想用战鼓搅得我们不得安宁，等到我们疲惫不堪的时候再发动突然袭击。

金军将领自以为识破了宋军的"诡计"，而宋营的鼓声连续响了两天两夜，这一举动越发让金军将领肯定了自己之前的猜测，于是传令全军将士一切行动如常，对鼓声不予理睬。

到了第三天，宋营的鼓声逐渐减弱，金军将领断定宋军已经疲惫，于是将部队分成几路，小心翼翼地向宋营包抄。走近后，见宋营毫无动静，金军将领令所有士卒一拥而上，迅速冲进宋营，却发现整个营寨空无一人，根本找不到宋兵的影子，这才知道上了当，而此时宋军早已经集体安全撤离了。

原来，毕再遇用的正是金蝉脱壳之计：他先命手下士兵找来数十头羊，临行前将羊的后腿牢牢绑在树上，羊被倒悬之后，因为难受便使劲挣扎，两只前蹄不停地蹬踢；毕再遇又命人在羊下面放了几十面战鼓，让羊的两只前蹄抵在鼓面上，随着羊腿拼命蹬踢，隆隆的鼓声不断传出；在鼓声的掩护下，宋军轻装简从，悄悄撤离了军营。

毕再遇用悬羊击鼓之法，成功迷惑了敌军，为己方争取了两天的时间，使全营将士安全转移。

◎宋江私放晁盖◎

在元末明初的小说《水浒传》中，施耐庵曾写过一个故事，说的是宋江在做押司的时候，听说官府要捉拿义兄晁盖，于是采用"金蝉脱壳"之计，偷偷地把这一消息告知晁盖，这才使晁盖避免了一场牢狱之灾。

这个故事要从"智取生辰纲"说起。原来，晁盖等人听说有人给太师蔡京送生辰纲，便使计劫夺了它。蔡京知道后大怒，责令济州知府在十天之内必须捉到劫走生辰纲的强人。

济州知府接到命令后，急忙派三都巡捕使臣何涛调查此事。何涛下去后，经过一段时间暗查，听说劫生辰纲的一干强人中，有一个叫"白日鼠"白胜的。

何涛心想，只要抓住了白胜，就能顺藤摸瓜找出其他人，因此决定先捉拿白胜。

何涛带了几个公人连夜抓了白胜夫妻，又从床下挖出一包金银，然后将二人押到济州城。天亮后，知府升堂审讯白胜。白胜起初不肯招，但经不住毒打，只得招了为首的是晁盖，其他六人都不认识。

知府将白胜夫妇打入死牢后，命令何涛带着公文马上赶往晁盖所在的郓城县，令郓城县立即协助捉拿晁盖等七名正犯，拿回赃物，然后押赴济州发落。

为不走漏风声，何涛带着人星夜赶往郓城县。到达郓城县时，恰逢知县退了早衙，何涛便到衙门对面一家茶馆等候。

何涛问茶馆老板："今天县衙谁值日？"恰好对面一个吏员从衙门里走出来，茶博士指着他说："就是那位宋押司。"这位宋押司就是江湖上大名鼎鼎的"及时雨"宋江。

何涛向宋江说明来意，并让其向知县代为转告。宋江仔细询问了生辰纲被劫一事，何涛毫不怀疑，便一五一十地说了出来。宋江听完后大吃一惊，心里盘算着偷偷向晁盖等人通风报信。于是，宋江表面上假装痛恨劫生辰纲的"盗贼"，还对何涛说："晁盖本来就是个刁民，全县人没有一个不唾骂他的。现在他胆大妄为，自作自受，要捉拿他们就如同瓮中捉鳖，必定手到擒来。这封公文至关重要，必须由您亲手交给知县，让知县过目后再派人去抓捕犯人。"

何涛说："押司说得是，烦请引见知县。"

宋江说："知县大人正在吃饭，而且他早晨处理了不少公务，稍微歇息片刻后就会升堂处理公务，请您在此稍候片刻。我回家处理些私事，等会儿就请你去见知县。"

何涛认为宋江说得合情合理，便应允了。

原来，这正是宋江的"金蝉脱壳"之计，他稳住何涛后，骑上快马，飞快地直奔东溪村晁盖的家中。

这时，晁盖等七人正在家中，宋江见到晁盖，赶紧向他说明情况，并让他们赶快逃走。晁盖听后，大吃一惊，随后带着金银珠宝逃往梁山泊。等到何涛带兵赶到东溪村捉拿晁盖时，早已是人去屋空了。

商业案例

◎李嘉诚和包玉刚的完美配合◎

购买股票时，如果遇到很大阻力，不如把到手的股票转让给与自己关系密切且实力雄厚的人，这也是运用了"金蝉脱壳"的计策。

李嘉诚是香港著名的大富豪，他崛起于20世纪70年代，从事的是房地产业。

香港的每一块土地、每一栋房屋，李嘉诚几乎都认真观察过；每个上市公司的股市行情，李嘉诚几乎都分析透了。

正所谓"功夫不负有心人"，经过一番努力，李嘉诚终于获得了一项至关重要的绝密情报——怡和洋行是英国在香港最大的洋行，它虽然是九龙仓有限股份公司的大东家，实际上所占的股份却不到20%，这说明怡和在九龙仓的基础非常薄弱。

而且当时尖沙咀已是繁华的商业区，九龙仓就在它旁边，地价自然也跟着一路飞涨，已经是寸土千金。即便如此，九龙仓的股票价格却多年保持不变，股票面值极低，这些都是李嘉诚争夺九龙仓的有利条件。

如果大量购入九龙仓股票，即使脱票，也可以和怡和公开竞购。只要出价相同，持股的百姓显然更愿意将手中的股份卖给中国同胞。

购足50%的股票，就能取代怡和成为九龙仓的大东家，然后就有权运用九龙仓的土地发展房地产，堪称一本万利。

李嘉诚当即决定，分散吸进九龙仓股票。从1977年起，他悄悄分散户名，吸进了18%的股份。

李嘉诚大量吸进股票，促使九龙仓股票每股从10港元飞速上涨至30

港元，这一变化引起了怡和洋行的警觉。眼看着李嘉诚就要由偷袭战转入阵地战，如果他在此时继续入股，怡和洋行必然进行回击，并以高价回收九龙仓股票。怡和财大气粗，李嘉诚的实力与其差距太大，如果公开对垒，只会惨败，但如果现在收手，之前所做的努力就付之东流了。

作为一个有头脑的商人，李嘉诚决定以退为进——他找了一个人，一个可以代替自己跟怡和作战的人，于是将自己手中的全部股票都高价卖给了这个人。

1978年9月的一天，中环文华阁的某个高级包间里来了两位本地客人，双方进行了一次短暂而又神秘的会晤。虽然整个过程只有短短20分钟，却是一场非常关键的交易，因为它直接导致了价值20亿美元的九龙仓脱离了英资怡和洋行的控制。

这两位客人，一个是李嘉诚，另一个则是船王包玉刚。李嘉诚将手头的2000万股票全部转卖给了包玉刚，而包玉刚将帮李嘉诚从汇丰银行中承购9000万股英资和记黄浦股票，这一结果可谓是皆大欢喜。

李嘉诚懂得知难而退，还能从退中获利，既卖了一个人情，又顺手赚了一笔。

包玉刚则借助李嘉诚的情报、信息以及卓越的判断能力，实现了多年的愿望。要知道，假如不是李嘉诚的这条妙计，包玉刚哪怕是出高价，也未必能直接买到九龙仓的控股权，更何况李嘉诚之前已经打好了基础，因此才能让他轻轻松松赢得价值20亿美元的九龙仓。

在这则故事中，李嘉诚在购买九龙仓的股票遇到困难时，及时出手转给实力雄厚的包玉刚，不但自己赚了一笔大财，也使包玉刚实现了掌控怡和洋行股权的目的，对李嘉诚来讲，这是一招成功的金蝉脱壳之计。

【点评】

"脱壳"的办法是多种多样的，实质都是迷惑敌人，伪装和掩护真实的行动企图。

运用"金蝉脱壳"之计，关键在于一个"脱"字；而面对的敌人不同，脱的方法也不尽相同。

运用此计时，应注意以下几点：首先，一定要选好时机，既不能过早，也不能过迟。其次，只要还存在胜利的可能，就应该继续战斗下去，非到万不得已，不要轻易使用这种计谋。最后，如果败局已定，必须及时撤离，绝不可孤注一掷，须知战场之上，多停留一分钟，就多一分危险，也会减少一分生还的希望。

金蝉脱壳绝不是惊慌失措，消极逃跑，恰恰相反，使用此计需要认真分析形势，做出准确判断，然后转移队伍，摆脱敌人，这是一种积极的战略撤退和转移。

撤退和转移，通常都是在十分危急的情况下进行的，如果稍有不慎，就会有全军覆没的危险。因此，行动前应该冷静地观察和分析形势，坚决果断地采取行动，尤其要注意做好保密工作，绝不能在敌人面前露出半点破绽。

第二十二计 关门捉贼

全解经典

【原文】

"小敌困之①。剥，不利有攸往②。"

【注释】

①小敌困之：对弱小或者数量较少的敌人，要设法去困围（或者说去歼灭）它。

②剥，不利有攸往：意思是小股顽敌行动诡诈难防，不利于穷追远赶。

见《易经·剥》卦。上卦为艮为山，下卦为坤为地。意即广阔无边的大地吞没山，所以，卦名曰"剥"。剥，剥离、剥削。攸，所、向。

【译文】

对于弱小的敌人本应围而歼之。不过，对于那些看起来势单力薄的小股顽敌，不宜穷追远赶。

【计名讲解】

"关门捉贼"是三十六计中的一计，意思是关起门来捉进入屋内的盗贼。此计计名首见于《三十六计·秘本兵法》中："捉贼而必关门，非恐其逸也，恐其逸而为他人所得也。且逸者不可复追，恐其诱也。贼者，奇兵也，游兵也，所以劳我者也。"重点说捉贼的关键是先要关好门。

关门捉贼本是民间谚语，它与另一民间俗语"关门打狗"的意思差不多。后来，人们把日常生活中的这种小智谋移用到战争之中。在军事实践中，它与兵家常用的围歼战、口袋阵等用法相近。古今中外战争史上，也有很多使用此计的战例。在中国古代战争史上，使用此计的著名战例，较早的有战国时代齐魏之间的马陵道之战、秦赵长平之战，汉初的楚垓下之战等，此后使用此计来消灭敌人的战例就更多了。

古人按语说：捉贼而必关门，非恐其逸也，恐其逸而为他人所得也；且逸者不可复追，恐其诱也。贼者，奇兵也，游兵也，所以劳我者也。《吴子》曰："今使一死贼，伏于旷野，千人追之，莫不枭视狼顾。何者？恐其暴起而害己也。是以一人投命，足惧千夫。"追贼者，贼有脱逃之机，势必死斗；若断其去路，则成擒矣。故小敌必困之；不能，则放之可也。

意思是说：捉贼之所以必须关门，不仅是为了防止敌人逃走，还是为了防止其逃去后为别人所得而利用。况且，对逃跑的敌人不要再追，这是防止中了他的诱兵之计。所说的"贼"，是指突然来袭、出没无常的敌人，他们的目的在于使我军疲劳，以便实现其企图。兵书《吴子》中写道："现在让一个亡命之徒，隐藏在广大的原野里，纵然派出一千多人去追捕，也会视而不见和顾虑重重的。这是什么缘故呢？因为，只要一人豁出命来，反而会使另外的一千多人畏缩不前。"所以，追赶盗贼的时候，如果盗贼发现有脱逃的机会，就会拼死搏斗；如果我军能断其归路，那么，盗贼就会产生绝望之心，（这么一来，他）非被我擒住不可了。因此，对于弱小的敌人，必须将其包围起来，然后再趁机歼灭；否则，暂时让其逃走，也不是不可以的。

实用谋略

◎三河之战◎

关门捉贼，就是要对小股的敌军采取四面包围、聚而歼之的策略。它的特点是行动诡秘，出没不定，行踪难测。太平军取得"三河大捷"，就主要得益于对这一计谋的成功运用。

天京事变后，太平天国内部元气大伤，形势开始由盛转衰。对于清军来说，这是千载难逢的良机，于是趁势发起进攻。1858年，曾国藩手下悍将李续宾率湘军主力攻占九江，之后又连克太湖、桐城、舒城等地，前锋直指三河镇。

三河镇是通往安徽省会庐州的咽喉要道，一旦三河镇失守，庐州也岌岌可危。因此，太平天国若想在安徽立足，就要拼死保住三河镇。

一接到三河镇告急的文书，太平天国的青年将领、英王陈玉成便率本部人马星夜赶往三河镇，同时，他在路上也想出了一个"关门捉贼"的作战计划。

陈玉成率军首先截断了清军后路，同时命令庐州守将吴如孝会合捻军南下，切断李续宾部与舒城清军的联系。恰在此时，李秀成又奉洪秀全之命领兵前来作后援。经过这番调动，太平军对湘军形成了包围之势，李续宾部则成了瓮中之鳖。

不久，陈玉成和李秀成兵分两路向李续宾的大营发起进攻，双方展开了激烈的战斗。

李续宾见形势危急，立即组织反击，向太平军发起了猛烈进攻，一度冲破了陈玉成的营垒。然而正在这时，天上突然降下浓雾，李续宾的军队就像掉进了迷魂阵中一般，无法辨别方向。太平军则趁势发起进攻，一举将李续宾部歼灭。紧接着，陈玉成和李秀成兵合一处，全力攻打湘军阵门，而三河镇的守将吴定规也瞅准时机从城内杀出，将湘军团团包围。一时间硝烟弥漫，杀声震天，湘军被杀得溃不成军，连失七座大营，最终大败而逃。这场战役被称为"三河之战"。

　　在三河之战中，太平军歼灭湘军六千余人，击毙清朝文武官员四百余人，其中还包括曾国藩的弟弟曾国华。李续宾则因全军溃败，走投无路，自缢而亡。

　　三河惨败的噩耗传来，曾国藩大为震惊，他沮丧地说道："三河之败，歼我湘人殆近六千，不特大局顿坏，而吾邑士气亦为不扬。"而此前开始走下坡路的太平军则借助三河大捷止住了颓势，重振了军威。

　　在三河之战中，湘军孤军深入，犯险冒进。李续宾仅率数千人自湖北东犯，入皖之后，处处分兵驻守，结果"兵以屡分而单"。太平军以陈玉成、李秀成、吴定规三部，合围湘军李续宾部，形成"关门捉贼"之势，使湘军成为瓮中之鳖，最终实现了大胜。

商业案例

◎请君入瓮——"斯航"的成功之道◎

　　处于同一地带的几间商店，经营相互关联的产品，如你经营成衣，我经营领带、胸花、袜子、内衣等；或者你专营食品，他专营烟酒等。这种经营类似于"配套经营"，其优点就是能"请君入瓮"，即能吸引顾客，使顾客在一个区域内就完成购买行为。

　　一个商业区域内可以用"请君入瓮"的计谋吸引大量顾客，而一个公司、集团也可以通过建造完善的服务体系，对客户实施配套服务，这样才能"捉住"更多的顾客。

1980年,爆发了第二次石油危机,瑞典的斯堪的纳维亚航空公司因为连续两年亏损,声誉越来越差。正当斯堪的纳维亚航空公司处境艰难之时,卡尔崇出任了该公司总裁。

为了挽救危机,重获信誉,卡尔崇进行了一系列改革。其中最重要的就是在空中、地面推行了一套新的服务标准。

卡尔崇改革措施的第一条是:以优质的服务来吸引因公出差人员。

卡尔崇经过细致调查,根据掌握的资料对因公出差人员的心理进行了分析。一般来说,因公出差人员的机票都要报销,所以,他们对机票价格的高低不在乎,却对服务质量很是挑剔。只有服务好,才能使他们感到满意。

于是,卡尔崇取消了大部分航班的头等舱,转而开设欧洲舱。欧洲舱设在飞机原头等舱的位置,并设有皮座椅,座位宽敞,且前后排间隔大,环境非常舒适,这就满足了因公出差人员要求服务好的心理。斯堪的纳维亚半岛到欧洲其他地区的一些热门航线上,欧洲舱所占比重多达60%。在大部分洲际航线上,欧洲舱的比重也能占到30%。

卡尔崇改革措施的第二条是:对公司雇员进行培训。

为了更好地经营,卡尔崇对公司雇员进行多次培训,并在培训中反复强调,要想赢得更多客人,就必须在关键时刻向乘客提供关键服务。所谓"关键时刻"主要是指:办理登机手续时,以及登机出现问题时。卡尔崇发现,乘客一旦落座,可为他们提供服务的机会就几乎没有了。而这时的服务,其他航空公司做得一样好,乘客不会留下什么特别的印象。在关键时刻的服务,会深深地打动乘客。为了让这一服务得以有效执行,卡尔崇实行权力下放。当航班误点,机上服务人员不用经过许可就可以为乘客提供免费饮料等服务。任何职员都可以在乘客感到不满时,给予换票或发放优待券等服务,无须更多的手续。

除此以外,卡尔崇还与国际上131家旅馆组成了一个服务网。只要搭乘该公司航班,该公司就会为每一位乘客把行李送到所下榻的旅馆房间里。离开旅馆时,乘客直接领登机牌上飞机,而行李则由前厅的斯航营业柜台派专人送到飞机上。卡尔崇的改革措施使斯航一举成为全球知名的航空公司。

在这则案例中，卡尔崇研究乘客心理，不但为乘客提供全程服务，还为乘客的住宿提供便利，留给乘客深刻而良好的印象。

【点评】

关门捉贼，从字面上可以看出，是一种围困并歼灭敌人（特别是小股敌人）的计谋。

军队战斗力的强弱不是取决于士兵人数的多少，而是取决于士兵力量的发挥程度。小股的军队，如游击队之类，如果有天然屏障的掩护，便能声东击西，神出鬼没，且战且隐，以小股力量击败十倍、百倍，甚至千倍于自己的敌人。

所以，对待小股敌人，要围困他们，歼灭他们。解放战争中的辽沈战役，就是典型的"关门捉贼"的战例。东北局在战斗中发现长春易守难攻，于是采取合围的战术暂时将长春守敌围住，而调集主力部队南下，在锦州与国民党军展开会战，并一举拿下锦州，从而封死国民党军逃跑的道路，也因此掌握了战争的主动权。可见关门打狗的战略部署是这场战役的关键。

第二十三计 远交近攻

全解经典

【原文】

形禁势格①，利从近取，害以远隔②。上火下泽③。

【注释】

①形禁势格：受到地势的阻制和阻碍。禁，禁止。格，阻碍。

②利从近取，害以远隔：此句意为先攻取就近的敌人有利，越过近敌先去攻取远隔之敌是有害的。

③上火下泽：意思是火焰往上冒，池水往下淌，志趣不同的，也可以达到暂时的联合，就像两人同床异梦一般，换得一时的共同相处。语出《易经·睽》卦："上火下泽，睽君子以同而异。"睽，卦名。本卦为异卦相叠（兑下离上）。上卦为离为火，下卦为兑为泽。上离下泽，是水火相克，水火相克则又可相生，循环无穷。又"睽"，乘违，即矛盾。本卦《象》辞："上火下泽，睽。"意为上火下泽，两相离违、矛盾。

【译文】

当作战目标受到地理条件的限制时，攻取靠近的敌人就有利，越过近敌去攻取远敌就有害。火向上烧，水往下流，是我方与邻近者乖离的情形。

【计名讲解】

"远交近攻"是一种高明的外交谋略，它指的是结交离得远的国家而进攻邻近的国家。语出《战国策·秦策三》："王不如远交而近攻，得寸则王之寸，得尺亦王之尺也。今舍此而远攻，不亦谬乎？"这是秦国用以并吞六国，统一全国的外交策略。

远交近攻最初作为外交和军事的策略，意为和远方的国家结盟，而与相邻的国家为敌。使用这种计策，既可以孤立邻国，又使敌国两面受敌，无法与我方抗衡。范雎用这一计谋灭六国而兴秦朝，足以证明远交近攻的神通。

不过，中国历史上也有错误运用远交近攻而导致亡国的例子，如宋朝"联金灭辽"和"联蒙灭金"。前者导致了靖康之耻的发生，宋朝幸有长江天堑，才勉强保住了半壁江山；而后者则直接导致了宋朝的灭亡。因此，施用远交近攻之计的时候，一定要认清形势，谨慎选择要联合的对象，否则有引火烧身的危险。

古人按语云："混战之局，纵横捭阖之中，各自取利。远不可攻，而可以利相结；近者交之，反而使变生肘腋。范雎之谋，为地理之定则，其理甚明。"

意思是说：在混乱的局势中，任何一方都会采取各种手段来谋取胜利。所以，对于远处之敌不可轻易发起进攻，不如给它一些好处，与其缔结外交关系。然而，对邻近敌国则不可妄用此策，如果也与其结交，反而会受到它的威胁。

实用谋略

◎ "远交近攻"的策划实施者——范雎 ◎

远交近攻，作为外交和军事的策略，既可以孤立邻国，又使敌国两面受敌，不能与我方抗衡。范雎一计，灭六国，兴秦朝，足见这一计策的神通。

公元前268年，范雎从魏国逃到秦国，向秦昭王提出了"远交近攻"的战略。远交近攻之策是范雎对秦国的重大贡献，也是我国古代兵家计谋和军事谋略学的宝贵遗产。

范雎是魏国人，他自小便立有远大志向，长大后投在魏中大夫须贾门下当门客。然而，范雎因得罪了魏国相国魏齐，险些丢掉性命。后来在机缘巧合之下，范雎来到秦国，秦昭王听说范雎有才能，便召他入宫，并亲自向他求教。

范雎见到秦昭王，慷慨陈词，纵论天下大势，并向他提出了远交近攻的主张。范雎认为，秦国要想消灭六国，就要首先攻打与秦国接壤的魏、韩两国，以除心腹之患。而对齐、楚等距秦较远的国家，应暂时与他们和好，稳住他们，在秦国与韩、魏的交战中让他们保持中立，使他们不干预秦国攻打邻近诸国的事。下一步，等打败魏、韩等国之后，向北可威慑赵国，向南能讨伐楚国，最后再攻齐。这样由近及远，逐步向外扩张，这就好比蚕食桑叶一样，渐渐地秦国必能统一天下。

秦昭王对范雎的主张非常赞成，对范雎的才能也十分赞赏，于是封他为客卿，经常和他商议国家大事。几年后，范雎当了秦国的宰相。

昭王三十九年（公元前268年），秦昭王采纳范雎的计谋，派兵讨伐魏国，攻占了魏国的怀地。两年后，又攻占邢丘。昭王四十二年（公元前265年），范雎又为昭王谋划攻打韩国，首先攻占韩国咽喉之地荥阳，将韩国一分为三。韩国濒临灭亡，不得不听命于秦。经过一系列征战，秦国势力越来越强，各国无不震惊。

秦国在慑服魏国和韩国之后，开始把进攻的矛头指向赵国。公元前260年，秦国派大将白起、王龁率兵伐赵，大败赵将赵括，消灭赵军45万人。经长平之战，赵国一蹶不振，秦国则更加强大。

在攻打临近的韩、赵、魏三国的同时，秦国又派使者出使远方的齐、楚等国，并与齐、楚订立盟约，使它们在秦国攻打其他国家的时候保持中立，这样，秦国的"远交近攻"策略获得成功。

◎隋文帝平突厥◎

远交近攻可以起到分化敌人的作用，通过"交"与"攻"这两个截然不同的策略离间敌人，然后在敌人内斗时争取自己的利益。长孙晟就是用这一办法帮助隋文帝平定了突厥。

隋朝建立后，受到北方突厥的威胁。突厥虽然在6世纪中期建国，但是其内部有很多部落，此时，突厥有三个首领，分别是达头可汗、阿波可汗、沙钵略可汗。面对突厥的威胁，隋文帝打算率兵征伐，但大臣长孙晟及时阻止住他。长孙晟建议说，隋朝可以派人到西面和达头可汗、阿波可汗联手，一起对付东面的沙钵略可汗，再趁沙钵略可汗分兵防西的时候，去东面联络奚、契丹各部以及素来和沙钵略可汗不睦的罗侯。这样，十几年后，隋乘隙出兵，即可成功扫除突厥的威胁。

隋文帝接受了长孙晟的建议，派大臣元晖出伊吾（今新疆哈密）道会见达头可汗。长孙晟则亲自到了黄龙（今辽宁朝阳）道，赏赐奚、契丹等部，并拜见罗侯，与其商议联合之事。元晖和长孙晟都出色地完成了任务。582年，沙钵略带领四十余万大军入侵隋朝，第二年，沙钵略计划继续向南行进，却遭到了达头的反对。沙钵略无奈，只得退兵。

隋文帝认为这正是讨伐突厥兵的好机会，他命大将杨爽为行军元帅，将兵力分为八路出击突厥。杨爽不孚众望，在朔州（今山西朔县）大破沙钵略军，致使沙钵略仓皇逃走。

逃走后的沙钵略袭击了阿波可汗的居住地，阿波立即向达头求援，和达头联手回击沙钵略。突厥内部发生了激烈的内斗，各个可汗都向隋朝派遣了使者，希望得到隋朝的帮助。隋文帝则对他们的请求不管不顾，只专注于攻打沙钵略，致使沙钵略屡战屡败。584年，沙钵略终于支撑不住了，于是派使者到隋朝来求和。

阿波可汗在与沙钵略的斗争中壮大了自己的势力，占据了西边大片土地，号称西突厥。隋文帝在585年派遣使者到达西突厥，表示对阿波可汗予以支持。不久，阿波可汗率部攻打沙钵略，沙钵略因此陷入困境，不得不再次向隋求援。这次，隋文帝答应了他的请求，协助他击败了阿波可汗的军队。沙钵略自此和隋朝定约，承认隋皇帝为"真皇帝"，自己为藩属国。

587年，沙钵略去世，莫何可汗继位。隋文帝得知此事，便派长孙晟作为使者前往东突厥，并赏赐莫何旗鼓。后来，莫何可汗讨伐西突厥，阿波可汗以为莫何有隋朝的撑腰，因此没有做任何抵抗，就派人向莫何求降，结果东突厥的士兵冲入阿波的营帐，把阿波可汗俘虏了。

莫何在588年去世，莫何死后，雍虞闾继位，称都蓝可汗。沙钵略的儿子染干，号突利可汗，居于北方。597年，隋文帝将安义公主嫁给他，遭到了都蓝可汗的嫉妒。作为报复，都蓝停止了对隋的朝贡，并和达头可汗结盟，攻打突利，而这正在隋的预料之中。长孙晟设计挟持突利到长安归降。隋文帝则派大将高颎、杨素攻打达头、都蓝。最后，都蓝战败而死，达头也落荒而逃。

利用远交近攻的策略，隋文帝巧妙地解除了突厥的威胁，还成为突厥名义上的君主。

商业案例

◎店老板弃眼前小利与顾客成为至交◎

荷伯·科恩是美国著名的谈判专家，著有《人生与谈判》一书，他在书中提出谈判是"利用信息和权力去影响人们的行为"。实际上，谈判就是说话，要学会说话，学习谈判大师的成功经验是很有必要的。

在荷伯·科恩几十年的谈判生涯中，曾经参加过各种各样的谈判。有一次，科恩准备买一台家庭录像机和一台有遥控的21英寸电视机，便来到一家家电商行，但是他对所要购买的商品的市场行情一无所知，怎样才能不多花冤枉钱又能买到称心如意的商品呢？

根据以往的经验，科恩决定先观察、了解，再见机行事。

科恩到商店时，店中空空荡荡，没有一个客人，于是他装作很悠闲的样子，与老板攀谈起来，两人先谈到近邻的一家新的商业中心的开业，谈到客流量的多少；然后又谈到信誉好的商店对顾客的重要性；此外，店主还谈到他不喜欢人们用赊购卡来购物。在交谈的过程中，科恩随意地向店主问起录像机的性能，店主做出了详细的解答。

这时，店主又说商业中心刚开业时，有一个人来到自己的商行，一次就买走了两三台录像机，并感叹说这两天生意不好，还没有卖出一台电器。科恩听后，问店主道："你是不是给那个人打了折扣，所以一下子卖出去两三台？"店主点了点头，并且说如果买得多，就卖得便宜一些。这时候，科恩才请老板给他推荐一台录像机。

老板把他自己正在使用的一款 RCA 介绍给科恩，并热情地为他作了演示。科恩看完店主的演示，诚恳地说："我相信你推荐的是 RCA 中最好的型号，以你的人格，我也相信你在价格上也会公平的，我不跟你还价，你说多少钱，我马上就付给你现金。"店主听了很高兴，默默地在纸上写了一个价格，但没让科恩看。

"我希望你能赚到利润，我也希望价格合理。"科恩望着老板说，"要是我再买一台电视机呢？能打折扣吗？"

店主眼前一亮，兴奋地说道："你的意思是要买两台？"

"对了，都要。"

"好的，等一下。"店主说完后，用笔在纸上计算起来。

当他要给科恩报价时，科恩又说道："对，我要提一下，我希望你的价格是公平的，双方都获益。如果真是这样，三个月后，我的公司也要买这么一套，现在就可以定了。"

"没问题，"店老板说，"让我到屋里去一下，马上回来。"他去查账本了。

店老板回来后又写下了一个数字。

就在这时，科恩看准时机大声地说："我正在考虑刚才您说过关于您的店资金周转的问题，我本来打算记账，但是现在改变了主意，因为我信任你。现在我给你付现金，你看这样对你是不是更方便些？"

"是呀，"老板感激地说，"这样会给我很大帮助，尤其在目前，真是太谢谢你了。"他说完后，又写出另一个价格。

"对了，你可以给我安装一下吗？"科恩说。店主爽快地答应了。

"谢谢你，价格是多少？我付你现金。"

两人高兴地做成了这笔交易。店主按承诺帮科恩把机子安装好，又多送了他一个录像机架。两个月后的一天，科恩遵守自己的诺言，又购买了一台录像机设备。这件事以后，两个人竟然做了朋友。

在这次交易中，尽管科恩事先对所购商品的情况不很了解，但他能在交流中留意细微的信息，了解店主的心理，终于实现了不多花钱又能买到称心如意的商品的目的，这真是"远交近攻"战术的合理运用。

从这个例子中我们可以看出，谈判时一定要揣摩对方的意愿，如果你摸准了对方的心理，站在他的位置上去考虑问题，这就创造了交易成功的必要条件。

【点评】

远交近攻是一个分化或防止敌方联盟，达到各个击破的战略策略。在兼并战争中，各自都有联合与分化的策略。各个击破，应从哪里开刀，如何开刀，这是需要权衡利弊和认真研究的问题。

远交近攻最初作为外交和军事的策略，指的是和远方的国家结盟，而与相邻的国家为敌。远交近攻的策略，不但适用于外交和军事领域，也适用于政治和社会生活领域。

诛杀开国功臣，贬放权臣，罢免任职长久的将相，起用没有根基的新人，等等，都属于对远交近攻谋略的运用。

运用此计的时候，应注意以下几点：

首先，对于帝王或领导人来说，重用任职长久的重要人物是极其危险的，起用没有根基的新人，才能避免其对主上的威胁；所以，没有威望、没有大的功劳的新人才是安全的。

其次，重用新人，新人就会感恩戴德，就会尽心尽力地效忠你。

最后，重用新人，可以捞取诸多好的名声。最后，还能笼络人心。在现代管理谋略中，某些用人之道同上如出一辙。

从经营项目上看，远交近攻之计也适用于企业的规划发展，如果贸然从事非自己所擅长的行业，就如在远处作战一般，必遭失败。

在日常生活中，对于如何待人处事，远交近攻的思想仍可以获得广泛的运用，凡事总有轻重缓急，囿于条件暂时不能做到的，实行"远交"，先把它放在一边，而集中力量"近攻"力所能及的事情，然后一步步接近远交的目标。如此循环往复，方能获得成功。

第二十四计 假途伐虢

全解经典

【原文】

两大之间，敌胁以从，我假以势①。困，有言不信②。

【注释】

①两大之间，敌胁以从，我假以势：句意为处在我与敌两个大国之中的小国，敌方若胁迫小国屈从于它，我则要借机去援救，造成一种有利的军事态势。假，借。

②困，有言不信：意为处在困乏境地，难道不相信这些吗？语出《易经·困》卦。困，卦名。本分为异卦相叠（坎下兑上），上卦为兑为泽，为阴；下卦为坎为水，为阳。卦象表明，本该容纳于泽中的水，现在离开泽而向下渗透，以致泽无水而受困，水离开泽流散无归也自困，故卦名为"困"。困，困乏。卦辞："困，有言不信。"此计运用此卦理，是说处在两个大国中的小国，面临着受人胁迫的境地时，我若说援救他，他在困顿中会不相信吗？

【译文】

处在敌我两个大国之间的小国，当敌方威胁它屈服时，我方应立即出兵援助，以借机扩展势力。

【计名讲解】

"假途伐虢"语出《左传·僖公五年》："晋侯复假道于虞以伐虢。"

此计指的是以向对方借道为名，达到消灭对方或夺取对方要地的目的。以借路为名，实质上是将兵力渗透到对方的势力中去，以了解对方的情况，甚至控制对方，继而发起突然袭击，最终吃掉对手。也作"假道灭虢"。

此计的关键在于"假途"。善于寻找假道的借口，善于隐蔽假道的真正意图，突然出动奇兵，往往可以取得意想不到的效果。

古人按语说："假地用兵之举，非巧言可诳。必其势不受一方之胁从，则将受双方之夹击。如此境况之际，敌必迫之以威，我则诳之以不害，利其幸存之心，速得全势，彼将不能自阵，故不战而灭之矣。如晋侯假道于虞以伐虢，晋灭虢，虢公丑奔京师，师还，袭虞灭之。"意思是说：采取假道用兵的军事行动，并不是仅仅依靠花言巧语就可以欺骗的。选择"借道"的这个国家，必须受到来自敌我双方其中一方的威胁，或是受到两方的夹击。在这种情况下，假若敌人以武力相威胁，则我方就应该以不侵犯其利益为诱饵，利用其侥幸图存的心理，迅速地把己方的力量渗透进去，以控制全局。

这条按语讲了一种情况，说是处在夹缝中的小国，情况会很微妙。一方想以武力威逼他，而另一方却不侵犯它的利益，目的就是来诱骗它，乘它产生侥幸心理的时候，立即把力量渗透进去，控制它的局势，然后，不需要打什么大仗就可以顺利消灭它了。

实用谋略

◎晋献公假途伐虢◎

"假途伐虢"用在军事上，其意在于先利用甲做跳板，去消灭乙，待达到目的之后，回过头来连甲一起消灭。

春秋时期，各诸侯国之间的兼并战争此起彼伏。位处中原地带的晋国，在这场弱肉强食的大混战中不断征服和兼并弱小的国家，势力迅速崛起。

晋献公时，晋国的南面有两个小国，即虞国（今山西平陆县东北）和虢国（今河南陕县东南）。晋国早有吞并这两个小国的野心，但是由于虞、虢二国是盟友，晋国同其中任何一国开战，就意味着要同时应对两个敌人，这必然会陷入两线作战的泥潭之中。因此，要想灭掉这两个国家，就必须拆散虢、虞两国的同盟关系。

为此，晋国大臣荀息向晋献公献上一计。他建议晋献公先用厚礼贿赂虞公，向虞国假道攻打虢国。等到虞国中计，虢国败亡之后，晋国再攻打虞国。

晋献公听从了荀息的建议。不久，晋献公派荀息携带着良马、美玉等奇珍异宝出使虞国。见到虞公后，荀息把珍宝献上，力劝虞公允许晋国假途伐虢。虞公贪利，又被荀息的巧言所迷惑，于是答应了荀息的请求。

这年夏天，晋国大将里克、荀息带领军队与虞国的军队一起讨伐虢国，晋军很快就占领了虢国的下阳（古邑名，今山西平陆县北），并一举控制了虢、虞之间的要地。

三年之后，晋献公再次向虞国借道，去攻打虢国。大臣宫之奇极力劝说虞公，说绝不能再借道给晋国，宫之奇说："虢国和虞国唇齿相依，虢国一旦灭亡，虞国也必定跟着灭亡。晋国的野心不能助长，借路一次已经过分了，怎么还能再借呢？俗话说，唇亡齿寒。嘴唇没了牙齿也难保。这就说的是我们虞国和虢国。"

虞公听后，不以为然地说："晋、虞同姓同国，晋国必然不会加害我国。结交一个力弱的朋友去得罪一个强有力的朋友，那才是愚蠢呢！"听完这话后，宫之奇预言：虞和虢将要同归于尽了。随即带领家眷逃往国外。

晋国大军借了虞国境内的道路，一举灭掉了虢国，虢公逃到了洛阳。晋军班师回国时，送给虞公很多劫夺来的财产。虞公见了更是大喜过望，盛情款待晋军。

等到虞公送晋军回国时，晋军大将里克装病，说这时不能带兵回国，暂时把部队先驻扎在虞国京城附近。几天之后，晋献公亲率大军前来，虞公出城相送，献公约虞公前去打猎。刚出城不久，就见京城中起火。虞公急忙赶到城外，没想到京城已被晋军占领了。就这样，晋国又轻而易举地灭了虞国，并生俘了虞公，终于达到了吞并两国的目的。

商业案例

◎爱波斯坦与"披头士"◎

说起甲壳虫乐队，人们便想起了摇滚，想起了"披头士"。披头士的成功，是经纪人布莱恩·爱波斯坦借他人之力，"假途伐虢"的应用典范。要想在市场上立足，就要巧妙地学会这种借力之道。

披头士乐队又译甲壳虫乐队，是英国利物浦一个名叫约翰·列侬的青年发起成立的。20世纪50年代末，这个乐队刚成立时，只有四个人。他们也只是在当地流动演出。后来，约翰看到摇滚乐深受观众的喜爱，当时，利物浦音乐舞台越来越繁荣，于是约翰率披头士乐队离开家乡，开始在英格兰北部举办了一系列演出。其后，乐队很快得到发展，1960年在德国的汉堡灌制了第一张唱片，并在此演出四个月，引起极大反响。

后来，乐队返回利物浦，就在这时，英国一家唱片公司的老板布莱恩·爱波斯坦不断接到要求录制披头士唱片的电话和信函，老板从来没有听说过利物浦有过披头士乐队。披头士乐队在自己的故乡仍然是个名不见经传的小乐队。经过仔细寻找，爱波斯坦终于在三个月后找到了乐队，就在那时他成了披头士乐队的经纪人。

爱波斯坦很会经商，他知道乐队的形象直接影响乐队演出的经济效益。所以他出任老板后，第一件事就是为小伙子们设计了特有的新发型，提高他们的演出报酬，还特别为他们组建起第一个"歌迷俱乐部"，称为披头士歌迷俱乐部，更加积极地寻找唱片的销路。最初，因为披头士乐队的名字在英国还没有多少人知道，所以一连被几家大公司拒绝，后来，在1962年9月有幸遇到了乔治·马丁，他是EMI唱片公司下属的一家子公司的负责人，他非常看好"披头士"的前景，爱波斯坦有幸得到了这份合同，随即为这家公司灌录了第一张唱片《一定要爱我》。

这张唱片十分畅销，因此，乐队不但成为歌迷关注的焦点，同时也引起新闻界对他们的关注。资助人开始组织一场又一场的歌迷狂欢音乐会。一年以后，披头士乐队的名字首次在英国报刊上出现。

披头士的崛起使英国音乐舞台出现了空前繁荣的局面，各大唱片公司也如法炮制，各种各样的摇滚乐队在音乐界"爆炸"一样兴起，带来极好的经济效益，现代音乐也成了英国出口的头号"商品"。1963年，披头士开始进军美国市场。刚到美国，他们的唱片《我想握住你的手》就获得流行歌曲唱片销售排行榜第一名。随着一场又一场的演出，该唱片的销售量更是呈直线上升趋势，披头士又一次红遍美国。

披头士乐队之所以能在短时间内风靡欧美，很大程度上是爱波斯坦的功劳。他先是让小伙子们形成自己的演出风格，然后对音乐、歌词、表演分别定位，这种激烈、震撼富有感染力的音乐对歌迷们有着极强的吸引力。

爱波斯坦带领披头士乐队，"假"美国之"途"，最终又使其占领美国市场，走向全世界。

【点评】

"假途伐虢"是以借路渗透，扩展军事力量，从而不战而胜的谋略。

假道的本义不是为了"敌胁"我援，而是为了顺势把兵力渗透进去，发动突然袭击，实现控制对方的目的。春秋时，晋国借道虞境，不但灭掉虢国，也顺手灭掉虞国。在这一过程中，晋献公以伐虢为由而借道虞境，从而一举两得，灭掉两个国家；虞公因为贪利而受了骗，朝夕之间便被人消灭。虞国大夫官之奇为粉碎晋国阴谋，曾提出"辅车相依，唇亡齿寒"的观点，这也成为后世弱国联合抗击强国的重要战略思想。

假道伐虢常用来指蒙骗利诱、借机攻取的策略，也就是以一个堂皇的名义，利用甲做跳板，去消灭乙，达到目的后，回过头连甲也一并消灭。因此，行动的时候一定要注意隐藏自己的企图，要注意骗取假联盟对象的信任，使其毫无戒备。否则，一旦被联盟对象发现，就会被揭穿，导致偷鸡不着蚀把米。

假途伐虢之计有以下三大特征：

一、托名。以堂皇的名义或诱以厚利建立假联盟。

二、借机。趁势发展自己的势力,站稳脚跟,控制联盟对象。

三、过河拆桥。灭掉假联盟对象,自己控制局面。

并战计

第二十五计 偷梁换柱

全解经典

【原文】

频更其阵①,抽其劲旅,待其自败,而后乘之,曳其轮也②。

【注释】

①其:本句中几个"其"字,均指盟友、盟军。

②曳其轮也:语出自《易经·既济》卦。上卦为坎为水,下卦为离为火。水处火上,水势压倒火势,救火之事,大告成功,故卦名"既济"。既,已经。济,成功。本卦初九《象》辞:曳其轮义无咎也。意为拖住了车轮,车子就不能运行了;抽去梁柱,房屋就倒塌。

【译文】

频频变动友军的阵势(地),暗中抽换其主力,使其自趋灭亡,而我则暗中控制它、吞并它。这就像控制了车轮就控制了车子的运行方向一样,而为我所用。

【计名讲解】

"偷梁换柱"作为一个成语，原意指偷偷地用梁来换柱。后来多比喻暗中玩弄手法，以假代真。偷梁换柱与"偷天换日"或"偷龙转凤"意思相同，语见《渔家乐传奇》中"愿将身代人金屋，做人偷天换日"一句。

作计谋时，其本义是乘友军作战不利，借机使其为己方所用。此计中包含尔虞我诈、乘机控制别人的权术，所以也常常作为一种政治谋略或外交谋略来用。

秦始皇活着时一直没有立太子，有一次，他外出巡视，结果得了重病，知道自己命不久矣，就嘱咐丞相李斯立扶苏为帝。但李斯竟与始皇的幼子胡亥、权臣赵高勾结，擅改遗诏，改立胡亥做了皇帝，这就是一招典型的偷梁换柱。

古人按语说："阵有纵横，天衡为梁，地轴为柱。梁、柱以精兵为之。故观其阵，则知其精兵之所在。共战他敌时，频更其阵，暗中抽换其精兵，或竟代其为梁、柱；势成阵塌，遂兼其兵。并此敌以击他敌之首策也。"意思是说：布阵有东南西北的方位，"天衡"首尾相对，作阵的大梁；而"地轴"则连贯于中央，作阵的支柱。梁和柱之间的兵力部署，必须由主力来承担。所以，观察敌阵，就能够发现敌军主力的所在。而与其他军队联合作战时，就要时时改变其阵势，暗中抽换其主力，或派我方部队代其作梁、柱，这样一来，与己方联合作战的部队就无法守住阵地，我方可立即将其兼并，并立即把其兵力投入另一战斗中。这是吞并一个敌人，再去攻击另外一个敌人的谋略。

以上的这段按语，反映了战场上所谓的"友军"，不过是暂时与其联合罢了。因此，兼并盟友是十分寻常的事情。不过，作为一种谋略，此计的重点是对敌军"频更其阵"，也就是多次佯攻，促使敌人变更阵容，然后伺机攻击其弱点。这种调动敌人的谋略，往往能够收到很好的效果。

实用谋略

◎吴汉智胜公孙述◎

在战场上，采用偷换的办法——这种"偷换"可以是转换行动方向，也可以是调换军队，总之是为了达到蒙骗敌军的目的，这就是"偷换换柱"的计谋。东汉时期大将吴汉击败公孙述的事迹，就是对这一计谋的一次成功运用。

东汉大将吴汉奉命率军讨伐在成都割据称雄的公孙述。吴汉的部队进入犍为郡所辖地区，攻克了广都县，又派轻装骑兵烧毁了成都市桥。不久，武阳以东的各城邑都投降了吴汉。

这时，吴汉接到了汉光武帝刘秀的诏书："成都有十多万敌军，不可轻视它，但应坚守广都，等待敌军来攻，不要主动出击与敌争锋。如果敌军不敢来攻，你就转移营阵逼迫它；必须等到敌军精疲力竭之时，方可进击它。"然而，吴汉并未把光武帝的话听进心里。他立功心切，竟擅自率领二万余步骑兵进逼成都，在距离成都十余里的江水北岸安营扎寨。为方便渡江作战，吴汉还下令在江上架设浮桥，同时让副将刘尚率万余人驻扎在江水南岸，致使南北两营相距二十余里。

光武帝在得知吴汉的行动后，非常吃惊，马上派人传诏书给吴汉，命其立即率兵返回广都坚守待敌。可是，没等光武帝的诏书送到吴汉手里，公孙述就派谢丰、袁吉带十余万人攻打吴汉，又另派大将率数万人马袭击刘尚的营寨，分别从南北两端牵制汉军，让其首尾不能相顾。

对汉军来说，情势十分危急。吴汉和公孙述的大军激战一天，不能胜利，只得退回营垒，眼看公孙述的人马即将对汉军形成包围之势。吴汉急中生智，想到了偷梁换柱的办法。他将众将召集到一起，激励他们说："我和诸位将军共同越过艰难险阻，转战千里，才得以深入敌人腹地。现在敌人兵临城下，我与刘尚的军队都遭到了包围，不能相救。任这种局面发展下去，后果不堪设想。因此，我打算秘密地转移兵马，与刘尚会合，集合力量，抗击敌人。如果齐心协力，人人奋勇杀敌，大功便可告成。若不如此，则必然失败。现在正是决定成败的关键时刻，是胜是负，就看这次行动了。"

战场之上，但凡陷入困境，必要以巧计争得生机。主意已定，吴汉以酒食款待将士，安顿战马，关闭营门拒不出战。同时，他又命令手下在军营中多多插立旗帜，保证营中烟火不断，给敌人造成吴汉军困营中的假象，迷惑敌人。

偷梁换柱的关键在"偷"，所有行动都必须在暗中进行。吴汉成功地骗过敌人的耳目，在三天之后的一个晚上，悄悄地引兵过江，和刘尚会合。而公孙述对此还一无所知。

第二天，公孙述仍按照之前的战斗计划，命一部分兵攻打江北汉军，一部分攻打江南汉军。而吴汉则早已带领全部人马气势汹汹地从江南杀来。公孙述来不及调整战术，战场的形势在不知不觉间发生了变化。到了傍晚，公孙述这边已被杀得七零八落，大将谢丰、袁吉也战死沙场。

吴汉乘胜追击，在掌握了战场局势后，派刘尚率军进击公孙述，自己则带人驻守广都。他将战事报告给光武帝，毫不讳言自己的失误。光武帝看后回应说："你率兵还守广都，很得要领。公孙述必定不敢丢下刘尚直接来攻击你。如果他先攻打刘尚，你从广都率领全部步骑兵行军五十里支援，那时公孙述定已疲困不堪，到时就很容易击败他了。"

吴汉接受了刘秀的建议，和公孙述军交战于广都与成都之间，八战八捷，成功进驻成都外城。公孙述兵败逃走，不久就被吴汉的大将杀死。其手下见大势已去，便打开城门，悉数投降。至此，蜀地割据势力被完全平定了。

◎偷天换日起死回生◎

春秋末期，晋国"六卿"掌握了晋国的大权，这六卿即范氏、中行氏、智氏、赵氏、韩氏和魏氏。晋出公十七年（公元前458年），范氏和中行氏争权失败后仓皇出逃。智氏的智瑶独揽晋国朝政，称智伯，他与赵、韩、魏共分范氏和中行氏的封地。

之后，晋出公率军伐四卿，兵败身亡，智伯立昭公的曾孙骄为晋君，就是后来的敬公。当时智伯操纵政令大权，拥有土地最多，因而"四聊"中以智伯势力最强。从那时起，智伯心里就有了灭掉韩、赵、魏，自己取代晋君的打算。公元前403年，智伯为了消灭韩、赵、魏三家，便依照亲信缔疵的计策，以晋、越两国争当盟主，晋国要出兵讨伐越国为借口，令韩、赵、魏各献出自己的部分领地，如有不允，就出兵灭掉它。赵氏（赵襄子）、韩氏（韩康子）和魏氏（魏桓子）知道这是智伯假借晋侯之令，心里都对智伯充满了怨恨。

韩康子和魏桓子不服，想联合抗拒智伯，但权衡再三，只好忍气吞声割地给智伯。智伯得了韩、魏的土地后，更加骄纵了，又向赵氏要地。赵襄子年轻气盛，他与智伯本来就有间隙，听说韩康子和魏桓子割地给智伯，心里特别气愤，他回信给智伯，拒绝其无理要求。智伯愤怒之极，立即率韩、魏、智三家人马攻打赵国。赵襄子自知不敌，便出走到晋阳（今山西省太原东南）。

晋阳是赵襄子的父亲赵鞅的辖地，赵鞅管理晋阳时政通人和，百姓安居乐业。赵鞅临终前，让赵氏家臣尹铎治理晋阳，尹铎对待百姓很和善，人民都很拥戴赵氏。

晋阳占地利、人和的优势，智伯率三家大军围攻晋阳，久攻不下，又引水灌城。晋阳为大水所淹，水面距城墙顶部仅有五六尺的距离。

眼见晋阳有被淹没的危险，被围困在晋阳城内的赵襄子，感到晋阳城危在旦夕。他召谋士张孟谈进帐共商对策。张孟谈说："对解救晋阳之危，臣已思索很久了。眼下智氏联韩、魏攻赵，灭赵后必以同样手段再灭韩、魏。臣知韩、魏并不甘于受智氏驱使。依臣之见，可以用'偷梁换柱'之计解晋阳之危。臣愿只身前往劝说韩康子和魏桓子，使之与我们联合，一起对付智伯。"赵襄子听后大喜，说："赵氏宗族得以保存，这次就全仰赖你了。"于是赵襄子让张孟谈即刻潜出晋阳，秘密会见韩康子和魏桓子。

见到韩康子和魏桓子，张孟谈对二人说："现在智伯统率你们两家攻打赵襄子，倘若赵襄子被打败了，韩、魏也会跟着灭亡。因为赵、韩、魏三国唇齿相依，唇亡则齿寒。为了我们的共同利益，不如韩、赵、魏三家联合伐智。"韩康子和魏桓子对张孟谈说："我们都知道这个道理。只怕智防范严密，事未成功，我们的密谋便泄露了。"张孟谈说道："此计出自我们三人，别人谁也不知道，只要我们守口如瓶，就不会泄露出去，你们放心好了。"经张孟谈反复劝说，二人终于同意订盟，约定日期，届时赵、韩、魏三家各率人马共击智军。订盟后，张孟谈悄然回到晋阳城内，向赵襄子复命。

到了约定的日子，赵襄子先派人连夜摸上水堤，杀掉守兵，将水堤挖决，放晋水灌入智伯军营。智军措手不及，顿时乱作一团。韩、魏两军乘势从左右两翼掩杀过来，赵襄子见智军慌乱，急命大开城门，率军由城内杀出来，以策应韩、魏两军。在韩、赵、魏三家的联合打击下，智伯的军队被杀得大败。

智伯骄纵轻敌，中了偷梁换柱之计，在韩、赵、魏三家盟军的共同攻击下，全军覆没。随后智氏宗族也全部被消灭，晋国出现三家分晋的局面。

商业案例

◎偷梁换柱害人又害己◎

偷梁换柱之策，在商务谈判中，有其特殊作用，即根据谈判双方都急于了解对方底细的心理，使对手上当。如故意让对方得知自己的假底细，或将假情况故意泄露给对手，等等。因此，在谈判过程中施用"偷梁换柱"之计，可以给对手制造假象，耗费其精力，以取得谈判的胜利。

在经商活动中，采用偷梁换柱这一计，主要表现在两方面：其一是盗用名牌商标，以欺骗的手段，生产制造假冒伪劣产品，从中获取暴利。在商品经营活动中，这种方式是屡见不鲜的，如市场上出现的假名牌酒、假名牌烟，等等。无论是对生产者还是经营者都是不可取的。其二则是反其意而用之，通过不断更改自己的形象，在激烈的市场竞争中取胜。产品在生产初期，尚处于试制试销阶段时，需要经常变更形象，待产品成熟后，再以固定的形象出现在消费者面前。

变更的形式有多种：一、变更企业名称。当企业在消费者心目中信誉不佳的时候，采取这种策略，目的是重新树立新的企业形象。二、模仿名牌商标。即利用名牌商标推销自身产品。但这种模仿应该是质量过硬、价格低廉，否则易导致消费者对产品厌弃。三、改变产品商标。在产品初创、不知市场反馈如何的时候，先不注册商标，等产品质量过硬后再注册商标。

在经济活动中，有些企业不依法经营，只顾赚钱而不讲道德，竟采取偷梁换柱手段，以劣充好，欺骗客户，这种方式是不可取的。

某市第一毛纺厂与第二毛纺厂签订了一份购销合同，合同规定：在毛纺厂仓库交货。第一毛纺厂按合同规定的时间提前打包封装，两次向第二毛纺厂发货。第二毛纺厂收到货后，经抽样检查和上机试验，发现所收货物不符合质量要求，根本不能使用，于是电告第一毛纺厂停止供货，并到银行办理了拒付款手续。第一毛纺厂收到拒付理由书后，以第二毛纺厂违约为由，向某经济合同仲裁委员会申请仲裁，告第二毛纺厂违反了合同。仲裁委员会经过充分调查，认为违约的不是第二毛纺厂，而是第一毛纺厂。第一毛纺厂以次充好，交付不能使用的产品，按规定实属违约，应负全部责任。因此，仲裁庭裁决第一毛纺厂向第二毛纺厂偿付违约金并承担仲裁费和质量鉴定费，已交付第二毛纺厂的劣次品全部退回，往返运费由第一毛纺厂承担。第一毛纺厂的这种违法经营方式，不但败坏了自己企业形象和声誉，还要受到法律的制裁。

【点评】

自20世纪80年代中后期一直到90年代初期，大众读物市场是属于新派武侠小说"金梁古温"四大家的辉煌时代。许多四十岁左右的人至今依然能够清晰回忆起自己初看"全庸著"小说时的恍惚与迷惑，以及搞清被愚弄之后的气急反笑。在他们的脑海里，其实不仅有"全庸"，还有"金康""全康""金唐"等名目。当这些"加减法"被识破之后，更高妙的技法应运而生：

"金庸巨著",四字连成一线,根本不容你分辨是"金庸巨—著"还是"金庸—巨著","金庸新著""金庸力作"自然也在此列。对应着古龙的有"古尤""吉龙""古犬"等。梁羽生除"梁诩生"外,尚被偷"梁"换"梁"为"梁羽生"。

梁和柱是建筑结构中最关键、最重要、最结实、作用最大、选料最精的部件。建筑物是否稳固,取决于梁和柱;梁软屋塌,柱折房垮。

正因为梁和柱在房屋建筑中起如此巨大的作用,梁和柱除了用来类比其他事物的关键与精华部件外,还经常用来比喻国家和社团里重要的、关键的、优秀的、起中坚作用的精英人物。虽然二者都很重要,但二者所起的作用是有重大区别的。偷梁换柱作为一个比喻,指使用手段,暗中更换事物的关键部分,从而改变事物的性质和内容。用现在流行的说法,是属于制假贩假一类的手法,因此,要对付它,就得打假。

无论用在政治上还是商业上,偷梁换柱都是不那么光彩的。可是有这么个故事,看了后你就会明白,熟悉它,掌握它,还是有用的!

清朝康熙年间,有一粮店的刘老板,为了提高利润,他打算把秤调小。当时的计量单位为十六两一斤,他想改为十五两一斤的。他摆了一桌酒席,让儿子把制秤的吴师傅请来。酒过三巡后,吴师傅问刘老板打算制作什么秤,刘老板就把自己的想法说了,接着把沉甸甸的五十两银子递了过去。吴师傅勉强答应了,可刘老板的儿子不同意这样做,他认为:这样只能骗一时,过不了多久人们就会察觉出来,再也不会来这里买粮食了,那样粮店也就黄了。但他没有立即表明自己的态度,当刘老板让他送吴师傅时,出了二门后,他悄悄地对吴师傅说:"我父亲刚才说错了,其实想让您做十七两一斤的秤。"说着把一块足有七十两的银子递了过去,并对吴师傅说:"给你添麻烦了,请您笑纳。"吴师傅愣了一下,接过银子,告辞走了。三天后,刘老板的小儿子取回了秤并放在柜台上。又过了一个月,刘老板上店里看生意时,一个小伙计对他说:"老板真是有福,隔好几条街的人都上咱这买粮食。"刘老板一听,心里别提多高兴了,但没有细想为什么会有这么多人来。一晃到了年底，盘账时比往年多赚了五千多两银子，当刘老板神秘地把因为秤上少一两才赚这么多钱的秘密告诉家人时，他小儿子突然跪下了。在场的人都愣了，小儿子磕头请求父亲原谅，当刘老板问什么事时，小儿子就把让吴师傅改秤的事说了一遍。刘老板听后大吃一惊，让大儿子把秤取来验证，果然是多一两。第二天，刘老板对全家人宣布，小儿子升为店里的掌柜，负责店里的经营。

第二十六计 指桑骂槐

全解经典

【原文】

大凌小者，警以诱之①。刚中而应，行险而顺②。

【注释】

①大凌小者，警以诱之：强大者要控制弱小者，要用警诫的办法去诱导他。

②刚中而应，行险而顺：语出《易经·师》卦。师，卦名。本卦为异卦相叠（坎下坤上）。本卦下卦为坎为水，上卦为坤为地，水流地下，随势而行。这正如军旅之象，故名为"师"。本卦《象》辞说："刚中而应，行险而顺，以此毒天下，而民从之。""刚中而应"是说九二以阳爻居于下坎的中信，叫"刚中"，又上应上坤的六五，此为此应。下卦为坎，坎表示险，上卦为坤，坤表示顺，故又有"行险而顺"之象。以此卦象的道理督治天下，百姓就会服从。这是吉祥之象。毒，督音，治的意思。

【译文】

强者制伏弱者，要用警告的办法来诱导他。主帅强刚居中间正位，便会有部属应和，行事艰险而不会有祸患。

【计名讲解】

"指桑骂槐"作为一个成语，本义指的是指着桑树骂槐树。后来比喻借题发挥，指着这个骂那个。指桑骂槐的意思与指桑说槐、指东说西、指猪骂狗、捉鸡说狗等相似。这几个词语意义相近，结构相似，由于桑槐、东西、猪狗、鸡狗等事物与人们的日常生活关系密切，故而人们在表达指此说彼的意思时，便自然用到了这些词语，以达到生动形象的效果。

作为一计，语见于《金瓶梅词话》六十二回："他每日那边指桑树骂槐树，百般称快；俺娘这屋里分明听见，有个不恼的？"

《红楼梦》第十六回中也说道："凤姐道：'你是知道的，咱们家所有的这些管家奶奶，哪一个是好缠的，错一点儿，他们就笑语打趣，偏一点儿他们就指桑骂槐……'"

作为作战的计谋，指桑骂槐本是一种间接训诫部下，以使其敬服的谋略。此计还引申为运用各种政治和外交谋略，"指桑"而"骂槐"，向对手施加舆论压力以配合己方的军事行动。对于弱小的敌人，可以用警告和利诱的办法，不战而屈人之兵；对于强大的对手，则可以旁敲侧击以威慑他。

古人按语说："率数未服者以对敌，若策之不行，而利诱之，又反启其疑，于是故为自误，责他人之失，以暗警之。警之者，反诱之也。此盖以刚险驱之也。或曰：此遣将之法也。"意思是说：统率那些一向不听指挥的部队对敌作战，如果我发令而部下不执行，如果靠利益去拉拢，反而使其怀疑。这时，可以故意制造事端，责难其发生过失，借以暗示警告。所谓警告，是从另一面使其折服，这是使用强硬而果敢的手段以慑服部下的办法。因此，这也是调兵遣将的一种手段。

实用谋略

◎古弼巧谏太武帝◎

《孙子兵法》在阐释"指桑骂槐"时提到，这是一种居上位者控制处下位者的方法。但在现实生活中，处下位者也可对居上位者施用此计。有些时候，对于一些问题，处下位者意识到了，可是居上位者没有，由于种种原因，处下位者的声音很难被居上位者听到。这时处下位者便可用指桑骂槐的办法来吸引居上位者的注意力。北魏大臣古弼就是这样使原本专注下棋的太武帝认认真真地倾听自己关于民生情况的报告的。

444年的一天，古弼接到了一封来自上谷（今河北省张家口一带）民众的信，信上说朝廷在上谷建造皇家园囿给老百姓带来了极大的灾难，劳民伤财不说，还让大量农民失去了赖以生存的土地。当地百姓希望朝廷能悯恤下情，将土地还给农民。

古弼看完信后，马上写了奏折，进宫向太武帝进谏。不巧的是，他进宫时，太武帝正在和一个名叫刘树的大臣下棋，整个人都专注在棋局上，没心思理会古弼。古弼站在旁边等了很久，都没见太武帝流露出一点听自己说话的意思。

古弼又急又气，但他不能直接打断太武帝下棋，向太武帝诉说自己的不满。于是，他急中生智，突然抓住刘树，将他从凳子上扯下来。然后，一只手揪住刘树的耳朵，一只手攥成拳头猛打刘树的后背，刘树被打蒙了，太武帝也愣住了，惊讶得连手里的棋子都掉在了地上。古弼一边打一边骂："国家的事没治理好，全都是你的罪过。"太武帝一听，很快反应过来古弼是在指桑骂槐。但他没有因此发怒，而是一面制止古弼，一面表示是自己不好，没有及时处理古弼的奏折："是我的过错，和刘树没关系，快放开他！"

古弼见太武帝明白了自己的用意，就松开刘树，将上谷民情一一陈述。太武帝听了，马上下令将当地皇家园囿的一半土地分给贫民。几天之后，古粥为殴打刘树一事向太武帝赔罪，太武帝没有怪罪他，还嘱咐他，如果以后再有什么民情国事要禀报，不用拘泥于礼节，只管大胆去做便可以了。

古弼的指桑骂槐起到了很好的效果，太武帝显然对自己下棋误政的行为进行了反思，肯定了古弼大胆进谏的行为。不过，需要注意的是，如果古弼面对的不是一个勇于纳谏、知错能改的英明君主，那他的做法多半会起到反效果。因此，如果打算用指桑骂槐的方法向某人提意见，首先要看对方是怎样的人，若对方会因此而恼羞成怒，则不妨采取更为委婉的方式转达自己的意图。

商业案例

◎凯瑟琳的"诚实无欺"策略◎

凯瑟琳·克拉克是一位能干的主妇。她凭着自己高超的厨艺，开了一家小家庭式面包屋。凯瑟琳当时开面包屋的想法很简单，就是增加一些收入来补贴家用。可谁曾想到，就是这间小小的面包屋，在十年时间里竟然发展成一家年收益400万美元的大型食品公司。凯瑟琳经营的秘诀是什么呢？只有四个字，那就是"诚实无欺"。

凯瑟琳标榜她的面包是"最新鲜的食品"，保证绝不卖存放超过三天的面包。为了得到消费者的信任，凯瑟琳在包装上特别注明了面包的烘制日期。

起初，这个规定给她带来巨大的麻烦。因为一种新产品上市，不可能马上就有销路。存货一多，要严格执行"不超过三天"的规定的确很困难。尤其是各经销店，不愿天天检查面包的烘制日期，他们宁愿把过期的面包留在店里卖。凯瑟琳知道后，坚决把过期的面包收回，许多人开始抱怨凯瑟琳，说她这样做未免太认真了；再者，一个面包存放三天也不会变质，为什么非要坚持这一规定呢？凯瑟琳不听这一套，还是一如既往地坚持这一原则。她严格要求自己的职工，让他们无论如何都要保证面包的新鲜度。

有一次，发生一场水灾，市场上面包紧缺，凯瑟琳公司的外勤人员由于没有接到特别的指示，照常按循环表到各经销店送刚烘出来的新鲜面包，回收超过期限的面包。

一天，运货员在几家偏僻商店收回了一批过期面包，返程途中停在人口稠密区的一家经销店前，立刻被一群抢购面包的人围住了，提出要购买车上的面包。

运货员向他们解释，说面包是过期的，不能卖给大家。这群人不信，说这是囤积居奇，想卖大价钱。人越围越多，连记者也赶来了。

运货员被逼无奈，只得解释说："各位女士、先生，请相信我。我不是不肯卖，更不是想囤货投机，实在是我们规定得太严了。车上面包全是过期的，如果我们经理知道了我把过期的面包卖给顾客，我就会被开除的。因此请你们原谅我吧。"

不管运货员如何解释，顾客们非要坚持买车厢里的面包。运货员无奈之下，只得答应了他们的请求，结果这车面包很快就被抢购一空。回去后，这位运货员果然受到凯瑟琳的严厉指责。记者们知道了这件事后，都替这位运货员鸣不平。这件事后，大家都为凯瑟琳的诚信与严谨而感到敬佩，面包房的名气越来越大了。

凯瑟琳为了保证面包房的良好信誉，对公司职员严格要求，对于运货员被迫销售"过期"面包的行为，凯瑟琳对其进行严厉批评，这对面包行业的其他经营者也是一个警示，起到了"指桑骂槐"的效果。

【点评】

民间有很多关于"指桑骂槐"的逸事，在传说与历史故事中，又有很多指桑骂槐的高手，如淳于髡、孟优、东方朔等，几乎把这个"骂人术"变成了一门高雅的艺术。

使用"指桑骂槐"之计，对于强大的一方来说，可以用来警诫震慑弱小的一方。对力量弱小的一方来说，也能取得意想不到的效果。

第二十七计 假痴不癫

全解经典

【原文】

宁伪作不知不为,不伪作假知妄为①。静不露机,云雷屯也②。

【注释】

①宁伪作不知不为,不伪作假知妄为:宁可假装着无知而不行动,不可以假装知道而去轻举妄动。

②静不露机,云雷屯也:语出《易经·屯》卦。本卦为异卦相叠(震下坎上),震为雷,坎为雨,此卦象为雷雨并作,环境险恶,为事困难。"屯,难也。"《屯卦》的《象》辞又说"云雷,屯"。坎为雨,又为云,震为雷。这是说,云行于上,雷动于下,云在上有压抑雷之象征,这是屯卦之卦象。

【译文】

宁愿假装不知道而不采取行动,而不要假装知道而轻举妄动。要沉着冷静,不露出真实动机,如同雷霆掩藏在云雷后面,不显露自己。

【计名讲解】

"假痴不癫"作为三十六计中的一计,本义指的是假装痴呆,掩人耳目,另有所图。此计出自《左传·僖公二年》:"晋荀息请以屈产之乘,与垂棘之璧,假道于虞以灭虢。"

计名是从民间俗语"装疯卖傻""装聋作哑"等转化而来的。商朝末年,箕子佯狂就是运用此计的一个典型。以后，人们把它运用于军事上，主要有两种用法：一是用于举行兵变，主要是为了麻痹敌人，以便自己积蓄力量，等待时机发起攻击。二是作为一种愚兵之计。

假痴不癫，重点在一个"假"字。这里的假意为伪装。装聋作哑，痴痴呆呆，而内心里却特别清醒。此计作为政治谋略，就是韬光养晦之术，在形势对自己不利的时候，表面上装疯卖傻，给人以庸碌无为的假象，借此隐藏自己的志向或才能，以免引起对手的警惕。刘备早有夺取天下的抱负，只是当时自己力量太弱，根本无法与曹操抗衡。一日，曹操请他喝酒，席上曹操问刘备谁是天下英雄，刘备列了几个名字，曹操都一一否定了。这时，曹操突然说道："天下的英雄，只有我和你两个人！"一句话说得刘备惊慌失措，吓得手中的筷子掉在地上。幸好此时打了一声雷，刘备急忙遮掩，说自己被雷声吓掉了筷子。曹操见状，大笑不止，认为刘备成不了什么大事，不足为惧，于是对刘备放松了警觉。后来刘备摆脱了曹操的控制，终于成就了一番大业。

古人按语说："假作不知而实知，假作不为而实不可为，或将有所为。当其机未发时，静屯似痴；若假癫，则不但露机，且乱动而群疑。故假痴者胜，假癫者败。或曰：假痴可以对敌，并可以用兵。"意思是说：善于用兵制胜的人，并不沽名钓誉，也向来不炫耀自己的战功。当战机还未成熟的时候，要沉着准备如痴似呆。如果佯作疯狂，则不但暴露战机，而且因为过早行动而引人猜疑。所以说：装呆者必胜，佯癫者必败。

实用谋略

◎韦皋大智若愚擒逆◎

在形势不利于自己的时候，表面上示弱，给人以碌碌无为的印象，掩盖自己的真实意图，以免引起敌人的警觉，专一等待时机，到时一举消灭敌人。

唐德宗年间，发生了"朱泚之乱"。朱泚本是凤翔节度使，他野心勃勃，一心想取李氏而代之。唐德宗看出他的野心，便决定削夺他的权力。朱泚得到消息后，遂决定先发制人，派遣他的部将牛云光带领幽州兵五百人前往陇州。临行前，朱泚交给牛云光一份任命陇右营田判官韦皋为陇右留后的委任书，希望韦皋能为己所用。牛云光到达陇州后，没有立即传达朱泚的"旨意"，而是想先设下伏兵把韦皋擒住，待局势稳定后再传达朱泚的意思。谁料牛云光的计划不慎泄露出去，他担心陇州出现动乱，便带领部下逃出陇州。

牛云光逃走后，准备回到凤翔，恰好这时碰上了朱泚派往陇州的使者苏玉，苏玉见到牛云光，向他了解了情况，并说朱泚准备加封韦皋为中丞。苏玉又说："韦皋不过是一介书生，如果他接受诏书，便是我们的人。如果不接受，你便派兵杀掉他，以绝后患！"

牛云光听罢，便和苏玉率领军队一起返回陇州。他们来到陇州城下，韦皋从城上问牛云光说："前些时候，你不告诉我一声就走了，今天又回来了，这是为什么呢？"牛云光说："先前我不知道你的本心，现在我们皇帝颁下诏书，打算任命你为中丞，所以我再次回来，愿意与你和好如初。"韦皋听后，毫不犹豫地表示愿意接受诏书。

韦皋先让苏玉入城，恭敬地收下诏书。然后对城外的牛云光说："如果你没有异心，为了使城中人不怀疑你，请将铠甲兵器悉数交出来，你的人马才可以进城。"牛云光认为韦皋是一介书生，轻看了他，便同意了韦皋的要求，于是将全部铠甲兵器搬送给韦皋，然后率众进了城。

第二天，韦皋为了表示他的诚意，特意在郡中的公舍里大摆宴席，宴请苏玉、牛云光和他们的部下。韦皋事先埋伏好了军队。在酒宴上，韦皋极力劝酒。苏玉、牛云光等人得意忘形，丝毫没有戒备之心，均喝得酩酊大醉。这时，韦皋的伏兵突然杀出，苏玉和手下还没来得及反抗，就被擒获了。

韦皋诛杀了牛云光，将叛军全部斩首。然后韦皋筑起坛场，与城中将士盟誓，决心誓死效忠唐室，讨伐叛贼。

在这一则故事中，韦皋运用愚兵之计，假装归顺叛军，在取得叛军信任后，再一举将其消灭，这正是对"假痴不癫"之计的成功应用。

◎海瑞智惩胡衙内◎

假痴不癫，重点在一个"假"字。这里的假，意思是伪装，装聋作哑，而内心却特别清醒，这是一种高明的谋略。

明朝嘉靖年间，奸相严嵩当权，在全国各地广植党羽。浙江总督胡宗宪便是其中的一个。胡宗宪的儿子胡衙内仗着父亲的权势，为非作歹，欺压百姓，人们敢怒不敢言。

有一次，胡衙内带着几个随从离开杭州，溯富春江而上，直抵浙西。他们一路上游山玩水，作威作福，所经府县的官吏惧怕胡宗宪的权势，无不殷勤招待。胡衙内得意忘形，更加骄横起来。

然而，等胡衙内来到淳安县时，却是另一番景象：城门边没有一人出来迎接，住到馆驿后知县也不来看望一下。胡衙内不由得恼怒起来，喝令将驿吏捆绑起来，拿起马鞭边打边骂："我从杭州出来，一路上哪个不来讨好我？知府大人还为我牵马呢！只有你们淳安县的知县不肯出来迎接我。等我回去后，就会告诉总督大人，到时定叫你们吃不了兜着走！"馆驿的人赶紧将此事报告给知县。

这个知县便是有名的清官海瑞。海瑞闻报，十分生气，打算立即派人去抓胡衙内，但转念一想：他父亲毕竟是自己的顶头上司，公开与他作对，未免要吃亏。海瑞思索了一会儿，想出一条"假痴不癫"的妙计。

不久，海瑞带着捕快直奔馆驿。进门后，海瑞见胡衙内在屋内毒打驿卒，大声喝道："把这个恶棍抓起来！"胡衙内满不在乎地说："我是堂堂浙江总督的儿子，你们谁敢抓我？"海瑞冷笑道："你是何方恶棍，胆敢冒充胡总督的公子？胡总督是朝廷一品大臣，处处体恤民情，爱护百姓，他的公子定是文质彬彬之人，怎么会是你这样的花花太岁？来人，将这个冒牌货捆起来，先掌嘴五十！"捕快不由分说，把胡衙内捆起来，朝着他的嘴巴打去，一时间，胡衙内满嘴流血，两腮红肿。

"再搜他的行李，看有无违法物品！"海瑞大声吩咐。捕快从胡衙内的行李中搜出许多银子和贵重礼品。海瑞沉着脸问道:"这些赃物是从哪里来的?"胡衙内回答:"都是沿途官吏送的。"海瑞冷笑道:"这么说,你肯定是个冒牌货了。若是胡公子出游,他每到一处必定访古问幽,决不会像你这样搜刮银子和宝物。你骗得过别处知县,却骗不过本知县。冒充胡公子胡作非为,败坏胡总督的名声,罪该万死!"这么一来,胡衙内再也不敢吱声了,吓得浑身直打哆嗦。几天后,海瑞差人将胡衙内解押到总督府,并交给胡宗宪一封信。胡宗宪拆开信,只见海瑞写道:"属县近来查获一名冒充总督公子的诈骗犯。该犯以胡公子之名,到处招摇撞骗,敲诈勒索,骗得数千两银子和很多珍宝。属县深知老大人教子甚严,府上公子每日攻读,怎能有闲出游。如若出游,必然瞻仰名胜古迹,以增加自己的见识,怎会专门搜罗金银财宝?属县故此一眼将其识破,所骗赃物,一律充公。特将该犯押往府上,请老大人严惩!"胡宗宪看完信,又看看被打得鼻青脸肿的儿子,气得一句话都说不出来。毕竟自己的儿子做了错事,把柄抓在海瑞手里,胡宪宗只得打掉牙往肚里咽,埋怨儿子一番,此事也便不了了之。

海瑞明知眼前的"胡衙内"正是胡宗宪的儿子,却故意说他是假冒的,然后狠狠地将其毒打一顿,即便胡宗宪知道了,也不会追究此事,这便是一招典型的假痴不癫之计。

商业案例

◎抓住消费者的心理◎

德路比克是个服装商人,他和自己的弟弟在一块繁华地段开了家服装店。兄弟二人的服务十分周到,每天,德路比克都要站在服装店的门口,向行人推销。

在这家服装店里,常常会出现这样的场景:两兄弟中的一个,热情地把顾客拉到店中,反复介绍某件衣服既物美又价廉,穿上后又得体又漂亮。经过这么一番推销,顾客往往会被动地询问衣服的价格。

这时,德路比克先生把手放在耳朵上问:"你说什么?"

"这衣服多少钱?"顾客只得又高声问了一遍。

"噢,你问多少钱呀,等我问一下老板。十分抱歉,我的耳朵不好。"德路比克转过身去,向那边的弟弟大声喊道:"喂,这套衣服卖多少钱?"

弟弟站起身来,看了顾客一眼,又看了看服装,然后说:"那套嘛,72美元。"

"多少?"

"72美元。"弟弟喊道。

哥哥回过身来,微笑着对顾客说:"先生,42美元一套。"

顾客一听,随即掏钱买下了这套便宜的衣服,溜之大吉。

其实,德路比克兄弟两人的耳朵一点也不聋,而是借"聋"给想占小便宜的人造成一种错觉,利用其爱占小便宜的心理来促销自己的服装。

还有一个类似的例子。

某城有两家专卖廉价商品的店,这两家的店面相邻,但店主却是死对头。

一天,A店的橱窗中挂出一幅广告,上面写着:出售亚麻布被单,价格低廉,每床售价5.5美元。

人们看到这则消息,纷纷奔走相告,趋之若鹜。没过多久,隔壁B店的橱窗里赫然出现了这样一则广告:再来我店看看,亚麻布被单,注意价格:每床4.95美元。

这样一来,涌向A店的人看到B店卖得比这里更便宜,马上离开A店,转而涌向B店,只过了一会儿,被单就被蜂拥而至的人们抢购一空。

这样的竞争在这两家店之间可以说从未间断过,不是我盖过你,就是你压过我,竞争异常激烈,从未停止过。而当地的人也总在盼望他们之间的竞争,这样好坐收渔人之利。

除了利用广告相互压价竞争,两家店的老板还常常站在各自的店门口,相互指责、对骂,甚至拳脚相加,场面十分激烈,但最终总有一方败下阵来,打斗才能停止。

这时等待已久的市民们一般都会涌向胜利一方的店，将店内的商品一抢而空，不论能买到什么样的商品，他们都感到占了大便宜。

一晃，多少年过去了，两家店的主人也老了。突然有一天，B店铺面上了锁，老板不见了。没过多长时间，A店的老板也将店拍卖了，随后也搬走了。

终于有一天，店的新主人发现了一桩令人费解的事情：两家店之间有一条秘密通道相连。

原来这两个冤家竟是一对亲兄弟，他们平时相互威胁、相互攻击，都是故意装给外人看的。所有的一切都是骗局。他们二人"打斗"结束后，不论哪一方获胜，都会把失败一方的货物连同自己的一齐卖掉。几十年来，他们利用了人们贪图便宜的心理，吸引了不少消费者。

◎"包退包换"的生意经◎

"假痴不癫"的一个特点是以退为进，后发制人。经商时，给对方以精神或物质上的补偿，往往能取得更大的收益，"包退包换"的生意经就很好地体现了这一谋略。

有一位先生到商店为单位买奖品，顺便给自家的小孩买了件衣服，回家后才发现妻子也为孩子买了一件衣服，而且比他买的好看多了。第二天，他到商店退货，可是商店说什么也不退，惹得这位男顾客很生气，他对周围的人说，再也不去那家服务不好的商店买东西了。

有位古人，在商人"八训"中曾经写道："当顾客买的东西不随心意来退货时，应比卖货时更客气地对待。"这话颇有道理，因为常有卖主对买东西的顾客态度很好，一见退货就不高兴；再说顾客买了不称心的东西心里也不痛快，如果顾客退货时，卖主比卖货时服务态度还好，顾客就会感谢你，他会成为你的回头客，或许会给你带来更多的顾客。

在某些商店经常看到这样的告示：削价商品概不退换。其实，这种告示完全是多余的，对商店反而会有潜在不好的效果。作为商店应该鼓励退货，为了使买主买着放心，卖主卖着自信，商店就要做到保退保换。

【点评】

有智慧的人表面看来往往有点"愚"。装愚可以掩盖自己的聪明，更可以掩盖自己的失误。一般来说，装得很愚的人，往往是个有远见、能成大事的人。

在现实生活中，那些有大智慧的人，往往不在众人面前，尤其不在同行、同事或同伴面前显露才华，外表上好像很愚笨，其实，这既是一种至高的人生境界，又是人生的大谋略。

外表愚笨而内心明智的人，是在人前收敛自己的智慧，表现出一副浑浑噩噩的样子。在小事上常常不如一般人精明，应变能力好像差一些。殊不知这正是"大智若愚"的表现。韬光养晦，让人以为自己无能，让人忽视自己的存在，而在必要时，能够不动声色，以自己的智慧，先发制人。

美国第九任总统威廉·亨利·哈里逊原出生在一个小镇上，他小时候是个文静怕羞的孩子，人们都把他看作是个愚笨的人，而且还经常捉弄他。他们经常把一枚五分硬币和一枚一角硬币扔在他的面前，让他任意捡一个，威廉总是捡那个五分的，于是大家都嘲笑他。有一天一位好心人问他："难道你不知道一角钱比五分钱值钱吗？"

"当然知道。"威廉慢条斯理地说，"不过，如果我捡了那个一角的，恐怕他们就再没有兴趣扔钱给我了。"

大智若愚，从一个角度来说，也可理解为小事愚，大事明。对于个人来说，这是一种很高的修养。所谓愚，是指有意糊涂。该糊涂的时候，就不要顾及自己的面子、学识、地位及权势，而一定要糊涂。该聪明、清醒的时候，则一定要聪明。由聪明而转糊涂，由糊涂而转聪明，则必定会取得成功。

无数事实证明，人们在交际方面，不要表现得过于"精明"。交际应是人与人情感的沟通和交流，只要诚恳待人就足够了。如果在与人交往时表现得精明，那就很容易把应该纯朴真挚的关系，人为地搞复杂了。

⊙名家论《三十六计》

假痴不癫确实需要装疯卖傻，这样才能骗过你的对手。但欺骗对手只是手段，目的是通过麻痹和误导对手，最终制伏或战胜对手。所以用这一计一定要有一个明确的目标，无论如何装疯卖傻都要瞄着这个设定目标才行，否则就白装了。另外，使用这一计如同演戏，你是演员，对手是观众，所以既要演得像，又不能演过火。"癫"就是过火了，太想演好，结果把戏演过了，穿帮了，反倒让人看出了破绽，这就不能达到目的。本计中要求"不癫"，就是告诉用计人要把握好分寸和火候，把戏演得活灵活现，又恰到好处，这样才能得其所愿。所以解语中说："宁伪作不知不为，不伪作假知妄为。"前一句就是"假痴"，要演到位；后一句就是"不癫"，不能演过火。这两者可不能混为一谈。

——任力

第二十八计 上屋抽梯

全解经典

【原文】

假之以便，唆之使前，断其援应，陷之死地①。遇毒，位不当也②。

【注释】

①假之以便，唆之使前，断其援应，陷之死地：这句话的意思是，借给敌人一些方便，即故意暴露出破绽，以诱导敌人深入，乘机切断对方的后援，最终陷对方于死地。假，借。

②遇毒，位不当也：语出《易经·噬嗑》卦。噬嗑，卦名。本卦为异卦相叠（震下离上）。上卦为离为火，下卦为震为雷，是既打雷，又闪电，威严得很。又离为阴卦，震为阳卦，是阴阳相济，刚柔相交，以喻人要恩威并用，严明结合，故卦名为"噬嗑"，意为咀嚼。本卦

六三《象》辞："遇毒，位不当也。"本义是说，抢腊肉中了毒，因为六三阴兑爻于阳位，是位不当。古人认为，腊肉不新鲜，含有毒素，吃了可能中毒。

【译文】

故意（露出破绽）使敌人觉得方便（进攻我方），引诱它深入我方，然后截断它的后援和接应，使其陷入绝境。（敌人抢腊肉而）中毒，便会失去原有的地盘。

【计名讲解】

"上屋抽梯"作为三十六计中的一计，本义指上楼以后拿掉梯子。借指与人密谈。也用以比喻怂恿人，使人上当。

关于此计，有一个典故：东汉末年，益州牧刘表偏爱少子刘琮，不喜欢长子刘琦。刘琮的后母害怕刘琦得势，影响到儿子刘琮的地位，就非常嫉恨他。刘琦感到自己处在十分危险的环境中，于是多次向诸葛亮请教对策，但诸葛亮总是找借口推脱。一天，刘琦请诸葛亮到一座高楼上饮酒，当二人正坐下饮酒的时候，刘琦暗中派人拆走了楼梯。诸葛亮无奈，只得为他献上一计。

古人按语说："唆者，利使之也。利使之而不为之便，或犹且不行。故抽梯之局，须先置梯，或示之以梯，以乘机自起。"意思是说：唆使、引诱或资助对方，使对方在不知不觉中进入一个他自认为很好的位置。当对方正沾沾自喜的时候，我方突然停止援助或切断其退路，置对方于前进不得，后退不能的尴尬地位。这是对付强敌的有效方法。要想实现此计，关键要先不动声色地诱敌上屋，而不留下一丝痕迹；然后突然抽梯，完全不留给对方可乘之机。

按语中的"唆"指的是用利去引诱敌人。倘若敌人不上钩，这该怎么办？这就需要事先给敌人开个方便之门，即给敌人安放一个"梯子"。既不能让敌人猜疑，也不能让其意识到这个梯子的存在。只要敌人爬上了梯子，就不怕它不进我提前设置的圈套。苻坚就是中了慕容垂、姚苌的上屋抽梯之计，轻率地去攻打东晋，结果在淝水遭受惨败。而慕容垂、姚苌则趁机迅速扩张起来了。

实用谋略

◎张郃于木门道中计◎

"上屋抽梯"计用在军事上，就是制造某种使敌方觉得有机可乘的局面，引诱敌方进入某种境地，然后截断其退路，使其陷于绝境，给敌方以致命的打击。

蜀汉建兴九年（231年）二月，诸葛亮第五次率领蜀军北伐。在行进过程中，诸葛亮下令割取陇上的麦子，以充军粮。又在卤城（今甘肃天水西南）伏击了司马懿，并大败西凉援兵。

诸葛亮大败魏军时，正值初秋季节，祁山一带连日大雨，道路难行。负责运粮的李严，深恐军粮无法按时运抵蜀国大营，遭受诸葛亮责怪，便假传后主刘禅的旨意，命诸葛亮班师回成都。诸葛亮接到圣旨，不由一惊，他不知道国内到底发生了什么事，眼下正是进攻曹魏的大好时机，无奈圣旨到了，只好做好退兵的准备。他知道，此时撤军，司马懿必定会乘机率大军追击。诸葛亮沉思片刻，终于想出了一招两全其美的妙计。

不久，诸葛亮命令马忠、杨仪领兵在剑阁和木门道两处埋伏，约定以响箭为号，一旦听到响箭声，便迅速塞断道路，两下夹击追兵。又令魏延、关兴引兵断后，并在卤城虚设旗号，然后大军向木门道撤退。

魏军打探消息的兵士把蜀军撤退的情况立即向司马懿禀报，司马懿听罢，高兴地说："现在诸葛亮已经撤退，谁敢去追？"大将张郃主动请缨，要求领兵追击。司马懿想了想说："不能让你去，你性子太急躁了。"张郃听了很不服气，他说道："都督出兵之时，已命我为先锋。现在正是杀敌立功的好机会，却又不用我了，这是何故呢？"司马懿说："蜀军现在撤退，一定会在险阻之处设下埋伏，性子太急躁了容易吃大亏，万一中了埋伏，将损兵折将，只有十分谨慎的人，才可以派去追击蜀军。"张郃听了，不以为然地说道："这一点我明白，请都督不必担忧。"司马懿见张郃执意要去，只得让他带领五千兵马先行，再让魏平率两万军队紧随其后，以防蜀军埋伏，司马懿亲自率领三千人在后面接应。张郃出发时，司马懿再三叮嘱说："蜀兵虽然撤退，途中必设埋伏，将军切勿大意。"

张郃率兵追赶蜀军。走到三十多里，忽然听到背后杀出一支人马，为首大将正是魏延。张郃见到魏延，立即率军冲杀过去。魏延佯装不敌，大败而逃。张郃引兵在后面追杀，又行了三十余里，刚翻过一座山坡，迎面遇到蜀将关兴。张郃见伏兵杀来，毫不畏惧，勇猛地向前冲去。关兴抵挡一阵，也仓皇而逃。

张郃直向前追赶，蜀军在沿途丢弃了许多衣甲辎重，魏兵见了，都下马争抢。张郃见蜀军狼狈逃窜，更加毫无顾忌地向前行进，把司马懿的叮嘱全都抛在了脑后。

到了傍晚时分，张郃追击蜀军到木门道口。木门道中漆黑一片，这时，只听得几声箭响，山上火光冲天，大石乱柴不断滚落下来，塞断了前面的山路。张郃大惊，知道中计，急忙后退，谁知后面的道路已经被木石堵住了。在悬崖峭壁间是一段空地，张郃被堵在这里，进退无路。这时，山上万箭齐发，张郃及魏军士兵都被射死在木门道中。等到司马懿大军赶到时，战斗早已结束，蜀兵也都撤走了。司马懿想去追赶蜀军，又怕中诸葛亮的埋伏，只好带兵退回了魏国。诸葛亮则率领军队安全地回到了汉中。

商业案例

◎无路可走的建筑公司◎

"上屋抽梯"的关键,是引诱对方上钩,等到时机成熟了,适时截断其后路,使其任由我方摆布。

某建筑公司的董事长刘某在助手的陪同下,到一家大理石厂进行考察。这家大理石厂是家乡镇企业,该厂的王经理听说城里来了位大客户,便热情地接待了他们,并带他们参观了工艺和加工部门。经过反复观察、分析,建筑公司的刘董事长认为,尽管该厂生产的大理石还达不到外国的先进水平,但是该大理石厂的原材料质地优良,如果采用先进的技术和方法,是能够生产出他们建筑所需要的大理石的。刘董事长建议该厂购进生产这种大理石的机器设备,王经理听了刘董事长的分析,欣然接受了这个建议,很快购进了生产大理石的机器设备。

不出他们所料,更换后的机器设备加工出来的大理石果然能够替代从意大利进口的大理石,双方都特别高兴。该建筑公司决定,该厂生产的大理石,建筑公司全部购买。这对刚来城里闯天下不到一年的王经理来说,真是喜从天降,该厂没费吹灰之力就有了一个长期的大客户,这对双方都是有利的。

双方决定就有关问题进行谈判。

谈判前夕,建筑公司公关部经理给董事长提出建议,要求谈判时将价格压低一些,这将大大降低公司的建筑成本;而且,经分析,大理石加工厂会同意的,因为这么大的买主他们到哪里去找呢?在建筑公司看来,该厂的厂长王经理经验不足,又不懂如何做生意,很容易对付,所以己方可以任意提出条件,甚至不用谈判,只由建筑公司单方决定也无妨。

谈判时间到了,在谈判桌上,建筑公司首先提出大理石的价格问题。很显然,价格较低。加工厂王经理说:"完全依贵公司的建议。"谈判似乎利于建筑公司,建筑公司董事长心中正暗自高兴,以为谈判已成定局,价格决定了，其他问题似乎都好解决。

这时，加工厂王经理突然说："价格依你方，但我厂有一个要求不知你们能否同意？"董事长说："有何要求，请提出来。"王经理说："我厂想入股贵公司。"刘董事长听后吃惊地睁大眼睛，他没想到这个农民企业家会提出这样的要求，他说："你们入股我们公司？你们有多少资金？"这种傲慢的态度，确实让人无法忍受，但是王经理并没有动怒，他说："入股贵公司是我们出售大理石的唯一条件，否则，大理石我们一块不卖。"

刘董事长听了很生气，第一次谈判就这样结束了，双方未达成协议。

建筑公司如果不购买该厂的大理石，就要购买进口的高价大理石，这样，建筑公司被逼得进退维谷，没有退路，只好第二次与大理石加工厂进行谈判。大理石加工厂再次提出入股建筑公司的要求。为了不再进口高价大理石，降低建筑成本，刘董事长别无选择，只好同意了加工厂的条件，双方达成了协议。

此例中，大理石厂王经理首先听从建筑公司的建议，更新了设备，果然生产出建筑公司在国内寻找的可替代进口的大理石，建筑公司决定购买。谈判时，大理石厂首先同意了建筑公司提出的低价格，在建筑公司看来，谈判似乎已成定局，大功告成。可大理石厂突然提出入股市建筑公司的条件。建筑公司好不容易在国内寻找到低价可替代进口的大理石，如果拒绝其条件，就只得再从国外进口高价大理石，这样，大理石厂王经理将建筑公司逼到无路可退的境地，对方也只能答应他的条件了。这则商业案例也是上屋抽梯之计的一次成功运用。

【点评】

"上屋抽梯"是一种诱敌之计，其步骤有四：一、制造某种使敌方觉得有机可乘的局面（置梯与示梯）；二、引诱敌方做某事或进入某种境地（上屋）；三、截断其退路，使其陷于绝境（抽梯）；四、逼迫敌方按我方的意志行动，或对敌方施以致命的打击。

刘琦引诱诸葛亮"上屋",是为了求他指点,"抽梯",是断其后路,也就是打消诸葛亮的顾虑。此计用在军事上,是指利用小利引诱敌人,然后截断敌人援兵,以便将敌围歼的谋略。这种诱敌之计,自有其高明之处。要充分估计对方的力量,认真分析敌我双方的优势与劣势。敌人一般不是那么容易上当的,所以,应该先给它安放好"梯子",也就是故意给敌人以方便,待敌人"上楼",也就是进入已布好的"口袋"后,即可拆掉梯子,围歼敌人。

第二十九计 树上开花

全解经典

【原文】

借局布势,力小势大①。鸿渐于陆,其羽可用为仪也②。

【注释】

①借局布势,力小势大:句意为借助某种局面(或手段)布成有利的阵势,兵力弱小但可使阵势显出强大的样子。

②鸿渐于陆,其羽可用为仪:语出《易经·渐》卦。渐,卦名,本卦为异卦相叠(艮下巽上),上卦为巽为木,下卦为艮为山。卦象为木植长于山上,不断生长,也喻人培养自己的德行,进而影响他人。渐,即渐进。此卦上九说"鸿渐于陆,其羽可为仪,吉利",是说鸿雁走到山头,它的羽毛可用来编织舞具,这是吉利之兆。

【译文】

借助别人的局面,把我方的弱小的力量装点成阵势强大的样子。鸿雁飞到山上,落下来的羽毛可以用做装饰,增加气氛。

【计名讲解】

"树上开花"是由"铁树开花"一词变化而来的。《碧严录》上说:"体去歇去,铁树开花。"另见于明代王济的《君子堂日询手镜》:"俗谚见事难成曰须铁树开花。"

三十六计中的"树上开花",意指制造假象,迷惑敌人。树本无花,经过精心伪装,就会看上去有花了。用在军事上就是通过伪装使自己看起来十分强大。

古代的按语说:"此树本无花,而树则可以有花。剪彩粘之,不细察者不易觉。使花与树交相辉映,而成玲珑全局也。此盖布精兵于友军之阵,完其势以威敌也。"意思是说:此树本来不开花,也可使其开花。把五彩丝剪成花朵粘在树枝上,不细心观察的人就不易察觉其真假。使美丽的花朵与树枝相互映衬,放出异彩,就显得精巧细致了。这是我把主力置于友军的阵地上,形成强大阵势以威慑敌军。此按语的最后一句,强调把自己的军队布置在盟友的阵地上,以造成强大声势而慑服敌人。不过,古今战争史上,能做到这一点的十分罕见。

由上可知,树上开花有三大要点。第一个要点是"布势"。这种布势是对形式的重视。形式通常是为内容服务的,这是一种规律;管仲所提出来的"三权",就是注重形式为内容服务。第二个要点是"剪粘"。当树上需要用花来点缀的时候,可以人为地剪彩花,然后粘贴在树上。不仔细观察,是很难分辨花的真假的。第三个要点是"威敌"。这里强调的是与联军配合作战。配合慑敌,是此计的主要目的。使用树上开花的计策,一般是形势对自己不太有利的时候,借用其他一切可以借用的力量,虚张声势,有意造成大举进攻的态势,是以假乱真的疑兵之计。

实用谋略

◎田单孤城复齐◎

当己方处于劣势的时候，隐瞒自己的实力，明明乏力却故作很有实力的样子，让敌方摸不清真相，以便能出奇制胜，颇有置之死地而后生的味道。

战国后期，燕国派大将乐毅率领诸侯联军讨伐齐国，一举攻下齐国七十多座城池，只剩下莒城和即墨两座城池还在抵抗，齐国濒临灭亡的危险。就在这危急存亡的时刻，齐国出现了一名智勇双全的将领，他救齐国于危难之间，不仅挫败了燕国的进攻，还使齐国再次成为七雄之一，这位将军就是田单。

田单是齐国田氏血缘关系较远的宗族。齐湣王的时候，田单担任临淄管理市政的小吏，深得百姓的拥戴。燕国进攻齐国时，田单带领宗族来到即墨。齐湣王死后，大家都拥立田单为将军，希望他在即墨抵御燕国军队。

尽管被委以重任，但是田单深知要击败乐毅绝不是一件容易的事情，因为燕军除了自己的国土之外，还包括齐国的七十多座城池，而齐国现在就只剩下莒城和即墨这两个地方了，双方的实力过于悬殊，如果贸然硬拼，齐军不但不能打败燕国，反而会使仅剩的两座城池落入燕国之手。因此，在时机尚未成熟的情况下，田单决定按兵不动，静观其变。

不久，机会终于来临了，向来宠信乐毅的燕昭王去世了，而新立的燕惠王与乐毅素有间隙。这对齐国来说，实在是一个天大的好消息。田单认为这是除掉乐毅的大好机会，便派人潜入燕国，施用离间计，挑拨燕国君臣之间的关系。不久，乐毅果然被夺了军权。

乐毅去了赵国，燕军的士卒向来拥戴乐毅，因此均感到愤懑不已。这时，燕惠王派去的将军骑劫来到军中，准备整饬军队，进攻即墨城里的齐军。

田单见燕军准备攻城，于是下令城中军民供出食物，以祭祀祖先。天上的飞鸟望见城里供奉着食物，都飞过来争吃。燕军看到了，觉得非常奇怪，不知道齐军为什么这么做。

田单又暗下派人，假说城里有天神显灵，要派神师来相助，所以连海鸟都来朝拜，这城是永远攻不破的。燕兵听了，自然也信以为真，害怕起来，谁愿意去和神作对？

田单在即墨城里装神弄鬼，搞得燕军的将士都摸不着头脑，一时竟不敢轻举妄动，暂缓攻城的行动。田单见自己的计谋有了效果，又设法使燕军激怒齐军，齐军将士人人悲愤不已，都请求出城与燕军决一死战。

田单看到齐军士气高涨，觉得时机快要成熟了，于是亲自拿着夹板铲锹与兵士们一起修缮防御工事，把自己的妻妾都编在行伍之中，并将库存的酒食全部拿出来犒劳军士。同时，田单还命装备精良的兵士埋伏起来，让老弱妇孺都到城上去防御。

到了一天夜里，田单把城中一千多头牛集中起来，给它们披上大红色丝帛制成的被服，在上面画上五彩缤纷的蛟龙图样，在犄角之上绑着锋利的刀子，把渍满油脂的芦苇捆绑到牛尾上，然后点燃牛尾巴。牛尾巴一烧着，这一千头牛发了疯似的向燕国的兵营狂冲过去。五千名"敢死队"紧随其后，呐喊着向前冲杀。城上的老弱妇女拼着命地敲击铜器。霎时间，火光四起，声震天地。燕军被一片震天动地的喊杀声从梦中惊醒，跑出大帐一看，只见无数火龙东奔西突，所向披靡，顿时被吓得魂飞天外、转头就逃。燕军将帅一时都慌了手脚，很快就溃不成军。齐军乘机追击，大败燕军，杀死统帅骑劫。田单整顿好队伍，立即展开反攻。各地燕军听说主将阵亡，纷纷退却。那些已投降燕国的齐军将士也叛离燕军，准备迎接田单。田单的军队打到哪里，哪里的老百姓就起来响应，军民奋战，势如破竹，一鼓作气收复七十余座城池。

田单运用"树上开花"之计，大摆火牛阵，一举打败了燕军，使齐国转危为安。

◎唐太宗虚张声势退顽敌◎

唐朝初年,突厥南下突袭长安,李世民以"树上开花"之计成功退敌。

626年十月,突厥的颉利可汗和突厥可汗率领十万大军入侵唐朝。此时,唐太宗李世民刚刚即位,他立即派尉迟敬德统兵御敌。突厥兵分两路,一路由突厥可汗率领,从正面进攻;一路则由颉利可汗率领大部分兵马,绕过尉迟敬德的防线,直逼唐朝腹地关中。尉迟敬德把突利可汗阻截在泾阳一带,而另一路由于没有遇到阻击,很快便抵达距唐朝京都长安只有数里远的便桥。

突厥大军抵达长安的消息传来,唐朝众大臣惊慌失措,纷纷请求唐太宗收缩兵力,以加强京都长安的防御力量。在大臣们看来,只要能够死守住长安,使都城免遭浩劫,便算是不幸之中的万幸了。

面对突如其来的变故,唐太宗镇定自若,他对大臣们说:"我已经有了退敌的计策,大家不必担心。"众臣听罢,都感到疑惑,不知道唐太宗的"退敌之策"指的是什么。但是大伙见皇帝胸有成竹,心中的恐惧也减少了很多。

突厥方面,颉利可汗率兵来到便桥,见到唐军没有动静,心里疑惑起来。颉利可汗担心唐军迂回包抄,断了他的后路,因此不敢立即攻打长安,只下令全军原地待命。为了探听虚实,颉利可汗先派出了心腹将领执失思力去长安进谒唐太宗。

唐太宗见到执失思力,问他为什么率兵前来,思力道:"上国发给的金币,岁无定额,没有一点诚意,所以敝国的两位可汗,特地率领百万大军,前来讨一个说法。"

唐太宗听后,生气地说道:"我与你们的可汗曾面约和亲,所赠送的金帛不计其数,现在你们的可汗自负盟约,引兵入侵大唐,明明是你们做错了,却还敢遣使来见我!我本来想你们居住在戎狄之地,而我又对你们恩赐有加,没想到你们忘恩负义,自夸强盛,我应当先斩杀你,然后与你们可汗交战,看看到底谁能取胜!"

唐太宗义正词严，执失思力担心被杀头，吓得双腿一软，赶紧跪地求饶。这时，朝中的大臣都劝太宗手下留情。太宗沉思一会儿，说道："罢了，权且把你的首级寄放在这里，我马上就要督兵亲征，让你看看谁胜谁负，然后再杀了你！"唐太宗又令左右把执失思力拖出大殿，关入监牢，令人"严"加看管。

其实，这正是唐太宗的计策。待突厥使者被关入监狱后，唐太宗暗中悄悄令人设法让执失思力从牢中侥幸逃走了。

执失思力逃走后，唐太宗立即召集禁军，整装待发，随后亲自披甲戴盔，跨上御马，带着高士廉、房玄龄等六骑，出玄武门，径奔渭水便桥而去。

颉利可汗在营中等待执失思力的消息，好长时间也不见执失思力回来，他再也坐不住了，焦躁地在大帐内走来走去。这时，执失思力失魂落魄地跑回来，禀告说唐太宗神武英勇，已经做好迎敌准备。过了一会儿，又有人来报，说唐朝天子来了，颉利可汗大吃一惊，慌忙上马出营，隔水遥观对面的情形。

颉利望见对面人马中，当先一位身着盔甲，正是唐太宗李世民。这时，颉利可汗忽然听到对面李世民大声喝道："颉利可汗，我与你曾立下盟约，你也曾经当着我的面许下盟誓，说以后双方不再相犯。然而你几次三番违背约定，我正要兴师问罪，你却引兵来犯我朝，莫非是前来送死么！"说到这里，李世民扬起马鞭，指向空中，说道："天日在上，我国并不负可汗，可汗独负我国，负我就是负天，试问可汗果然敢违背天意吗？"

颉利听到这话，心里觉得惭愧。颉利可汗身边的几名侍卫，不禁被唐太宗这番正气凛然的话所折服，一齐下马俯首拜倒。

正在这时，阵阵鼓声传来，只见旌旗蔽天，唐军如天兵天将般降临，摆成了一字长蛇阵，军容强盛，不可抵挡。颉利见状大惊，急忙拨马回营，紧闭大门不敢出来了。

颉利仓皇退回去后，大臣怕唐太宗轻敌进击，连忙劝唐太宗还朝，唐太宗却不为所动，并对大臣们说道："现在突厥大军深入我国境内，又为我军的威严所震慑，所以尽管我军力量弱小，但颉利可汗一定以为这是我军的主力,不敢与我们交战。过不了很长时间,他就会主动向我们求和了。"

果然,没过多长时间,突厥使臣渡水而来,向太宗乞和。太宗同意与突厥议和,并约定次日订盟。

第二天,唐朝与突厥歃血立约。其后多年,突厥慑于李世民的声威及唐朝的强大,再也不敢轻举妄动。到630年,李世民在各方面条件成熟后,一举消灭了东突厥。

商业案例

◎提高知名度以赢得商机◎

"树上开花"计用在商业上,就是要经营者善于制造声势,以提高商品的知名度。

"红豆生南国,春来发几枝。愿君多采撷,此物最相思。"

这是唐朝诗人王维写的《相思》中的名句。红豆鲜红浑圆,晶莹如珊瑚,南方人常用以镶嵌饰物。传说古代有一位女子,因丈夫死在边地,哭于树下而死,化为红豆,于是人们又称其为"相思子"。

有这样一家公司,它根据消费者对商标名称的心理作用,巧用"红豆"作为专用商标,在"红豆"上大做文章,借红豆的典故、红豆影片、红豆树之题,把红豆挖掘得淋漓尽致,给人以难以抹去的印象。

如果去这家服装厂参观,听到的不是服装款式、品牌的介绍,而是听有关"红豆"典故的故事,观看台湾新片《一颗红豆》,参观红豆树,最后赠送真正的红豆。这种避开推销产品质量、性能,利用"红豆"给人的心理作用,以红豆为题材引导消费,促进销售的做法,是提高国货精品市场竞争力的一种新举措。

中国有着悠久的历史,灿烂的文化,许多民间的传说、名人逸事、历史典故供经营者"借题发挥",而且行之有效。

在上海,人们常常看到,精明的经营者纷纷亮出招牌,借用各种题材吸引顾客。如南京路上吴良材眼镜店，专设一个一百多年来的各种类型的眼镜柜台，选择眼镜变迁的历史和奇闻逸事题材，介绍给顾客；云南的马路旁开设一家奇特的"水饺馆"，以宣传"饺子文化"为题，备有多种各地民族风味的水饺，结果饺子馆天天爆满；还有以介绍"花语"为题的华山路花苑，以介绍"茶道"为题的八仙桥汪怡茶艺馆，等等，这些都是以特有的方式满足人们对文化消费日渐增强的愿望。

【点评】

"树上开花"之计，原意是指树上本来没有花，但可以借用假花点缀在上面，让人真假难辨。

由于战争现象较之任何别的社会现象更难以捉摸，指挥员的主观判断就很容易为各种假象所迷惑。设置假情况，巧布迷魂阵，以此虚张声势，常可以充作实际力量来慑服敌人。

此计用在军事上，是指当自己的力量薄弱时，可以借别人的势力或某种因素，使自己看起来强大，以此虚张声势，使敌人慑服。

这一计谋给从事商业活动的人提供了一个重要的谋略，那便是制造声势。"善战者，求之于势"，只有在激烈的市场竞争中大造声势，以适时、准确、广泛、生动的宣传，提高本企业的知名度，增强消费者对企业的信任感和企业产品对消费者的吸引力，以达到抢占市场，扩大销售的目的。此外，借助产品的规格、式样、包装，或借助商店店面装潢装饰，也可以吸引消费者，提高竞争能力。

⊙名家论《三十六计》

可能有些人会说：树上开花，其实就是虚张声势。这和有些动物在遇到危险或劲敌时，就会竖起毛发、张牙舞爪，嘴里还发出恐吓的声音不是一样的吗？

如果从动物的本能来说，这些动物正是在本能地运用树上开花的计谋。你看，这些动物充分利用它身上所有可以用来吓唬对手的东西，毛发呀、爪牙呀、声音呀，等等，这就是"借力"；它们竖起毛发，张开爪牙，发出吼叫，有的还能改变颜色、释放味道，这一切都做得逼真，而且这些声音、颜色、味道、形象，形成了一个整体，刺激对手的感官，这就是"造势"。

这所有的动作，都传达出一个不容置疑的信号：我是非常强大的，我可不是好惹的，把我惹毛了你的下场会很惨，你还是乖乖认输，或赶紧逃命去吧，这就是"威敌"。

所以动物是很懂得运用树上开花的。从兵法谋略的运用上看，树上开花的中心含义就是本来没有这么大的力量，却要设法利用所有可以利用的内在和外在因素，造成种种假象和声势，向对手显示出强大的实力和威胁，以使对手屈服或避让。

——任力

第三十计 反客为主

全解经典

【原文】

乘隙插足，扼其主机①，渐之进也②。

【注释】

①乘隙插足，扼其主机：找准时机插足进去，掌握它的要害关节之处。
②渐之进也：语出《易经·渐》卦。本卦《象》辞"渐之进也"，意为渐就是渐进的意思。此计运用此理，是说乘隙插足，扼其主机。

【译文】

乘着有漏洞就赶紧插足进去，扼住它的关键要害部分，循序渐进地达到自己的目的。

【计名讲解】

"反客为主"是三十六计中的精彩一计，它的原意是，本是客人却用主人的口气说话。后来泛指在一定场合下，采取主动措施，以声势压倒对手。

反客为主最早见于《三国演义》第七十一回：袁绍屯兵河内，缺少粮草，十分忧虑。老友韩馥知道后，主动派人送去粮草，以助袁绍解决供应的问题。但是袁绍觉得等待别人送粮草，不能从根本上解决问题。他听了谋士逢纪的劝告，决定夺取粮仓冀州，而当时的冀州牧正是老友韩馥。袁绍竟不顾旧交情，马上对韩馥下手，他首先给公孙瓒写了一封信，建议与他一起攻打冀州，公孙瓒答应了袁绍的请求。袁绍又暗地派人去见韩馥，说："公孙瓒和袁绍联合攻打冀州，冀州难以自保。袁绍过去不是你的故交好友吗？最近你不是还供给过他粮草吗？你为什么不联合袁绍，来对付公孙瓒呢？主动让袁绍入城，冀州不就能够保存了吗？"韩馥只得邀请袁绍带兵进入冀州。袁绍入城后，表面上尊重韩馥，暗地里却将自己的部下安插到冀州的要害部位，这时，韩馥才明白过来，他这个"主"被"客"取而代之了。为了保全性命，他只得只身逃离冀州了。

古人按语说："为人驱使者为奴，为人尊处者为客，不能立足者为暂客，能立足者为久客，客久而不能主事者为贱客，能主事则可渐握机要，而为主矣。故反客为主之局，第一步须争客位，第二步须乘隙，第三步须插足，第四步须握机，第五步乃成为主。为主，则并人之军矣。此渐进之阴谋也。"意思是说：为别人所役使的是奴隶，受人尊敬的是贵宾，还不能站稳脚跟的是临时的宾客，能够站稳脚跟的才是真正的客人，长时间做客却不能参与军机要务的就不被尊重，能够参与其事而又渐渐掌握大权的才能（摇身一变而）成为主人。要想实现反客为主的局面，第一步要先取得客位，第二步要善于乘虚而入，第三步要站稳脚跟，第四步要掌握大权，第五步要摇身一变成为主人。做了主人之后，当然也就全盘地控制他人了。这是稳步依次而进的谋略。

实用谋略

◎郭子仪单骑退敌群◎

尽量想办法钻空子,插脚进去,控制它的首脑机关或者要害部位,抓住有利时机,兼并或者控制他人,这便是"反客为主"的计谋。郭子仪到回纥营中退敌的故事,就是反客为主的典型事例。

765年,回纥、吐蕃受唐朝叛将仆固怀恩的挑拨,出动几十万大军进攻长安。唐代宗急忙下令官军前去抵挡,但是很快便被击退。回纥、吐蕃联军一直打到长安北边的泾阳(今陕西泾阳),京都受到严重威胁。

长安危急,唐代宗和群臣惊慌失措。这时,宦官鱼朝恩劝代宗逃出长安,大臣们极力反对,大家都认为,要想打退回纥、吐蕃,只有指望郭子仪。于是代宗急令郭子仪到泾阳御敌。

此时,郭子仪手中只有一万人马,一到泾阳,便被回纥、吐蕃联军四面合围,他一面吩咐将士不许跟敌人交战,加紧构筑防御工事,一面派探子去侦察敌军的情况。

派去侦察的人回来报告说,回纥和吐蕃两支大军虽说是联军,但他们内部不团结,谁也不愿听谁的指挥,两股力量捏不到一块儿去。

郭子仪知道情况后,决定采取分化敌人的办法,各个击破。早先,回纥的部族曾经出过兵,配合郭子仪平定安史之乱,其中不少将领跟郭子仪颇有交情。因此,郭子仪打算说服回纥退兵。

当天晚上,郭子仪派手下将领李光瓒悄悄地到了回纥的大营,去见回纥都督药葛罗。李光瓒见到药葛罗后说道:"郭令公特意派末将前来,向您问一句:回纥本来和唐朝友好,可如今为什么要追随回纥,来进攻唐朝呢?"

药葛罗听罢,说道:"仆固怀恩说郭帅被奸臣陷害,因此我与吐蕃一起来报仇。"李光瓒说道:"那是谣言,郭令公怎么会被陷害呢?眼下郭令公就在泾阳。"药葛罗说什么也不相信。并说:"要是郭令公真的还在,那就请他亲自来见个面。"

李光瓒回到唐营,把药葛罗的话转告给郭子仪。郭子仪深知,只有争取到回纥和唐军联合,才能击败吐蕃,取得最终胜利。于是,郭子仪立即决定,他要亲自到回纥军营走一趟,也许能劝说回纥退兵。将领们都觉得这是个好办法,但又都担心这样做太冒险。还有人提出,派五百个精锐的骑兵跟郭子仪一起去,万一有什么意外,也有人保护。

郭子仪说道:"带这么多人去,反而会坏事。只要几个人陪我一起去就行了。"说罢,郭子仪便命令兵士给他牵过战马来。

这时郭子仪的儿子郭晞上前拦住马说:"您老人家现在是国家元帅,怎么能到虎口去冒这个险呢?"

郭子仪说:"这一趟我非去不可。现在国家更危险,我以至诚相待,亲自劝说回纥退兵,以使国家转危为安。这样,即便我有什么三长两短,也没有什么可顾惜的。我这次去回纥军营,如果和他们谈判成功,那就是国家的大幸啊!"说完之后,便纵马奔驰而去。

回纥兵士望见远处有几个人骑马过来,连忙去报告药葛罗。回纥将领们大吃一惊,药葛罗怕唐军前来袭营,赶紧命令兵士摆开阵势,弯弓搭箭,准备迎战。

郭子仪见回纥戒备森严,就命令随行兵士摘下头盔,卸掉铁甲,把枪也扔在地上,随后拉紧马缰,缓缓向营门这边走来。

郭子仪在回纥人中有很高的威信,回纥人一向称他为郭令公,以表示对他的尊敬。郭子仪来到回纥营寨,回纥将士一齐向他跪拜。郭子仪跳下马来,将他们一一扶起。当他走到药葛罗跟前时,上前一把握住他的手,亲切地说:"你们回纥人曾经帮助过唐朝平定安史之乱,还立过大功,唐朝待你们也不错,今天为什么要毁弃合约,变朋友为仇敌呢?你们帮助仆固怀恩闹叛乱,仆固怀恩背叛唐朝,连爹娘也可以不顾,对你们还能安什么好心吗?他这是在利用你们,借助你们的力量实现他的野心。"

药葛罗低下头,愧疚地说:"我们上了仆固怀恩的当,他说皇帝和令公都已经死了，中原没有主人，国内大乱，叫我帮他去收拾残局。原来令公还健在，见到你我才明白。这真是一场大误会啊！"

经过一番交谈，郭子仪猜透了药葛罗的心事，他进一步对药葛罗说："吐蕃人确实不讲理，居然也怂恿你们来打我们，教我们大家互相厮杀，同归于尽，他便顺手共治两国臣民，好一个一箭双雕的毒计，真是岂有此理！你们和他们不是世仇吗？今天必须教训吐蕃一顿才行。"说到这里，郭子仪偷眼看看药葛罗，见他有些动容，就继续说道："现在正可以乘机消灭吐蕃，劫了他们的物资，这不管是对回纥，还是对唐朝，都是一举两得的好事。"

回纥将领听了都很高兴，一致高喊："坚决拥护都督和郭令公！"于是摆酒欢宴，互相敬祝。郭子仪高举酒杯，与药葛罗盟誓。随后，郭子仪又派人送来罗锦，唐朝与回纥和好如初。

郭子仪单骑访回纥，促成两国结盟的消息传开了，吐蕃的将领闻知，大吃一惊，连夜收拾辎重，拔寨向西南方撤走。回纥穷追不舍，郭子仪率大军紧随其后，在灵武台西原大破吐蕃，斩杀吐蕃士卒五万余人，生擒上万人，缴获的牛羊驼马，三百里内接连不断。

面对回纥与吐蕃联军的合围，郭子仪亲身犯险，来到回纥军营，并向回纥将领晓之以理，动之以情，使回纥归向自己一方，这正是对"反客为主"之计的一次成功运用。

◎李渊称帝建唐◎

反客为主为"渐进之阴谋"，既是"阴谋"，又必须"渐进"，才能奏效。李渊在夺得天下之前，先尊隋朝宗室为帝，后来还是把其消灭了，这就是用了反客为主的计谋。

隋朝末年，天下大乱，农民起义风起云涌，地方官吏也纷纷起兵反隋。在诸多反隋势力中，李渊起步较晚，却能够在短时间内脱颖而出，一年之内便攻下都城长安。其后，李渊在长安称帝，定国号为唐，从而开启了唐朝289年的基业。

李渊是隋朝的太原留守。太原是隋朝的军事重镇，兵源充足，粮饷充盈。李渊有四个儿子，其中二儿子李世民是个有胆识的青年。他看到隋朝统治腐朽，天下英雄纷纷起来反隋，便有心成就一番事业。

有一次，太原北面的突厥进攻马邑，李渊派兵抵抗，接连打了几次败仗。李渊深怕这事被隋炀帝得知后追究责任，急得不知所措。李世民乘此机会，几次三番劝说李渊起兵反隋。李渊刚开始吓得要命，后来他思量再三，终于决定起兵反隋。

大业十三年（617年）六月，李渊父子杀死副留守王威、高君雅，在晋阳起兵，顺势攻取西河（今山西汾阳）。随后，李渊自称大将军，带领三万人马离开晋阳，浩浩荡荡向长安进军。李渊一路上不断招募人马，并仿效农民起义军的办法，打开官仓发粮给贫民，应募的百姓越来越多。

三个月后，李渊率领二十万大军攻打长安，守在长安城里的隋军拼死抵抗，却无能为力，不久，李渊部将雷永吉用云梯首先登上城墙，长安很快被攻占了。

攻下长安以后，李渊担心成为众矢之的，没有急于称帝，为了争取民心，宣布约法十二条，把隋王朝的苛刻禁令一概废除，打出了尊隋的旗号，架空隋炀帝，把年仅十三岁的杨侑立为皇帝。杨侑名为皇帝，其实不过是李渊"挟天子以令诸侯"的工具。这样做一方面可以避免担上谋反的罪名，一方面可以打着安定隋室的旗号公开招兵买马，扩大势力。同时，李渊对隋朝旧臣大肆封赏，以收买人心。

618年四月，隋炀帝在江都被杀，消息传出后，秦王杨浩、越王杨侗相继称皇帝，其他地方势力和起义军也纷纷称王。几个月后，杨侑禅位，李渊登基称帝，国号唐，史称唐高祖。随后，李渊花了八年的时间，终于消灭了各地的割据势力，统一了全国。

李渊在晋阳起兵，攻下长安后，并不急于称帝，而是先立杨氏子孙为帝，待时机成熟后，再"反客为主"，废掉傀儡皇帝，建立了唐朝。

商业案例

◎借新闻发布会使产品"反客为主"◎

在信息传播日益发达的今天,如能充分利用新闻媒介进行"公关"传播活动,发布产品信息,提高产品知名度,将会达到"名声在外,客来四方"的效果。这其实是一招典型的"反客为主"。

新闻发布会是信息传播的较高层次的手段,具有庄重、直接、广泛和经济等优点。如果能够选时恰当,往往能起到事半功倍的效果。

某市一家制笔厂研制生产出一种新型的台笔,这种台笔具有造型新颖、功能超群的特点,不仅具有很高的实用价值,还具有装饰和观赏价值。如何将这种新型台笔通过传播媒介传播出去呢?做广告的话,费用太高;而找销售员推销的话,局限性又很大。这成了企业领导当时面临的难题。

经过再三考虑,企业领导决定采用新闻发布会的形式推销这种新型台笔。经过周密的策划,他们决定把新闻发布会定于十二月举行。为什么要定在十二月呢?决策人有他们的打算。

原来,每年的元旦和春节这两个节日,很多单位要总结这一年的工作,表彰奖励先进工作者和先进生产者;多日不见的亲朋好友,要利用假日走亲访友,亲朋好友要彼此馈赠礼品。这种新型台笔既高雅大方,又经济实惠,如果把它作为馈赠礼品和奖品的话,那是再合适不过了。

在邀请参加新闻发布会的人选方面,除了有众多知名的新闻单位的记者外,他们还邀请了文化单位、商业机构的领导和有关专家。新闻记者是新闻发布会的目标公众;请文化部门、商业单位、工矿企业的领导和专家参加新闻发布会能提高宣传报道的真实性和权威性。

发布会如期举行,多家新闻单位的记者和有关部门的领导、专家出席了发布会。会后,电台、电视台及报纸杂志分别以不同形式进行了报道。结果,这个新产品很快打开了知名度。

对于新产品如何能尽快让消费者接受的问题，要跳出老框框，借用各种方式，使不被人知晓的新产品（客）成为人们乐于接受的"礼物"（主），这种方法是反客为主策略在商业活动中的成功运用。

败战计

第三十一计 美人计

全解经典

【原文】

兵强者，攻其将；将智者，伐其情①。将弱兵颓，其势自萎。利用御寇，顺相保也②。

【注释】

①兵强者，攻其将；将智者，伐其情：对兵力强大的敌人，就攻击它的将帅；对明智的敌人，就打击它的情绪。

②利用御寇，顺相保也：语出《易经·渐》卦。本卦九三《象》辞："利御寇，顺相保也。"是说利于抵御敌人，顺利地保卫自己。

【译文】

对于兵力强大的敌人，就攻击它的将帅；对明智的敌人，就打击它的情绪。将帅斗志沦丧，兵士颓废消沉，敌人的气势必然会自行萎缩。利用这些方法来控制敌人，可以顺利地保存自己。

【计名讲解】

美人计，简而言之，就是以美女诱人的计策。

美人计的例子，有史料记载的最早的是《韩非子·内储说下》：春秋前期，晋献公想要讨伐虢国，而虞国是晋国讨伐虢国的必经之地。晋献公想假道虞国，但是又担心虞君不答应。这时，晋大夫荀息向他建议：把屈地出产的良马和垂棘出产的美玉献给虞君，又向虞君献上几个美女，意在迷惑其心智，扰乱其朝政。虞君果然中计，没有听从大臣宫之奇的劝告，借道给晋国军队。结果，晋国灭掉了虢国，回师的时候又顺便灭掉虞国，并把虞君掳到了晋国。

先秦的兵书《六韬》中也说："养其乱臣以迷之，进美女淫声以惑之。"（《六韬·文伐》）意思是说，对于用军事手段难以征服的敌方，要善于使用"糖衣炮弹"，先从思想意志上击败敌方的将帅，使其内部丧失战斗力，然后再趁机进行攻取。

古人按语云："兵强将智，不可以敌，势必事之。事之以土地，以增其势，如六国之事秦，策之最下者也。事之以币帛，以增其富，如宋之事辽、金，策之下者也。惟事之以美人，以佚其志，以弱其体，以增其下之怨。如勾践之事夫差，乃可转败为胜。"意思是说：如果敌军强大，而其将也十分明智，就不要轻易与其作战，这是为形势所迫，必须暂时假装安抚敌人。安抚的方式有很多种：割地求和能使其声势壮大，就像战国时六国贿赂秦国那样，这是最下的策略；此外，用钱币布匹能使其财力与物力增强，就像宋朝向辽、金贡献岁币那样，这也不是高明的策略；只有运用美人计，以腐蚀敌军主帅的意志，并能刺激敌将部属的不满情绪，就像越王勾践对吴王夫差那样，才可以转败为胜，变弱为强。

实用谋略

◎范蠡施美人计而灭吴◎

中国历史上关于"美人计"的有名的例子有很多，勾践借西施灭吴的故事当属著名的一个。

公元前496年，吴王夫差为报杀父之仇，领兵攻打越国，大败越王勾践，并把勾践围困在会稽山。勾践走投无路，只得向吴王求和，并以自己为人质，与夫人和大夫范蠡到吴国都城姑苏做了奴隶。

三年后，勾践三人回到越国，并开始实施自己的复仇计划。一方面，勾践任用文种主持国政，采取休养生息政策，努力恢复和发展经济；另一方面，勾践让范蠡训练军队，做好随时讨伐吴国的准备。同时，为了迷惑吴国，越国还搜罗大量金银珠宝，并寻找了一批美女，一起送往吴国。

吴王夫差贪利而好色，他一见到财宝和美女，便欢喜得不得了。尤其是越国进献来的美女，个个长得美丽动人，夫差左拥右抱，对这些美人爱不释手。在进献来的美人中，以西施最为出名。

据载，范蠡出访民间的时候，来到诸暨苎萝山下若耶溪，巧遇正在浣纱的西施，当即为她的"倾国倾城貌"所倾倒，于是两人在若耶溪畔订下白首之约。

后来，范蠡随勾践到吴国为奴，等他回到越国，便开始筹划以美人计惑乱夫差的心智，使夫差丧失进取之心。这时，范蠡便想忍痛割爱，献出自己的爱人西施，与其他美女一起进献给夫差。最初，西施不愿意去吴国充当美人，范蠡对西施晓以利害，劝西施以国家利益为重。最后，西施被范蠡的爱国热情感动了，挺身而出，同意去吴国。

夫差见到西施后，见她生得国色天香，便立即封她为妃子。从此，夫差沉迷于西施的美色，过着骄奢淫逸的生活。

西施聪明、伶俐，她知道自己来吴国的使命，便用尽浑身解数得到吴王的宠爱。大臣伍子胥认为这是美人计，苦心劝谏，夫差却充耳不闻，并将西施升做贵妃。此后，西施集"三千宠爱于一身"，吴王夫差命人在灵岩山为西施建了馆娃宫，在馆娃宫附近修了玩花池、玩月池、吴王井、琴台，还有采香径、锦帆径和打猎用的长洲苑。

夫差中了越国的"美人计"，越来越贪图享乐，致使国家空虚，人民生活苦不堪言。后来，夫差听信西施及伯嚭的谗言，杀了忠臣伍子胥。这时的吴国，貌似强大，实际上已经"病入膏肓"了。

果然，在公元前473年，勾践趁着吴国内忧外患，以范蠡为大将军，率领越国大军攻入吴国。吴军毫无斗志，屡战屡败。最后，越军攻入吴都姑苏，夫差后悔没有听伍子胥的忠告，羞愧自杀。

◎赔了夫人又折兵◎

使用美人计，要选择好时机，但前提是要得到"美人"的配合，否则，即使己方准备再充分，也可能是空欢喜一场。

荆州地处西川与东吴之间，自古以来便是兵家必争之地。三国时，荆州成为吴、蜀争斗的战场。当初，刘备窘迫时，向东吴"借"荆州以栖身，靠这块地休养生息，积蓄力量。等刘备恢复过来，东吴再三索要荆州。然而，作为自己唯一的立足之地，刘备当然不会轻易放弃荆州，于是以各种理由再三推托。东吴的大都督周瑜十分气恼，便想用计取回荆州。

不久，荆州牧刘琦病死。东吴派鲁肃以吊唁为名，向刘备讨还荆州。孔明让刘备写下借据，说等刘备取了西川便归还荆州。

鲁肃回报周瑜，周瑜大骂刘备言而无信。这时，探子回报说刘备的夫人甘氏死了，周瑜听后便生一计。

周瑜为孙权设下一计，他让孙权把妹妹许配给刘备，并以此为名义把刘备骗到江东。等刘备来到江东后，再扣下刘备，然后以刘备换回荆州。周瑜写好信，让鲁肃送给孙权。

孙权看信后大喜，便让吕范到荆州去提亲。吕范到荆州和刘备说了亲事，孔明在屏风后偷听。刘备踌躇不决，不知如何是好，便让吕范先行住下，日后再做答复。

孔明从屏风后转出来向刘备道喜，他劝刘备答应这门婚事，可刘备怕周瑜加害于他，不肯去江东。孔明听后大笑说道："周瑜的计策，瞒不过我。我自有办法，既让主公娶得孙权的妹妹，又保荆州万无一失。"于是，孔明让孙乾去江东商议婚事。

建安十四年（209年）十月，刘备及赵云、孙乾率领五百士卒乘快船前去南徐迎亲。临行前，孔明交给赵云三个锦囊，告诉他，每个锦囊里都各有一个妙计，让他到危急关头时依次打开，按上面的计策行事，就能解围。

赵云保护刘备到了东吴后，赵云按诸葛亮的吩咐拆开第一个锦囊。依孔明之计，赵云命五百军士到市集上采购猪羊果品，并到处宣扬刘备和孙权妹妹结亲的事。之后，刘备和赵云牵羊担酒，去拜见孙策和周瑜的老丈人乔国老，并告知刘备和孙权妹妹结亲的事。

乔国老知道后就来向吴国太道喜。吴国太还被蒙在鼓里，不知道是怎么回事。她忙派人打听，才知刘备确实是来与女儿成亲的。

国太正在为这事发怒，恰好孙权进来。吴国太见了孙权，气得拍着胸脯大哭起来。孙权得知详情后，告诉吴国太说："没有这事，这只是计谋。"国太更加气愤，大骂孙权、周瑜，当下要在甘露寺与刘备相见，说若不中意，就任孙权他们处置。

孙权按母亲的话办理，同时悄悄在甘露寺埋伏下刀斧手，如果母亲看不中刘备，就把刘备扣押下来。

刘备来到甘露寺，吴国太看了这位"准女婿"，觉得他器宇轩昂，将来定成大事，因此便答应了这门亲事，还吩咐摆上酒席，要好好招待刘备。

但是，孙权心里放不下荆州，依然想扣押刘备。这时，赵云走到刘备身边，在刘备耳旁悄悄说了几句话，刘备连忙跪在国太面前，求国太救他。吴国太不知出了什么事，就向刘备询问。刘备禀告国太，说房内有刀斧手埋伏。

国太听了大骂孙权，孙权却推说这是贾华的计谋，与自己无关。国太便要斩了贾华，刘备和乔国老都为贾华求情，贾华这才保住了性命。

这时，刘备请求乔国老，让他到国太面前美言几句，希望能够早日与孙权妹妹成亲。国太一口答应，于是择了一个吉日，让女儿孙尚香与刘备成亲。

孙权见事情弄假成真，心里不由得怪罪周瑜。周瑜又献上一计，让刘备在东吴吃喝玩乐，尽情享受。刘备天天喝酒作乐，时间久了就把荆州忘得一干二净。

赵云见此情状，连忙看过第二个锦囊。看完之后去见刘备说："军师派人来报，说曹操起五十万大军奔荆州杀来，扬言要报赤壁之仇，事情紧急，请主公回去。"刘备说他自有道理，便令赵云先行。

其实，刘备与赵云说的话，都被孙夫人听到了。刘备向孙夫人说了自己的心事，孙夫人就决定随刘备回荆州。二人商定，假借元旦那天到江边祭祖，然后逃走。

元旦那天，在赵云的护卫下，刘备与孙夫人离开南徐往江边出发。孙权因与众官喝酒喝醉了，等他知道消息后，已经到了第二天。于是，他下令派人去追捕刘备。

刘备与孙夫人在赵云的保护下，行到柴桑地界。忽见后边有兵将追来，赵云便将第三个锦囊拆开。刘备接过锦囊里的纸条，看完后将周瑜给孙权出主意，用美人计陷害自己的事情告诉了孙夫人。孙夫人听后不禁大怒，恨孙权不念兄妹之情。追兵越来越近，眼看情况紧急，刘备请孙夫人解救。

孙夫人命人卷起车帘，大骂前来捉拿刘备的徐盛、丁奉、陈武、潘璋四将。四人不敢惹怒孙夫人，连连赔罪，不一会儿便退至路边。

不久，徐盛、丁奉急忙飞报周瑜，请求从水路追赶。

刘备一行人马来到刘郎浦，见东吴的水军将至，正慌乱间，忽见江边停了二十余艘商船。刘备与孙夫人上了船后，才知道船中的商人，都是荆州水军，原来是军师诸葛亮亲自来接应刘备。正在这时，只见周瑜领水军追来，诸葛亮令船靠岸，周瑜也追到岸上。突然，关羽率军从陆上杀出，周瑜抵挡不住，急忙上船。诸葛亮让荆州士兵齐声高喊："周郎妙计安天下，赔了夫人又折兵。"周瑜听了，又急又气，却也无可奈何。

周瑜本来想借孙尚香消磨刘备的意志，然而，孙尚香嫁与刘备之后，对刘备一心一意，因此周瑜的这招"美人计"没能奏效。由此可见，施行"美人计"的时候，除了要把握好时机，还要选好适合的"美人"，如果美人不与己方合作，那便很有可能前功尽弃，"赔了夫人又折兵"。

商业案例

◎难忘的"太太"情怀◎

"借"是一种策略，但更是一种高深的智慧。"借"字所含意义极为广泛，它可以是"借力""借智"等多个方面。当自身条件不足时，不妨借用一下别人的力量，以最小的成本做成最大的"买卖"，使自己的梦想实现。这就是善借外力，出奇制胜的智慧。

在现代商业活动中，美人计已被广泛使用，在许多电视、街头广告、商品包装上，都会出现美女的头像或全身像。在施用美人计的时候，关键是要迎合消费者的爱美心理或感官刺激，这样就可以取得理想的效果。

1993年，几位闯深圳的年轻人推出了"太太口服液"。口服液在当时市场上已经有近三百个品种，仅深圳就有五六十种。在众多的商家中，想要赢得人们的好感，首要的是营销术。而营销术中，最重要的是广告术。

太太口服液广告语有"三个太太两个黄""三个太太一个虚""三个太太三个喜"，这样，一下就抓住了太太们的心理，激起了她们对"太太口服液"的强烈好奇心。

太太口服液在国贸大厦灯箱上，一改以往国内广告语的宣告式或询问式语言，以一种轻松、幽默的平常口语甚至双关语，导出了一系列引人注目的话题，如"太太脸上有难，也写在了丈夫脸上"，等等。

他们在灯箱外包上一块黄布，上面写着"里面有一个太太""里面有两个太太""里面有三个太太",背后写着巨大的"猜"字。这种方式吸引了很多进出大厦的人。他们还在人流如潮的地方,拉出长180米、宽1.2米的巨大布幅,写着"太太留名",成千上万人在布幅上写了名字。一连串的广告活动,使太太在人们的记忆中更深刻了。

太太的决策者们在广告的时间、媒体发布上也有自己的见地。在电视媒体上,他们选择了中央电视台黄金时间。太太公司邀请了著名歌手帮助塑造系列电视广告形象,"挚情长真,永驻我心"的广告词与动人的画面,较强的故事性,加上名人效应,很快赢得了消费者的喜爱,从而扩大了太太口服液的知名度。

此外,太太公司还注重从包装上进行创新,推出"九五新装样式"以满足消费者求新的心理。

就这样,通过各种媒体广告的配合,太太成了家喻户晓的品牌,深深地印入了人们的心中。有的企业在创业时拼命打广告,等到销售情况渐好时就撤广告,太太口服液不这样,当销售迅速上升时,太太公司照样坚持做广告,从而加深公众对太太的印象。时间一长,就形成一种消费气候,在许多家庭,丈夫买太太送给妻子,已成为一种时尚。

在这则案例中,太太口服液在做广告的时候,一是通过直观的美女形象赢得消费者的青睐,二是在设计广告词时抓住男性消费者的心理,成功施展"美人计",所以能在竞争日益激烈的口服液市场中长久不衰。

【点评】

在中国古代,曾有很多关于"美人计"的故事。在现代政治与军事斗争中,也不乏使用美人计的例子。

常言说:英雄难过美人关。施展美人计是消灭敌人的有效方式,但运用美人计时,也要懂得策略:

第一,要投其所好。美人计中所用的"美人",只有被接受的时候,才能产生威力,也就是美人只是外因,必须通过内因才能起作用。所谓内因即对方接受美人后沉迷于酒色不理政务。要使对方的内因起作用，首要的一条就是要投其所好。

第二，要伐情损敌。美人计是用以摧毁敌人心智的武器，是通过"伐情"来损敌的，也就是消磨敌之意志，挫败敌之锐气。

第三，要相机取事。美人计一般是实现最终目的的辅助手段，其主要目标是摧毁敌人的精神壁垒，但达不到彻底歼灭敌人的效果。所以在施用美人计的时候，要积极创造或寻找其他的方式，以实现彻底消灭敌人的目的。

第三十二计 空城计

全解经典

【原文】

虚者虚之，疑中生疑①；刚柔之际②，奇而复奇。

【注释】

①虚者虚之，疑中生疑：第一个"虚"为形容词，意为空虚的，第二个"虚"为动词，意为使它空虚。全句意为空虚的就让它空虚，使他在疑惑中更疑惑。

②刚柔之际：语出《易经·解》卦。解，卦名。本卦为异卦相叠（坎下震上）。

【译文】

兵力空虚时，愿意显示防备虚空的样子，就会使人疑心之中再产生疑心。用这种阴弱的方法对付刚强的敌人，这是用奇法中的奇法。

【计名讲解】

空城计也是三十六计中的著名的计策，它指的是在敌众我寡的情况下，己方缺乏兵备而故意表现出不设兵备的样子，给敌方制造错觉，从而惊退敌军的计谋。后来泛指在危急处境下，掩饰空虚，骗过对方的高明策略。

此计出自明朝罗贯中的《三国演义》。《三国演义》第九十五回中说："'如魏兵到时，不可擅动，吾自有计。'孔明乃披鹤氅，戴纶巾，手摇羽扇，引二小童携琴一张，于城上敌楼前，凭栏而坐，焚香操琴，高声昂曲。"这讲的就是诸葛亮摆空城计智退司马懿的故事。

古人按语说："虚虚实实，兵无常势。"意思是说：用兵必须虚虚实实，而没有固定的方式。之后，古人又举了张守珪和祖珽的例子，其中对于祖珽大摆空城计的例子，古人这样描述道："北齐祖珽担任徐州刺史的时候，刚到职就遇上了南陈的大举来犯，当地的百姓大惊，趁机发动了叛乱。祖珽见到这种情况。于是下令不关城门，并让士兵到城中的各个街巷进行防守，并禁止路人通行。这样一来，徐州城陷入一片寂静之中，就连鸡鸣狗吠的声音都听不到了。南陈的探子想刺探军情，但是什么也没有发现，怀疑这是一座空城。就在敌军疑惑不定时，祖珽突然下令士兵高声呐喊，声音震天，南陈军队大吃一惊，（以为城内伏有重兵，）就立刻纷纷撤走了。"这是古代巧用"空城计"的著名战例。

实用谋略

◎李广阵前摆空城◎

己方实力空虚，或因遭受意外压力而走投无路时，采用空城计，就可以蒙混过关，或避免遭受更大的损失。

汉景帝是西汉前期的皇帝，他在位时，匈奴大举入侵上郡（今陕西省北部及内蒙古自治区部分地区），飞将军李广任上郡太守，阻止了匈奴南进。

一天，汉景帝派到上郡的宦官带人外出打猎，遭到三个匈奴兵的袭击，结果这名宦官被射伤了。宦官急忙逃回李广营中，李广听罢，猜想这三人一定是匈奴的射雕能手，一定要活捉他们，说完之后，李广率领一百名骑兵前去追击。一直追了几十里，终于追上，李广命令部下左右散开，从两边包抄过去。李广拉开弓，只两箭就射死其中的两个，剩下的一个被活捉了。一审问，果然是匈奴的射雕能手。李广喝令把俘虏绑在马上，然后撤回营地，当李广等人走到一半时，探子回报，说后面有数千匈奴骑兵向李广追来。

匈奴骑兵与李广越来越近，他们见李广手下只有一百多人，为首的匈奴将领以为这是汉朝大军诱敌的前锋，恐怕中了埋伏，不敢贸然攻击，急忙上山摆开阵势，以观察动静。

李广的骑兵见了匈奴骑兵，大吃一惊，想掉转马头逃走。李广沉着冷静，及时稳住队伍，他对手下说，我们只有百余骑，离大营有几十里远。如果现在我们慌张逃跑，匈奴肯定会追杀我们，他们追上来一顿乱箭，我们马上就会被杀光。如果我们按兵不动，敌人肯定会疑心我们有大部队在后面行动，他们绝不敢轻易进攻的。如果要来进攻，为什么迟迟不动呢？这正说明他们惧怕，担心有埋伏。李广接着命令部下，千万不要快步跑，要徐徐向前进发。

到了离敌阵仅二里地的地方，李广下令："大家都下马，把马鞍也卸下来！"有个骑兵问："敌军人数是我们的数十倍，又离我们这么近，一个冲锋便到我们面前，这太危险了。"李广说："敌人开始以为我们准备撤走，现在看到我们卸下马鞍，他们就更相信我们确是诱敌的骑兵了。"李广的士兵提心吊胆地卸下马鞍，躺在草地上休息，看着战马在一旁悠闲地吃草。

这时，有个骑白马的匈奴将领，出阵来检查他的部下。李广飞身上马，率领十几个骑兵，向那个匈奴将领冲去。李广一箭射死了他，然后又回到队伍中，卸下马鞍继续休息。匈奴部将见此情形，更加恐慌，料定李广胸有成竹，附近定有伏兵。

天色渐渐暗了下来，李广的人马仍无动静。匈奴部将担心遭到汉朝大军的突然袭击，便悄悄撤走了。

第二天天刚亮,李广见敌军已不见影踪,这才率队返回军营。

这则故事中,李广手下仅仅有一百多名骑兵,当他们陷入匈奴大军的包围圈后,故意装出胸有成竹的样子,匈奴军队便以为李广是汉军的诱饵,因此迟迟不敢进攻。最终,李广安全地回到了营地。这个故事是对空城计的一次成功运用。

◎诸葛亮吓走司马懿◎

三国时,刘备三顾茅庐,请出了卧龙诸葛亮。此后,诸葛亮尽心竭力,辅佐刘备成就了王霸之业。刘备白帝城托孤之后,诸葛亮继续辅佐后主刘禅。

为了报答刘备的知遇之恩,诸葛亮希望能在有生之年收复中原,所以几次与曹魏开战,怎奈魏国国富民强,兵多将广,加上对手司马懿深通兵法,又谨慎小心,后来一直坚守不出,诸葛亮六出祁山均未能成功。

诸葛亮身为丞相,又受命托孤,平日事无巨细均要亲自过问,饭量越来越小,身体也每况愈下。司马懿正是料定了这一点,才有意拒不出战。

事情也真如司马懿所预料的那样,第六次北伐时,诸葛亮因为积劳成疾,在五丈原病倒了,他知道自己将不久于人世,于是将平生所学传给了晚年所收的弟子姜维。

这一天,诸葛亮强支病体,最后一次巡视各营,回到帐中,他召来众人安排后事,将军国大事托付于费祎、蒋琬等人,又交代了其他大小事务,最后吩咐杨仪负责撤退事宜,并对他言道:"我死之后,不可发丧。你派人制作一个大龛,将我的尸体坐于龛中,在我口中放上七粒米,在脚下点燃明灯一盏。军中不可举哀发丧,一切安静如常。司马懿心中必然惊疑,不敢前来劫营。撤退时可令后军先退,然后一营一营缓缓而退。如果司马懿领兵来追,可布成阵势,回旗返鼓。等他来到阵前时,就将我先前所雕的木像安放在车上,推到两军阵前,令军中大小将士分列左右。司马懿见到后,必然大惊而走。"杨仪领命而去。

建兴十二年八月二十三日,诸葛亮病逝于军中。

因为诸葛亮事先做了安排，杨仪和姜维按照他的嘱咐，秘不发丧，对外则严密封锁这一消息，并传令各营缓缓而退，魏延断后。

司马懿本来听说诸葛亮已死，亲自带着两个儿子司马师和司马昭一起领兵追击蜀军。蜀军撤退缓慢，眼见要追上了，正在这时，忽然传来一声炮响，从树影中竖起中军大旗，上书"汉丞相武乡侯诸葛亮"几个大字，姜维等数十员上将簇拥着一辆四轮车现身。

司马懿远远看去，却见车上端坐着面色与平时无异的孔明，顿时大惊失色，觉得自己又中了计，心中叫苦不迭。与此同时，杨仪等人率领部分人马大张旗鼓向魏军发起进攻。

魏军见蜀军军容严整，旗鼓大张，又见诸葛亮稳坐车中，面色如常，便不敢轻举妄动。司马懿素知诸葛亮"诡计多端"，一见蜀军这副架势，立刻如惊弓之鸟，怀疑他此次退兵也是早已设下的诱敌之计，不知蜀军还有什么花招，立刻拨转马头落荒而逃，一见主帅带头撤退，魏军也跟着一路狂奔。

姜维见司马懿退兵，知道机不可失，马上指挥蜀军主力火速撤离，安全转回汉中。

司马懿后来得到消息，才知道他刚一离开，蜀军军营中立刻哀声震天，全营将士尽皆戴孝，诸葛亮是真的已经死了。

不过，他此时再想派兵追击，为时已晚。最后，司马懿不得不叹服一声："我能料其生，不能料其死。"

诸葛亮临死前还用"借尸还魂"之计吓退了司马懿及魏国大军，使蜀军得以全身而退。

商业案例

◎无中生有，门庭若市◎

在商业领域，当己方资金不充足，但又想提高知名度时，可以采用"空城计"。

做广告需要一定的资金，这对大厂商来说也许不成问题，而对小企业、小商店来说可是较为困难的。能不能不花钱同样起到做广告的效果呢？

某市有一家饮食店，由于资金不够，店开张营业后，没有钱做广告，于是老板就想了一个办法。他让专门端菜到顾客家里去的店员，拿着一个写着自己店名的空箱子，里面装着空碗，四处跑来跑去。附近的人看到店员这么忙碌，总是跑来跑去的，心里就想，这家饮食店什么时候开设的，店员这样忙忙碌碌，生意准不错。这种假装忙碌的宣传方式，结果收到了效果，很多人都到这家饮食店订菜，饮食店的生意越来越好。

与此雷同的，还有个例子。我国某城市有家个体服装店，刚刚开业，没有什么知名度，门前冷冷清清，服装店老板在开店前几乎把资金全部用光，没有钱去做广告。如何让人们知道这家服装店呢？

一天，老板来到附近一家电影院，在电影开演前几分钟，他雇的店员前来找他，只听电影院的广播喇叭喊：某某服装店的王老板，外面有人找。他听到第五遍时，便起身走出影院。连着几天，用同样的方法在附近的几个影院都试了几遍。随后的日子里，他开的服装店，光顾的人越来越多。尽管这则故事中采用的方法不值得提倡，但大胆的想象还是值得借鉴的。

做广告并非一定要花钱，不花钱的广告同样有效，这就是"空城计"在商业领域中的运用。无论你开的是什么店，刚刚起步的时候一定缺少顾客，如果在开业时就资金短缺，那就不如多动动脑子，在不花钱的前提下提高知名度。饮食店用写有自己店名的空箱子做广告，服装店借助影院的广播做广告，这两个小故事都是绝妙的例子。

【点评】

空城计是一种被动作战的行为，要挽救危局，还是要凭真正实力。只有到了走投无路的时候才可能采用此招，目的就是企图蒙混过关或避免遭受更大的损失。由于此计具有很大的不确定性和风险性，主动权和机遇掌握在对方手里，因而，非在万不得已的情况下，不宜使用"空城计"。同时，"空城计"也不宜重复、多次使用。因此,"三十六计"把它列为"败战计"的一种。空城计的奇巧之处,在于要善于正确、及时地把握对方的战略背景、心理状态、性格特性等,因时、因地、因人地以奇异的谋略解除自己的危机。

在战争中,进攻与防守是经常的事,它是人力物力的较量,更是勇气与智慧的较量。在商业活动中,经营者一个大胆的计划,一种奇异的构思,配以虚张声势的行动,往往能收到意想不到的效果。

⊙名家论《三十六计》

运用空城计必须注意的一个问题,就是用计者必须了解你的对手,对于那些工于心计、足智多谋的人用上这一招成功的概率会大一些,而对鲁莽之人最好别用。说到底,空城计是两个智者心理和谋略的较量,成功的奥妙在于大智若愚,无招胜有招,你做得太直接、太简单了反倒让你的对手看不懂、起疑心,不敢动了。若换个有勇无谋的,这套针对智者的唬人把戏立马就被揭穿了。

——任力

第三十三计 反间计

全解经典

【原文】

疑中之疑①。比之自内,不自失也②。

【注释】

①疑:疑兵、怀疑。

②比之自内,不自失也:见《易经·比》卦:"比,辅也。"意思是有来自对方内部的援助,自己就不会受到损失。

【译文】

在疑局中再布设一层"迷雾",顺势利用隐蔽在自己内部的敌人间谍去误传假情报,这样就不会因有内奸而遭受损失。

【计名讲解】

反间计是三十六计中著名的计策,它原指使敌人的间谍为我所用,或使敌人获取假情报而有利于我的计策。后来多泛指用计谋离间敌人引起内讧。语出元曲《英雄布》。

在战争中,敌我双方使用间谍是十分常见的事情。《孙子兵法》里就特别强调间谍的作用,认为将帅作战前必须事先了解敌情。要准确掌握敌情,不能依靠鬼神,也不能依靠经验,而是要"必取于人,知敌之情者也"。这里所说的"人",指的就是间谍。《孙子兵法》里有一篇《用间篇》,专门讲了用间的种类和方法。间谍的种类有五种:利用敌方乡里的普通人作间谍,这是因间;收买敌方官吏作间谍,这是内间;收买或利用敌方派来的间谍为我所用,这叫作反间;故意制造和泄露假情况给敌方间谍,并使其将假情况回馈给敌人,这叫作死间;派人去敌方侦察,再回来报告情况,称为生间。唐代杜牧曾经说道:"敌有间来窥我,我必先知之,或厚赂诱之,反为我用;或佯为不觉,示以伪情而纵之,则敌人之间,反为我用也。"这就很好地解释了用间的方法。

我方可以对敌施反间计,敌也可以对我方施反间计。为了谨防后面的情况的出现,我方可以采取以下几个对策:一、封锁信息。凡是重要情报,绝不可随便泄露出去,要对知道情报且有可能接触敌方的人员进行严格审查。二、要选择可靠的间谍。凡我方派出的间谍,不但要具备做间谍的基本素质,更要有坚定的立场。三、情报要仔细推敲。即便我方派出的间谍不被收买,他所获取的情报也未必就是真的。四、多方取证印证。比如,对于同一件事情,可以派出若干间谍,让他们从各个方面获取情报,这样我方便可以用得来的信息相互印证了。

古人按语说："间者，使敌人相疑也；反间者，因敌人之疑，而实其疑也。"意思是说，间谍的任务之一，就是设法挑唆敌营内部互不信任，使其内部产生矛盾；反间则是利用敌人离间我方的阴谋，再转而对敌使用。

实用谋略

◎韦皋施巧计破吐蕃◎

巧妙地利用敌人，使其间接地为己所用，这需要精心地谋划。

安史之乱后，唐王朝一直处于内忧外患之中：一面要应对藩镇割据的困局，一面要面对吐蕃在边境地区的巨大军事压力。

吐蕃位于唐朝的西面，依仗兵力强大不断东进，在侵占河西走廊后，不时侵扰唐朝边境。为保境安民，唐军与吐蕃军在边境地区进行了约五十年的战争，双方互有胜负。不过，由于唐朝失去了陇右等战略要地，所以唐军在相当长的一段时期内，一直处于被动挨打的不利局面。

778年，吐蕃兴兵十万，大举进犯唐朝的川西地区，川西守将韦皋誓死抵抗。两军对峙了一段时日，吐蕃王见短时间内难以拿下川西，心里十分焦躁，便写信给云南王，让他出兵相助。

云南王接到吐蕃王的信后，左右为难。此时云南已归附唐王朝，如贸然出兵，出尔反尔，就会得罪唐朝，这将给自己埋下祸患；云南过去一直与吐蕃结盟，而今吐蕃有事不去相助，万一吐蕃兴师问罪，云南立时就有刀兵之患。正在左右为难之际，大臣中有一人出主意说，可效仿战国时期五国攻秦时齐国的办法，先答应派兵，但不出兵只是驻扎观望，等待双方胜负有了结果时再作打算。云南王一听大喜，马上答应吐蕃，即刻向川西发兵。吐蕃王接到回信，得知云南王已经发兵，于是开始向唐军发动更猛烈的攻击。

此时韦皋正在全力对付吐蕃，当得知云南兵正向川西而来的消息后，大吃一惊，忙从川内调兵阻挡。哪知云南兵抵达泸水（今四川雅砻江下游）后，便停下来驻守扎营,并未从唐军的背后发起进攻。韦皋闻报,顿时松了一口气。

韦皋明白,云南兵在驻扎观望,等自己和吐蕃决出胜负后再作打算。一旦自己失利,那么云南兵从背后杀过来,唐军就会处于腹背受敌的局面。要变被动为主动,眼下就必须争取云南兵倒向自己这一边。然而,要实现这一点,必须设法破坏云南王与吐蕃王的关系。韦皋苦思一夜,终于想出了一个办法。

第二天,韦皋写了一封信。信上说,云南王已决定归附大唐,这是明智之举,此次出兵名义上助吐蕃,但实际上是帮唐军夹击吐蕃,此举甚好。若一举灭了吐蕃,愿把吐蕃的牛羊马群分给云南王。随后将信用以前给云南王送信用的银匣装好,封上封印,揣在怀中,然后与吐蕃军交战。对阵时,韦皋佯装战败,仓促后退,逃跑时从怀中掉出银信匣。吐蕃战将见有银器落地,忙拍马来抢。韦皋大声命令手下说:"那是机密,快去夺回来。"唐军掉回头与吐蕃军争抢银匣。谁知银匣早被吐蕃抢走,韦皋带兵冲向吐蕃大营,试图抢回银匣。等快到吐蕃大营时,韦皋又假装不敌不得已而退兵回营。

吐蕃王打开银匣,看到这封信,十分生气,立即拨出两万人马,扼住云南王的要道,以防云南兵来助韦皋。云南王见吐蕃无缘无故派兵阻击自己,也很恼怒,马上下令班师。韦皋解除了后顾之忧,便集中全力对付吐蕃兵,最终将吐蕃兵打得大败。

韦皋乘胜追击,他率领步骑两万,兵分九路杀入吐蕃境内,先后转战四个月,攻下七座城池,击溃吐蕃、大食联军十六万人。经过这次战役,基本上解除了吐蕃对唐朝西北边境的威胁。

◎皇太极用反间计除袁崇焕◎

要想除掉敌军中的关键人物,可以采用挑拨离间的方式,假借敌人之手将其除掉。清皇太极就用了这样的方式,除掉了明朝名将袁崇焕。

明朝末年,建州女真部在首领努尔哈赤的率领下,逐渐统一女真各部,并不断进攻明朝在关外的军事据点。崇祯即位以后，有着很强的忧患意识，他对关外的后金十分警惕，并希望增强蓟辽的防守力量，以遏制后金。在群臣的举荐下，崇祯任命袁崇焕为兵部尚书，令其督师蓟辽。

袁崇焕，祖籍广东东莞，出生于广西梧州。万历四十七年（1619年），赐同进士出身，授福建邵武知县。在邵武任职不久，袁崇焕遵照朝廷的规定，于天启二年（1622年）到北京朝觐，接受朝廷的政绩考核。他利用在京的时机，独自骑马出关，视察边塞，了解形势，为辽事提前做准备。

不久，明军在广宁战事中失利，袁崇焕临危受命，被擢升为兵部职方主事。袁崇焕上任后，向朝廷上呈《擢佥事监军奏方略疏》，力请练兵选将，整械造船，固守山海关。后来，袁崇焕又被调到明朝的关外重镇宁远，负责宁远防务。后金多次进攻宁远，但袁崇焕指挥有方，与将士同心协力，力保宁远不失。

袁崇焕凭着自己卓越的军事指挥才能，逐渐得到朝廷官员的赞扬与拥护，天启末年，袁崇焕又被任命为辽东巡抚，领兵部侍郎衔。

崇祯早就听说了袁崇焕的大名，所以刚即位就对他委以重任。袁崇焕到辽东赴任时，崇祯帝亲自为其设宴送行，并赏赐他尚方宝剑，"令其便宜行事"。袁崇焕到达辽东后，尽心竭力地整顿蓟辽防务，他配置西洋火炮，加固城墙，筹集粮草，操练军队，做长期固边的准备。此外，他还严明军纪，对违抗军令、懈怠防务的兵将予以严惩。其间，他果断杀掉了据地称雄的总兵毛文龙。接下来，他又改革军政管理办法，与登州、莱州、天津各驻军建立了防御联盟，彼此互为依托。经过袁崇焕等边将的努力，明朝训练出了一支拥有五十余万步兵和八万骑兵的国防军队，这支军队令寇边的后金多次受挫。1132年，努尔哈赤进攻宁远城，袁崇焕以孤军坚守城池，力挫后金的精锐之师，而后金统帅努尔哈赤也在攻城时身负重伤，这是明朝自与后金交战以来取得的第一次重大胜利。

努尔哈赤死后，其子皇太极继位。皇太极知兵善战，他看到袁崇焕在宁远一线布防严密，于是就改变原先的进攻路线，取道蒙古然后穿过喜峰口，一举攻占了京城北地护卫城市遵化，进而挥师南进，直逼北京。崇祯得知后金进攻北京，十分震惊。就在这时，得到消息的袁崇焕火速率军入关驰援。崇祯皇帝闻知袁崇焕率兵前来救援，这才安下心来，当即颁诏嘉奖，又命袁崇焕节制各路援军。

袁崇焕率军到达北京以后，明军的实力大增，而后金则处于不利的地位。就在这时，北京城内突然流言四起，有人说正是因为袁崇焕拥兵纵敌，所以才导致后金进犯北京；也有人说袁崇焕暗中与后金媾和，与其订立了"城下之盟"，等等。生性多疑的崇祯听到这些流言以后，心里非常害怕，他担心袁崇焕迟早有一天会造反，所以便对袁有了提防之心。

皇太极在得知崇祯对袁崇焕生疑的消息之后，便利用崇祯的多疑妄动心理，施展借刀杀人的离间计。这时，皇太极正好扣押了两名明朝的太监，于是他就大声说自己与袁崇焕订下了密约，故意让被俘而关押在金营的明朝太监听到。后来皇太极又故意放松看押，让其中的一个太监逃出来。那名太监在逃出金营之后，立即回到了北京，把他在金营里所听到的袁崇焕已与金主订下盟约之事告知了崇祯皇帝。

崇祯听到这一情报之后，竟然信以为真，他当即下令捉拿袁崇焕，当众宣布袁崇焕通敌叛国，并命令锦衣卫将袁关入监狱。不久，袁崇焕在北京西市甘石桥被凌迟处死。袁崇焕堪称明朝的擎天柱，然而崇祯帝却不辨真伪将其处死，可谓自毁长城，敌国称快。后来清朝史臣谈论此事，认为崇祯"年少昏聩"，误杀忠良，"自崇焕死，边事更加无人"（《明史》），从此后金的兵锋所至"如入无人之境了"。

商业案例

◎ "巧克力间谍" 大战 ◎

巧克力糖几乎人人爱吃。据说，法兰西第一帝国的皇帝拿破仑也很喜欢吃巧克力，每次出征，他总让随从的副官带上大包大包的巧克力，遇到身体疲乏或者用脑过度时，就往嘴里塞上几块。

墨西哥人很早就掌握了制作巧克力的技术。制造巧克力的主要原料来自可可树。这种树在中美洲和墨西哥南部最多。古时，玛雅人把可可树称为生命之树，每诞生一个孩子，他们便要栽种一棵可可树，以此祝福新生婴儿健康成长。他们认为，可可树果象征着人心，用它制成的食品便是血液，能给人补充精力。

1519年，西班牙骑士列戈以周游列国为名来到墨西哥。墨西哥人很好客，见列戈风度翩翩、态度友善，便热情地招待他。列戈提出想参观当地的加工业，好客的墨西哥人破例答应了他的要求，带他参观了巧克力的生产过程。

可是，墨西哥人怎么也不会想到，这个道貌岸然的"贵客"原来是一个产业间谍。他成了西班牙第一个窃取墨西哥巧克力生产技术的人。他在窃取了巧克力的生产技术后，便偷偷地溜回了西班牙。从此，巧克力的生产就在西班牙开始了，并很快成了西班牙新兴的食品工业。许多西班牙人因生产巧克力而发了财，这引起了欧洲其他国家商人们的垂涎，他们纷纷前往西班牙，想在西班牙"取经"。无奈，西班牙人对巧克力生产技术始终守口如瓶。

翻开世界巧克力食品工业的历史，你就会看到，巧克力食品工业的发展史就是一个用间与反间的商战史。

1606年，意大利人用重金买通关节，窃取了西班牙巧克力的生产秘方，一举打破了西班牙对巧克力生产的垄断。英国的生产商急起仿效，于1763年偷到生产配方，并大胆加以改进，生产出了奶油巧克力，使英国一跃而成为巧克力生产大国。到了1800年，瑞士工业间谍又如法炮制，窃取到巧克力的生产技术，使自己变成了世界闻名的"巧克力王国"。同时，德国的厂商也偷到了巧克力的生产技术，并把巧克力制成糖出售，和瑞士等国展开了竞争。其后，日本也加入了这场巧克力间谍大战之中。

【点评】

清代朱逢甲先生在《间书》中提出著名观点："古名将之遇名将，用间者胜。"用间之要在于用心，以假骗敌，诱敌上当，才是本计的真谛。

这里还要注意区别离间与反间。离间与反间是不同的计策，"三十六计"的解释是：离间是使敌人自相怀疑和猜忌；反间是使敌人的间谍反过来为我所用。所以，周瑜用蒋干是反间，田单害乐毅则是离间，陈平除范增是反间和离间并用的。二者相比之下，反间更为巧妙，更让人拍案叫绝。

不过，作为计谋的离间不属于道德的范畴。如果要做出区分的话，或许可以这样说：作为计谋的离间主要用于对敌斗争；如果把它用在朋友身上，就属于不道德的行为了。所以，要用离间计得看对象，千万不要随便施用，避免人与人之间的相互怀疑和猜忌。

第三十四计 苦肉计

全解经典

【原文】

人不自害，受害必真；假真真假，间以得行①。童蒙之吉，顺以巽也②。

【注释】

①间：计谋。
②童蒙之吉，顺以巽也：出自《周易·蒙》卦。童蒙，幼稚的孩子。顺，恭敬顺从。巽，通"逊"，谦逊。本义是正受启蒙教育的孩子对老师是很顺从谦逊的，可引申为只要顺着性情哄玩幼稚孩童，他就会相信你。

【译文】

人们通常不会自我伤害；如果受了伤害，大家就会认为是他人所为。因此，假若我方以假为真，以真为假，就会使敌人信而不疑，这样，我方的计谋就得以实施了。这就像对待天真的孩子，只要顺着其性情逗玩，他就会相信你一样。

【计名讲解】

苦肉计是三十六计中"败战计"里的一计，它指的是故意毁伤身体以骗取敌人的信任，从而施展反间的计谋。

此计出自《三国演义》。说到苦肉计，人们总会想到"周瑜打黄盖，一个愿打，一个愿挨"，这可以算是中国最有名的苦肉计了。但是，在施用苦肉计的时候，往往也要付出很大的代价。要离想刺杀庆忌，为了赢得庆忌的信任，不但让阖闾砍去他的一只胳膊，而且还把自己的老婆也叫来，让阖闾当众把她杀了。这个苦肉计付出的代价不可谓不大。至此，要离得到庆忌的信任。最后，当要离刺中庆忌时，庆忌还没有断气，说要离是个勇士，可见这个苦肉计是相当成功的。"王佐断臂说文龙"的事迹，也是受了"要离断臂刺庆忌"的启示，王佐拿刀砍下自己的一条胳膊，这样才得到金兀术的信任，才可能靠近陆文龙，然后把实情告知文龙，使文龙最后投奔到宋军大营中来。

古人的按语说："苦肉计者，盖假作自间以间人也。凡遣与己有隙者以诱敌人，约为响应，或约为共力者，皆苦肉计之类也。"意思是说：运用苦肉计，就是要假装受到迫害以打入敌人内部，再乘机进行间谍活动。凡是派遣与己有矛盾的人去诱骗敌人，不论作为内应，或协同作战，都是属于苦肉计一类的计谋。

实用谋略

◎周瑜打黄盖◎

要想让敌人放下对自己的戒心，把自己当成朋友那样信赖，不付出点代价是不行的。三国时期，周瑜和黄盖之所以要上演"苦肉计"，就是为了要博取曹操的信任。

赤壁大战前，周瑜与诸葛亮商定了火烧曹军的作战计划。而这个计划要想顺利实施，就需要一个在东吴有一定军事影响力的人以投降为名，引着装满草垛的船队接近曹营。

周瑜想到了老将黄盖。这天，周瑜故意对黄盖说："现在尚无人自愿去曹营诈降，我该怎么办呢？"黄盖一听，马上毛遂自荐："我愿前往。"周瑜说："如果这样的话，只得让老将军受些苦，否则曹操怎能相信你？"黄盖说："我受东吴大恩，无以为报，即使肝脑涂地，亦无怨言。"于是，周瑜与黄盖商定了"苦肉计"。

第二天，周瑜对众将说："曹操有百万大军，看来破曹非一日之功。你们每人先领三个月的粮草，准备长期御敌。"话音刚落，黄盖大声嚷道："不要说三个月，就是三十个月也破不了曹操，依我看，还是依张昭所言，向曹操投降罢了！"周瑜大怒："吴侯有令，再敢说降曹者必斩。今日你说出此话，扰乱军心，定斩不饶。"众将见状不妙，忙跪下苦苦求情。周瑜免了黄盖的死罪，打了黄盖五十军棍。黄盖被打得皮开肉绽，鲜血直流，几次昏死过去。

黄盖回到营帐，一连数日卧床不起。好友阚泽看出了其中的奥秘，愿替黄盖去送降书。曹操看了阚泽送来的降书也有些怀疑，由于阚泽机智应付，没有露丝毫马脚，加上刚得到探子送来的黄盖被打的情报，曹操才信以为真。

到了约定的日子，黄盖率几十艘大船，张满风帆，直驶北岸。接近曹军兵船时，黄盖令士兵们放火。曹军兵船因被铁链锁在一起，无法分散，顷刻间被大火烧成灰烬。

◎王佐断臂◎

1128年，金兵南侵。金以四太子兀术为统帅率兵南侵。金兵渡过长江，南宋派岳飞领兵抵挡，两军在朱仙镇拉开阵势，准备决战。

兀术有个义子名叫陆文龙，他武艺超群，率先上阵进攻宋军，好几位宋将都败在他手下，如此劲敌让岳飞头疼不已。无奈，岳飞只好挂出免战牌，思谋新计。

岳飞手下有位部将名叫王佐，原是杨幺部下，自从来到岳飞营中，自觉没什么建树。他见岳飞为抗金之事日夜忧心，苦苦思索退敌良策，便想为其分忧解难。

这天晚上，他突然来到岳飞帐中，禀报说他有破敌之策。岳飞大喜，忙问他是什么计策。王佐说："十三年前，金兵攻陷潞州，陆登和夫人双双自尽，兀术感怀一门忠烈，见陆文龙还在襁褓之中，不忍下手杀害，便把他和乳娘带到金国，把他抚养成人。在下愿去金营说服陆文龙来降。"岳飞一听，非常高兴，但转念一想，王佐打入金营实非易事，不禁犯难起来。王佐看出岳飞的意思，便说道："这个在下早已有计了。"说罢抽出剑来，便作势要砍自己的右臂。岳飞赶忙来制止，已经来不及了，王佐忍着剧痛，附在岳飞耳边说了一番打入金营的办法，岳飞听罢感动得热泪盈眶。

随后，王佐来到金营，要求见兀术。金兵带他来见兀术，王佐痛哭流涕，对兀术说："在下好意劝岳飞识时务，不要跟强大的金国对抗，尽快休兵与金讲和，没想到激怒了岳飞，被岳飞骂为奸贼，并斩下我的右臂，还让我来金营报信：'即日便来生擒兀术，直捣黄龙，踏平金国。'"王佐说罢，声泪俱下，表示愿意归顺金朝，还把血肉模糊的断臂给兀术看。兀术看到后，很同情王佐，安慰他一番，封王佐为"苦人儿"。见王佐已不能出阵打仗，就把他留在军营内，需要了解宋营将士情况时便找他来问。

王佐本是儒将，饱读诗书，金兵们最爱向他打听中原历史故事，再加上对他的遭遇深表同情，所以金兵们都对他很友善。

一日，王佐来到陆文龙的帐前，见一老年妇人身着汉人服饰，在帐外晒衣服。王佐看左右没人注意，便上前搭话，果然是陆文龙乳母。乳母把他请入帐中，询问宋国情形，谈话间不时流露出对宋朝的思念之情。王佐见她情真意切，趁机问她日后有什么打算。妇人见王佐是汉人，也不避讳，表示出南归之意。王佐当下表明了自己的身份，陆文龙的乳母非常高兴，两人便商量着游说陆文龙的办法。

于是，在陆文龙乳娘安排下，王佐常去陆文龙营中给陆文龙讲历史故事。陆文龙当时才十六岁，稚气未脱，非常喜欢听王佐讲故事。这天，王佐带去一幅画，说要为陆文龙讲一个精彩的故事。说着，王佐取出自画的"陆登尽忠报国图"让陆文龙来看，只见上面画着一座官衙大堂，一位金将坐在堂上，堂前躺着一位宋将和一位妇人，皆已身首异处。旁边站着一位妇人在抹眼泪，怀里还抱着个孩子。王佐给他讲了金兵血洗潞州，逼死陆登夫妇，抢走其幼子陆文龙的故事。陆文龙感到非常奇怪，问："那小孩怎么与我同名？"王佐痛心地说："那小孩就是你。画上的那位抱小孩的妇人，就是你乳娘。"陆文龙半信半疑，这时，乳娘从帐后出来，哭着讲述了当时的经过。陆文龙听罢，又恨又气，恨兀术杀死父母，气自己全然不晓，认贼作父。

从此，陆文龙不断把金兵的动向和军情通报给岳飞。后来，在王佐的安排下，陆文龙和他的乳母乘机投奔岳飞去了。

商业案例

◎木村盗情报◎

20世纪60年代初，日本的汽车工业远远落在美国后面。为了振兴汽车工业，日本想了很多办法，都没有起到明显效果。为此，日本一家汽车公司想出了一个办法，从公司的高级职员中选出一批人才送到美国去学习。木村便是这批学员中的一个。

木村在美国的一家汽车公司学习了一年多，但这家汽车公司对他十分"关照"，根本不让他了解关键技术。眼看着就要回国了，还没有学到想要的东西，木村心里十分着急。

这天，木村接到一份电报，打开一看，是公司发来的。电报上说：如果你（木村）拿不到公司需要的东西，就不要再回日本了，本公司也将不再录用你。

这份电报对于木村而言简直是晴空霹雳。这天晚上，木村独自一人到酒店喝酒，由于心情沉闷，不知不觉喝醉了。昏昏沉沉之中，他走到街上，突然想到了自杀。他想，在美国这个地方结束自己的生命，也是一个很有意思的事情，反正不成功便成仁，这也没什么不好。

正当他胡思乱想的时候，一辆高级轿车迎面开了过来，木村借着酒劲，一头撞了过去，汽车立刻刹车，可是已经来不及了，车轮从木村的一条腿上压了过去，木村疼得一下子昏了过去。等他醒过来的时候，发现自己躺在医院的病床上。

这时候，有一个美国人走了过来，向他问候。木村看了这位美国人一眼，就再也不理他了。这个美国人告诉他，他是美国一家汽车公司总经理的秘书，是总经理的车撞了他，问他有什么要求。木村没好气地说："没有什么要求，只想快一点死在美国！"秘书听了后，连连劝他，请他不要这样自暴自弃，并对他说："您有什么要求，可以尽管向我提出，总经理说了，只要有可能，会尽量满足您的。"

木村这时候想到了"苦肉计"，这不是机会吗？想到这里，他便对秘书说，自己的一条腿已经没有了，到别处怕是连工作也不好找，能不能给他在公司里找个终身的工作，他可以一直干到退休。

过了几天，秘书来告诉他，总经理说可以为他养老，不必来公司工作。木村一听急了，说："我不想让别人养，我可以到公司里干清洁工，如果不同意我的意见，那我只有死路一条！"总经理看到木村态度很坚决，只好同意了他的请求。

从此，木村到公司里当清洁工，他工作十分卖力，常常加班加点，全厂每一个角落都被他打扫得干干净净，一些重要的设备车间他也常常去打扫。

开始的时候，有的人对他还不放心，后来一想，这是他的终身工作，像他这样一个残疾人，离开了公司也是无法生活的。

一年之后，木村提出要回国探亲，公司答应了他的请求并为他买了飞机票。临走时，公司派人秘密检查了他的行李，没有发现任何可疑之处。

可是，让这家汽车公司想不到的是，木村回到日本后，从假腿中取出了微型胶卷。

两年之后，大量的日本汽车开始涌入美国，美国汽车公司的总经理想不明白，日本汽车怎么发展得这么快呢？直到有一天，当在谈判桌上看到了日本公司的首席代表木村先生时，这位美国汽车公司的总经理这才恍然大悟，可是已经太晚了。

在这则故事中，木村在身体残废后，宁愿到美国汽车公司里做一名清洁工，其目的就是要盗取汽车生产技术。尽管遭遇车祸是一次意外事故，但是木村借着这个机会，委屈自己到汽车生产车间负责清洁工作，这也是运用了一招苦肉计。

【点评】

"周瑜打黄盖——一个愿打，一个愿挨"，这已是尽人皆知的故事了。两人事先商量好了，假戏真做，自家人打自家人，骗过曹操，诈降成功，火烧了曹操八十三万兵马。

就苦肉计的用法而言，使自己遭受皮肉之苦只是最简单的方法，更多的时候，需付出更大的牺牲，甚至性命，才能诱敌中计，其关键在于必须假戏真演，更要演得真切，既要障敌眼目，又要不为己方不知内情的人所识破。反之，倘若不能瞒过众人，很容易被识破，也就只能落得个"赔了夫人又折兵"的结果，连"老本"也要丢了。

第三十五计 连环计

全解经典

【原文】

将多兵众，不可以敌①，使其自累，以杀其势②。在师中吉，承天宠也③。

【注释】

①敌：抵挡。

②杀：削弱，减杀。

③在师中吉，承天宠也：其含义是带军的将帅指挥正确的话，就是大幸大吉，就像得到了神明帮助一样。出自《周易·师》卦。在师，带领军队。中，不偏不倚。天，天子，有人说应指"神明"。宠，恩宠、支持、帮助。

【译文】

当敌方兵多将广时，不能够硬拼，要想方设法使其互相制约，以减弱其势力。因此，只要将帅指挥恰当，就会像得到神明的相助一样。

【计名讲解】

"连环计"的本义为环环相扣、互相呼应的一组计策。它本是元杂剧中的一个剧本的名称，剧本写汉末董卓专权，王允设计，先许嫁美女貂蝉与吕布，后又献给董卓，以离间董、吕二人的关系，致使吕布杀死董卓。后来，连环计用以指一个接一个相互关联的计策，语出《儿女英雄传》："莽撞人低首求筹画，连环计深心作笔谈。"

一般来说，连环计就是叫敌人行动不灵并自相牵制，然后我方再谋攻围歼敌人的策略。前计累敌，后计攻敌，两计结合运用，任何强敌都能被摧毁。

古人按语说："庞统使曹操战舰勾连，而后纵火焚之，使不得脱。则连环计者，其结在使敌自累，而后图之。盖一计累敌，一计攻敌，两计扣用，以摧强势也。如宋毕再遇赏引敌与战，且前且却，至于数四。视日已晚，乃以香料煮黑，布地上。复前博战，佯败走。敌乘胜追逐。其马已饥，闻豆香，乃就食，鞭之不前。遇率师反攻，遂大胜。皆连环之计也。"

在上面这段按语中，古人举了庞统和毕再遇的战例，形象说明连环计是一计累敌，一计攻敌，两计扣用的计策。而此计的关键正在于使敌"自累"，因此，我们要从更高层次上去体会这"使其自累"四个字。

由上可知，连环计有时并不见得要看用计的数量，而要重视用计的效果，"使敌自累"的办法，可以当成是战略上使敌人自己牵制自己，让敌人兵力分散、战线拉长，为我军集中优势兵力，实施各个击破的策略创造有利的条件。这也正是连环计在谋略思想上的集中反映。古人说："大凡用计者，非一计之可孤行，必有数计以襄（辅助）之也。……故善用兵者，行计务实施。运巧必防损，立谋虑中变。"这句话表明，用计重在是否奏效，一计不成，又出多计，在形势变化的时候，要相应再出计策，这样才可以使敌人防不胜防。

实用谋略

◎张仪对楚国施连环计◎

连环计的一大好处，就是能够使敌人始终处在我方的掌控之中，张仪对楚国施用连环计，便是一个很好的例子。

张仪做了秦国的相国后，为了破坏六国的合纵联盟，施用一连串的外交手段，导致了六国之间相互争斗，合纵同盟最终瓦解。

战国中后期，齐国成为东方的强国，它先后打败了赵国和魏国，并与楚国结成联盟，两国曾联合打败过秦国，夺得了曲沃这块地方。因此，齐楚联盟成了秦国的心腹之患。

《屈原列传》记载，屈原被免官后，秦国想进攻齐国，齐国便与楚国联合抗秦。秦惠王想拆散齐楚联盟，便问张仪有什么对策，张仪说："齐、楚之所以结成联盟，是因为它们之间有利害关系，臣愿凭三寸不烂之舌，亲自到楚国走一趟，必能使楚国和齐国绝交。"于是秦惠王便派张仪到楚国去。

楚国有个嬖臣名叫靳尚，楚怀王对他言听计从。张仪到了楚国后，先重金贿赂靳尚，通过他的引见，张仪见到了楚怀王。

楚怀王一向惧怕秦国，没想到秦王会主动派使者前来修好，因此感到惊讶。楚怀王向来仰慕张仪的才能，很高兴地接待了他。见到楚怀王，张仪直截了当地说："臣此次是奉秦王之命，想与贵国缔结联盟，大家罢兵息争，和平共处！"楚王说："秦国屡次侵犯我国，这怎么能结盟呢？"

张仪说："秦王早就想和楚国联合，这次派我前来，就是要和贵国修好。但是很可惜，我还是来迟了。"

楚怀王不禁一愣，不知张仪所说的是什么意思。张仪道："大王不是已经和齐王结成同盟了吗？很明显，齐楚联盟是用来对付秦国的。"

楚王沉吟半晌，说："楚国和齐国结成同盟，是为了防范被人攻打而已。"

张仪说："齐王一向野心勃勃，总想与秦王一争高下。他与楚国结盟，无非是想利用楚国而已。你想，一旦秦、楚两国交战，齐国会不惜损兵折将前来救援吗？齐王巴不得秦、楚两败俱伤，到那时候楚国的处境会怎样呢？"张仪见楚怀王面有难色，继续说道："秦王早就有了与楚国和好的打算，不过他最不满意的就是齐王，贵国又与齐国结盟，所以不便和大王结交。如果楚国真能同齐国断绝外交关系，秦国愿意给大王献上商於一带六百里的土地。这样一来，齐国没有大王的支持，马上就会衰弱下来，楚国既可以和秦国结交，暗中又得了商於的土地，为大王的利益着想，正是一举三得，又何乐而不为呢？"

楚怀王一心想得到商於一带的土地，就相信了张仪，不但把楚国相印交给张仪，还派人立即去齐国，断绝与齐国的联盟关系。之后，楚怀王又派逢丑父跟张仪入秦地。

一路上，张仪和逢丑父饮酒谈心，亲如弟兄。到了咸阳后，张仪假装喝醉，从车上跌落下来，左右慌忙扶他去就医。张仪嘱咐逢丑父暂时住在驿馆，待自己伤好了再去朝见秦王。

张仪回家躲了起来，闭门谢客。过了一段时间，逢丑父求见他，但是张仪说自己的腿还没有好，不能带他去见秦王。就这样等了一天又一天，三个月过去了，一点消息也没有。

楚怀王听到消息，以为秦王嫌楚与齐断绝关系不够坚决，便挑选了一位强悍的勇士，手持楚国符节，匆匆赶赴齐国去辱骂齐王。齐王见楚怀王背信弃义，而且派人骂上门来，不禁大怒，因此一面与楚国绝交，一面派人入秦，希望联合秦国攻打楚国。

张仪得知齐国使者到了咸阳，知道目的已经达到，便开始出门活动。张仪在宫门外遇上逢丑父，故作惊讶地问他怎么还没回去。逢丑父说还没有得到秦国的土地，无法回楚国交差。

张仪说道："这件事我自己就可以做主，不必求见秦王，现在就答应把我的封地六里献给楚王。"

逢丑父闻之愕然，据理力争道："我奉楚王之命，来接收商於六百里地方，怎么现在变成封地六里了呢？"张仪说道："楚王一定听错了，我说的是六里不是六百里。"

逢丑父知道中了张仪的计，只得匆匆赶回楚国去报告楚王。楚怀王怒不可遏，非要向秦国报复，于是下令攻打秦国，结果在丹阳遭到齐、秦联军的伏击，损失八万大军，秦国还趁机夺取了丹阳、汉中等地。

这样，凭着三寸不烂之舌，张仪运用连环计，成功瓦解了齐、楚联盟，并且使两国互相残杀。齐、楚反目成仇，楚国元气大伤，更助长了秦国征服天下的勃勃雄心。

◎侯嬴施连环计退秦军◎

"连环计"本是环环相扣、互相呼应的一组计策。施用连环计时，要注意前后所施的这些计策一定要有关联，否则就难以实现目标。

公元前258年，秦国在长平大败赵军后，接着进兵围攻邯郸。赵惠文王急忙向魏国请求增援。魏王派将军晋鄙率领十万大军去解救赵国。秦王得到消息后，立即派使者去魏国，恐吓魏王说，如果魏国敢援救赵国，秦国就发兵攻打魏国。

魏王慑于秦国的威胁，马上派人去阻止晋鄙，把军队驻扎在邺地，名义上是救赵，其实是左右摇摆，从旁观望。魏公子无忌多次请求魏王营救赵国，并让自己的宾客和能言善辩之士不停地劝说魏王。魏王畏惧秦国，终究不听无忌的话。无忌于是请求宾客凑够车马一百辆，打算率领宾客一起去迎击秦军，和赵国共存亡。

无忌一行路过夷门时，他的宾客侯嬴站在那里，无忌告诉他打算以死抵抗秦军的情况。侯嬴说道："公子好好努力吧，老臣不能跟随您了。"无忌听着心里不痛快，觉得侯嬴太不顾情义。后来走在半道上，无忌心里想："我用来对待侯嬴的礼数已经很周到了，天下没有人不知道，现在我将要死去，而侯嬴没有一言半语送给我，我难道有什么过失吗？"又调车回去，询问侯嬴。

侯嬴见无忌返回来，便笑着说道："我本来就知道公子要回来的。"又说："公子喜欢士，这天下人人皆知。现在遇上大难，而您准备和秦军拼命，这就好比把肉扔给饥饿的老虎，又能有什么功效呢？那还养这些宾客有什么用呢？然而公子对待我很是优厚，公子前去而我没有送行，这是因为我知道您怨恨我，又会返回的。"

无忌这才知道侯嬴并非不顾情义，而是使出了一招"欲擒故纵"之计，于是赶紧向他请教对策。侯嬴避开旁人，悄悄地向无忌建议说，可以借助魏王宠妃如姬偷出指挥军队的虎符，然后夺了晋鄙的兵权，到时就可以援救魏国了。无忌听从侯嬴的计谋，请如姬帮忙。无忌曾对如姬有恩，如姬爽快地答应了，果然偷到晋鄙的兵符交给无忌。

无忌拿到兵符后，侯嬴又说道："公子即便合了兵符，但晋鄙倘若不交给公子兵权，那么事情就会很危险了。我的朋友朱亥是个大力士，可以和您一起去。晋鄙要是听从您，那最好不过；要是不听的话，可以让朱亥杀了他。"

到达邺地的魏军军营后，无忌假托魏王的命令代替晋鄙。晋鄙心里有所怀疑，打算不听命令。朱亥便从袖子中投掷出四十斤重的铁锤，击杀了晋鄙。无忌就统率晋鄙的军队，整饬兵士，从中选出八万士兵，进兵攻打秦军。秦军见魏国大军杀来，不敢交战，于是撤走了。这样，邯郸之围解除了，赵国也得以保全。

侯嬴先用欲擒故纵计打消无忌率宾客抗秦的念头，继而巧借如姬的力量偷出兵符，继而以朱亥杀死晋鄙，使无忌取代晋鄙指挥魏军，终于击退了秦军，解除了邯郸的困境。

商业案例

◎"半球"的连环广告◎

将连环计运用到广告上，往往会取得意想不到的好效果。

广东半球实业集团公司是一家大型家电企业，在产品地域推广上，他们选择在浙江市场集中推出厨房家电类产品。当时，来自广东的"爱德牌"和"万家乐牌"厨房家电产品，广告投放量大，市场上的指名购买率及销量都比较高。这些企业凭借资金雄厚、规模大等优势气势凶猛地打入浙江市场。但是，反观半球公司，由于其在浙江地区的广告宣传不足，其产品在该地区的知名度十分有限。

半球公司要想在浙江市场站稳脚跟，必须以最快的速度提升企业及产品在消费者心目中的知名度。为了实现这一目的，半球集团聘请了专业的广告创意组合公司为自家产品进行广告宣传。广告创意组合针对半球集团当时的状况，特别成立了"半球专户小组"策划宣传活动，专户小组以提高"半球"企业和产品知名度为突破口，设计了一整套方案。

半球广告专户小组将杭州作为重点实施行销策略的公司，计划利用杭州作为浙江省政治、经济、文化中心的优势，首先在杭州展开市场攻势，然后再以杭州为中心带动、拓展、巩固其他地区的市场。

半球公司在杭州的广告活动大致可以分三个步骤，这三个步骤步步为营，层层递进：

一、以大量的、有效的广告活动，在五六月份迅速提高半球在浙江消费者心目中的知名度，为以后的广告活动打好基础。二、根据浙江自七月起天气越来越热，人们不愿待在厨房里的情况，半球在七八月间推出以电饭煲为重点的广告，迅速占领杭州市场，为半球众多的产品打开市场突破口。三、借助前两步广告活动的成果，利用"十一"前后的结婚高峰期和消费热潮，推出"半球新系列"，即半球公司从未在浙江推出过的产品，提高市场占有率。

  实践证明，这次策划是成功的。半球公司按照专户小组的意见打出广告，如愿以偿地打开了浙江市场。而连环计式广告最巧妙的地方在于，它将一个个独立的广告按照一定的顺序组合成一个"广告组合"，其威力要比单纯地将每个独立的广告相加大得多，因为它并非靠简单的重复强化自己在消费者心目中的形象，而是靠一次次及时而主动地迎合消费者的需求博得消费者的好感。

【点评】

  连环计，顾名思义，是一种多步骤、多环节的计谋。少则两步骤（两环节），多则无定数，步步相接，环环相扣，如同长链环环相连。简单说，连环计就是两个以上的计策连用。赤壁大战时，周瑜巧用反间计，让曹操误杀了熟悉水战的蔡瑁、张允，又让庞统向曹操献上锁船之计，再用苦肉计让黄盖诈降。三计连环，打得曹操大败而逃。

第三十六计 走为上

全解经典

【原文】

  全师避敌①。左次无咎，未失常也②。

【注释】

①避：回避，退却。
②左次无咎，未失常也：出自《周易·师》卦。左次，古人都崇尚右，表示升职、向前，所以左次就是降职、退却之意。咎，灾难、罪责。失，违背、违反。

【译文】

在面临强大的对手时，要进行有计划、有目的的退却。退却待机就不会遭受祸患，也没有违反正常的用兵法则。

【计名讲解】

此计名出自《南齐书·王敬则传》："檀公三十六计，走为上计。"檀公指南朝名将檀道济，相传有《檀公三十六计》。这句话意为败局已定，无法挽回，唯有退却，才是上上之策。此语后人经常拿来引用，宋代惠洪著《冷斋夜话》："三十六计，走为上计。"到明末清初的时候，引用此语的人就更多了，于是有心人采集群书，编撰成《三十六计》。

"走为上"计，用在军事上，指的是战争中看到形势对自己极为不利时就逃走。前人曾经提出过相类似的谋略，《孙子·虚实篇》中这样说："退而不可追者，速而不可及也。"意思是说主动撤退而无法追击的敌人，即使快速地追赶它也不能赶上。

此外，我国古代其他兵法对于此计也多有论述。《淮南子·兵略训》上说："实（力量强大）则斗，虚（寡不敌众）则走。"在我国的另一部兵书《兵法圆机》中也提到"避而有所全，则避也"；《吴子·料敌》也说"凡此不如敌人，避之勿疑；所谓见可而进，知难而退也"，这些都与"走为上"意义相近。

古人按语说："敌势全胜，我不能战，则必降、必和、必走。降则全败，和则半败,走则未败;未败者,胜之转机也。"意思是说:当敌军占绝对优势,而我方没有丝毫战胜可能时,出路只有投降、媾和或退却。前两者都含被动的意味,而退却则是主动的,它也是转败为胜的关键。按语的最后,举了"悬羊击鼓"的故事,就很好地体现了"走为上"的合理性:南宋时毕再遇与金兵对垒,为了保存实力,他于一天晚上把一些活羊吊起来,使它们的两只蹄子放在鼓面上。羊受不了倒悬的痛苦,挣扎中两只前蹄便频频击打在鼓面上发出响声,而宋军则趁乱转移主力。金兵没有察觉宋军撤走了,几天后才发现宋军的营地空了,这时宋军早已远去了。这可以称得上是善于退却的了。

实用谋略

◎范蠡功成身退累万金家产◎

"走为上"用在军事上,是看到形势对自己极为不利时就逃走。同时,这一计策也可以作为一种为人处世的谋略。如果自己身处的形势不利,就选择退却、逃避,这样不但可以保全自己,有时还会使自己获得更多的好处。

范蠡,字少伯,楚国宛人。他出身贫寒,但是勤奋好学,又富有文韬武略,是个很有抱负的人。由于他在楚国不得志,所以转而投奔了越国。范蠡在辅佐越王勾践期间,身经劳苦,勤奋努力,帮助勾践治理越国二十二年,终于灭掉了吴国,雪洗了勾践当年在会稽所受的耻辱。

随后,他又向北进兵,渡过淮河,紧逼齐国和晋国,进而向中原各国发号施令,尊奉周王室。勾践实现霸业以后,范蠡号称上将军。

范蠡功勋卓著,不过,正是由于他与勾践相处的时间很长,所以才十分了解勾践的为人,知道其可以共患难,但难以共安乐。而范蠡知道自己名气大了,难以久留,如果不急流勇退,后果不堪设想。所以,在越国处于最强盛的时候,范蠡向勾践递交了一份辞职信,信上说:"我听说主上心忧,臣子就该劳累分忧;主上受侮辱,臣子就该赴死难。从前君王在会稽受侮辱,我之所以没有死,是为了报仇雪耻。现在已经报仇雪耻,我请求追究使君王受会稽之辱的罪过。"

勾践看到范蠡的信，非常生气，立即把他找来，沉着脸说道："我要把越国的江山分给你一半，让我们共同享有。不然的话，就要惩罚你。"范蠡知道，勾践所说的话前一句并非真心，但后一句倒是实意，对此他早有准备，便从容地向勾践说道："君主执行自己的命令，臣子实践自己的意愿。"

回到家后，范蠡就打点包装了细软珍贵珠玉，与私属随从乘船从海道走了，以后再也没有回到越国。范蠡走后，勾践曾让工匠铸了一尊铜像，放在自己的座位旁边；另外，他还把会稽山作为范蠡的奉邑，以表示对他的怀念之情。两百多年后，司马迁在谈到有些人"知进而不知退，久乘富贵，祸积为祟"时，还以范蠡的事迹与这些人做比较，认为范蠡功成身退，名传后世，这是很难达到的境界。

离开越国之后，范蠡经由海路来到齐国，改名换姓，自称"鸱夷子皮"。

后来，范蠡一家在齐国的海滨定居下来，他们吃苦耐劳，勤奋努力，治理的产业颇为丰厚。住了没多久，范蠡就累积了数十万的财产。齐国人听说他有才能，就让他做了相国。范蠡叹息说："住在家里能弄到千金财产，做官做到卿相，一个普通人能这样，也就达到顶点了。长期享受尊贵的名号，是不吉利的。"于是归还了相国的印信，全部发散他的家财，分给相知的好友和乡亲们，带着贵重的财宝，悄悄地离开，到陶地住了下来。他认为这里是天下的中心，交易买卖，和各地相通，做生意可以致富。于是他自称为"陶朱公"。又规定父子耕田畜牧，囤积储存，等候时机，转卖货物，追求十分之一的利润。待了不久，范蠡就积累了万贯的家产。

◎黄巢避实就虚的流动作战◎

"走"不一定是被动的，如果可以将走和进攻巧妙地结合起来，就可以牢牢地攥住战争的主导权。唐朝末年，起义军领袖黄巢就以"走着打"的流动作战方式沉重打击了训练有素的政府军。

875年，为响应王仙芝的起义，黄巢揭竿而起，一下子就募集到数千人马。

一开始，黄巢义军还活动在曹（今山东曹县）、淄（今山东郸城东北）一带，其队伍很快就由最初的几千人发展到数万人。为镇压起义军，唐政府命令淮南、忠武、宣武、义成、天平五节度使自三个方向对起义军进行合围，试图一鼓作气将起义军全部消灭。为了应对强大的敌人，起义军采取了流动作战，即"打得赢就打，打不赢就走"的办法。他们没有固守曹、淄等地，而是根据"避实就虚"的原则，在唐军还未完成包围以前，就主动向唐军防御比较松懈的地方转移，攻打位置偏远、守备薄弱的沂州（今鲁南和苏北一带），使唐军在曹、淄等地疲于奔命，挫败了唐军的第一次围剿。

876年七月，黄巢率领义军从沂水直插河南，连克阳翟（今河南禹县）、郏城（今河南郏县），又在九月攻克汝州（今河南临汝），严重威胁洛阳。

唐僖宗急了，忙调忠武、昭义、义成、邠宁、凤翔等节度使，一面围剿义军，一面增强洛阳及关、陕地区的防御力量。

由于唐政府在中原地区集结了大批兵力，起义军采取了迂回作战的策略。他们利用藩镇割据的特点，在长江中下游及淮南一带活动。在南面，他们先后攻克鄂、复、随、安等州，在东面，他们又占据了庐、寿等地。唐的地方州官为保存自己实力，对起义军采取观望态度，为黄巢等人扩展势力创造了条件。起义军只用两三个月的时间就纵横千里，歼灭了唐军大量有生力量。

在被唐军重兵包围的不利形势下，起义军十分有必要不断进行战略转移。走着打可以帮助起义军保存实力、寻找克敌契机，事半而功倍。

从表面上看，走是被迫的，但站在战术的角度，走又是主动的，和"打"紧密地结合在了一起。黄巢的思路非常明确——避开敌人锋芒，但不放过任何一个主动进攻的时机——不死守，不攻坚，避实就虚，钻隙走险。

商业案例

◎保存实力东山再起◎

从事商业活动，要有止损意识。一旦发现自己所在的行业呈现败象，就要果断调整投资方向，保存财力，以图找到新的生财之路，走向辉煌。

20世纪60年代初，正是日本经济萧条时期。恰在这时，为了扩大生产规模，日立公司投入了大量资金，购买了一批新设备。然而，设备刚买回来，日立就发现这并不是一个明智的选择。经济萧条造成民众购买力的下降，在这个时候扩大生产规模很容易造成产量过剩、产品积压的问题。但是，如果停止投资、暂缓新设备的使用，又意味着之前花在这方面的金钱、精力都要白白浪费。这真是一个艰难的抉择。

在认真地讨论研究后，日立公司决定暂停扩大生产的计划，把资金投放到其他方面，积蓄财力，寻找其他的发展之道。

事实证明，这一决策是正确的。从1962年开始，日本三大电器公司中的东芝和三菱的营业额都有明显下降，但是日立直到1964年还在上升。60年代后半期，日本逐渐摆脱了经济衰退的阴霾，迎来了繁荣发展的时期，日立公司这才放开手脚，大胆投资，由于蓄势已久，底气充足，仅1967年一年日立就投入了102亿日元，到了1968年上半年这个数字一下子长到1220亿日元。再看效益，在1966年至1970年的短短五年里，日立的利润提高了1.8倍。

每个企业的决策者都要有在危急关头不惊不慌、镇定自若的能力，冷静地分析状况，大胆地展望未来，当机立断地"砍掉"阻碍自己发展的东西，比如冗余的部门、鸡肋般的产品、不当的计划，这样才能轻松应对突然变化的形势，转危为安。

全注全解孙子兵法与三十六计